법화경 한글번역 및 해설중심

부처님법의 위계질서

– 완결판

법화경 한글번역 및 해설중심

부처님법의 위계질서

－완결판

임은석 해설

도서출판 한강

머리글

　이 책을 가지는 사람은 부처님이 그를 지켜주시고 아껴주시며 보호해주시고, 하는 일에 편리를 주고 마음과 몸이 피곤하지 않게 도움을 주실 것입니다.
　만약, 이 사람이 이 책의 글을 수지독송 반복해서 읽어서 그 뜻을 깨우친다면, 이 사람은 부처님의 심부름꾼으로서 일체 중생을 불쌍히 여기는 까닭으로 낮은 곳으로 임하여 일체를 사랑할 것이며, 법화를 널리 펴서 부처님법의 바른 정통을 이어나갈 것입니다.
　그런 연고로, 이 책을 수지하고 독송하여 그 뜻을 깨우치는 사람은 이 세상에서 가장 존귀한 사람이며, 어느 누구도 그를 헤치지 못하는 대자유의 인격자입니다.
　저는 이 책에서 〈부처님법의 위계질서〉를 누누이 강조하였는데, 많은 분들이 오해를 하시길래, 그 오해를 풀고자 간단히 언급을 드립니다. 〈부처님법의 위계질서〉란 〈사람의 위계질서〉가 아니라, 〈법의 위계질서〉입니다. 예를 들면 제사의 법와 인간의 존엄성이라는 법이 상호 충돌을 한다면, 인간의 존엄성이라는 법이 상위 근본법으로서 하위의 법인 제사의 법도를 물리치고 깨트리는 것이 바른 법의 정통성입니다. 그러나 말법시대에는 이러한 법의 위계질서가 문란해져서 후학들이 잘못 깨우치고 잘못 해석을 하여 여러 가지 폐단을 일으키다가 결국에는 법이 망하게 되는 것입니다.
　법화경에서도 부처님의 제자가 부처님께 여쭈시기를, 후학들이 〈나머지 의심〉이 없도록 하기 위해서, 부처님께서 과거에 설하셨던 법과 지금 설하시는 법이 어떤 차이와 질서가 있길래, 지금 이와 같은 법화를 설하시는지 여쭙는 장면이 있습니다.

이처럼 〈나머지 의심〉을 없애고 완전한 깨우침을 얻기 위해서는 〈부처님법의 위계질서〉가 얼마나 중요한지 알 수 있습니다.

다른 예를 들면, 군수의 법에 의하면 가뭄이 들어서 마을의 어린아이 한 명을 희생 제물로 바쳐야 한다고 한다면, 이러한 군수의 법은 국법인 헌법보다 상위 일 수가 없으며, 헌법에서 말하는 인간의 존엄성, 생명권, 자유, 인권, 평등 이라는 법리가 최상위의 법이며, 군수의 법은 하위의 법으로서, <u>상호 법의 충돌시에 상위법이 하위법을 깨뜨리고, 상호 모순 갈등을 해소하는</u> 것이 바로 <u>법의 위계질서</u> 라는 개념입니다.

이런 기초 위에서 조선시대의 각종 폐습과 악습에 대해서 적용한다면, 공자님은 본시 인간의 존엄성과 생명권, 자유, 인격권을 가르치셨지만, 후학들이 하위의 법에 빠지고, 곡해를 하고 부족하게 깨우쳐서, 근본 가르침에 어긋나는 것을 가르친다면, 그것이 바로 말법시대라고 하는 것입니다.

이러한 현상은 유교 뿐만이 아니라, 기독교, 불교에서도 나타나는 현상입니다. 부처님께서도 45년여 동안의 설법에서 다양한 상대방을 평등하게 사랑하셔서, 모두 법을 베풀어 제도를 하셨는데, 그 다양한 상대방의 근기에 따라 눈높이 설법을 하셨습니다.

그러신 후에 맨 나중에 보살제자들에게 최상의 근본법인 법화를 설하셨는데, 이러한 <u>근본법을 외면하고 하위법에 빠져서 부처님의 본뜻을 바로 알지 못하고 곡해하고 오해한다면, 그것이 바로 말법시대로서 , 조선시대 각종 폐습이 번창했던 것처럼 불교에서도 정법이 바로 서지 못하고, 각종 폐습과 악폐가 번창하여서 국민의</u>

지지를 받지 못하게 될 것입니다.

   법화경에서도 나중의 중생들에게 나머지 의심이 없게 하여 주십시요 라고 하시면서 나머지 의심이 없게 하여 주기 위해서 부처님께서 참으로 친절하게도 소상하게 부처님의 본뜻을 말씀해 주셨습니다. 그러한 뜻을 본 서적에서 자세히 적었습니다.

   정리하자면, 하위의 법은 그 자체로 홀로 독립되어 존재하는 것이 아니라, 상위 근본법과 연결되어 있으며, 상위 근본법에 구속(귀속)되어서 해석되고 통제되는 것입니다. 이러한 현대 법철학은 3천년전 부처님께서 법화경 설법에서 이미 여러번에 걸쳐서 설하셨던 법입니다.

   이 책을 읽는 인연으로 전생의 악업이 소멸하고, 선업이 자라나 부처님의 가피를 받기를 바랍니다. 부처님 말씀을 읽는 분들이 마음 깊이 생각하며 읽음에 있어, 처음에는 이해의 어려움이 있음은, 과거 전생의 악업이 무거워 부처님의 진실한 말씀이 들어오지 못하는 것 때문이나, 반복해서 읽어간다면 어느 날 글귀가 다가옴을 느끼고 나중에는 환희심에 차서 막힘없이 읽어 내려가, 자연히 과거의 악업이 소멸하고 부처님의 가피가 가득할 것입니다.

> "선남자여, 법은 비유컨대 더러운 떼를 씻는 물과 같으니라.
> 샘이나, 못이나, 강이나, 큰 강, 시내, 도랑, 큰 바다가 모두 더러운 떼를 씻듯이 법도 이와 같아서 중생의 모든 번뇌의 떼를 씻느니라.
> 물의 성품은 하나이지만, 강, 큰 강, 샘, 못, 시내, 도랑, 큰 바다는 각각 구별이 되어 다름이라.

> 법의 성품도 이와 같아서 괴로움을 씻어 없애는 성품은 하나이나 세 가지 법과 네 가지 과와 두 가지의 도와 다섯 가지의 교가 있어 하나가 아니니라.
> <u>부처님의 말씀도 이와 같아서, 처음과 중간과 뒤에 말한 내용이 모두가 중생의 번뇌를 씻어 없애나, 그러나 처음은 중간이 아니요, 중간은 뒤가 아님이니, 처음이나 중간이나 뒤에 말한 것은 글이나 말은 비록 같을지라도 뜻은 각각 다르니라.</u>"
> (부처님의 법화경 말씀 중에서)

부처님 법은 본래(근본적으로) 위아래가 없는 하나이며 평등하지만, 사람들의 다양성으로 인해서 현실에서는 다양한 눈높이 설법을 하실 수밖에 없었다는 취지의 부처님 말씀을 비추어 보건대, 부처님의 말씀은 샘처럼 작은 말씀, 못이나 강같이 중간 크기 말씀, 바다 같이 큰 말씀이라는 위계질서가 있습니다. 부처님의 크고 작은 모든 말씀은 중생의 번뇌를 씻는 성품은 하나이며 평등하지만, 그러나 그 의미와 크기는 다릅니다. 그러므로 그 말씀을 이해하고 푸는 바가 달라서 중생이 도 얻음에 차별이 있다고 부처님께서는 법화경에서 말씀하셨습니다.

부처님께서 일체를 깨달으신 후에, 만약 부처님의 깨달은 바를 중생에게 설하여도 오욕락에 빠져있는 중생들이 이해를 하지 못할 것이라는 것이 첫 번째의 현실의 문제였습니다.

그러므로 법화경에서 말씀하셨듯이, 상대방의 근기에 맞춘 방편의 법으로써 제도를 한 후, 마지막에야 진실법을 말씀하신다고 하셨습니다.

부처님께서 말씀하신 이러한 진실법을 내세우기 위한 것이 아니라, 부처님 법이 원래는(근본적으로는) 하나이며 위아래가 없는 평등한 법이지만, 근기가 다양한 중생을 구원하기 위한 방편으로써 부처님의 말씀도 다양한 수준의 말씀을 할 수 밖에 없었다는 **것(현실에 있어서 위계질서 있는 차별된 모양)**이며, 그러므로 그 말씀의 위계질서와 체계를 인식할 필요성에 대해서 말하고자 함입니다.

일체 중생이 모두 부처님의 아들인데, 근기가 낮은 중생에 대한 구원은 포기를 하거나 도외시 하고, 근기가 높은 중생을 위한 높은 수준의 말씀만을 하셨다면, 그것이 과연 올바른 부처님의 선택일가요? 그렇지 않습니다.

이와 같이 부처님께서는 중생의 근기의 상하를 막론하고 일체중생을 평등하게 사랑하시므로, 일체 중생을 구원하시고자 하시며, 일체 중생의 근기에 맞춘 다양한 법을 설하실 수밖에 없었을 것입니다.

그러므로 모든 법이 다 소중하며, 귀한 법입니다.

그러한 법이 말씀이나 형상으로 출현한다(현현이라고 표현되기도 함)고 이해한다면, 우리 세상에 존재하는 모든 말씀과 형상들이 모두가 그 존재이유가 있다고 유추해석 할 수 있을 겁니다.(방편즉진실) 그러한 상하대소의 법과 형상의 존재이유와 관련해서 다음과 같은 부처님의 말씀을 생각해봅시다.

"선남자여, 만약 어떤 국토의 중생이 응당히 부처님의 몸으로써 제도됨을 얻을 자에게는 관세음보살이 곧 부처님의 몸으로 나타내어 이에 위하여 법을 설하며, 벽지불의 몸으로써 제도됨을 얻을 자에게는 벽지불의 몸으로 나타내어 법을 설하며, 성문의 몸으로써 제도됨을 얻을 자에게는 성문의 몸으로 나타내어 법을 설하며, 범왕의 몸으로써 제도됨을 얻을 자에게는 범왕의 몸으로 나타내어 법을 설하며, 제석의 몸으로써 제도됨을 얻을 자에게는 제석의 몸으로 나타내어 법을 설하며, 자재천의 몸으로써 제도됨을 얻을 자에게는 자재천의 몸으로 나타내어 법을 설하며, 대자재천의 몸으로써 제도됨을 얻을 자에게는 대자재천의 몸으로 나타내어 법을 설하며, 하늘대장군의 몸으로써 제도됨을 얻을 자에게는 하늘대장군의 몸으로 나타내어 법을 설하며, 비사문의 몸으로써 제도됨을 얻을 자에게는 비사문의 몸으로 나타내어 법을 설하며, 작은 왕의 몸으로써 제도됨을 얻을 자에게는 작은 왕의 몸으로 나타내어 법을 설하며, 장자의 몸으로써 제도됨을 얻을 자에게는 장자의 몸으로 나타내어 법을 설하며, 거사의 몸으로써 제도됨을 얻을 자에게는 거사의 몸으로 나타내어 법을 설하며, 재관의 몸으로써 제도됨을 얻을 자에게는 재관의 몸으로 나타내어 법을 설하며, 바라문의 몸으로써 제도됨을 얻을 자에게는 바라문의 몸으로 나타내어 법을 설하며, 비구 비구니와 우바새 우바이의 몸으로써 제도됨을 얻을 자에게는 비구비구니, 우바새 우바이의 몸으로 나타내어 법을 설하며, 장자나 거사나 재관이나 바라문의 부녀의 몸으로써 제도됨을 얻을 자에게는 곧 부녀의 몸으로 나타내어 법을 설하며, 사내아이와 계집아이의 몸으로써 제도됨을 얻을 자에게는 사내아이와 계집아이의 몸으로 나타내어 법을 설하며, 하늘과 용과 야차와 건달바와 아수라와 가루라와 긴나라와 마후라가와 인비인들의 몸으로써 제도됨을 얻을 자에게는 모두 이를 나타내어 법을 설하며, 집금강신으로써 제도됨을 얻을 자에게는 곧 집금강신으로 나타내어 법을 설하느니라."

(법화경 관세음보살보문품에서의 부처님의 말씀 중에서)

이처럼 다양한 형상을 나타내어, 상대방의 근기에 따라 법을 설하여 구원하신다고 하십니다. 그렇다면 우리들은 그 다양한 현상세계의 형상을 모두 존중하고 받아들이려는 안목이 있어야 할 것입니다.

저 형상은 내 수준에 맞지 않고 졸열하므로 진리가 아니다, 외도이다 라고 한다면 그것은 부처님의 안목이 아닐 것입니다. 크고 작은 말씀과 형상은 그 존재이유가 있으며, 그것에 알맞은 상대방이 있을 것입니다.(방편즉 진실)

다른 예로서 설명을 하자면, 보름달은 하나이지만, 그러나 우리의 눈앞에는 여러 가지의 크기로 나타나 보입니다. 수많은 종지물 위에도 나타날 수 있고, 수많은 술잔 위에, 수많은 강물위에, 수많은 바다와 호수 위에, 수많은 눈동자 속에도 나타나 보일 수 있습니다. 그리고 술잔에 나타난 달의 크기는 호수나 바다에 나타난 달의 크기보다는 분명히 작지만, 그 본성은 동등합니다.

<u>본래 있는 달은 하나이지만, 그 하나가 종지물 위에든 호수에든 강물에든, 술잔에든 나타나 보일 수 있듯이 진리 또한 하나이지만, 그 하나의 진리가 우리의 눈앞에 여러 종류의 다양한 모양으로 출현할 수 있습니다.</u>

이렇듯 다양한 모양으로 나타나는 이유는 우리 인간의 안목이 사람들마다 다양하기 때문입니다. 사람들의 안목이 오직 한가지의 안목만 있고, 한가지의 수준, 한가지의 눈높이만 있다고 한다면, 진리 또한 한가지의 모양으로 출현해 있을 것이며, 세상에는 한가지의 교(敎)만이 존재할 것입니다.

그러나 현실은 그와 달리, 마치 〈다양한 아들을 가진 하나의 아버지〉와 같아서, 이 아버지는 만약 대학생의 아들에게는 뒷산에 호랑이가 없으니 자주 올라가서 산책을 하라고 말씀하시고, 유치원생 아들에게는 뒷산에 호랑이가 있으니 올라가지 말라고 말씀하신다면, 그 말씀의 본성과 목적은 모든 아들을 구원하시는 목적으로써 같으나, 실제 하신 말씀이 상호 모순, 충돌되는 상이한 말씀이 있을 수 있는데, 이는 모든 아들을 사랑하기 때문에 둔하고 어린 아들에게는 할 수 없이 진실이 아닌 〈진실한 방편〉을 말해서라도 보호하고 지키고 구원하시기 때문입니다.

그러한 말씀의 취지와 체계를 오해한다면 〈이 말씀이 진실이고 그 말씀은 거짓이다. 이 말씀만이 진실이고 저 말씀은 거짓이며 외도이다. 아버지는 그러한 말씀을 하신 적이 없다.〉,라고 서로 아들끼리 싸운다면 그것은 아버지의 〈말씀의 체계와 법의 위계질서〉를 이해도 못하면서 싸우기만 하는 어리석은 일입니다.

이렇듯, 진리가 우리의 눈앞에 이러한 인연으로 나타나며, 이러한 모양으로 나타난다면, 우리는 그것을 잘 알고 존중하고 잘 받들어서 말씀을 이해하려고 노력한다면, 우리 인간의 고통과 갈등이 해결되고 완전한 인격과 부처님 지혜를 얻어 불국토를 이루는 가장 바른 길일 것입니다.

법화경에 대한 간단한 설명.

　법화경을 다른 말로 묘법연화경이라고도 합니다.
　법화경은 법화삼부경이라고도 하는데, 그것은 무량의경, 묘법연화경, 불설관보현보살행법경, 이렇게 세 가지의 경을 한 묶음으로 했다고 해서 법화삼부경이라고 합니다.
　맨 앞의 무량의경과 맨 뒤의 불설관보현보살행법경은 량이 적고, 가운데의 묘법연화경이 대부분의 분량을 차지합니다.
　이 묘법연화경은 석가모니부처님의 45년간의 설법중 후반부에 설하신 법이며, 부처님 열반후 가섭존자, 아난존자 등 부처님제자들의 의해서 경전으로 남게 되었고, 그 후 구마라집 존자께서 중국어로 번역을 했으며, 이 경전을 순수 우리말로 번역을 한 것이 한글번역본입니다.
　구마라집 존자께서는 번역을 마치시고, 제자들에게 유언을 하시기를 당신께서 숨을 거두어 다비(화장)를 할 적에, 만약 혀가 타면 번역본 모두를 태워버리고, 혀가 타지 않거든 번역본을 유포하도록 유언을 남겼습니다. 그 후 구마라집 존자께서 입적하시고 다비를 하자 혀만이 타지 않았다고 합니다.
　그렇게 해서 그 번역본이 남게 되었으며, 그 묘법연화경을 다시 한글로 번역을 하신 분들이 많지만 그 중에서 저는 석묘찬큰스님의 한글번역본을 구마라집 존자님의 한문번역본의 원문에 가장 충실한 번역으로 보고, 연구 참조를 하고 있습니다.
　오래 전, 저는 어머님께서 생전에 다니시던 천태종 총본산 구인

사에 방문을 해서 대조사스님의 묘소에 참배를 하고 내려오던 중, 구인사 경내 서점에서 석묘찬큰스님의 묘법연화경이 한 눈에 들어와서 집으로 모셔 귀하게 읽고 또 읽고 반복해서 읽었습니다.

저의 이 해설서는 석묘찬큰스님의 한글번역본을 근간으로 해서 좀더 쉽고 간결한 문장으로 일부 수정을 하고,

그 밑에 저의 해설부분을 첨가한 것입니다.

석묘찬큰스님의 한글번역은 구다라집 존자의 묘법연화경 번역본의 원문을 토시하나 빠트리지 않고 정확히 한글로 옮겨놓은 것이므로 완전히 의역을 하지 않는 이상, 더 이상의 한글번역이 무의미 하다고 저는 생각했습니다. 그러므로 본 해설서는 석묘찬 큰스님의 한글번역본을 기초로 했으며, 대중들이 보기에 어려운 글귀를 쉽고 간결하게 수정하고, 해설을 첨부한 것입니다.

훗날 다른 법화행자께서 법화경을 해설함에 있어서도 저의 견해와 해설에 대해서 비판과 반대의견을 내셔도 저는 배우는 자세로 반갑게 연구하겠습니다.

법화경에서는 부처님의 45년여 동안의 설법의 전체를 보여주며, 그 전체 설법의 상호간의 관계와 위계질서를 설하여서 법의 상호 모순과 충돌을 해소하고, 우리 사바세계에 있는 일체 형상과 법의 존재이유(방편즉 진실)와 상호관계를 보여주고 있습니다.(회삼귀일, 일불승)

그러므로 법화경을 깨우치면 우리들 세상의 일체를 포용하고 이해하고 용서할 수 있으며, 일체가 한 몸임을 알 수 있습니다.

부처님께서 중생의 다양성으로 인해서 방편법과 진실법을 설하셨어도, 설법의 전체를 모으면 마치 다보탑의 형상으로 볼 수 있는데(사바세계 현실의 위계질서있는 차별상), 중생들 중에 만약 근

기가 낮고 졸열하여서 다보탑의 최하층의 단계에 머물러 있는 사람이라도, 이 사람이 아주 기초적인 발심, 즉 부처님께 귀의합니다! 라는 말 한번 하는 것조차도 다보탑의 최상층의 꼭대기 한 점과 연결되어져 있어서 미래 언젠가는 성불의 가능성이 열려 있다고 하십니다.(일체중생 성불도, 견보탑품 참조)

이는 곧 현상세계의 일체가 한 몸과 같으며, 어느 누구도 가볍게 볼 수 없고 가볍게 보아서도 안 되는 부처님의 아들입니다.
<u>여래란 〈진리의 세계에서 오신 분〉이란 말인데, 부처님이란 본시 영겁 전에 성불을 이루시고, 무한한 신력이 있으며 일체를 아시는 진리 그 자체로서의 분이신데, 우리 현상세계에 중생구제를 위해서 몸으로 출현하신 것이라고 하시고 계십니다.</u>
<u>우리는 부처님이 영원히 멸하지 않으심을 알고, 부처님을 신앙하는 자세는 무척 중요함을 법화경을 통해서 알 수 있습니다.</u>

법화경을 수지하고 독송 해설하는 사람들은 부처님의 심부름꾼으로서 중생을 불쌍히 여기는 까닭으로 깨끗한 세상을 버리고 이 세상에 오신 분들입니다.

이 책을 만나서 읽는 모든 분들께서 부처님말씀을 반복해서 수지 독송하고 다른 이들을 위해 설하는 부처님의 심부름꾼이 되시길 빕니다.

목차
머리글
법화경에 대한 간단한 설명

1. 하나의 씨앗에서 무량한 뜻이 나오다 (무량의경) 17
   부처님의 덕행(덕행품) 19
   부처님의 설법 (설법품) 26
   열가지의 공덕 (십공덕품) 46

2. 진리 그 자체로서의 가르침 (묘법연화경) 59
   신비스런 현상 (서품) 61
   진실과 방편, 오천 제자가 일어나서 물러가다(방편품) 70
   세가지의 수레와 다양한 아들 (비유품) 107
   목련, 수보리, 가전연, 가섭존자의 깨달음
      집 나간 아들이 아버지에게 돌아 오다 (신해품) 139
   다양한 나무들 위에 평등한 비를 내리다 (약초유품) 161
   중생의 본성에는 부처님의 씨앗이 있다 (수기품) 173
   부처님께서 방편으로 만드신 가짜의 성은 사라진다
                                        (화성유품) 180
   보배구슬을 친구의 옷 속에 메어두었으나,
      그 가난한 친구는 알지 못하고 (오백제자 수기품) 203
   아난존자와 라훌라존자 등도 수기 받다 (수학무학인기품) 210
   중생을 불쌍히 여기는 까닭으로 이 세상에 오다 (법사품) 211
   다보탑을 보면, 부처님법을 볼 수 있다 (견보탑품) 222
   악인은 전생에 나의 스승 (제바달다품) 238
   업신여기고 욕할지라도 법화를 널리 펴겠습니다 (권지품) 246
   소승과 이름자에 집착하지 않겠습니다 (안락행품) 250
   부처님은 진리 그 자체 (종지용출품) 266

부처님은 영원불멸 하다 (여래수량품) 277
법화 깨달음의 공덕이 행하는 공덕보다 높다(분별공덕품) 287
법화를 받아 기뻐하는 공덕 (수희공덕품) 295
법화 오종법사의 공덕 (법사공덕품) 299
나는 당신들을 가볍게 여기지 않습니다 (상불경보살품) 309
모든 부처님은 세상을 구원하시는 분 (여래신력품) 315
너희들에게 부탁하노니, 법화를 널리 펴라 (촉루품) 321
소신공양, 베품 가운데 가장 존귀하고 진실한 베품
       (약왕보살본사품) 323
진리의 분신들 (묘음보살품) 333
진리의 분신들 (관세음보살 보문품) 341
법화를 지키고 보호하겠습니다 (다라니품) 351
부처님 만남은 우담바라꽃 같고, 한눈의 거북이가 물위 떠있는
   나무의 구멍을 만나는 것과 같다(묘장엄왕 본사품) 355
네 가지 법을 성취해야 법화를 얻으리라(보현보살 권발품) 362

3. 법화를 부지런히 읽으면, 죄업은 이슬처럼 사라지리라
     (불설관보현보살행법경) 369

하나 하나의 씨앗에서 무량한 뜻이
　　　나오다.　(무량의경)

해설|
　앞서 언급했듯이 법화삼부경은 무량의경과 묘법연화경, 불설관보현보살행법경, 이렇게 세 가지 경이 한 묶음으로 구성되어 있는데, 무량의경과 불설관보현보살행법경은 량이 적고, 묘법연화경이 대부분의 분량을 차지합니다.
　무량의란 무량한 뜻, 무수히 많은 의미라는 말인데, 부처님법, 진리란 원래는 <하나의 씨앗>에서 나온 것이지만 중생의 종류에 따라서 <하나의 씨앗>에서 무수히 많은 뜻(법)이 나왔다는 의미를 생각하시면서 읽어보시길 바랍니다.

　다시 말하자면, 부처님법, 진리란 <근본적>으로는 위아래가 없고 평등하며 하나이지만, <사바세계의 현실>에서는 중생들이 그 종류가 천차만별 다양한 수준이 있다보니, 모든 중생을 사랑하여 제도하기 위한 방편으로써 중생의 수준에 맞춘 다양한 모양의 법을 설하셨으므로 그 뜻이 무량하다는 의미입니다.
　부처님께서는 묘법연화경을 설하시는 자리에서 그 직전에 무량의경을 설하셨는데(개경), 무량의경은 부처님의 45년여 간에 걸쳐 설하신 모든 법의 상호관계, 위계질서, 체계를 밝히시는 부분이며 우리가 간과해서는 안 되는 중요한 말씀이 설해지십니다.
(소제천축삼장 담마가타야사 역, 서묘찬룬스님의 한글번역본, 임은식 일부수정 및 해설첨부.)

부처님의 덕행 (무량의경 제일 덕행품)

나 는 이와 같이 들었습니다.

해설| 부처님 모든 경전의 첫 구절은 <나는 이와 같이 들었습니다.> 라고 시작됩니다. 이는 부처님 제자중 다문제일 아난존자와 관련이 있습니다.

아난존자는 원래 석가모니부처님의 사촌동생으로서 부처님에 의해서 출가를 한 후, 평생을 부처님의 곁에서 시봉을 하고, 부처님의 곁을 떠난 적이 없어서 부처님 설법을 모두 들었을 뿐 아니라, 당시 기억력의 제일인자라고 해서 다문제일 아난존자라고 부르는 제자입니다.

오늘날에는 컴퓨터가 많은 용량으로써 모든 것을 저장할 수 있듯이 부처님 당시의 인간의 신통력과 능력을 추측컨대 아난존자는 컴퓨터에 버금가는 정도의 기억력, 암기력이 있었다고 추측을 할 수 있습니다.

오늘날에의 수재들은 법대, 의대, 물리학을 전공하는 풍토가 있지만, 부처님당시의 인도사회의 수재라면 출가 수행하는 것이 당연시 되는 환경임을 생각한다면 아난존자가 어떤 분이신지 상상되실 겁니다.

그러나 부처님 열반 후, 경전결집 과정에서 아난존자는 참가자격을 얻지 못하다가, 맹렬한 수행으로 훗날 경전결집에서는 참가를 할 수 있는 경지를 인정받았습니다.

또한 아난존자는 부처님의 사촌동생으로서 부처님의 아름다운 상호를 꼭 닮으셔서 아난존자가 가부좌를 한 채, 나는 이와 같이 들었습니다! 라고 하면서 부처님의 설법을 그대로 재연을 하자, 가섭존자 등이 감탄을 하시기를 마치 부처님께서 다시 돌아와서 재설법을 하시는 것과 같았다라고 합니다.

이와 같은 아난존자의 기억력이란, 아난존자는 과거전생에서부터 부처님의 설법듣기를 즐겨하시고, 부처님 법에 대한 부단한 수행의 과정이 있었으며, 금생에서의 자기 역할, 소임을 미리 전생에서부터 타고난 본인의 원력이 기초가 된 것이라고 생각을 한다면 명혹하게 이해를 할 수 있을 겁니다.

다문제일 아난존자가 이처럼 부처님께서 하신 말씀을 토시하나 빠트리지 않고 그대로 재설법을 하면, 가섭존자 등 나머지 부처님의 제자들이 인정을 하는 절차로 경전이 만들어지게 되었습니다.

한때 석가모니 부처님께서 왕사성 기사굴산 중에 계실 적에, 출가수행자와 재가수행자를 비롯해 수많은 제자들이 한자리에 모여, 각자 부처님께 예배를 하고 한쪽에 앉았습니다.

일부 생략! 설법자리의 주변 상황묘사부분과 자리에 모인 사부대중들에 대한 묘사부분을 생략. 본 해설서에는 법화경의 일부분이 생략되는데 그것은 법화경을 읽는 대중들이 부처님의 본뜻에 접근하기도 전에 장황하고 어려운 문장에 지쳐서 포기를 하는 것을 방지하고, 반복되는 구절을 생략해 대중들이 쉽게 접근해서 이해하도록 하기 위한 방편상 생략하는 것임.

부처님의 큰 제자이신
지혜제일 사리불존자,
신통제일 목련존자,
해공제일 수보리존자,
논의제일 가전연존자,
설법제일 부루나 존자,
천안제일 아나율존자,
지계제일 우바리존자,
다문제일 아난존자,
밀행제일 라홀라존자,
두타제일 가섭존자 등 십대제자도 모두 모여 계셨습니다.

이 때 대장엄보살께서 자리에서 일어나 부처님께 예배를 올리고, 하늘 꽃과 하늘 향과 하늘의 보배와 음식과 음악을 내려오게 하여 부처님께 드리며, 부처님께서는 그 빛을 보고 향기를 맡으면 자연히 배부르고 흡족하였습니다.

곧 대장엄보살께서 긴 게송으로 부처님을 찬탄하기를,

> 해설| 보살께서 부처님께 첫 질문을 하시기 이전에 부처님의 거룩한 모습을 찬탄하는 내용이 아래에 나오는데, 부처님께서 세세생생 수행과 공덕과 배품을 통해서 금생에 얻으신 좋은 상호를 찬탄하시고 곧이어 보살의 첫 질문이 이어집니다.

일체를 깨달으시고 크게 거룩하신 주인이시여,
더러움도 없으시고 물들음도 없으시며 집착도 없음이시라.
하늘과 사람과 코끼리와 말(馬)을
부드럽게 길들이시는 스승이시며,
도의 바람과 덕의 향기는 일체를 훈훈하게 하시며,
지혜는 고요하시고,
정은 편안하시며 뜻은 멸하시고,
식이 없어져, 마음 또한 고요하시니,
꿈과 허망한 의사와 생각과 염하는 것이 영원히 끊어져
다시는 사대, 오음, 십팔계, 십이입이 없으시니,
그 몸은 있는 것도 아니요, 없는 것도 아니시며,
모나지도 않으시고 둥글지도 않으시며,
짧고 길지도 않으시며,
나오지도 아니하시고, 들어가지도 아니하시며,
나고 멸하지도 아니하시고,
앉는 것도 아니시고, 눕는 것도 아니시며,
다니거나 머무는 것도 아니시며,
움직이는 것도 아니시고, 구르는 것도 아니시며,
한가하거나 조용한 것도 아니시며,

나아가는 것도 아니시고, 물러나는 것도 아니시며,
편안하거나 위험한 것도 아니시며,
옳은 것도 아니시고, 그른 것도 아니시며
얻거나 잃는 것도 아니시며
저것도 아니시고, 이것도 아니시며,
가거나 오는 것도 아니시며
푸르지도 않으시고 누렇지도 않으시며,
빨갛거나 흰 것도 아니시며
붉은 것도 아니시고
자줏빛이나 가지가지의 색깔도 아니시며
계, 정, 혜, 〈풀리는 것〉과
지견에서 나시며
삼매와 육신통과 도품에서 발하시며
자비와 〈열 가지의 힘〉과 〈두려움 없음〉이 일어나시며
중생의 착한 업의 인연에서 나오시며,
장육은 자마금으로 빛남을 보이게 되시고
털 형상은 도는 달이시고
목덜미는 햇빛이시며
감청의 머리털은 빙빙 돌려 말려지시고
정수리는 살 상투이시며,
깨끗하신 눈은 밝게 비치시고,
위와 아래로 눈짓을 하시며
눈썹과 속눈썹은 보랏빛으로 널리 펴졌으며
입과 뺨은 단정하게 바르시며
입술과 혀는 빨간 꽃처럼 붉고

하얀 치아는 사십 개이시며 ,
이마는 넓으시고 코는 기시며 얼굴의 문은 열려 있으시고
가슴에는 만(卍)자를 표하시어 사자의 가슴이시며
손발은 부드럽고 천바퀴살의 줄친 것을 갖추시고
겨드랑과 손바닥은 화합하게
골 없이 완만하시며 안팎으로 움켜지시며,
팔은 기시고 팔꿈치는 크시며 손가락은 곧고 가느시며
피부는 고우시고 부드러우시며,
털은 오른쪽으로 말려지셨으며,
복사뼈와 무릎은 드러나지 아니하시며,
음기는 말같이 감추어지셨으며
힘줄은 가느시고 뼈는 굳건하시며,
어깨는 사슴같이 불룩하시고 겉과 속이 사무치게 비치시며 때 없이 깨끗하시어 맑은 물이 물듦이 없으시고
미세한 먼지도 받지를 않으시나니,
이와 같은 것들의 형상 서른둘(삼십이상)이요,
여든 가지 좋은 것이(팔십종호) 가히 보는 것과 같으시나니,
이에 실상은 형상이 없사오며 형상은 색이 아니시며
일체의 형상이 있는 것과
눈의 마주보는 것이 끊어진 것이오니,
형상이 없는 형상으로 형상이 있는 몸이시며
중생의 몸 형상의 모습도 또한 그러하오니
능히 중생으로 하여금 기쁘고 즐겁게 하시어
절을 하게 하시고
마음을 던져서 공경히 표하고

정성껏 친절하게 하시나니,
이는 스스로 높다는 아만을 버린 원인으로
이와 같은 묘한 색의 몸을 성취하였사오니,
저희들 팔만의 무리 많은 이는
함께 한가지로 머리를 조아려서 다 목숨을 던지나이다.

일부생략| 대장엄보살께서 부처님을 찬탄하시는 일부분 생략.

세존께서는 지나간 옛적에 헤아릴 수 없는 겁에
괴롭게 은근히 많은 덕 되는 행을 닦으시고 익히시어
(일부 구절 생략)
법의 안과 밖의 것을 아끼신 바가 없으시며
머리와 눈과 골수와 뇌를 다 사람에게 베푸셨나이다.
모든 부처님의 맑으시고 깨끗하신 계를 받들어 가지시되,
이에 목숨을 잃음에 이를지라도
헐거나 상하게 하지 아니하시며
만약 사람이 칼과 몽둥이를 가지고 와서
해치며 악한 입으로 꾸짖고 욕 할지라도
끝내 성내지 아니하시며
겁이 지나도록 몸이 꺾어질지라도
게으르거나 느리지 아니하셨으며
밤낮으로 마음을 거두시어 항상 선에 계시며
두루 일체의 많은 도법을 배우셨으며
사리에 밝으신 지혜는 깊이 중생의 근기에 드심이라.
이러한 까닭으로 지금 자재하신 힘을 얻으셔서

법에 자재하시어 법왕이 되셨나니,
저희는 다시 한가지로 머리를 조아려서
모든 어려움을 능히 은근히 하심과
간절히 정성을 다하심에 돌아가 의지하나이다.

부처님의 설법 (무량의경 제이 설법품)

이 때 대장엄보살께서 부처님을 찬탄하시기를 마치고, 부처님께 말씀하시길, "세존이시여, 저희들 팔만보살은 이제 여래의 법 가운데서 여쭙고자 하는 바가 있사온데, 저희를 불쌍히 여기시어 들어주지 않겠사옵니까?"

부처님께서 대장엄보살과 팔만의 보살에게 말씀하시기를, "착하고 착하도다. 선남자여. 이때를 잘 알았노라. 네가 물을 것을 마음대로 할지니라. 여래는 오래지 아니하여서 마땅히 열반에 옮기나니, 열반한 뒤에 널리 일체로 하여금 다시 나머지 의심을 없게 하리라. 어떠한 것을 묻고자 하는가. 오로지 옳게 말을 할지니라."

이에 대장엄보살께서 팔만의 보살과 함께 소리를 같이 하여 부처님께 아뢰기를, "<u>세존이시여 보살이 빨리 완전한 부처님의 깨달음(성불,부처이룸,아뇩다라삼먁삼보리)을 얻고자 하면, 어떠한 법문을 수행해야 하나이까, 어떠한 법문이 능히 보살로 하여금 빨리 완전한 부처님의 깨달음을 이루게 하나이까?</u>"

> 해설| 법화경에서 부처님께 드리는 제자의 첫 질문입니다. 상근기, 중근기, 하근기도 아니며, 선남자 선여인도 아닌, <보살>이 완전한 깨달음을 이루려면 어떻게 해야 합니까? 라는 질문입니다.
>
> 부처님의 40여년의 설법기간에 하신 말씀은 상대방의 근기와 당시 상황과 상대의 질문에 맞추어서 하신 말씀입니다.
>
> 금강경은 "선남자 선여인이 깨달은 마음을 어떻게 머무르며, 삿된 마음을 어떻게 항복받아야 합니까?" 라는 수보리 존자의 질문에 대한 부처님의 말씀으로부터 시작하는 것이 금강경입니다.
>
> 이처럼 금강경은 마음을 주제로 하고, 마음에 대한 말씀이 주이며, 말씀

의 상대방은 선남자 선여인, 최상승의 근기에 있는 제자들 등 다양한 상대방에 대한 말씀입니다.

능엄경, 반야심경에서도 개인의 자기 수행, 자기 마음 수양이 핵심사항이라고 할 수 있으며, 화엄경의 경우는 보살과 출가수행자들이 일상의 생활에서의 지혜와 도리와 바른 관점에 대한 가르침이라고 볼 수 있습니다.(속세에 비유한다면 도덕과목과도 같음)

이에 반해 법화경은 마음의 고통에서 벗어난 보살과 큰스님으로서 장차 성불, 부처 이룸, 완전한 깨달음을 성취하기 위해서는 어떤 법을 수행하여야 하는가, 일불승 즉 오직 하나의 길, 완전한 깨달음과 일체중생 성불도, 구제의 법을 위한 질문과 가르침입니다.

이러한 체계의 파악이 없이 이해를 한다면, 부처님의 작은 법이 큰 법으로 둔갑을 하고, 큰 법이 작은 법 밑에 위치하여, 불교의 가장 근원적인 가르침과 교리가 뒤바뀌어집니다.

마치 속세의 법학에서도 헌법과 민법과 형법의 이론이 뿌리에 해당이 되어서 헌법, 민법, 형법의 이론에 위배되는 각종 법률, 시행령, 규정들의 해석은 뿌리에 어긋나는 해석이며, 각종 법률, 시행령, 규정의 해석을 함에 있어서 반드시 헌법과 민법과 형법의 이론과 체계를 염두에 두고 어긋남이 없도록 해석하는 것이 바른 해석이듯이 또한 각종 시행령, 법령들이 자기 혼자 독립해서 존재하는 것이 아니라 모두 헌법과 민법, 형법에 연결되어져 있고, 최상위의 근본법과 연결되어져 있듯이 부처님 말씀에도 이러한 '체계와 위계질서'가 있음을 잘 알아서 잘못된 해석이 이루어지지 않아야 할 필요성이 있습니다. 근본적으로 부처님 법은 위아래가 없는 평등한 하나이지만, 중생의 종류에 따라 다양한 법을 설하실 수밖에 없었으며, 그러므로 부처님법의 체계에 대한 이해의 필요성이 있습니다.

법화경 후반부에 '보배의 탑을 본다'는 견보탑품에서는 진리 그 자체로서의 부처님이신 다보부처님과 다보탑이 등장합니다. 이 세상에 몸으로 출현한 응신부처님이신 석가부처님의 모든 분신부처님이 한자리에 모이면 다보부처님의 모습을 드러내신다는 말씀을 하시는데, 이 말씀은 즉 석가부처님께서 이 세상에 설하신 모든 말씀을 한 자리에 모으면 마치 다보탑의 모양처럼 위계질서를 갖춘 모양이 되는데, 하층의 부분은 그 하층부분 그 자체만 홀로 독립되어 존재하는 것이 아니라, 최상층의 부분을 위해서 존재하고, 최상층과 연결되어져 있습니다.

이 의미는 일체중생의 차별된 모양이 마치 다보탑처럼 분포되어져 있지만, 하층의 중생들은 모두 최상층의 진리와 연결되어져 있고, 언젠가는 미래에 반드시 최상층의 성불을 할 수 있는 가능성이 있으며, 성불과 연결되어져 있다는 의미입니다.

이는 중생들의 차별된 모습도 그러하며, 그러한 중생들에게 설하신 부처님의 말씀(법)도 그러하다는 의미입니다. 왜냐하면 현실에서는 부처님께서 중생의 근기에 맞추어서 법을 설하셨기 때문입니다.

사바세계의 중생들의 차별된 모양도 다보탑의 모양이며, 중생들에게 설하신 부처님의 법도 또한 모두 한자리에 모으면 다보탑의 모양처럼 위계질서를 갖춘 차별된 모양입니다.(2권 견보탑품 참조)

중생들이 제각기 자기 수준에 맞추어서 자기가 최고라고 하는 종교를 믿고, 자기가 최고라고 하는 수행법과 선지식을 따라 공부하고 있지만, 자기 스스로는 자기의 근기를 알 수가 없으며(약초유품 참조) 그러한 수행법이 마치 다보탑의 하층부분에 해당되는 것을 붙잡고 수행한다고 하더라도 그러한 것도 결코 가볍게 볼 수 없는 것은 그것이 최상층의 진리, 성불과 연결되어져 있고, 차츰차츰 상층부로 올라갈 수 있기 때문입니다. 그렇게 기초를 튼튼히 해서 상층부로 올라가서 최상승의 부처님의 본뜻에 도달해보니, 이와 같은

법화경에서의 보살제자와 부처님의 설법이 있으니, 우리는 이러한 법화경의 부처님말씀을 부처님의 본래 진실 법임을 유의해야 합니다

부처님께서 대장엄보살과 팔만의 보살에게 말씀하시되, "선남자여, 한 법문이 있으니, 능히 보살로 하여금 빨리 〈성불〉을 얻게 하느니라. 만약 보살이 있어서 이 법문을 배우는 자는 곧 능히 완전한 깨달음을 빨리 얻느니라."

"세존이시여, 이 법문의 이름은 어떠한 것이며, 그 뜻은 어떠하오며, 보살이 어떻게 수행하나이까?"

부처님께서 말씀하시되, "선남자여, 이러한 한 법문의 이름은 무량이라 하며, 보살이 무량이란 가르침을 닦고 배움을 얻고자 하거든 마땅히 일체의 모든 법이 본시(해설/본시라는 말은 본래, 근본적으로 라는 의미입니다. 현실과 반대의 의미입니다. 현실은 평등하지 않고 차별된 모양이지만, 근본적으로, 본시는 평등, 하나의 씨앗, 공이라고 표현하는 것입니다) 성품과 형상이 비고 고요하여 큰 것도 없고 작은 것도 없으며 태어나는 것도 없고 멸하는 것도 없으며 머무르지도 않고 움직이지도 아니하며, 나아가지도 않고 물러서지도 않으며, 마치 허공과 같이 두 가지 법은 있을 수 없다고 관하여 살필지니라.

(해설-근원적으로는 평등한 하나의 법, 하나의 씨앗임을 설하십니다.
그러나 우리들 사바세계 현상, 현실에서는 위계질서 있는 차별된 모양입니다. 중생의 모양도 그러하며, 이러한 중생들에게 설하신 부처님의 법의 모양도 그러합니다.)

모든 중생은 허망하고 삐뚤어지게 헤아려서 이것을 이것이다. 이것을 저것이다 하며 이것을 얻었다 이것을 잃었다 하며, 착하지 못한 생각을 일으키어 여러 가지 악업을 지어서 여섯 갈래로 윤회하며, 모든 괴로운 것을 독하게 갖추어서 헤아릴 수 없는 억겁을 능히 스스로 나오지 못함이라.

보살은 이와 같이 자세히 관하여 가련하고 불쌍히 여기는 마음을 내어, 크게 사랑하고 슬피 여김을 일으키고, 장차 구원하고 빼내고자 하며, 일체의 모든 법에 깊이 들게 하고자 할지니라.

해설| 보살들을 가르치시는 내용으로서 일체 중생을 크게 사랑하고 슬피 여기고 가엽게 보아서 일체를 사랑하여 장차 구원하라는 사랑의 가르침입니다. 부처님의 다른 경전에서는 이와 같은 일체중생 성불도, 사랑, 구원에 대한 당위론은 찾아보기 어렵습니다.
반야심경, 금강경, 능엄경에서는 개인의 마음과 의식에 대한 존재론, 현상세계의 이치와 존재론이 중심 이였습니다.

본문에서도 말씀하셨듯이, 일체 법이 비고 고요하고, 큰 것도 없고 작은 것도 없고, 태어나지도 않고 멸하지도 않고, 마치 허공과 같음을 살펴라는 말씀은 현상계의 존재론에 대해 관하여 살펴서 바르게 보아라는 것인 반면, 그 후에 그로 인하여 일체 중생을 사랑하여 구원하라고 하신 말씀은 당위론입니다.
즉 존재론이란 현상계가 우리의 안목으로 보면 인연법에 의해서 모였다가 흩어졌다가 하며, 인과법에 의해서 원인과 결과의 상관관계, 길고 짧은 게 없고, 나의 실체가 없으며, 마치 허공과 같이 분별이 없는 법은 존재론으로서 세상을 바르게 보면, 이 세상이 그러하다는 것이지, 우리들에게 어떻게 행동하라는 말이 아닙니다.
그러므로 존재론은 하위의 법인 반면, 우리들에게 응당 이러 이러하게 행위를 해야 한다는 당위론은 상위의 법입니다.
일체를 사랑하고 불쌍히 여기고 구원하라는 말씀은 당위론으로서 상위의 법인데, 이러한 상위의 법을 깨우치기 위해서는 하위법인 존재론을 깨우쳐야 비로소 가능합니다. 즉 세상의 존재론인 연기법, 인과법, 무아법, 중생의 성품에 부처님 성품을 가지고 있다는 것을 깨우쳐야 비로소 당위론인 일체중생을 사랑해야 함을 깨우칠 수 있습니다.
그러므로 하위법이라고 해서 가볍게 본다는 것이 아니라, 하위법을 깨우처야 상위법을 깨우칠 수 있습니다.
 일부의 견해에 의하면, 불교는 자기수행, 마음공부이지 신앙이 아니다 라고 말하는 것은 위에서 말한 하위법인 존재론만 중시하는 것으로서 상위법인 당위론을 간과한 안목일 것입니다.
 그러므로 자기 수행, 마음공부도 마땅히 하위법으로서 중요한 부분이지만, 그러한 수행과 마음공부를 해서 존재론을 바르게 보고난 후에는 응당 상위법으로서, 일체 중생을 사랑으로써 구제하고, 부처님께서 영원히 멸하지 않으셨으며, 무한한 신력을 가지고 계시는 부처님의 말씀을 믿고 따르며, 일체 중생의 성품에 부처님의 성품을 가지고 있는 부처님의 아들로서 장차 부처님과 동등한 부처 이룸을 위해 나아가도록 인도해야 한다는 것에 중점을 두어서 실천행을 중시해야 한다는 부처님 법의 위계질서에 대한 이해의 필요성이 있습니다.
 사바세계, 현상세계는 이처럼 중생들이 다양하다보니, 이렇게 다양한 중생들에게 각자 눈높이 설법을 함으로 인해서 현상세계에 설하여진 법도 또한 다양합니다.

 보살은 네 가지 형상의 처음과 끝을 관하여 살펴서 두루 알기를 마치고는, 일체의 모든 법은 생각 생각에도 머무르지 않고 새롭고 새롭게 생멸함을 살펴서, 다시 나고 머무르고 달라지고 멸함을 관할지니라.
 이와 같이 관하기를 마치고, 중생의 모든 근기와 성품과 하고자 하는 것에 들어갈지니라.
 성품과 하고자 하는 것이 헤아릴 수 없는 까닭에 법을 설함도 헤아릴 수 없느니라.
 법을 설함이 헤아릴 수 없는 까닭에 뜻도 헤아릴 수 없느니라.
 무량의는 하나의 법을 좇아 났으며, 그 하나의 법은 곧 형상이 없음이라.
 이와 같은 형상이 없는 것은 통상도 없으며 형상도 아니나니, 형상이 아니기에 형상이 없으므로 실상이라 이름하느니라."

해설| 중생의 근기가 천차만별이며, 성품과 하고자 하는 것도 사람마다 다르기 때문에, 백가지 종류의 사람이 있으면 그 종류별로 나누어서 다른 법을 설해주어야 하므로 법을 설함도 헤아릴 수 없다고 하십니다······. 세상에 설해진 종교와 가르침의 종류가 여러 가지로 많은 것은 사람의 종류가 많아서 그렇게 된 것이지, 진리가 여러 가지로 많은 것은 아닙니다. 진리는 하나이며, 그 하나의 법에서 나온 것입니다. 수없이 많은 말씀과 뜻이 하나의 법에서 나왔으며, 하나의 씨앗에서 무수히 많은 씨앗이 나오듯이, 무량한 뜻이 하나의 법에서 나온 것입니다. 그 하나의 진리는 위아래가 없으며, 위계질서가 없습니다. 그러나 현실에서 부처님께서 설하신 말씀에서는 중생의 근기에 맞추어서 설하신 다양한 상중하의 크고 작은 말씀이 있으므로, 우리에게 설하신 말씀의 위계질서에 대한 이해의 필요성이 있습니다.

하나의 법에서 왜 수없이 많은 가르침과 뜻이 나온 것이냐면, 중생들이 성품과 하고자하는 것이 헤아릴 수 없으므로 법을 설함도 헤아릴 수 없다고 위 본문에서 부처님께서 말씀하십니다. 법을 설함이 헤아릴 수 없으므로 뜻도 헤아릴 수 없이 많아 졌다고 위 본문에서 부처님께서 말씀하십니다.

우리들 중생의 종류가 각양각색 다양하다보니, 아버지께서는 1등하는 중생만 아들이라고 여겨 1등에게만 하나의 가르침만 설하시고 나머지 아들은 포기하고 버리시는 것이 아니라, 나머지 모든 아들에게 동등한 사랑으로 눈높이에 맞춘 설법을 하셨으므로 그 설함이 헤아릴 수 없습니다.

다시 말해, 본래 부처님의 하나의 법은 형상도 없고, 형상도 아니고, 그러므로 실상이라 이름한다고 하시듯이 위아래가 없고 평등하며 허공과 같은 것이지만, 그러나 현실은 그 하나의 법에서 무수히 많은 법이 나올 수밖에 없었다는 것입니다. 왜냐하면 중생의 종류가 무수히 많은 까닭입니다.
근본적으로는 평등한 모양, 하나의 씨앗이지만, 현상은 여러 가지 차별된 모양, 더 나아가서 <위계질서를 갖춘 차별된 모양>이라고 설명하는 것입니다.

그러므로 우리에게 설해진 부처님 법에 있어서는 그 체계와 위계질서에 대한 이해의 필요성이 발생하는 것입니다.

저의 부처님법의 위계질서와 관련한 이 같은 개념은 본 해설서 후반부 <견보탑품>에서도 자세히 언급되는데, 마치 법화경 자체가 부처님법의 위계질서를 밝히는 경전인 것처럼 경전 전체에 걸쳐서 계속 강조되고 있습니다.

보살마하살이 이와 같은 진실한 형상에 편안히 머물기를 마치고 일으키는 바의 사랑하고 슬피 여기는 것은 밝게 살펴서 헛되지 아니하느니라.

중생에게서 참으로 능히 괴로움을 뽑음이라,

괴로움을 이미 뽑기를 마치고는 다시 위하여 법을 설하고 중생으로 하여금 쾌락을 받게 하느니라.

선남자여, 보살이 만약 이와 같이 한 법문의 무량의를 닦는 자는 반드시 빨리 아뇩다라삼먁삼보리를 얻느니라.

이와 같이 심히 깊고 위없는 대승의 무량의경은 이치가 진실하고 바르며, 삼세의 모든 부처님께서 함께 지키고 보호하시는 바이며, 많은 마의 가르침이 잘 들어온다는 것은 있을 수 없으며, 일체의 삿된 견해와 생멸이 무너트리려 하여도 되지 않느니라.

이런 까닭으로 보살이 만약 빨리 완전한 깨달음을 이루고자 한다면, 이와 같이 대승의 무량의경을 닦고 배울지니라〉

이때 대장엄보살이 부처님께 말씀하시되, "세존께서 법을 설하심은 가히 생각으로 논의하지 못함이요,

해탈의 법문도 또한 가히 생각으로 논의하지 못하옵니다.

저희들은 의심과 미혹함이 없사오나, 중생들이 미혹하여 헤매는 마음을 내는 까닭으로 거듭 자문하고서는 여쭈겠나이다.

여래께서는 사십 여 년 동안 중생을 위하시어, 모든 법의 네 가지 형상의 뜻, 괴로움의 뜻, 공의 뜻, 항상함이 없는 법(무상법), 나의 실체가 없는 법(무아법), 분별이 없는 법, 생멸이 없는 법, 법의 성품과 형상은 본래 비고 고요하여 오는 것도 아니요, 가는 것도 아니며, 나오지도 않고 사라지지도 아니함이라.

만약 듣는 자가 있다면 수다원, 사다함, 아나함, 아라한, 벽지불의 도를 얻고, 제일지, 제이, 제삼에 올라 제 십지에 이른다고 말씀하셨나이다.

이와 같은 지난날에 설하신 모든 법의 뜻과 지금 설하시는 바와는 어떻게 다름이 있어서, 대승의 무량의경만을 보살이 닦고 행하면 빨리 성불을 얻으리라고 말씀하시나이까?

해설| 이 질문에서도 밝혀지듯이, 지난날에 제자들에게 위와 같은 공사상,무상법,무아법, 등의 반야심경,금강경,화엄경,능엄경,아함경에서의 설법과 지금 말씀하시는 것이 어떤 다름이 있어서 지금 이와 같은 법을 설하시냐고 묻고 계십니다. 이것이 바로 부처님 법의 위계질서에 대한 개념 그리고 상대방의 근기에 따른 부처님 설법에 대한 이해를 요구하는 부분인데 아래에 나오는 부처님의 말씀에서도 분명히 밝히고 계십니다.

부처님법의 위계질서를 밝히는 것은 진실을 밝히는 것이며, 그로 인해서 처음에 설한 말씀과 중간에 그리고 나중에 설한 말씀의 상호 모순 충돌을

해결하면서 일승에 귀결할 수 있다는 진실을 밝히는 것입니다(회삼귀일).

오직 원하옵건대, 세존이시여 일체를 사랑하시고 불쌍히 여기시어 현재와 미래 세상에서 법을 듣는 자가 있으면 〈나머지 의심〉이 없게 하옵소서."

해설/ 나머지 의심이 없게 하옵소서.에서 <나머지 의심>의 의미에 대해서 간략하게 언급하겠습니다.
예를 들어 우리들이 초등,중고등,대학 이라는 교육과정에서 산수, 수학, 물리학을 차례로 배운다고 한다면, 만으 어떤 사람이 초등,중고등 까지만 배우고 마친다면, 이 사람도 전체를 배웠다라고 말할 수 없습니다.
그리고 만약 어떤 사람이 초,중고등,대학 까지 모두 배웠다라고 해도, 이 사람은 마지막 하나를 배우지 않으면 나머지 의심이 남아 있게 됩니다.
여기서 마지막 하나라고 하는 것은 산수, 수학, 물리학을 모두 배웠다 해도, 마지막에는 산수, 수학, 물리학 상호간의 체계, 관계, 위계질서를 배워야 비로소 나머지 의심이 없어지는 것이며 전체를 배웠다라고 할 수 있는 것입니다.
이러한 상호 관계,위계질서를 배우지 않으면, 산수, 수학, 물리학 상호간의 의미의 모순, 충돌이 있을 수 있으며 의미의 해석을 놓고 갈등과 의심이 남게 되는 것입니다.
모든 부처님의 45년 동안의 설법을 한자리에 모으면 다보탑과 같은 모양으로서, 이러한 모양을 볼 때, 비로소 부처님의 본뜻을 볼 수 있습니다.
지난날에 설하시었던 반야, 능엄경, 금강경, 화엄, 방등의 12부경등과 오늘날의 법화경에서의 부처님의 설법은 어떤 관계가 있고 뜻이 있기에, 오늘날에 부처님께서 이와 같은 법을 설하시는가? 에 대해서 보살제자들은 이해를 하지만, 후학들이 의심을 할 것 같아서 나머지 의심이 없게 하기 위해서 법의 위계질서를 설하시는 장면입니다.

이에 부처님께서 대장엄보살에게 이르시길 "착하고 착하도다. 크게 착한 남자여, 여래에게 이와 같이 심히 깊고 위없는 대승의 미묘한 뜻을 묻는구나.

 마땅히 알지니라. 너희는 능히 이익 되는 바가 많으리라.

 선남자여, 내가 스스로 도량보리수 아래 육년을 단정히 앉아서 부처 이름을 얻었느니라.

 <u>부처님의 눈으로써 일체의 모든 법을 관하였으되 가히 베풀어 설할 수 없었나니, 까닭은 무엇인가 하면, 모든 중생의 성품과 하고자 하는 것이 같지를 아니함일세.</u>

 <u>성품과 하고자 하는 것이 같지를 아니함으로 가지가지로 법을 설하였으며, 가지가지의 법을 설하되 방편의 힘으로써 하였으며, 사십여 년 동안 진실을 나타내지 아니하였느니라.</u>

 이런 까닭으로 중생이 도를 얻음에도 차별이 있어 빨리 위없는 깨달음 이룸을 얻지 못하였느니라.

해설| 석가모니부처님께서 보리수 아래에서 일체의 완전한 깨달음을 얻으신 뒤, 깨달으신 진리는 미묘하여 중생들에게 베풀어 설하여도 중생들이 그것을 이해하지 못하고 오히려 욕을 할 것이라, 차라리 법을 설하지 않고 바로 열반에 드시려고 하였으나, 하늘의 왕이 내려와 부처님께 간청하기를 중생들 중에는 눈 밝고 귀 밝은 상근기 중생이 있으니, 이들은 부처님의 진리를 이해할 수 있으니 중생들을 불쌍히 여기시어 진리를 설하여 주시기를 간청하였습니다.

이에 부처님께서는 중생들을 사랑하시어 진리를 펴고자 하되, 법을 듣는 상대방의 상중하 근기에 맞추어서 하근기 중생들에게는 중근기로 발전할 수 있는 작은 진리를 설하시고, 중근기 중생들에게는 상근기로 발전할 수 있는 진리를 설하시고, 상근기 중생들에게는 큰 진리를 설하시어 최상의 보살도에 이르게 하시고 보살들에게는 최고의 근원적이고 진실한 말씀을 설하시어 완전한 깨달음의 경지에 이르게 하시는 방법으로 상대의 근기의 상중하에 따라 법을 설하였습니다.

 그러므로 사십여 년 동안 진실을 나타내지 않았다라고 말씀하시고 계시는 장면입니다. 이처럼 부처님 말씀이 전부 등급이 동등한 것이 아니라, 그 말씀의 상대방과 목적과 질문에 따라 지엽적인 말씀과 근원적인 말씀이 있음을 깨우치고 불교를 해석할 필요성이 있습니다.

 이처럼 마음의 고통이 있고, 하고자하는 것이 각기 다른 다양한 중생들에게 진리를 설하여도 이해를 하지 못하고 오히려 욕을 할 것이기 때문에 부처님의 초기, 중기의 설법기간에 설하셨던 말씀에는 마음의 고통을 제거하는 방법에 대한 말씀이 많았으며(반야심경, 금강경, 능엄경 등) 제자들의 질문 또한 마음에 관한 질문 이였으므로, 그 질문에 맞추어 마음에 관한 말씀이 많았습니다.
 예를 들어 금강경의 경우는 앞에서 설명하였고, 능엄경의 경우는 부처님의 제자 아난존자가 외출후 돌아오는 길에 여인의 유혹에 넘어가서 과오를 범했던 일에 대해서 부처님께서 우리들의 마음과 의식, 육근에 대한 가르침을 설파하셨던 내용입니다.
 우선적으로 마음의 고통을 제거하게 하신 후, 비로소 법화경의 설법에 와서 완전한 깨달음에 이르게 하는 진실하고 근원적인 본래의 진실법을 설하시려는 장면입니다.
 여기에서 본래의 진실법이란 부처님께서 이 세상에 인간의 몸으로 오신 본래의 목적이 바로 지금부터 설하시는 가르침이 그것이다 는 의미입니다. 그러므로 사십 여 년 동안 진실을 나타내지 아니하였느니라. 라고 하시는 것입니다. 진실을 말씀하시려 하여도 상대가 이해를 못하기 때문이었지요, 그러나 이제 이 법화경의 설법에서는 그동안 나타내지 않으셨던 진실을 말씀하시고 계시는 것입니다.

 그러므로 오늘날 부처님 말씀의 전체적인 체계를 모르고, 불교의 핵심교리가 제행무상, 일체개고, 제법무아, 제상비상, 오온개공, 무념무상, 4성제 8정도, 인연설, 윤회설이다고 말하는 것은 잘못된 것입니다. 이러한 교리는 부처님의 초기, 중기에 이루어진 설법내용으로서 중생과 제자들의 마음의 고통을 제거하기 위한 실상(존재론, 현상계의 이치)을 말씀하신 것이며, 개인적인 수행의 부분을 말씀하신 것이지 부처님의 최고의 사상, 부처님의 가장 큰 본뜻은 아닙니다. 이 점을 이해하시고, 부처님의 본래의 가장 큰 본뜻이 무엇인지 앞으로 나오는 묘법연화경의 말씀에서 확인하시길 바랍니다.

이러한 저의 견해를 잘못 오해한다면, 마치 법화경만이 중요하다고 저의 견해를 왜곡하시지는 마시길 바랍니다.
본 해설서의 머리말에서도 제가 밝혔듯이 중생의 수준이 다양하다보니, 다양한 중생의 수준에 맞춘 법이 모두 동등한 성품이라고 했으며 저는 법화경만이 중요하다는 견해를 말한 적이 없습니다.
당위론을 깨닫기 위해서는 존재론을 먼저 깨달아야 하듯이, 최상의 진리를 깨닫기 위해서는 기초되는 진리를 터득을 해야 합니다.
그러므로 기초되는 진리를 도외시하는 것이 아니라, 부처님법의 위계질서를 파악할 필요성이 있다는 견해입니다.

 선남자여, 법은 비유컨대 더러운 때를 씻는 물과 같으니라.
 샘이거나, 못이나, 강이나, 큰 강, 시내, 도랑, 큰 바다가 모두 더러운 때를 씻듯이 법도 또한 이와 같아서 중생의 모든 번뇌의 때를 씻느니라.
 이와 같이 물의 성품은 하나이지만, 강과 큰 강과 샘과 못과 시내와 도랑과 큰 바다는 각각 구별이 되어 다름이라.
 법의 성품도 이와 같아서 괴로움을 씻어 없애는 성품은 하나이나 세 가지 법과 네 가지 과와 두 가지의 도와 다섯 가지의 교가 있어 하나가 아니니라.

 부처님의 말씀도 이와 같아서, 처음과 중간과 뒤에 말한 내용이 모두가 중생의 번뇌를 씻어 없애나, 그러나 처음은 중간이 아니요, 중간은 뒤가 아님이라.

 처음이나 중간이나 뒤에 말한 것은 글이나 말은 비록 같을지라도 뜻은 각각 다르니라.

> 해설| 부처님 말씀이 이처럼 초기설법, 중기, 후기의 설법하신 말씀이 상대방의 상 중 하에 따라서 그 말씀의 크기가 다 다르지만, 그래도 모든 말씀이 중생의 번뇌를 씻어 없앤다는 성품은 동일합니다. 그래서 말씀의 성품은 하나라고 하십니다.
>
> 초기에 비록 하근기의 중생을 상대로 눈높이를 낮추어서 설하신 말씀도 그런 하근기 중생들은 그런 말씀에 번뇌를 씻어 없앨 수 있었습니다.
>
> 후반부에 이르러 상근기를 상대로 눈높이를 높여서 설하신 말씀도 비록 그 크기는 큰 말씀이나 본성은 초기말씀과 같이 중생의 번뇌를 씻어 없애는 말씀입니다.
>
> 그러나 그 말씀의 크기는 다르며 의미도 다릅니다. 그래서 하나가 아니다 라고 하십니다.
>
> 비록 같은 말씀이라도 시기와 장소와 상대방에 따라 그 뜻이 다르므로, 그것을 해석하는 것에 의해서 받아들이고 푸는 것이 다르므로 도를 얻는 것이 차별이 생긴다고 하셨습니다. 이런 개념이 곧 부처님법의 위계질서이며 이에 대한 이해의 필요성을 강조하고 싶습니다.

 선남자여, 내가 나무왕에서 일어나 바라나의 녹야원 가운데로 나아가서, 아야 구린 들의 다섯 사람을 위하여 사제의 법륜을 굴릴 때에도(**사제법**), 또한 모든 법은 본래 오면서 비고 고요하건만 끊임없이 바뀌어 머무르지 아니하며 생각생각에 생멸한다고 설하

였노라.(오온개공,제행무상)

  중간에 이곳과 그리고 곳곳에서 모든 비구와 아울러 많은 보살을 위하여 십이인연과 (**12인연법**), 여섯 가지로써 생멸하는 이쪽에서 생멸이 없는 저쪽에 이르름을 설명하여 말함에, (**육바라밀**), 모든 법은 본래 오면서 비고도 고요하건마는 끊임없이 바뀌어 머무르지 아니하며, 생각생각에 생멸한다고 설하였노라.
  지금 다시 여기서 대승의 무량의경을 설명하여 말함에, 또한 모든 법은 본래 오면서 비고 고요하건마는 끊임없이 바뀌어 머무르지 아니하며 생각생각에 생멸한다고 설하느니라.

  선남자여, 이런 까닭으로 처음 설함과 중간에 설함과 뒤에 설함이 글과 말은 하나일지라도 뜻은 구별되어 다르나니, 뜻이 다른 까닭으로 중생의 푸는 것이 다르며, 푸는 것이 다른 까닭으로 법을 얻고, 과를 얻고, 도를 얻는 것도 또한 다르니라.

  선남자여, 처음에 사제(**사제법**)를 설하여 성문을 구하는 사람을 위함 이였으나, 이에 팔억의 모든 하늘이 내려와서 법을 듣고 깨달음의 마음을 일으켰으며, 중간의 곳곳에서도 심히 깊은 십이의 인연(**12인연법**)을 설명하여 말하여 벽지불을 구하는 사람을 위함 이었으나, 이에 헤아릴 수없는 중생이 깨달음의 마음을 일으키고 혹은 성문에 머물렀느니라.
  다음에 방등의 십이부경과 마하반야(**반야심경**)와 화엄의 바다(**화엄경**)와 구름을 설하여, 보살이 겁이 지나도록 닦아 행하는 것을 설명하여 말하였으나,

해설| 우리가 흔히 화엄의 바다라고 부르는 화엄경은 보살이 실생활에서 행할 도리에 대한 말씀입니다. 그러므로 화엄경은 근원적인 대승의 말씀이 아니라, 삶을 살아 가면서의 유의할 점, 보살의 생활지혜와 관련된 말씀임을 유의하시길 바랍니다. 보살이 <닦아 행하는 것을 설명하였다>라고 부처님께서 말씀하시는 장면입니다.

이에 백천의 비구와 만억의 사람과 하늘과 헤아릴 수 없는 중생이 수다원과 사다함과 아나함과 아라한의 과를 얻고, 벽지불의 인연법 가운데 머물렀느니라.

해설| 지난날에 설했던 사제법, 12인연법, 반야심경, 화엄경, 방등의 십이부경 등은 이처럼 상대방의 낮은 근기에 맞추어서 설한 소승의 법이였다는 의미를 이해해야 할 것입니다. 부처님의 모든 말씀이 중생의 번뇌의 때를 씻어 없애는 성품은 동일하지만, 그러나 그 말씀의 크기와 위계질서에 대한 이해의 필요성이 있습니다.
부처님의 작은 말씀이든 큰 말씀이든지 상관없이 모든 말씀은 중생을 건지는 말씀이다 는 점에서는 그 본질을 같이함으로 작은 말씀도 분명히 중요한 진리의 말씀입니다.(방편즉 진실). 저의 견해는 법화경만이 중요하다는 견해가 아니며, 부처님법의 위계질서에 대한 이해의 필요성에 대한 견해입니다.
부처님께서 비유를 통해 설명하셨던 물을 가지고 말씀드린다면, 큰 바닷물만이 중생의 번뇌의 때를 씻어 없애는 물인 것이 아니라, 도랑물도, 샘물도, 냇물도 동일하게 중생의 번뇌의 때를 씻어 없애는 물이므로 모든 물이 하나의 성품이다 는 것을 분명히 밝힙니다.
그러나 그 물의 크기는 분명히 차이가 있어서, 위계질서를 부정해서는 안 된다는 의미입니다.
다른 비유로써 설명한다면, 부처님의 45년 동안의 설법기간에는 초기설법기간, 중기설법기간, 후기 설법기간으로 나눈다면, 초기에는 비유컨대 산

수를 설하시고, 중기에는 수학을 후기에는 물리학을 설하셨다고 비유할 수 있는데,
 산수라고 해서 가볍게 본다는 것이 아니라, 법의 위계질서에 대한 이해의 필요성에 대해서 말씀하고자 함인데, 우리들이 부처님의 설법기간에서 예전에 설하신 사제법,12인연법, 반야, 화엄, 방등의 십이부경 등의 말씀과 지금 설하시는 말씀과의 상호 위계질서, 의미의 차이, 체계에 대해서 이해할 필요성이 있다는 것입니다.

 선남자여, 이러한 뜻의 까닭으로써, 그러므로 알지니, 같은 말을 하였으나 뜻의 차이가 다르며, 뜻이 다른 까닭으로 중생이 해석하는 것도 다르고, 해석하는 것이 다른 까닭으로 법을 얻고 과를 얻는 것과 도를 얻는 것도 다르느니라.

 이런 까닭으로 선남자여, 스스로 내가 도를 얻어 처음에 일어나 법을 설함으로부터 오늘날 대승의 무량의경을 설명하여 말함에 이르기까지 일찍이 괴로움이라는 것과, 공이라는 것과, 항상함이 없는 것(제법무상)과, 나라는 것이 없는 것(제법무아, 무아법)과, 진실한 것도 아니고 거짓도 아니며, 크지도 않고 작지도 않음과, 본래 오면서 나는 것도 아니고, 지금도 또한 멸하지도 아니하며, 한 형상이며, 형상이 없으며, 법의 형상과 법의 성품도 오는 것도 아니요, 가는 것도 아니며, 이에 중생이 네 가지 형상으로 옮겨지는 것을 말하지 않음이 없었느니라.

 선남자여, 이러한 뜻의 까닭으로써 모든 부처님께서 두 가지의 말씀은 있음이 없으니라.
 능히 한 음성으로써 널리 뭇 말에 응하며, 능히 한 몸으로써 백천만억 나유타의 헤아릴 수 없고 수없는 항하사의 몸을 보이느니

라.

하나하나의 몸 가운데에서도 또한 약간의 백천만억 나유타 아승지 항하사의 가지가지 종류의 형상을 나타내는 것이며, 하나하나의 형상 가운데에서 또한 약간의 백천만억 나유타 아승지 항하사의 형상을 나타내 보이는 것이니라.

선남자여, 이것이 곧 모든 부처님의 가히 생각으로 논의하지 못할 심히 깊은 경계이니, 이승은 알바가 아니며, 십지에 머무는 보살도 미칠 바가 아니며, 오직 부처님만이 능히 궁구하여 깨닫느니라.

해설| 부처님의 모든 말씀은 중생을 구원하고자, 아들을 건져내고자 하신 말씀이지만 그 말씀이 상대방의 근기에 따라서 작은 법, 큰 법의 말씀이 있으며, 작은 법도 큰 법도 모두 중생을 구제하시는 본질은 같은 것이지만, 그 뜻은 다른 것입니다.

이처럼 크고 작은 수많은 부처님의 말씀은 하나의 진리에서 나온 것이며, 그 본질은 같은 하나에서 나온 것입니다.

이러한 부처님 말씀에 비추어서 오늘날의 모든 종교를 살피건대, 각종 종교의 가르침도 이와 같은 부처님 가르침과 같이 각각 중생을 구제하고자 하는 교리로서 그 본질은 같으나, 어느 중생을 상대로 한 교리인가에 따라서 그 교리의 크기가 다를 뿐이며, 그 본질은 모두 중생을 건져내고자 하는 하나의 진리에서 나온 것이라는 뜻을 부처님의 이러한 가르침을 통해서 우리는 현실세계의 다양한 종교를 이해할 수 있을 것입니다. 그러므로 오늘날의 다양한 종교의 가르침도 모두가 부처님의 법이며 속세의 법학이나 학문 또한 부처님의 법의 일부입니다.

선남자여, 이런 까닭으로 내가 말하노니, 미묘하고도 심히 깊고 위없는 대승의 무량의경은 글의 이치가 진정하고 바르며, 높음이 위에 지남이 없으며, 삼세의 모든 부처님께서 함께 지키고 두호하시는 바이며, 많은 마와 외도가 잘 들어온다는 것은 있을 수 없으며, 일체의 삿된 견해와 나고 죽음이 이를 헐어 무너지게 하여도 되지 않나니, 보살마하살이 빨리 위없는 깨달음을 이루고자 하면, 응당 마땅히 이와 같은 심히 깊고 위없는 대승의 무량의경을 닦고 배울지니라 "

 부처님께서 이런 말씀을 하시기를 마치시니, 삼천대천세계는 여섯 가지로 진동하여 움직이고, 자연히 공중에서도 가지가지의 하늘 꽃이 비 오듯이 하며, 수없는 가지가지의 하늘의 향과 하늘의 옷과 하늘의 영락이며, 하늘의 보배가 하늘 위에서 빙빙 돌며 내려와서, 부처님과 보살과 성문 대중에게 비 오듯이 하여 공양함이라, 하늘함과 하늘발우그릇에다 하늘의 백가지 맛나는 것을 가득 차게 하여 넘치게 하고, 하늘의 당과 하늘의 번과 하늘의 헌개와 하늘의 풍류하는데 갖추는 것을 곳곳마다 자리 잡아 두고, 하늘의 풍류를 지어서 부처님께 감탄하여 노래하였소이다.
 또 다시 동방의 항하사들의 모든 부처님 세계도 여섯 가지로 진동하여 움직이고, 하늘의 꽃과 하늘의 향이며 하늘의 옷과 하늘의 영락과 하늘의 보배가 비 오듯이 하고 하늘의 함과 하늘의 발우그릇에다 하늘의 백가지 맛나는 것이며 하늘의 당과 하늘의 번과 하늘의 헌개와 하늘의 악기로써 하늘의 음악과 재주를 지어서 부처님과 보살과 성문대중을 찬탄하여 노래 부르더이다. 남서 북방과 네모퉁이와 위아래도 또한 다시 이와 같았소이다.

 많은 이 가운데 삼만 이천 보살께서는 무량의 삼매를 얻으시고,

삼만 사천의 보살께서는 수없고 헤아릴 수 없는 다라니의 문을 얻으시어, 일체 삼세의 모든 부처님의 물러나지 않는 법륜을 능히 굴리심이라.

  수많은 출가수행자와 제가수행자들은 함께, 부처님께서 이 경을 설하시는 것을 들었을 때, 혹은 난법과 정법과 세간 제일법과 수다원과와 사다함과와 아나함과와 아라한과와 벽지불과를 얻고 또는 보살의 나지도 없어지지도 않는 참된 법의 본바탕을 깨달아 알고 편안히 머물러 움직이지 않음을 얻었으며 또는 한 가지의 다라니를 얻고, 또는 두 가지의 다라니를 얻었으며, 또는 세 가지의 다라니를 얻고, 또는 네 가지의 다라니와 다섯, 여섯, 일곱, 여덟, 아홉, 열의 다라니를 얻었으며, 또는 백천만억 다라니를 얻고 또는 헤아릴 수 없고 수없는 항하사 아승지의 다라니를 얻어서, 모두 능히 따르고 좇으며 돌아서서 물러나지 아니하는 법륜을 굴렸으며, 헤아릴 수 없는 중생은 완전한 깨달음의 마음을 일으켰소이다.

열가지의 공덕 (무량의경 제삼 십공덕품)

해설| 무량의경을 수지 독송하는 사람은 열 가지의 공덕이 있다는 의미에서 십공덕품입니다.

이 때에 대장엄보살께서 다시 부처님께 아뢰어 말씀하시되, "세존이시여, 세존께서 이 미묘하고 깊은 대승의 무량의경을 설하시오니, 진실하시며 심히 깊고도 심히 깊으시며 심히 깊으시나이다. 까닭은 무엇인가 하오면, 이 많은 이 가운데에 모든 보살과 출가수행자와 재가수행자 등 중생이 있어, 이러한 심히 깊고도 위없는 대승의 무량의경을 듣고 다라니문과 세 가지법과 네 가지 과와 깨달음의 마음을 얻어 입지 아니함이 없나이다.

마땅히 알겠사옵니다.

이 경은 글의 이치가 진실하고 바르며, 높음이 위에 지남이 없사오며 삼세의 모든 부처님께서 이를 지키시고 두호하시는 바이시라, 많은 마의 도가 잘 들어온다는 것은 있을 수 없고, 일체의 삿된 견해와 나고 죽음이 이것을 헐어 무너지게 하여도 되지 않나이다.

까닭은 무엇인가 하오면, 한번만 들어도 능히 일체의 법을 가지기 때문이옵니다.

만약 중생이 있어 이 경을 얻어들으면 곧 큰 이익이 되나이다. 만약 닦고 행하면 반드시 빨리 완전한 깨달음 이룸을 얻기 때문이옵니다.

그 어떤 중생이 얻어 듣지 못하는 자는 이들은 큰 이익을 잃게 된다는 것을 알겠사오니, 헤아릴 수 없고 생각으로 논의하지 못할 아승지 겁을 지날지라도 끝끝내 완전한 깨달음 이루는 것을 얻지 못하나이다. 까닭은 무엇인가 하오면, 깨달음의 크고도 곧은길을 알지 못하는 까닭으로 험한 길을 가는데 더디고 어려움이 많은 까닭이옵나이다.

　세존이시여, 이 경전은 가히 생각으로 논의하지 못하겠사옵니다. 오직 원하옵건대 세존께서는 널리 대중을 위하시어 사랑하시고 불쌍히 여기시와, 이 경의 심히 깊고 생각으로 논의하지 못하는 일을 설명하여 주시옵소서.

　세존이시여, 이 경전은 어느 곳으로부터 왔으며, 어느 곳으로 가서 이르며, 어느 곳에서 머무나이까.

　이와 같은 헤아릴 수 없는 공덕과 생각으로 논의하지 못할 힘이 있사오니, 많은 이로 하여금 빨리 완전한 깨달음을 이루게 하여 주시옵소서."

　이때에 부처님께서 대장엄보살에게 말씀하시되, "착하고 착하도다 선남자여, 이와 같고 이와 같음이니, 네가 말하는 것과 같으니라.

　선남자여 내가 설하는 이 경은 심히 깊고도 깊으며 진실로 심히 깊으니라.

　까닭은 무엇인가 하면, 많은 이로 하여금 빨리 완전한 깨달음을 이루게 하려는 연고며, 한번 들으면 능히 일체 법을 가지게 되는 까닭이며, 모든 중생을 크게 이익 되게 하는 까닭이며, 크고도 곧은길을 가는데 더디거나 어려움이 없는 까닭이니라.

　선남자여, 네가 묻는 이 경이 어느 곳으로부터 와서 어느 곳으로 가서 이르며 어느 곳에 머무는 것인지 마땅히 자세히 들을 지니라.

<u>선남자여, 이 경은 본래 모든 부처님의 궁궐 가운데서부터 와서 중생의 깨달음의 마음을 일으키는 데로 가서 이르며, 모든 보살이 행하는 바의 곳에 머무느니라.</u>

 선남자여, 이 경은 이와 같이 와서 이와 같이 가고 이와 같이 머무느니라. 이런 까닭으로 이 경은 헤아릴 수 없는 공덕과 생각으로 논의치 못할 힘이 있어서, 많은 이로 하여금 빨리 성불을 이루게 하느니라.

 선남자여, 너는 어찌 이 경의 열 가지의 무한한 공덕과 힘이 있음을 듣고자 하지 않느냐"

 대장엄보살께서 말씀하시되, "원하옵건대 즐거이 듣고자 하옵나이다"

 부처님께서 말씀하시되, "선남자여, 첫째 이 경은 보살로 마음을 일으키지 못한 자로 하여금 깨달음의 마음을 일으키게 하며, 사랑과 어진 것이 없는 자에게는 사랑하는 마음을 일으키게 하고, 쳐서 죽이는 것을 좋아하는 자에게는 크게 슬피 여기는 마음을 일으키게 하며, 미워하고 투기하는 것을 내는 자에게는 따라 기뻐하는 마음을 일으키게 하며, 애착이 있는 자에게는 버리는 마음을 일으키게 하며, 아끼고 탐내는 모든 자에게는 보시하는 마음을 일으키게 하며, 교만하고 업신여기는 것이 많은 자에게는 계를 가지는 마음을 일으키게 하며, 성내고 분 냄이 치성한 자에게는 욕되는 것을 참는 마음을 일으키게 하며, 게으름과 느림을 내는 자에게는 정진하는 마음을 일으키게 하며, 모든 것에 흩어져 어지러운 자에게는 선정의 마음을 일으키게 하며, 어리석고 미련한 자에게는 지혜로운 마음을 일으키게 하며, 능히 저것을 건너지 못한 자에게는 저것을 건너려는 마음을 일으키게 하며, 열 가지 악한 것을 행하는 자에게는 열 가지 착한 마음을 일으키게 하며, 함이 있는 것을 즐기는 자에게는 함이 없는 마음을 뜻하게 하며, 물러서려는 마음이 있는 자에게는 물러서지 않는 마음을 짓게 하며, 새는 것이 있는 자를 위하여서는 새는 것이 없는 마음을 일으키게 하며, 번뇌가 많은 자에게는 없애어 멸하는 마음을 일으키게 하느니라.

선남자여, 이러한 것이 이 경의 첫째의 공덕이며 무한한 힘이니라.

선남자여, 이 경전 말씀의 둘째의 무한한 공덕과 힘이라 함은 만약 어떤 중생이 이 경전을 얻어 한 구절을 한번이라도 옮기면, 그 공덕과 깨달음은 무앙수겁에도 헤아릴 수 없느니라.

선남자여 비유하건데, 하나의 씨앗으로부터 무수히 많은 씨앗이 나오며, 그 무수히 많은 씨앗의 하나하나로부터 또다시 무수히 많은 씨앗이 나오는 것처럼, 한 구절로부터 백천의 뜻이 나오며 백천의 뜻 가운데에서 다시 백천만의 수를 내나니 이와 같이 펴고 굴리어 헤아릴 수 없는 뜻에 이르게 되느니라.

이런 까닭으로 이 경의 이름을 두량의라 하느니라.

선남자여, 이것이 이 경의 둘째의 공덕이며 무한한 힘이라 하느니라.

선남자여, 셋째의 이 경의 무한한 공덕과 힘이라 함은 만약 중생이 이 경의 한 구절을 한번이라도 옮기면, 백천만의 뜻을 통달하여 마치며, 비록 번뇌가 있을 지라도 번뇌가 없는 것과 같으며 생사에 나고 들지라도 두려운 생각이 없느니라.

모든 중생에게 가련하고 불쌍히 여기는 마음을 내며, 일체의 법에 용맹하고 굳센 생각을 얻느니라.

장한 역사가 무거운 것을 짊어지고 가지듯이, 이 경을 가지는 사람도 이와 같아서 위없는 깨달음의 보배로, 중생을 짊어지고서 생사의 길에서 벗어 나옴이라.

스스로는 능히 제도가 아니 되었을 지라도, 다른 이들을 제도하리니, 마치 뱃사공의 몸이 무거운 병에 걸려 팔과 다리를 다스리지 못할지라도, 좋고 단단한 배를 가지고 있어, 다른 이들에게 넉넉하게 주어서 강을 건너가게 하는 것과 같이, 이 경을 가지는 자도 이와 같아서 비록 생로병사의 이쪽 언덕에 머물지라도 굳고 단단한 이 대승경인 무량의가 중생을 능히 제도하는 것을 갖추었으니, 선남자여, 이것이 이경의 셋째의 공덕이며, 무한한 힘이라 하느니라.

선남자여, 넷째의 이 경의 무한한 공덕과 힘이라 함은 만약 중생이 이 경을 얻어 들어서 한 구절을 한번이라도 옮기면, 비록 스스로는 제도가 못되었을 지라도 능히 다른 이를 제도하며, 모든 보살과 더불어 권속이 되며, 모든 부처님께서 항상 이 사람을 향하여 법을 설명하여 말씀하시리라.

이 사람이 듣기를 마치고는 다 능히 받아가지고 따르고 좇아 거역하지 아니하고, 다시 사람을 위하여 마땅함을 따라 널리 설하느니라.

선남자여, 이 사람은 비유하건데, 나라의 왕과 부인이 새로이 왕자를 낳음과 같으니라.

훗날 비록 이 왕자가 나라의 일을 차지하여 다스리지 못할지라도 신하와 백성이 높이 우러러 받들며 공경을 하는 바가 되며, 왕과 부인이 사랑하는 마음으로 항상 함께 더불어 말하리니, 까닭은 무엇인가 하면, 어리고 작기 때문이니라.

선남자여, 이 경을 가지는 자도 이와 같아서 모든 부처님은 나라의 왕이요, 이 경은 부인이니라. 화합하여 같이 이 보살의 아들을 낳았느니라.

만약 이 보살이 이 경을 얻어 듣고 한 구절이나, 한 게송이라도 한 번 옮기거나 두 번 옮기거나 열이나 백이나, 천이나, 만이나, 억만이나, 항하사의 헤아릴 수 없이 옮기면, 비록 근본 진리의 궁극을 체득하지는 못하고, 비록 큰 법륜을 굴리지는 못할지라도, 이미 일체의 사중과 팔부가 높이고 우러러 받드는 바가 되며, 모든 큰 보살과 권속이 되며, 항상 모든 부처님께서 생각하시어 두호하시는 바가 됨이며, 어머니의 사랑으로 덮어 감쌈이 됨이니, 새로 배우는 까닭이니라.

선남자여, 이것이 이름하여 이 경의 넷째의 공덕이며, 무한한 힘이라 하느니라.

선남자여, 다섯째의 이 경의 무한한 공덕과 힘이라 함은 만약 이 경을 받아 가지고 읽고 외우며 쓰고 베끼면, 이 사람이 비록 아직 범부의 일을 능히 멀리 떠나지는 못하였을 지라도 능히 큰 깨달음의 도를 나타내 보이고, 하루를 늘려 백겁을 삼으며, 백겁을 줄여서 하루를 삼으며, 저 중생으로 하여금 기쁘고 즐겁게 하고 믿고 굴복되게 하리라.

비유하건대, 용의 아들이 비록 출생한지 칠일만 되어도 능히 구름을 일으키며 또한 비를 내림과 같으니라.

선남자여, 이것이 이름하여 이 경의 다섯째의 공덕이며 무한한 힘이라 하느니라.

  선남자의 여섯째 이 경의 무한한 공덕과 힘이라 함은 이 경전을 받아서 가지고 읽고 외우는 자는 비록 번뇌를 갖추었을지라도, 중생을 위하여 법을 설하여 번뇌와 생사에서 벗어나게 하며, 중생을 위하여 법을 설하여 법을 얻고 과를 얻고 도를 얻게 함이 부처님 여래의 설법과 비교하여 별로 어긋나는 것이 없으리라.
  비유하건대, 왕자가 비록 어리고 작을 지라도 부왕이 순찰하여 다니거나, 질병에 걸리면 이 왕자에게 맡겨서 나랏일을 차지하여 다스리게 함과 같음이라.
  이 경을 가진 선남자, 선여인도 또한 이와 같으니라.
  만약 부처님께서 세상에 계시거나 혹은 멸도하신 후에 이 선남자 선여인이 비록 처음에는 부동지에 머무름을 얻지는 못했을지라도 이 경전을 받아 가지고 읽고 외우고 씀으로써 널리 중생들의 번뇌를 없애고 깨달음에 이르게 하느니라.
  선남자여, 이것이 이름하여 이 경의 여섯째의 공덕이며 무한한 힘이라 하느니라.

  선남자여, 일곱째 이 경의 무한한 공덕과 힘이라 함은 만약 선남자 선여인이 부처님께서 세상에 계시거나 혹은 멸도하신 후에 이 경을 얻어 듣고 기쁘고 즐거워서 믿고 즐거워하며 받아서 가지고 읽고 외우며 쓰고 베끼며 풀어서 말하며 닦고 행하면, 깨달음의 마음을 일으키며, 모든 착한 근본을 일으키고, 크게 슬피 여기는 뜻을 일어나게 하여, 일체 괴로워하고 뇌로워하는 중생을 제도하며, 비록 육바라밀(여섯 가지로써 생사가 있는 이쪽에서 생사가 없는 저쪽에 이르름)을 닦고 행하지는 못하였을지라도, 육바라밀(여섯 가지로써 생멸하는 이쪽에서 생멸이 없는 저쪽에 이르름)이 자연히 앞에 있으며, 곧 이 몸에서 나지도 없어지지도 않는 참된 법의 본바탕을 깨달아 알고 편안히 머물러 움직이지 않음을 얻어 생사와 번뇌를 일시에 무너지게 하고 곧 제칠지와 더불어 큰 보살의 위치에 오르리라.

비유하건대, 굳센 장군이 왕을 위하여 적을 없애기를 마치면 왕이 크게 기쁘고 즐거워서 상을 주되, 나라의 반을 영지로 하여 제후로 삼아 모두 다 주는 것과 같이 이 경을 가지는 남자 여인도 이와 같아서 가장 용감하고 굳세며, 여섯 건넘의 법보배를 구하지 아니하여도 스스로 이르며, 생사의 원적이 자연히 흩어져 무너지고, 참된 법의 본바탕을 깨달아 알고 편안히 머물러 움직이지 않음을 증하며, 부처님 나라의 보배의 반을 봉하여 상으로 주어 편안하고 즐겁게 하느니라.

선남자여, 이것이 이름하여 이 경의 일곱째의 공덕이며 무한한 힘이라 하느니라.

선남자여, 여덟째 이 경의 무한한 공덕과 힘이라 함은 어떤 사람이 이 경을 사랑하고 즐거워하며 받아서 가지고 읽고 외우며 쓰고 베끼며 이마에 이고, 법과 같이 받들어 행하면 이 대승의 무량의 경으로써 널리 사람을 위하여 겁을 설하느니라.

경의 위신력의 까닭으로써 그 사람의 마음을 일으켜서 홀연히 돌이킴을 얻으리라.

이런 까닭으로 선남자 선여인이 교화를 입힌 공덕으로써 이 몸에서 참된 법의 본바탕을 깨달아 편안히 머물러 움직이지 않음을 얻어 위의 지위에 이르게 됨을 얻으며, 모든 보살과 더불어 권속이 되어 능히 중생을 빨리 성취시켜서 부처님의 국토를 깨끗하게 하고, 오래지 않아서 위없는 깨달음 이룸을 얻느니라.

선남자여 이것이 이름하여 이 경의 여덟째의 공덕이며 무한한 힘이라 하느니라.

선남자여, 아홉째 이 경의 무한한 공덕과 힘이라 함은 만약 선남자 선여인이 부처님께서 세상에 계시거나 멸도하신 후에
이 경을 얻음에 있어 기쁘고 즐거워서 뛸 듯이 하며 받아서 가지고 읽고 외우며 쓰고 베끼며 공양하며 널리 많은 사람을 위하여 이 경의 뜻을 풀어서 말하는 자는 곧 지난 업과 남은 죄업이 일시에 다 멸하는 것을 얻으리라.

모든 삼매와 수능엄삼매를 얻어 큰 총지의 문에 들어서 정진의 힘을 얻고 일체 이심오유의 괴로워하는 중생을 **빼내어** 구하여 풀리어 벗어나게 하느니라.

선남자여 이것이 이름하여 이 경의 아홉째의 공덕이며 무한한 힘이라 하느니라.

선남자여 열째의 이 경의 무한한 공덕과 힘이라 함은 만약 선남자 선여인이 이 경을 수지 독송하고 말씀과 같이 닦고 행하며, 재가수행자나 출가수행자에게 권하여 그들로 하여금 받아가지고 읽고 외우며 쓰고 베끼며 닦고 행하게 하면, 이 경을 닦고 행하도록 한 힘의 까닭으로 도를 얻고 과를 얻느니라.

이런 까닭으로 이 사람은 오래지 아니하여 부처이룸을 얻느니라.

선남자여 이를 이름하여 이 경의 열째의 공덕이며 무한한 힘이라 하느니라.

 선남자여 이와 같이 대승의 무량의 경은 극히 큰 위신의 힘이 있고, 높음이 위에 지남이 없느니라.
 모든 범부로 하여금 성인의 과를 이루게 하여 영원히 생사를 벗어나고 마음대로 되는 것을 얻나니 이런 까닭으로 이 경의 이름을 무량의라 하며, 일체 중생으로 하여금 범부지위에서 보살도의 싹이 일어나도록 하며, 공덕의 나무가 무성하게 자라나게 하나니, 이런 까닭으로 이 경의 호를 무한한 공덕과 힘이라 하느니라."

 이에 대장엄보살과 팔만의 보살께서 같은 소리로 부처님께 말씀하시되, "세존이시여, 부처님께서 설하신 바의 대승의 무량의 경은 일체 중생을 크게 이익 되게 하시며 모든 보살로 하여금 무량의 삼매를 얻게 하시며 혹은 백천의 다라니문을 얻게 하시며 혹은 보살로 하여금 모든 경지와 모든 참는 것을 얻게 하시며 연각과 나한의 네 가지 도의 과중함을 얻게 하시나이다.
 세존께서는 쾌히 저희들을 위하시어 사랑하시고 불쌍히 여기시어, 이와 같은 법을 설하시어 저희로 하여금 크게 법의 이익을 얻게 하셨나이다.
 심히 기이하옵고 뛰어나시어 일찍이 있지 아니합니다.
 부처님께서 사랑하시는 은혜는 실로 옳게 갚기가 어렵나이다."

 이렇게 말씀을 하시고 나니, 삼천대천세계는 여섯 가지로 진동하여 움직이고 하늘에서는 가지가지의 하늘꽃과 수없는 하늘의 향과 하늘의 옷과 하늘의 보배와 하늘의 음악들이 빙빙 돌며 내려와서 부처님과 모든 보살, 성문대중에게 공양하며 넘치게 하니, 빛을 보고 향기를 맡으면 자연히 배부르고 넉넉하나니, 남서 북방과 네 모퉁이와 위아래도 또한 이와 같음이라.

이때에 부처님께서 대장엄보살과 팔만의 보살에게 일러서 말씀하시되, "너희들은 마땅히 이 경에 깊이 공경하는 마음을 일으키고 닦고 행하여 널리 일체를 교화하되 정성을 다하여 펴져나가게 펼지니라.
너희들은 진실로 올바로 사랑하고 크게 슬피 여기는 마음을 일으키게 되리니, 오는 세상에 반드시 염부제에 행하여 일체 중생으로 하여금 보고 듣고 읽고 외우며 쓰고 베끼며 공양을 잘하게끔 할지니라. 이런 까닭으로써 또한 너희들도 빨리 완전한 깨달음을 얻게 하리라."

이때에 대장엄보살께서 팔만의 보살과 더불어 자리에서 일어나시어 부처님의 처소에 가서 이르러 머리와 얼굴로 발에 절하시고 무릎을 꿇어 땅에 대고 몸은 곧게 세워서 함께 한 가지 같은 소리로 부처님께 아뢰어 말씀하시되, "세존이시여 저희들은 세존께서 사랑하시고 불쌍히 여기시는 것을 입었나이다.
부처님의 신칙을 받들어 여래께서 멸도하신 후에 이 경전을 널리 펴져나가게 하여 두루 일체로 하여금 받아서 가지고 읽고 외우며, 쓰고 베끼고 공양하게 하여 이 경법의 위신의 힘을 얻도록 하겠나이다."

그때 부처님께서 칭찬하시어 말씀하시되, "착하고 착하도다. 모든 선남자여 너희들은 지금 부처님의 참된 바른 아들이니, 크게 사랑하고 크게 슬피 여김으로 능히 괴로움을 뽑아 액에서 구원하는 자이며 일체 중생의 좋은 복밭이며 널리 일체를 의지하여 머물 곳이며, 일체 중생의 큰 시주이니 항상 법의 이익으로써 널리 일체에게 베푸느니라."

 이때에 큰 모임은 모두 크게 기뻐하고 즐거워하며 부처님께 절을 하고 받아서 가지고 물러갔소이다.

둘 진리 그 자체로서의 가르침
(묘법연화경)

해설|
　앞서 설명했듯이 법화삼부경이란 무량의경, 묘법연화경, 불설관보현보살행법경 이렇게 세 가지의 경을 한 묶음으로 한 것인데, 무량의경이 끝나고 묘법연화경이 이어지는 부분입니다.
　석가모니부처님의 45년여 간의 설법에서 초기, 중기의 방편법을 설하셔서 제자들의 근기를 상향시킨 후, 후기에 부처님의 본래 진실법인 묘법연화경을 설하시려는 자리에서 오천 제자가 자리에서 일어나 물러 갔으며, 부처님께서 인간의 몸으로 이 세상에 오신 일대사의 인연과, 부처님 전체 설법의 상중하 위계질서와 일체 중생의 성품에 부처님의 씨앗이 있어서 미래에 성불할 것이라는 보증과 부처님은 영원불멸하며 무한한 신력이 있으시며, 일체를 아신다는 것과 오직 일불승만이 진실이며 제이와 제삼은 없다는 등의 말씀이 이어집니다.
　이러한 묘법연화경은 부처님 열반후, 아난존자와 가섭존자등 부처님의 제자들에 의해 경전으로 남았으며, 구마라집 스님에 의해서 중국어로 번역이 이루어지고, 우리나라에 불자들이 독경하는 경전이 바로 구마라집 스님께서 중국어로 번역하신 경전입니다. 이 중국어 경전을 순수 우리말로 번역하신 분중에서 비구니 스님으로서 석묘찬큰스님이 계신데, 이 스님께서는 한글번역후 입적하셨으며, 본 해설서는 석묘찬큰스님의 한글번역본을 대중들이 알기 쉽게 수정하고 해설을 첨부한 것입니다.

신비스런 현상 (서품)

이와 같이 저는 들었습니다.
 한 때에 부처님께서 왕사성 기사굴산 중에 대비구 만이천 인과 더불어 거주하셨으니, 이 대비구들은 모두 아라한이시라, 모든 새는 것이 다하여 번뇌가 없으며, 모든 매듭진 것이 다 풀리어 마음이 자재함을 얻으신 분 들이였습니다.

그 이름은 가로되
아야교진여,
마하가섭,
우루빈나가섭,
가야가섭,
나제가섭,
사리불,
대목건련,
마하가전연,
아누룻다,
겁빈나,
교범바제,
이바다,
필릉가바차,
박구라,
마하구치라,
난타,
손타라난타,

부루나미다라니자,

수보리,

아난,

라홀라이시니,

이와 같은 분들은 대아라한 이셨습니다.

또 배움에 있는 이와 더 이상 배울 것이 없는 이들 이천 인이 있었으며, 마하파사파제 비구니께서는 권속 육천인과 더불어 계셨으며, 라홀라의 어머니 야수다라 비구니 또한 권속과 더불어 계셨습니다.

보살마하살 팔만 인께서는 모두 아뇩다라삼먁삼보리에서 물러나지 아니하시며, 모두 말 잘하는 재주와 다라니를 얻으시어 법륜을 굴리시며, 무량백천의 모든 부처님께 공양하시고 모든 부처님의 거처에서 많은 덕의 근본을 심으시어 항상 모든 부처님께서 칭탄하시는 바가 되시었으며, 자비로써 몸을 닦아 부처님의 지혜에 잘 드시며, 큰 지혜를 통달하시어 피안에 이르렀으니, 명성이 무량세계에 알려져 수없는 백천 중생을 능히 제도하시는 분들이셨으니, 그 이름은 가로되, 문수사리보살, 관세음보살, 득대세보살, 상정진보살, 불휴식보살, 보장보살, 약왕보살, 용시보살, 보월보살, 월광보살, 만월보살, 대력보살, 무량력보살, 월삼계보살, 발타바라보살, 미륵보살, 보적보살, 도사보살이시니, 이와 같은 분들의 보살마하살 팔만 인이 함께하시었습니다.

일부생략| 보살뿐만 아니라 많은 사부대중들이 모여 있는 상황설명부분 생략

부처님께서 이 경(무량의경)을 설하시길 마치시고는 결가부좌로 무량의처삼매에 드시어 몸과 마음이 움직이지 아니하시니, 이때 하늘에서 하늘꽃이 비 오듯이 하여 부처님 위와 모든 대중에게 흩어지며, 부처님의 세계는 여섯 가지로 진동하였습니다.

이때에 모임중의 출가수행자, 재가수행자 등 모든 대중은 미증유의 것을 얻어 환희 합장하고 일심으로 부처님을 우러러 보았습니다.

해설 —묘법연화경을 설법하시려는 시기에 하늘에서 하늘꽃이 비 오듯이 하고 부처님세계가 여섯 가지로 진동을 하였다는 기록입니다. 이러한 신통한 현상을 미륵보살 등이 문수보살에게 물어서 왜 이러한 현상이 일어나는가 하자 문수보살이 대답하기를 과거불께서도 묘법연화경을 설하시려는 시기에 이러한 현상이 있었음을 비추어보건대, 현재 석가모니부처님도 묘법연화경을 설하시려 함이 다고 하십니다.

금강경의 설법시기에는 부처님께서 제자들과 함께 아침에 마을로 내려가서 차례로 민가에 들러서 탁발을 해서 제자들과 함께 본 곳으로 돌아와서 나무 아래에 자리를 정하고 공양을 하신 후에 자리를 펴고 앉자, 수보리 존자가 깨달은 마음을 어떻게 머무르고 삿된 마음을 어떻게 항복받아야 됩니까? 라는 질문에 대해서 답을 하시는 상황에서 시작을 하는 것이 금강경입니다.

능엄경은 부처님의 제자 아난존자가 외출후 돌아오는 길에 여인의 유혹에 넘어가는 상황을 아신 부처님께서 아난을 구해내신 후에 수행자의 의식과 마음과 육근에 대한 이치를 설하시는 것으로 시작하는 것이 능엄경입니다.

이렇듯 설법의 시작상황과 질문의 내용을 주의해서 부처님말씀을 읽어보시길 바랍니다. 이처럼 묘법연화경은 다른 경전에 비해서 설법의 시작 상황에서 매우 신비스러운 현상이 부처님의 육신과 주변에서 일어난다는 것에도 큰 차이가 있습니다 이때 미륵보살께서 이러한 생각을 하되, '지금 세존께서 신통변화의 모습을 나타내시니, 어떤 인연으로써 이러한 상서가 있는 것인가. 지금 부처님께서 삼매에 드셨으니 이것은 불가사의하고 희유한 일을 나타내심이라.

마땅히 누구에게 물을 것이며 누가 능히 답할 것인가' 하고 다시 이러한 생각을 하시되, '문수사리법왕자께서는 일찍이 과거무량제불을 가까이 공양하셨으므로 반드시 이렇게 희유한 모습을 보셨을 것이니, 내가 지금 마땅히 물으리라'

이때 출가수행자, 제가수행자, 천용 귀신 등도 다 이런 생각을 하되, '이 부처님의 광명과 신통의 형상을 지금 마땅히 누구에게 여쭈어야 하나'

이 때에 미륵보살께서 스스로의 의문을 끊고자 하시며, 또 대중들의 마음을 관하시고, 문수사리께 물어 말씀하시되, "어떠한 인연으로써 이러한 상서와 신통의 형상이 있으시며, 대광명을 놓아 동방팔천국토를 비추시고, 저 부처님의 온 나라를 장엄함을 보이게 하시나이까"

이에 미륵보살께서 거듭 이 뜻을 펴시고자 게송으로써 물어 가라사대,

> 해설/미륵보살이 문수보살께 게송으로 질문하시는 내용은 위 내용과 중복되는 게송이라 생략하며, 곧바로 문수보살이 미륵보살의 질문에 대답을 하시는 내용으로 이어지겠습니다.

이때 문수사리께서 미륵보살마하살과 모든 대사에게 말씀하시되, "선남자들이시여, 저의 생각으로 헤아리건대, 지금 부처님세

존께서 큰 법을 설하시려 하시며,

 큰 법의 비를 내리시려 하시며,

 큰 법의 소라를 부시려 하시며,

 큰 법의 북을 치시려 하시며

 큰 법의 뜻을 설명하시고자 하시는 것 같소이다.

 모든 선남자시여, 제가 과거 고든 부처님에게서 일찍이 이러한 상서를 보았으니, 이런 빛을 놓기를 마치시고는 곧 큰 법을 설하셨습니다.

 이런 까닭으로 마땅히 아소서, 지금 부처님께서 빛을 나타내심도 이와 같아서 중생으로 하여금 일체 세간에서 믿기 어려운 법을 다 듣고 알게 하시고자 하시는 연고로 이러한 상서를 나타내심이리다.

 모든 선남자시여, 과거 무량무변 불가사의 아승지겁인 그 때에 부처님께서 계셨으니, 호는 일월등명(여래 응공 정변지 명행족 선서 세간해 무상사 조어장부 천인사 불)세존이셨습니다.

> 해설| 생각으로 헤아릴 수 없는 과거 전생에 계셨던 부처님과 보살 제자들에게 있었던 이야기를 문수보살께서 말하고자 하는 장면입니다. 과거 전생의 부처님의 일과 현재의 석가모니부처님의 일이 유사하다는 것을 비추어보건대, 현재 석가모니부처님께서는 과거전생의 부처님처럼 묘법연화경을 설법하시려는 것 같다고 문수보살께서 밝히는 부분입니다.

 정법을 연설하시되, 처음도 잘하셨고, 중간에도 잘하셨고, 뒤에도 잘 하셨으니, 그 뜻은 심원하며, 그 말씀은 교묘하시며 한가지로 순수하시어 잡됨이 없으시며, 맑고 깨끗하신 범행의 형상을 흡족하게 갖추셨습니다.

성문을 구하는 자를 위하여서는 응당 사제법을 설하시어 생로병사를 건너 궁극에는 열반을 하게 하시고, 벽지불을 구하는 자를 위하여서는 응당 십이인연법을 설하시고, 모든 보살을 위하여서는 응당 육바라밀을 설하시어 아뇩다라삼먁삼보리를 얻게 하여 일체지혜를 이루게 하셨습니다.

다음에 또 부처님께서 계셨으니, 이름은 일월등명이시며, 다음에 또 부처님께서 계셨으니 또한 이름이 일월등명이셨습니다.

이와 같이 이만 부처님께서 모두 같은 한글자로 호는 일월등명이시고 같은 한 성이시니, 성은 파라타이셨습니다.

미륵이시여 마땅히 아소서, 처음 부처님과 후의 부처님께서 모두 같이 한글자로 이름은 일월등명이시며, 십호를 흡족하게 갖추시고, 설하신 법도 처음과 중간과 뒤가 훌륭하셨소이다.

그 가장 뒤의 부처님께서 출가하시기 전에 여덟 왕자가 계셨으니,

첫째 이름이 유의요
둘째 이름은 선의요
셋째 이름은 무량의요
넷째 이름은 보의요
다섯째 이름은 중의요
여섯째 이름도 제의의요
일곱째 이름은 향의요
여덟째 이름은 법의이었으며,

이 여덟 왕자는 위엄과 덕망이 스스로 있어 각각 사천하를 다스리더니 아버지께서 출가하셔서 아뇩다라삼먁삼보리를 얻으심을 듣고, 다 왕위를 버리고 따라서 출가하여 대승의 뜻을 일으키고 항

상 깨끗한 행을 닦아 모두 법사가 되어 천만 부처님의 처소에서 모든 착한 근본을 심었습니다.

이때에 일월등명 부처님께서 대승경을 설하시니, 이름이 무량의라 보살을 가르치는 법이며, 부처님께서 늘 잊지 않고 생각하시어 보살피고 보호하시는 바이셨소이다. 이 경을 설하시기를 마치시고는 곧 대중 가운데서 가부좌를 맺으시고 무량의처 삼매에 드시어 몸과 마음이 움직이지 아니하시었습니다.

그 때에 하늘에서는 하늘꽃을 비 오듯이 하여 부처님 위와 모든 대중에게 흩으니, 부처님 세계는 여섯 가지로 진동하였습니다.

이때에 모임 중의 모든 대중은 미증유의 것을 얻어 환희합장하고 일심으로 부처님을 우러러 바라보았습니다.

이 때 여래께서는 미간의 백호상에서 빛을 놓으시어, 동방으로 만 팔천 부처님 나라를 비추시니, 두루 미치지 아니한 데가 없어서, 지금 보는 바의 이 모든 부처님 나라와 같았습니다.

미륵이여 마땅히 아소서. 이 때에 모임가운데에 이십억 보살이 있어서 즐거이 법을 듣고자 하더니, 이 모든 보살은 이 광명이 부처님 나라에 널리 비침을 보고 미증유의 것을 얻어 이 빛의 인연 된 바를 알고자 하였습니다.

때에 보살이 있었으니, 이름은 가로되 묘광이고, 팔백제자가 있었습니다. 이때 일월등명 부처님께서 삼매로부터 일어나시어 묘광보살로 인하여 대승경을 설하시니, 이름은 묘법연화인데 보살을 가르치는 법이며 부처님께서 호념하시는 바이셨습니다.

육십 소겁을 자리에서 일어나지 아니하시거늘, 때에 모여 듣는 자도 한 곳에 앉아서 육십 소겁 동안 몸과 마음이 움직이지 아니하고 부처님의 설하신 바를 듣기를 밥 먹는 사이와 같다고 여겼소이다. 대중 가운데 몸이나 마음에 게으름과 권태를 냄은 한 사람도 있은 적이 없었습니다.

일월등명 부처님께서 육십 소겁동안 이 경을 설하시기를 마치시고, 곧 범천과 마와 사문과 바라문과 하늘과 사람과 아수라의 무리 가운데에서 이러한 말씀을 펴시되 〈여래는 오늘밤 중에 마땅히 무여열반(남음이 없는 열반)에 들리라〉고 하셨소이다.

때에 보살이 있었으니, 이름은 가로되 덕장이라.

일월등명 부처님께서 곧 그에게 수기를 주시고 모든 비구에게 이르시되, 〈이 덕장보살이 다음에 마땅히 부처님을 지으리니, 호는 가로되 정신다타아가도 아라하삼먁삼불타 이니라〉 부처님께서 수기 주심을 마치시고 문득 밤중에 남음이 없는 열반에 드셨습니다.

부처님께서 멸도하신 후에 묘광보살께서 묘법연화경을 가지시고, 팔십 소겁을 차도록 사람을 위하여 연설하셨습니다. 일월등명 부처님의 여덟 아들도 모두 묘광을 스승으로 하고, 묘광께서 가르쳐 교화하여 그들로 하여금 아뇩다라삼먁삼보리를 견고하게 하셨습니다. 이 모든 왕자는 무량백천만억 부처님께 공양하기를 마치고 모두 불도를 이루었으며, 그 최후성불자의 이름은 가로되 연등 이였습니다.

팔백제자중에 한 사람이 있었으니, 호는 가로되 구명이라, 이익을 키우는 데 탐착하여 비록 많은 경을 읽고 외워도 통리하지 못하고 잊어버리고 빠뜨리는 바가 많았으니, 그러므로 호를 구명이라 하였습니다. 이 사람도 모든 착한 근본을 심은 인연의 까닭으로써 무량백천만억의 모든 부처님을 만나고 공양공경하며 존중 찬탄하였습니다.

미륵이시여 마땅히 아소서. 그 때에 묘광보살이 어찌 다른 사람이리오. 저의 몸이 그이요, 구명보살은 바로 그대의 몸이었소이다. 지금 이 상서를 보니, 본래의 옛날과 더불어 다름이 없습니다.

 이런 까닭으로 깊이 헤아리건대, 오늘날 여래께서 마땅히 대승경을 설하시오리니, 이름은 묘법연화라 보살을 가르치는 법이며 부처님께서 호념하시는 바이십니다."

> 문수보살께서 위 내용을 게송으로 설하시는 부분은 위 문수보살의 말씀과 중복되는 내용이라 생략함.

진실과 방편, 오천 제자가 일어나서 물러가다(방편품)

해설| 부처님께서 이전에 설하셨던 법은 일승에 이끌어 들이는 방편의 법이였으며, 지금부터 설하시는 법은 부처님의 본래의 일대사 이므로, 예전의 법과 지금 설하시는 법과의 상호관계를 밝히시므로, 본 방편품은 오히려 진실품이라고 할 수 있습니다. 즉 예전의 모든 설법의 위계질서를 밝혀서 상호 모순 충돌을 없애고, 일승으로 귀결되는 논리를 밝히는 품입니다

그 때에 세존께서 삼매로부터 조용히 일어나시어 사리불에게 이르시되, "모든 부처님의 지혜는 심히 깊어서 헤아릴 수 없으며 그 지혜의 문은 이해하기 어렵고 들어가기도 어려워서 일체 성문 벽지불은 능히 알지 못할 바이니라.

까닭은 무엇인가 하면, 부처님께서는 일찍이 백천만억의 수없는 모든 부처님을 가까이 하시어, 모든 부처님의 무량도법을 다 행하시고, 용맹 정진하시어, 이름 일컬음이 널리 들리셨으며, 심히 깊으며 미증유의 법을 성취하시어 마땅한 바를 따라 설하심에 뜻이 향하는 바를 알기가 어려우니라.

사리불이여. 내가 성불이래로 가지가지의 인연과 비유로 설명하여 말하고 가르치며, 수없는 방편으로 중생을 인도하여 모든 착을 떠나게 하였느니라. 까닭은 무엇인가 하면, 여래는 방편지견바라밀(방편지견으로써 나고 멸하는 이쪽에서 나고 멸함이 없는 저쪽에 이르름)을 이미 모두 흡족하게 갖추었기 때문이니라.

사리불이여. 여래의 아는 것과 보는 것은 넓고 크며 깊고 멀어서, 헤아림 없음과 걸림 없음과 힘과 두려울 바 없음과 선정과 해탈과 삼매에 끝없이 깊이 들어, 일체의 일찍이 있지 아니한 법을

성취하였느니라.

 사리불이여. 여래는 능히 가지가지로 분별하여 모든 법을 훌륭하게 설하되, 말씨는 부드럽고 연하여 많은 이의 마음을 기쁘게 하느니라.

 사리불이여. 요긴한 것을 취하여 말하면 헤아릴 수 없고 가도 없으며 미증유의 법을 부처님은 다 성취하였느니라.

 그만두어라 사리불이여, 다시 달할 필요가 없느니라.

 까닭은 무엇인가 하면, 부처님이 성취한 바는 제일희유하고 알기가 어려운 법이니, 오직 부처님과 더불어 부처님만이 능히 모든 법의 실상을 헤아림을 다 할 수 있기 때문이니라.

 이른바 모든 법은 이와 같은 형상이며, 이와 같은 성품이며, 이와 같은 바탕이며, 이와 같은 힘이며, 이와 같은 작용이며, 이와 같은 원인이며, 이와 같은 연이며, 이와 같은 결과이며, 이와 같은 갚음이며, 이와 같은 처음과 끝의 궁극에는 같음이니라."

 그 때 세존께서 거듭 이 뜻을 펴시고자 하시어 게송으로 설하시어 말씀하시되,
 "세상의 영웅은 가히 헤아리지 못하나니,
 모든 하늘과 세간 사람과 일체 중생의 종류는
 능히 부처님을 아는 자가 없느니라.
 부처님의 힘과 두려울 바 없음과 해탈과 모든 삼매와
 부처님의 모든 다른 법을
 능히 측량하여 헤아릴 자 없느니라.
 본래 수없는 부처님을 좇아,
 모든 도를 흡족하게 갖추어서 행하였으니

심히 깊고 미묘한 법은 보기도 어렵고
옳게 깨닫기도 어려우니라.
헤아릴 수 없는 억겁동안
이 모든 도를 행하기를 마치시고
도량에서 과 이루심을 얻은 것을
나는 이미 다 알고 보았느니라.
이와 같은 큰 과보와 가지가지의 성품과 형상과 뜻을
나와 시방의 부처님께서는 능히 이 일을 아시느니라.
이 법은 가히 보이지 못하며
말의 형상으로는 고요하고 멸함이니
다른 모든 중생의 종류가
능히 이해한다는 것은 있을 수 없으나
모든 보살 많은 이의 믿는 힘이 견고한 자는 제외되느니라.
모든 부처님의 제자로서
모든 부처님께 공양하고 일체의 새는 것이 이미 다하여
생사의 돌고 도는 가장 마지막 몸에 머무는 사람들도
그 힘으로는 감당하지 못할 것이니라.
가사, 사리불 같은 이가 세간에 가득 차서
생각을 다하여 함께 추측하고 헤아릴지라도
부처님의 지혜는 능히 측량하지 못하며
설령 사리불과 같은 이가 시방에 가득하며
다른 모든 제자도 또한 시방 세계에 가득 차서
함께 생각을 다하여 추측하고 헤아릴지라도
또한 능히 알지 못하느니라.
날카로운 지혜와 새는 것이 없는

생사의 돌고 도는 가장 마지막 몸의 벽지불이
그 수가 대나무 숲 같이 시방세계에 가득하여
이들이 함께 한마음으로 억무량겁에
부처님의 실상의 지혜를 생각하고자 하여도
능히 조그마한 부분도 알지 못하느니라.
새로 뜻을 일으킨 보살이 수없는 부처님께 공양하고
모든 뜻이 향하는 바를 빠짐없이 알며
또 법을 잘 설하는 이가
벼와 삼과 대나무와 갈대와 같이 시방세계에 가득 차서
한마음으로 묘한 지혜로써 항하사의 겁 동안
모두 다 함께 생각하고 헤아려드
부처님의 지혜는 능히 알지 못하느니라.
그 수가 항하사와 같은 이의 물러나지 않는 모든 보살이
한마음으로 함께 생각하여 구하여도
또한 능히 알지 못하느니라.
사리불에게 이르노니
새는 것이 없고 생각으로 논의하지 못할
심히 깊고 미묘한 법을 나는 이미 갖추어 얻었느니라.
오직 나만이 이 형상을 알고
시방의 부처님께서도 또한 그러하시느니라.
사리불이여 마땅히 알지니라.
모든 부처님의 말씀은 다름이 없으니
부처님께서 설하신 바의 법에
마땅히 크게 믿는 힘을 낼지니라.
세존의 법은 오랜 뒤에야

마땅히 진실을 설하느니라.
모든 성문의 무리와 연각승을 구하는 이로서
내가 괴로움에 얽힌 것을 벗어나게 하여
열반을 얻음에 다다른 자에게 이르노니
부처님의 방편의 힘으로써 삼승을 가르쳐 보임은
중생이 곳곳에 집착함에 이끌어서 나옴을 얻게 하느니라."

 그때 대중 가운데에 성문으로서 새는 것이 다한 아라한인 아야교진여 등의 천이백 사람과, 성문벽지불의 마음을 일으킨 비구 비구니와 우바새 우바이가 있어 각각 이런 생각을 하되, '지금의 세존께서는 어떠하신 까닭으로 간절히 방편을 칭탄하시여 이런 말씀을 하시는가. 부처님께서 얻으신 바의 법은 심히 깊어서 이해하기 어려우며, 말씀으로 설하신 것도 뜻이 향하는 것을 알기 어려워 일체 성문벽지불은 능히 미치지 못하는 바이라고 하시는가. 부처님께서 한 가지 해탈의 뜻을 설하셨으므로 우리들도 이 법을 얻어서 열반에 이르렀거늘, 그러나 지금 이 뜻이 향하는 바를 알지 못하겠나이다'

 그 때 사리불께서 사중이 마음에 의심하는 것을 아시고, 스스로가 또한 깨닫지 못하여 부처님께 말씀하오되, "세존이시여 어떠하신 까닭이시며 어떠하신 인연으로 모든 부처님의 제일의 방편과 심히 깊고 미묘하여 이해하기 어려운 법을 간절히 칭탄하시옵니까? 저는 예로부터 오면서 일찍이 부처님으로부터 이와 같은 말씀을 듣지 못하였나이다. 지금 사중이 모두 의심하고 있사오니, 오직 원하옵건대 이 일을 자세히 설명하시옵소서. 세존께서는 어떠하신 까닭으로 심히 깊고 미묘하여 이해하기 어려운 법을 간절히 칭탄하시나이까?"

그때 사리불께서 거듭 이 뜻을 펴고자 하여 이에 게송으로 말씀하오되,

해설 | 사리불존자께서 부처님께 거듭 게송으로 질문하시는 내용은 위 사리불존자의 말씀과 중복되는 내용으로서 생략합니다.

이 부분에서 부처님께서는 방편을 칭탄하거나 강조하셨다기 보다는, 부처님의 미묘 법을 중생들에게 베풀어 설함에 있어서 중구난방 설하신 것이 아니라, 체계적으로 설하셨으며, 상대방의 근기에 따른 방편법을 설하실 수밖에 없었으며, 그러한 체계, 말씀의 위계질서를 알리고자 하시는 부분입니다.

그러한 부처님 말씀의 취지와 체계를 알고, 지금 설하시는 말씀과 앞으로 설하시는 말씀은 부처님의 본래의 진실법임을 이해해야 할 것입니다. 그러므로 방편품은 다른 의미로 진실품이라고도 할 수 있습니다.

무슨 뜻인고 하면, 속세의 교육제도에 있어서도 초등학생들에게 산수를 중고등학생에게는 수학을 가르치고 대학에서는 물리학 등을 가르친다고 했을 때, 만약 산수만을 가르치고 그치거나 혹은 물리학까지 모두 가르치되 산수와 수학, 물리학 상호간의 관계와 위계질서를 가르치지 않는다면 학생들이 그동안 배웠던 산수 수학 물리학의 지식 사이에서 상호 모순, 충돌이 생기고 상호 관계에 대한 이해의 부족으로 남게 됩니다.

이에 대해서 과거에 배웠던 산수와 지금 배우는 물리학 사이에 상호간의 관계와 위계질서, 배움의 취지를 알리는 것은 보다 근본적인 진리의 깨달음을 위해서 우리들은 과거에 기초지식(방편)을 배웠다.라고 하는 체계에 관한 가르침은 방편품이 아니라 오히려 진실품인 것입니다. 이러한 의미에서 본 방편품은 방편만을 칭탄하는 것이 아니라, 오히려 진실품이다 라고 할 수 있습니다.

이 대목은 부처님 법에만 있으며, 타 종교에서는 이와 같은 말씀의 상호관계, 위계질서에 관한 가르침이 없습니다. 모든 설한 말씀이 동등한 말씀이라면 그 말씀 상호간의 모순, 충돌을 해결하지 못하며 말씀의 해석을 놓고 끝임 없는 갈등을 초래 할 것입니다. 그 이전에 중생의 근기가 천차만별인 연

고로 중생의 근기에 맞춘 다양한 눈높이의 설법이 이루어질 수밖에 없는 것이 진실한 현실입니다.
처음과 중간과 나중에 설하신 말씀의 위계질서를 밝히는 것은 진실을 밝히는 진실품입니다

그 때에 부처님께서 사리불에게 이르시되, "그치고 그칠지니라. 모름지기 다시 말하지 말지니라. 만약 이 일을 말한다면 일체 세간의 모든 하늘과 사람이 모두 마땅히 놀라고 의심하리라"

사리불께서 거듭 부처님께 아뢰어 말씀하오되, "세존이시여 오직 원하옵건대, 이를 설하시옵소서, 오직 원하옵건대, 이를 설하시옵소서.

까닭은 무엇인가 하오면, 이 모임의 수없는 백천만억의 아승지 중생은 일찍이 모든 부처님을 뵈어서 모든 근기가 빠르고 영리하며 지혜는 명료하여 부처님께서 설하시는 것을 들으면 곧 능히 공경하며 믿사오리다"

해설 | 아래에는 사리불존자께서 부처님께 세 번이나 청하는 내용이 나옵니다. 부처님께서는 사리불존자가 세 번을 청하는 것을 기다리셨다가 마침내 중요한 진실을 말씀하시게 됩니다

그 때에 사리불께서 거듭 이 뜻을 펴고자 하여 게송으로 설하여 말씀하오되,
"위없이 높으신 법왕이시여
오직 설하시되 염려하시지 마시기를 원하옵나이다.
이 모임의 헤아릴 수 없는 많은 이는
능히 공경하고 믿는 이만 있나이다."

부처님께서 다시 그치게 하시되, "사리불이여, 만약 이 일을 설하면 일체 세간의 천인, 아수라는 모두 마땅히 놀라고 의심할 것이며 증상만비구(깨닫지 못하고서도 깨달은 체하는 거만한 비구)는 장차 큰 구렁에 떨어지리라"

그 때에 세존께서 거듭 게송으로 설하시어 말씀하시되,
"그치어라, 그치어라
모름지기 말하지 말지니라.
나의 법은 묘하여 생각하기 어려워서
모든 증상만의 자들은
듣고 반드시 공경하거나 믿지 않을 것이니라."

그때에 사리불께서 거듭 부처님께 아뢰어 말씀하시되, "세존이시여 오직 원하옵건대 이를 설하시옵소서, 오직 원하옵건대 이를 설하시옵소서. 지금 이 모임 가운데 저희들과 같은 무리 백천만억은 세세에 이미 일찍이 부처님으로부터 교화를 받았사오니, 이와 같은 사람들은 반드시 능히 공경하며 믿사옵고 긴 밤에 편안하게 의지하여 넉넉히 이익 되는 바가 많으오리다"

그 때에 사리불께서 거듭 이 뜻을 펴고자 하여 이에 게송으로 설하여 말씀하오되,
"위없이 양가지가 흡족하시고 높으신 분이시여
원하옵건대 제일의 법을 설하시옵서서
저는 부처님의 맏아들이 되오니
오직 가르침을 내리시어 분별하시어 설하시옵소서.

이 모임의 헤아릴 수 없이 많은 이는
능히 이 법을 공경하며 믿으오리다.
부처님께서는 이미 일찍이 세세에
이와 같은 이들을 가르쳐 교화하셨으므로
모두 한마음으로 합장하고
부처님의 말씀을 받아서 듣고자 하옵나이다.
저희들 천이백과 나머지 부처님을 구하는 자는
원하옵나니,
이 많은 이를 위하는 까닭으로
오직 베풀어 분별하시어 설하시옵소서.
이들이 이 법을 들으면
곧 대환희를 일으키오리다."

 이 때에 세존께서 사리불에게 이르시되, "네가 이미 간절히 세번이나 청을 하니 어찌 잘 말하지 않겠느냐
 네가 지금 자세히 들어서 잘 생각하고 생각할지니라.
 나는 마땅히 너를 위하여 분별하여 풀어서 말하리라"

<u>이 말씀을 설하실 때에 모임 가운데 비구 비구니와 우바새 우바이 오천 사람 등이 있었는데, 곧 자리에서 일어나서 예불을 하고 그리고는 물러갔소이다.</u>
 까닭은 무엇인가 하면, 이 무리는 죄의 뿌리가 깊고 무거우며 그리고 증상만이라서 얻지 못한 것을 얻었다고 일컬으며 증하지 못한 것을 증했다고 일컫는 이와 같은 허물이 있으니, 그럼으로써 머물지 못하거늘 세존께서는 묵연(묵묵히 그러려니)하시며 제지하

지 아니하셨소이다.

해설| 이 장면에서 보이는 5천인의 부처님 제자들이 자리로부터 일어나서 나갔다는 것은, 그동안 부처님께서 공사상, 무아법, 연기법, 무상법 등 다양한 눈높이에 맞춘 가르침과 설법을 들은 제자들인데, 이들은 나름대로 부처님의 법을 깨달았다라고 자부하는 이들입니다.

즉 증상만 제자들이라고 해서 본래 부처님의 가장 중요한 법인 진실법이 아니라, 초기, 중기의 설법내용만 듣고 나름대로 깨달음을 얻었다라고 생각하는 작은 그릇의 제자들이라서 이들은 오히려 법그릇이 아니므로 부처님의 진실법을 들어도 이해를 해서 받아들이지 못하므로 오히려 나가는 것이 좋으리라고 생각하시고 묵연히 제지하시지 않으셨던 것입니다.

이처럼 부처님 당시의 제자들조차도 부처님의 진실법을 이해하지 못하는 그릇이 있었습니다.

본 묘법연화경의 후반부에 여래신력품과 여래수량품, 종지용출품에서 부처님께서 말씀하셨듯이 부처님께서는 영원히 멸하지 않으시며, 무한한 신력이 있으시며, 일체를 아시는 분이십니다.

부처님은 영원불변의 무한한 신력을 지니신 멸하지 않는 진리입니다.

부처님께서 멸하지 않았다는 것에 대한 믿음과 신앙은 중요한 부처님가르침입니다.

석가모니부처님은 우리 세상에 출현한 응신불입니다.

석가모니부처님이 출현하시기 이전에도 부처님은 계셨으며, 영겁 전에 부처님은 계셨던 분입니다.

석가모니부처님이 불교를 창시한 것이 아니라, 불교(진리)와 부처님은 이미 영겁 전부터 존재했으며 석가모니부처님은 응신불인 것을 묘법연화경의 방편품과 여래수량품 등에서의 부처님말씀에서 확인해보시길 바랍니다.

부처님께서 초기설법에서 소승법으로써 제자들의 개인적인 수행과 깨달음을 가르치셨다면, 이제부터는 대승법으로서 진실법을 설하시려는 장면에서 증상만제자들이 자리에서 일어나 물러나갔다는 장면입니다.

당위론이란 우리들이 응당 이러 이러하게 행위를 해야 한다.라는 말씀입니다.

반면 존재론이란 현상계의 존재 그 자체, 현상계의 이치입니다.

즉 하위법인 존재론은 우리의 현상계가 연기법에 의해서 이것이 생함으로 인해서 저것이 생하고, 이것이 멸함으로 인해서 저것이 멸한다는 이치, 인과법에 의해서 원인에 의해서 결과가 발현된다는 이치, 길고 짧은 것이 없으며, 마치 허공과 같다는 이치, 윤회론 등은 우리들에게 이러이러하게 행위를 하라는 말씀이 아니라, 현상계의 이치 그 자체, 존재 그 자체입니다.

즉 현상계를 바른 안목으로 바르게 보라는 가르침이지 우리들에게 이러이러하게 행위를 하라는 가르침이 아닙니다.

반면 당위론이란, 존재론에서의 가르침에서처럼 현상계를 바르게 보니 현상계의 이치가 그러함으로 우리들은 응당 마땅히 이러이러하게 행위를 하여야 한다.라는 가르침입니다. 즉 인과법, 연기법, 공사상을 바르게 깨우쳐 보았음으로 우리들은 마땅히 일체 중생을 내 몸처럼 사랑하고, 일체 중생들이 품고 있는 부처님 성품을 장차 발현시켜서 모두 부처 이룸의 단계로 발전할 수 있도록 행위를 하여야 한다. 그리고 부처님은 일체를 아시며, 무한한 신력을 가지시고 계시는 중생의 아버지로서 우리는 부처님을 믿고 부처님말씀을 따라야 한다는 가르침입니다. 일체중생 성불도, 일체중생을 불쌍히 여기고 사랑하고 구원해야 한다는 가르침입니다. 그러므로 이러한 당위론의 가르침은 존재론의 가르침의 상위법입니다.

그 때에 부처님께서 사리불에게 이르시되, "지금 나의 이 대중은 다시 가지와 잎은 없고 순수한 곧은 열매만 있으니, 사리불이여 이와 같은 증상만의 사람은 물러나는 것도 좋으니라.

너희는 이제 잘 들을 지니라. 마땅히 너희를 위하여 말하리라."

사리불께서 말씀하오되, "오직 그러하옵나이다. 세존이시여 원하옵건대 즐거이 듣고자 하옵나이다"

부처님께서 사리불에게 이르시되, "이와 같은 묘한 법은 모든 부처님 여래께서 때에야 겨우 설하시나니, 우담발꽃이 때에 한번 나타남과 같으니라. 사리불이여 너희들은 마땅히 부처님께서 설하신 바를 믿을지니, 허망한 말씀은 아니 하시느니라. 사리불이여 모든 부처님께서 마땅함을 따라 겁을 설하심에 뜻이 향하는 바를 알기가 어려우니라.

 까닭은 무엇인가 하면, 내가 수없는 방편과 인연과 비유와 말로써 모든 법을 설명하여 말하나니 이 법은 생각으로 헤아리거나 분별하는 바로는 능히 알지 못하며, 오직 부처님만이 계시어 능히 아시느니라.

 까닭은 무엇인가 하면, 모든 부처님 세존께서는 오직 하나의 큰 일의 인연으로써 세상에 나오시어 나타나시기 때문이니라.(일대사 인연고 출현어세)

해설| 이 말씀에서 분명히 말씀하시기를 부처님은 하나의 큰일을 인연으로 해서 세상에 나오신다고 말씀하셨습니다. 즉 무한한 신력과 일체를 아시는 영원히 멸하지 않으시는 진리 그 자체로서의 부처님께서 이 세상에 사람 몸으로 나오시어 나타내는 것은 하나의 큰일을 인연으로 사람 몸으로 태어나셨다는 것입니다.
 그러므로 사람 몸으로 태어나신 석가모니 부처님의 육신은 그런 인연으로 세상에 나오신 응신불입니다.
 그 하나의 큰 일이 무엇인가는 아래에 말씀이 나오듯이, 중생을 아들처럼 사랑하고 불쌍히 여겨서 구원하고자 하시는 일입니다.

 이 장면에서 부처님의 자비, 사랑을 알 수 있고, 대승사상의 핵심인 사랑, 자비에 대해서 생각을 해보게 하는 장면입니다.

 인간세상은 오욕락의 세계이며, 오탁악세라는 참으로 고통이 존재하는 위험한 세상임에도 불구하고, 직접 인간의 몸을 받아서 출현하신다는 것은 희유하고도 어려운 일이 아닐 수 없습니다.
 그만큼 중생에 대한 자비와 구원의 의지를 생각할 수 있습니다.

기독교의 성경에서는 <...태초에 말씀이 있었고, ..말씀이 육신이 되어....> 라는 구절이 있습니다.

여기서 태초에 말씀이 있었다는 것은 진리가 있었다는 것으로 이해되고, 그 진리가 육신이 되어...사람의 몸으로 태어나게 되었다는 성육신으로서의 예수에 관한 구절입니다.

이 구절은 부처님의 <일대사인연고 출현어세> 라는 말씀과 유사한 부분입니다.

부처님도 본래는 영겁 전에 이미 성불하신, 무한한 신력을 가지고 계시며, 일체를 아시는 진리 그자체로서의 존재(본불)이신데, 중생구제라는 일대사를 인연으로 해서 사람 몸으로 출현하게 되시었다(응신불)는 말씀은 기독교의 성경이 태어나기 이전의 기원전의 가르침입니다.

이 부처님의 가르침이 제자들에 의해서 서양으로 전파가 된 것이라고 추정하는 견해도 있습니다.

진리는 시공을 초월해 스스로 평등하게 출현하므로 전파된 것이라기보다는 스스로 발현된 것으로도 볼 수 있습니다.

불교의 응신불 사상은 기독교의 성육신 개념과 유사한 것이며, 성경도 부처님의 가르침의 일부이며, 성경의 가르침을 부처님 법에 위배되지 않게 해석하고 바르게 본다면 그로인해서 수많은 중생을 구제하고 사랑하고 건져내는 부처님의 법입니다.

불교는 석가모니부처님께서 창시한 것이 아니라, 석가모니부처님 오신 날 이전에도 부처님은 계셨으며, 영겁 전에 이미 부처님은 계셨습니다. 석가모니부처님은 우리 세상에 오신 응신불입니다. 그러므로 부처님이 멸하지 않으셨다는 믿음과 신앙은 부처님가르침의 중심입니다. 묘법연화경2권에서 종지용출품, 여래수량품, 여래신력품 참조)

사리불이여. 어찌하여 이르기를 모든 부처님께서 <u>오직 하나의 큰일의 인연의 까닭으로써 세상에 나오시어 나타나신다고 이름하느냐 하면 모든 부처님 세존께서는 중생으로 하여금 부처님의 지견을 열어서(개) 맑고 깨끗함을 얻게 하시고자 하시는 까닭으로</u>

세상에 나오시어 나타나시며, 중생에게 부처님 지견을 보이시고자 (시) 하시는 까닭으로 세상에 나오시어 나타나시며, 중생으로 하여금 부처님 지견을 깨우쳐(오) 주시고자 하시는 까닭으로 세상에 나오시어 나타나시며, 중생으로 하여금 부처님의 지견의 도에 들어가도록(입) 하시고자 하시는 까닭으로 세상에 나오시어 나타나시느니라.

사리불이여. 이것을 위하여 모든 부처님께서 하나의 큰일의 인연의 까닭으로써 세상에 나오시어 나타나시느니라."

부처님께서 사리불에게 이르시되, "모든 부처님 여래께서는 다만 보살을 가르쳐 교화하시느니라. 지으신바 있는 모든 것은 항상 하나의 일을 위하심이니, 오직 부처님의 지견을 중생에게 보이어 깨닫게 함이니라. 사리불이여, 여래는 다만 일불승의 까닭으로써 중생을 위하여 법을 설하니, 다른 승인 이승이나 삼승은 있을 수 없느니라. 사리불이여 일체 시방의 모든 부처님의 법도 또한 이와 같으니라.

해설| 모든 부처님은 다만 보살을 가르쳐 교화하신다고 하고 계십니다. 보살을 가르치는 법은 법화경입니다

그런데 이전에 지금까지 석가모니 부처님께서 바로 법화경을 설하시지 않고, 다양한 법을 설하신 것은 부처님께서 눈높이를 낮추어서 방편법을 설하신 것입니다.

처음부터 일불승을 설하시면, 중생들이 이해를 못하고 오히려 욕을 할 것이기 때문에, 비록 부처님은 일불승을 설하시려고 세상에 나오셨지만, 중생들이 이해를 못하기 때문에, 여러 가지 다양한 법을 설하신 것은 일불승을 설하시기 위해서 중생의 수준을 향상시키기 위한 방편이었던 것입니

다. 제자들의 수준을 향상시켜야 비로소 일불승을 설하실 수가 있기 때문입니다. 그래서 일불승을 위한 까닭이라고 말씀하시고 계시는 장면입니다.

사리불이여. 모든 과거불께서 무량무수방편과 가지가지 인연과 비유의 말씀으로써 중생을 위하여 모든 법을 연설하셨으니, 이 법은 모두 일불승을 위한 까닭이었느니라. 이 모든 중생이 모든 부처님으로부터 법을 듣고 궁극에 일체 가지가지 지혜를 모두 얻었느니라.

사리불이여, 모든 미래불께서도 마땅히 세상에 나오시어 무량무수방편과 가지가지 인연과 비유의 말씀으로써 중생을 위하여 모든 법을 연설하실 것이니, 이 법은 모두 일불승을 위한 까닭으로 모든 중생이 부처님으로부터 법을 듣고 일체 지혜를 모두 얻을 것이니라.

사리불이여, 현재 시방의 일체의 부처님 나라 중에 모든 부처님께서 이익 되는 바를 많게 하시어 중생을 편안하고 즐겁게 하시나니, 이 모든 부처님께서도 또한 무량무수방편과 가지가지 인연과 비유와 말씀으로써 중생을 위하여 모든 법을 연설하시느니라.

이 법은 모두 일불승을 위한 까닭이니라.

(해설 | 부처님의 모든 말씀은 중생의 근기에 맞추어서 설하신 말씀인데, 그런 말씀은 모두 일불승을 궁극의 목적으로 하신 말씀입니다.
본 해설서 2권에 견보탑품이 나오는데, 견보탑품이란 보배 탑을 본다는 품으로서, 다보탑을 보시게 되면 다보탑의 모양이 어떻게 생겼나요? 꼭대기 한 점이 있고 아래층의 층층 계단이 존재하면서 하위로 내려 갈수록 그 크기가 넓고 많습니다. 이처럼 중생의 분포도 이와 같아서 맨 하위 층에 존재하는 중생도 궁극에는 최상위의 한점을 향해서 나아가고 있으며, 미래에 언젠가는 반드시 최상위 한점에 도달할 수 있는 그런 운명인데, 즉 누구나 성불할 수 있다는 것입니다.

그래서 부처님께 귀의합니다! 라는 말 한마디만을 하는 사람이 있다고 해도 이 사람은 언젠가는 먼 미래에 반드시 부처를 이룬 것이다라고 했습니다.

마치 누군가가 1 더하기 1은 2이다라는 산수의 기초를 배우는 사람은 언젠가는 이번 생에 못하면 다음 생에 다음 생에도 못하면 다다음..이렇게 먼 미래에 언젠가는 반드시 물리학의 이치를 깨우치게 될 것입니다. 그래서 하위법도 최상위 진실법과 같은 성품이라고 했습니다(방편 즉 진실).

이러한 다보탑의 모양처럼 중생이 분포되어 있으므로 부처님의 현실에서의 설하신 법도 또한 중생에 맞추어서 설하셨으므로 부처님의 법 전체의 모양도 이와 같은 다보탑의 모양이라는 것입니다.

부처님의 설법의 전체가 이러한 모양이지만, 하위의 많은 법은 결국 궁극의 최상의 한 점을 목표로 하신 법잇다. 그러므로 견보탑품에서는 다보여래께서는 부처님의 모든 분신 부처님이 한자리에 모이셔야 다보부처님이 모습을 드러내신다고 하신 것은 이와 같은 의미로서, 부처님의 모든 분신 부처님이란 부처님의 모든 설법하신 말씀 전체를 의미합니다.

부처님의 설하신 말씀 전체를 한자리에 모이게 되면 다보탑의 모양처럼 중생의 근기에 맞추어서 하신 것이라는 것입니다.

부처님 말씀의 전체란 이와 같이 위계질서가 있는데, 이러한 부처님법의 위계질서를 이해할 필요가 있습니다)

이 모든 중생이 부처님으로부터 법을 들으면 궁극에 일체 지혜를 모두 얻느니라.

사리불이여. 이 모든 부처님께서 다만 보살을 가르쳐 교화하시노니, 부처님의 지견을 중생에게 보이시고자 하시는 까닭이며, 부처님의 지견을 중생에게 깨닫게 해주시고자 하는 까닭이며, 중생으로 하여금 부처님의 지견에 들도록 해주시고자 하는 까닭이니라.

사리불이여. 나도 지금 이와 같아서, 모든 중생의 가지가지 하고자 함과, 착을 하는 바가 마음 깊이 있는 것을 알아 그 근본 성품에 따라 가지가지 인연과 비유와 말씀과 방편의 힘으로써 법을 설하느니라.

사리불이여. 이와 같은 것은 일불승과 일체 지혜를 얻기 위한 까닭이니, 시방세계 가운데에 오히려 이승도 없거늘 어찌 하물며 삼승이 있으리오.

사리불이여. 모든 부처님께서는 다섯 가지 흐리고 악한 세상(오탁악세)에 나오시나니, 이른바 겁이 흐려짐이며, 번뇌로 흐려짐이며, 중생이 흐려짐이며, 보는 것이 흐려짐이며, 수명이 흐려짐이니라.

이와 같아서 사리불이여. 겁이 흐려짐으로 어지러운 때에는 중생이 때가 무거워서 아끼며 탐하며 시기하며 미워하여, 모든 착하지 못한 근본을 성취하는 까닭으로, 모든 부처님께서 방편의 힘으로써 일불승에서 분별하시어 삼승으로 설하시느니라.

사리불이여. 만약 나의 제자가 스스로 아라한이라 벽지불이라 일컬으며, 모든 부처님께서 다만 보살을 가르쳐 교화하시는 일을 듣지도 못하고 알지도 못한다면, 이는 부처님의 제자가 아니며, 아라한이 아니며, 벽지불이 아니니라.

해설| 부처님은 보살을 가르쳐 부처되는 길을 설하시려고 세상에 나오셨는데, 처음부터 이것을 설하면 수준이 낮은 제자들이 받아들이지 못하기 때문에, 제자들의 수준을 향상시키기 위한 방편으로 설하였던 벽지불 되는 법, 아라한 되는 법 등은 부처님의 본래 진실법이 아닌 것입니다.

또 사리불이여. 이 모든 비구 비구니가 스스로 이르되, 이미 아라한을 얻었다고 하며, 이것이 생사윤회의 최후 몸인 궁극의 열반이라고 하여, 오로지 다시 아뇩다라삼먁삼보리(완전한 깨달음)를 구하려는 뜻이 없으면, 마땅히 알지니라. 이러한 무리는 모두 바로 증상만(깨닫지 못하고서도 깨달은 체 하는 거만한) 사람이니라. 까닭은 무엇인가 하면, 만약 어떤 비구가 진실로 아라한을 얻고도, 만약 이 법을 믿지 않는다는 경우는 이 곳에 있을 수 없느니라. 부처님께서 멸도하신 후, 부처님께서 앞에 나타나시어 계시지 않으심은 제외되느니라.

까닭은 무엇인가 하면, 불멸도 후에(석가모니부처님의 열반이후에) 이와 같은 경들을 받아서 가지고 읽고 외우며 뜻을 아는 사람을 얻기가 어렵기 때문이니라. 만약 다른 부처님을 만나면 이 법 가운데에서 문득 판단하여 깨달음을 얻으리라.

사리불이여, 너희들은 마땅히 일심으로 믿고 이해하여 부처님의 말씀을 받아 가질지니라. 모든 부처님 여래의 말씀은 허망함이 없으니, 나머지 승은 있을 수 없고 오직 일불승이니라."

그때 세존께서 거듭 이 뜻을 펴시고자 하시어 이에 게송으로 설하시어 말씀하시되,

"깨닫지 못하고서도 깨달은 체 하는
거만함을 품고 있는 비구 비구니와,
내라 하고 교만하여 남을 업신여기는 우바새와,
믿지 아니하는 우바이인,
이와 같은 사중들이 그 수가 오천이 있으되,
스스로 그 허물을 보지 못하고

계가 이지러지고 새는 것이 있어도
그 티와 흠을 아껴서 감추려하는
이러한 작은 지혜자는 이미 나갔으니
대중가운데 찌꺼기와 등겨라
부처님의 위엄과 덕의 까닭으로 나갔느니라.
이런 사람은 복과 덕이 적어서
이 법을 받아서 감당하지 못하느니라.

> 해설 | 감당치 못한다는 표현은 기독교의 성경에서도 나오는 구절이며, 5천제자가 자리를 일어나 나가자, 부처님께서는 감당하지 못하는 가지와 껍질은 오히려 나가는 것이 좋다고 하는 이 내용 또한 기독교의 성경에도 유사한 부분이 그대로 나오고 있습니다. 어리고 육에 속하고 세상의 욕심에 집착하는 그러한 형제들은 감당치 못한다는 성경의 구절이 있습니다. 이렇듯이 서양의 종교보다도 역사적으로 빠른 성립을 했던 석가모니부처님과 제자들의 가르침들이 서양으로 전파가 되어서 기독교의 성경의 성립에 영향을 미쳤다라고 생각을 할 수도 있으며, 혹은 달은 하나이지만, 이쪽저쪽에도 같이 비추어 지듯이, 진리 또한 하나이지만 모든 곳에 공평하게 비추어지므로 서양인들의 마음에도 진리는 출현했다고 생각할 수도 있겠습니다.

이 무리에는 가지와 잎은 없고
오직 곧은 열매만이 있으니
사리불이여, 잘 들을 지니라
모든 부처님께서는 얻으신 바의 법을
헤아릴 수 없는 방편의 힘으로
중생을 위하여 말씀하시느니라.

중생이 마음에 생각하는 바와
가지가지 행하는 바의 도와
얼마쯤의 모든 욕심과 성품과
먼저 세상의 좋고 나쁜 업을
부처님은 이미 다 바로 알아
모든 인연과 비유와 말과 방편의 힘으로써
일체로 하여금 기쁘고 즐겁게 하느니라.
혹은 수다라와 가타와 그리고
본사와 본생과 미증유를 설하고
인연과 비유와 아울러
기야와 우바제사의 경을 설하느니라.

둔한 근기는 작은 법을 즐기며
나고 죽는데 집착하여
헤아릴 수 없는 부처님의 깊고 묘한 도를 행하지 않고
뇌롭고 어지러운 바로 많이 괴로워하니
이를 위하여 열반을 설하느니라.
내가 이러한 방편을 베풀어서
부처님 지혜에 들어감을 얻게 하고
너희들은 마땅히 부처님의 도 이룸을 얻으리라 고
일찍이 설하지 않았는데
일찍이 설하지 아니한 것은
설할 때가 이르지 아니한 까닭이니라.
이제 바로 그러한 때이니
결단하여 정하고 대승을 설하노라

나의 이 아홉 부분으로 나눈 법은
 중생을 좇아서 따르고 설하여
 대승에 드는 것을 근본으로 삼음이니
 그럼으로써 이 경을 설하노라.
 어떤 부처님 아들이
 마음이 깨끗하고 부드럽고 연하며
 또한 날카로운 근기로 헤아릴 수 없는
 모든 부처님의 거처에서 깊고도 묘한 도를 행하면
 이 모든 부처님 아들을 위하여 이 대승경을 설하노라.
 내가 수기하노니, 이와 같은 사람은
 오는 세상에 부처님의 도를 이루느니라.
 깊은 마음으로 부처님을 생각하고
 깨끗이 계를 닦아 가진 까닭으로
 이들이 부처님 얻을 것을 듣고는
 큰 기쁨이 몸에 두루 가득하리니,
 부처님은 그네의 마음에 행하는 것을 아느니
 그러므로 대승을 설하게 되느니라.
 성문이나 보살이 내가 설하는바 법을 들음이
 한 게송에 이를지라도
 모두 부처님 이룸에 의심이 없느니라.
 시방의 부처님 나라 가운데 오직 일승법만이 있고
 이승이 없고 또한 삼승이 없으되
 부처님께서 방편으로 설하신 것은 제외되느니라.
 다만 거짓이름자로써(방편법으로써) 중생을 인도하심은
 부처님의 사리에 밝은 지혜를 설하시려는 까닭이라

> 해설| 방편법, 즉 사제법, 제행무아, 제법무아, 화엄경, 반야심경, 방등의 십이부경 등을 설하심은 훗날 부처님의 진실법, 즉 묘법연화경을 설하시기 위한 기초교육이다는 의미로 해석할 수 있습니다.
> 오직 일승법만 있고 이승과 삼승은 없으되 부처님께서 방편으로 설하신 것은 제외 된다는 것은 부처님의 최상의 일승법만이 진실법이기는 하지만, 하위법으로서의 부처님께서 설하신 방편법도 진실한 방편법으로 생각해야 한다는 의미입니다. 근본 최상의 진실법은 아니지만, 하위법으로서 부처님법의 위계질서 속에 속하는 법입니다.(방편즉 진실))

<u>모든 부처님께서 세간에 나오심은</u>
<u>오직 이 한 가지 일만이 진실이고</u>
<u>나머지 둘은 곧 참된 것이 아니니</u>
<u>마지막에는 소승으로써 중생을 제도하지 못하느니라.</u>
부처님은 스스로 대승에 머무르고
그 얻은 바의 법과 같이
선정과 지혜의 힘으로 꾸미고 치장하여
이로써 중생을 제도하느니라.
스스로 위없는 도인 대승평등법을 증득하시고도
만약에 소승으로써 교화함이 한 사람에 이를지라도
나는 곧 아끼고 탐하는 것에 떨어진 것이니,
이런 일은 옳지 못한 것이 되느니라.
만약 사람이 부처님을 믿어 귀의하면
여래는 거짓말을 하거나 속이지 않고
또한 탐하는 것과 질투하는 뜻이 없느니라.
모든 법 가운데서 나쁜 것을 끊었으니
그러므로 부처님은 시방에서 홀로 두려울 바 없느니라.
나는 형상으로써 몸을 꾸며서 밝은 빛을 세간에 비추니

헤아릴 수 없는 중생이 존경하는바 되어
모든 법의 실상의 뜻과 이치로써
부처님의 법임을 증명하는 표치를 설하노라
<u>사리불이여 마땅히 알지니라.</u>
<u>내가 본래 맹세하여 세운 원은</u>
<u>일체 중생으로 하여금 나와 등급을 같게 하여</u>
<u>다름이 없게 하고자 함이니라.</u>
내가 옛적에 원하던 것과 같이 지금 이미 만족하니,
일체 중생을 교화하여 모두로 하여금
부처님 도에 들게 하겠노라.
만약 내가 중생을 만나면
부처님의 도로써 가르침을 다하건마는,
지혜 없는 자는 착란하고 미혹하여 의심하고
가르침을 받지 아니하느니라.
나는 아노니,
이 중생이 일찍이 착한 근본을 닦지 아니하고
다섯 가지 욕심에 굳게 착을 하여
어리석게 사랑하는 까닭으로 번뇌가 나며
모든 욕심의 인연으로써 삼악도에 떨어져 빠지며
여섯 갈래로 나아가는 가운데에서 돌고 돌아
모든 괴로움과 독함을 갖추어 받느니라.
조그마한 형상의 태를 받아
세세에 항상 더 길어지니
덕이 엷고 복이 적은 사람이라
많은 괴로운 바가 가까이 닥치느니라.

삿된 소견이 빽빽한 수풀처럼 들어서서
혹은 있다 혹은 없다는 것들이
이 모든 견해에 의지하며 머물러
예순 두 가지를 흡족하게 갖추고
허망한 법에 깊이 착을 하여
굳게 받아 가히 버리지 못하며
내라하고 교만하여 남을 업신여기어
스스로 높음을 자랑하고
아첨하고 마음이 굽어 진실하지 못하여
천만억겁동안 부처님의 이름자도 듣지 못하고
또한 바른 법을 듣지 못하나니
이와 같은 사람은 제도하기가 어려우니라.
이런 까닭으로 사리불이여
내가 방편을 베풀어서
모든 괴로움이 다하는 도를 설하여
열반으로써 보이느니라.
내가 비록 열반을 설하나
이것은 또한 진실한 멸이 아니니라.
모든 법은 본래로부터 오면서
항상 스스로 고요하고 멸한 형상이니
부처님의 아들이 도를 행하기를 마치면
오는 세상에는 부처님 지음을 얻느니라.
나에게 방편의 힘이 있어 삼승법을 열어서 보이나
일체 모든 세존께서는 모두 일승도를 설하시느니라.
이제 이 모든 대중은

모두 응당 의심하고 미혹함을 버릴지니
 모든 부처님의 말씀은 다름이 없어
 오직 일승이요, 이승은 없느니라.
 지난 예전 수없는 겁에
 헤아릴 수 없이 멸도하신 부처님께서는
 백천만억 종류이시라
 그 수는 가히 헤아리지 못하거늘
 이와 같은 모든 세존께서는
 가지가지 인연과 비유와 방편의 힘으로
 모든 법의 형상을 설명하시어 말씀하셨느니라.
 이 모든 세존께서는 모두 일승법을 설하시어
 헤아릴 수 없는 중생을 제도하시어
 부처님 도에 들게 하셨느니라.
 또 모든 거룩하신 주인께서는
 일체 세간의 하늘과 사람과 뭇 생명의 종류의 마음에
 깊이 하고자 하는 것을 아시어
 다시 다른 방편으로써 제일의 뜻을 도우셔서 나타내셨느니라.
 만약 어떤 중생의 종류가
 모든 지난 예전의 부처님을 만나서 법을 듣고
 베풀어주는 것과,
 계를 가짐과,
 욕되는 것을 참는 것과,
 정진과 선정과 지혜로
 가지가지 복과 지혜를 닦은,
 이와 같은 사람들은

모두 이미 부처님 도를 이룬 것이니라.
모든 부처님께서 멸도하신 후에도
만약 사람의 마음이 착하고 부드러우면
이와 같은 중생은
모두 이미 부처님의 도를 이룬 것이니라.
모든 부처님께서 멸도하신 후,
사리에 공양하는 자가 만억가지 탑을 일으키되
보배 구슬로 맑고 깨끗하게 하고
혹은 돌과 침향나무와 흙 등으로
부처님의 묘를 이루거나
사내아이가 장난으로 모래를 쌓아
부처님의 탑을 만듦에 이르면,
이와 같은 사람들은
모두 이미 부처님의 도를 이룬 것이니라.
만약 사람이 부처님을 위하는 까닭으로
모든 형상을 일으켜 세우되
깎고 새겨서 많은 형상을 이루면
모두 이미 부처님의 도를 이룬 것이니라.
사내아이가 장난으로
만약 풀이나 나무와 그리고 또
붓이나 손가락과 손톱으로써
그림을 그려 부처님의 상을 만듦에 이르러서는
이와 같은 사람들은 점점 공덕을 쌓아서
크게 불쌍히 여기는 마음을 흡족하게 갖추고
모두 이미 부처님의 도를 이룬 것이니라.

만약 모든 보살을 교화하여
헤아릴 수 없는 중생을 제도하여 벗어나게 하느니라.
만약 사람이 탑묘와 보배로 된 형상과
그림으로 된 형상에 꽃과 향 등으로 공양하거나
만약 사람을 시켜서 음악을 짓되
가지가지 악기로써
선율을 내어 공양을 하거나
혹은 기쁘고 즐거운 마음으로
부처님의 덕을 칭송하는 노래를 부르되
하나의 작은 소리에 이를지라도
모두 이미 부처님의 도를 이룬 것이니라.
만약 사람이 흐트러지고 어지러운 마음으로
한 송이의 꽃이라도 그림으로 된 형상에
공양하는 데에 이르러면
점점 수없는 부처님을 뵈올 것이며,
혹 어떤 사람이 인사의 절을 하거나
다만 합장을 하거나
한 손을 드는 데에 이르거나
머리를 조금 숙여
형상에 공양을 하여도
점점 헤아릴 수없는 부처님을 뵈올 것이며
스스로 위없는 도를 이루어 수없는 중생을 널리 제도하고
남음이 없는 열반에 들되
땔나무가 다하여 불이 꺼지는 것과 같으리라.
만약 사람이 흐트러지고 어지러운 마음으로

탑묘 가운데 들어가서 한번이라도
부처님께 귀의합니다! 라고 일컬으면
모두 이미 부처님의 도를 이룬 것이니라.
모든 지난 예전의 부처님께옵서 세상에 계시거나
혹은 멸하신 뒤에라도
만약 이법을 듣는 자가 있으면
모두 이미 부처님의 도를 이룬 것이니라.
미래의 모든 세존께옵서도
그 수를 헤아림은 있을 수 없나니,
이 모든 여래께서는 방편으로 법을 설하시리라
일체 모든 여래께서 헤아릴 수 없는 방편으로써
모든 중생을 제도하시어 벗어나게 하시어
부처님의 새는 것이 없는 지혜에 들게 하시나니
만약 법을 듣는 자가 있으면,
부처님을 이루지 못함이 하나도 없으리라.
모든 부처님의 본래 맹세하신 원은
내가 행한바 부처님의 도를 널리 중생으로 하여금
같이 이 도를 얻게 하고자 함이니라.
미래세에 모든 부처님께서
비록 백천억의 수없는 법문을 설하실 것이나
그 실상은 일승을 위하심이니라.
양가지가 흡족하시고 높으신 모든 부처님께서는
법이 항상 성품이 없음을 아시건마는
부처님의 종자는 인연으로부터 일어남이니
이런 까닭으로 일승을 설하시느니라.

이 법은 법의 위치에 머물며
세간 형상에도 항상 머무느니라.
도량에서 아시기를 마치시고
인도하시는 스승께서 방편으로 설하시느니라.
하늘과 사람이 공양하는 바인 그 수가 항하사와 같은
시방의 부처님께서 세간에 나오시어 나타나시어
중생을 편안하게 의지하도록 하시려는 까닭으로
이와 같은 법을 설하시느니라.
제일의 고요하고 멸함을 아시건마는
방편의 힘의 까닭으로써 비록 가지가지의 도를 보이시나
그 실상은 불승을 위하심이니라
중생의 모든 행과, 깊이 마음에 생각하는 바와,
지난 예전에 익힌바 업과, 하고자 하는 것과
성품과, 정진의 힘과,
모든 근기의 날카롭고 둔한 것을 아시고
가지가지의 인연과 비유와 말씀으로써
따라서 응당 방편으로 설하시느니라.
지금 나도 이와 같아서
중생을 편안하게 의지하도록 하려는 까닭으로
가지가지의 법문으로써 부처님의 도를 베풀어 보이느니라.
나는 사리에 밝은 지혜의 힘으로써
중생의 성품과 욕심을 알고 방편으로 모든 법을 설하여
모두로 하여금 기쁘고 즐거움을 얻게 하느니라.
<u>사리불이여, 마땅히 알지니라.</u>
<u>내가 부처님 눈으로써 관하여</u>

여섯 가지 길의 중생(육도중생)을 보니
가난하고 궁하며 복과 지혜가 없어서
나고 죽는 험한 길에 들어섰으니
서로 되풀이하여 괴로움이 끊어지지 아니하며
깊이 다섯 가지의 욕심에 착을 하되
남방 들소가 꼬리를 사랑하는 것과 같아서
탐함과 애욕으로 스스로 가림으로써
눈멀고 어두워서 보는 것이 없으며
크게 세력 있는 부처님과 더불어
괴로움을 끊는 법을 구하지 아니하고
모든 삿된 견해에 깊이 들어가
괴로운 것으로써 괴로움을 버리고자 하니
이런 중생을 위한 까닭으로
크게 불쌍히 여기는 마음을 일으켰느니라.
내가 처음에 도량에 앉아서 나무를 관하고 거닐면서
삼칠일 가운데에서 이와 같은 일을 깊이 생각하되,
내가 얻은 바의 사리에 밝은 지혜는
미묘하기 가장 제일이건만,
중생은 모든 근기가 둔하여
즐거움에 착을 하고 어리석어 눈 먼 바이니,
이와 같은 것들의 종류를
어떻게 하여야 가히 제도할까 하였노라.
이때 모든 범왕과 하늘의 제석과,
세간을 두호하는 사천왕과 대자재천과,
나머지의 모든 하늘 무리와 거느린 무리 백천만이

공손히 공경하며 합장하고 절을 하며
나에게 법륜 굴리기(설법하시기를)를 청하거늘
나는 곧 스스로 깊이 생각하되,
<u>만약 불승만을 찬탄하면</u>
<u>괴로움에 빠져있는 중생이</u>
<u>능히 이 법을 믿지 아니함일세,</u>
<u>법을 깨뜨리고 믿지 않는 까닭으로 삼악도에 떨어지리니,</u>
<u>내 차라리 법을 설하지 아니하고</u>
<u>빨리 열반에 들리라 하다가,</u>
지난 예전 부처님께서 생각하신 바의
방편의 힘을 찾아서 생각하고
나도 지금 얻은 바의 도를 또한 삼승으로 설하리라
이렇게 깊이 생각을 일으킬 때
시방의 부처님께서 모두 나타나시어
맑으신 소리로 나에게 위로하시어 깨우쳐 주시되,
옳게 하시 도다.
제일의 인도하시는 스승이신 석가문이시여,
이 위없는 법을 얻으시고도 모든 부처님을 따르시어
방편의 힘을 쓰시려는 구려.
우리들도 또한 모두 가장 묘한 제일의 법을 얻었건마는
모든 중생의 종류를 위하여
분별하여 삼승을 설하였소이다.
적은 지혜는 작은 법을 즐겨서
스스로 부처님 지음을 믿지 아니하니,
이런 까닭으로 방편으로써

분별하여 모든 과를 설하였사오니
비록 다시 삼승을 설하였사오나
다만 보살을 가르치기 위함이었스. 하셨느니라.
사리불이여, 마땅히 알지니라.
나는 거룩한 사자의 깊고도 맑으며 미묘한 소리를 듣고
일컫기를 모든 부처님께 귀의합니다. 하고,
다시 이와 같은 생각을 하되
나는 흐리고 악한 세상에 나왔으니
모든 부처님께서 설하신 바와 같이
나도 또한 따르고 좇아서 행하리라
이 일을 깊이 생각하기를 마치고는
곧 바라나에 나아가니,
모든 법의 고요하고 멸한 형상을
가히 말로써는 펴지를 못하여
방편의 힘의 까닭으로써 다섯 비구를 위하여 말하였노라
이것을 이름하여 법륜을 굴림이라 하느니라.
오로지 열반의 소리와 아라한과 법과
승려라는 차별의 이름이 있게 되었느니라.
오래되고 먼 겁으로부터 오면서
열반의 법을 찬탄하고 보이되
생사의 괴로움이 영원히 다한다. 고
나는 항상 이와 같이 설하였느니라.
사리불이여, 마땅히 알지니라.
내가 부처님 아들들을 보니
헤아릴 수 없는 천만 억 이

뜻에 부처님의 도를 구하려는 자로서
공손히 공경하는 마음으로 모두 와서
부처님의 거처에 이르렀음이니
일찍이 모든 부처님으로부터
방편으로 설하시는 바의 법을 들었음이라
나는 곧 이런 생각을 하되
여래께서 나오시는 것은
부처님의 지혜를 설하시기 위한 까닭이니
지금이 확실히 옳은 그 때이로다
사리불이여 마땅히 알지니라.
둔한 근기와 지혜가 적은 사람과
형상에 착을 한 교만한 자는
능히 이 법을 믿지 못하나니
지금 나는 기뻐하며 두려움 없어서
모든 보살 가운데에 바르고 곧아서 방편을 버리고
다만 위없는 도를 설하리라.
보살이 이 법을 듣고는
의심 그물은 없어지며
천이백 나한도 마땅히 부처님을 지으리라
과거, 현재, 미래의 모든 부처님께서
법을 설하시는 의식과 같이
나도 지금 이와 같아서 분별없는 법을 설하노라
모든 부처님께서 세상에 나오시어 흥하게 되시는 것은
멀고멀어 만남을 마주치기가 어려우며
바로 설령 세상에 나오실지라도

이 법을 설하기는 또 어려우며
헤아릴 수 없고 수없는 겁에 이 법을 듣기 또한 어려우며
능히 이 법을 듣는 자인 이런 사람은 또한 다시 어려우니라.
비유하건대,
우담바라 꽃을 일체가 모두 사랑하고 즐거워하되
하늘과 인간에 드물게 있는 바이니,
때때로 겨우 한번 나옴과 같으니라.
법을 듣고 기쁘고 즐거워서 찬탄하되
이에 한마디의 말을 드러내는 데에 이를지라도
곧 이미 일체 과거, 현재, 미래 부처님께 공양함이 되느니라.
이런 사람이 심히 드물게 있음은
우담바라 꽃보다 지나느니라.
너희들은 의심을 두지 말지니라.
나는 모든 법의 왕이 되어 널리 모든 대중에게 이르노니
다만 일승도로써 모든 보살을 가르쳐 교화하되,
성문제자는 없느니라.
너희들 사리불과 성문과 그리고 보살은 마땅히 알지니
이 묘한 법은 모든 부처님의 비밀 되고 요긴한 것이니라.
오탁악세에는
모든 욕심에 즐겁게 착을 하니
이와 같은 이들의 중생은
끝내 부처님의 도를 구하지 아니하느니라.
마땅히 오는 세상에 악한 사람은
부처님의 일승 설함을 듣고 미혹하여
믿어 받지 아니하여 법을 깨뜨리고 악도에 떨어지리라.

부끄러워하고 수치스러워 하여 맑고 깨끗하며
뜻에 부처님의 도를 구하려는 것이 있는 자이거든
마땅히 이와 같은 이들을 위하여
널리 일승도를 찬탄할지니라.
사리불이여,
마땅히 알지니라.
모든 부처님의 법은 이와 같아서
만억의 방편으로써 마땅함을 따라 법을 설하시나니,
그것을 배우고 익히지 않는 자는
능히 이것을 밝게 깨닫지 못하느니라.
너희들은 모든 부처님께서 세간의 스승으로
마땅함을 따라 방편으로 하시는 일을 다 이미 알았으니
다시 모든 의심과 미혹을 없애고
마음에 크게 기쁨과 즐거움을 내어
스스로 마땅히 부처님 짓게 될 줄 알지니라."

해설| 부처님의 일대사 인연고 출현어세, 즉 한가지의 큰일을 인연으로 이 세상에 오셨다는 것에 대해서 그리고 부처님의 본래의 뜻은 중생으로 하여금 부처님과 등급을 동급으로 하시고자 하시는 것 즉 불승, 일불승으로서 모든 중생이 부처되는 길을 말씀하시고자 하시는 것입니다. 모든 중생들이 그 본성에는 부처님의 성품(씨앗)이 있으므로, 미래에는 모두가 부처님이 될 수 있으며, 그러므로 모든 중생을 부처님의 아들, 즉 불자(부처님 불, 아들자)라고 일컫고 있습니다. 부처님의 본래의 맹세가 이처럼 일불승 이였지만, 부처님께서 오욕락에 빠져있는 중생에게 처음부터 일불승만을 강조하면, 중생들이 믿지를 아니함으로, 방편의 법을 생각하시어 분별하여 삼승을 설할 수밖에 없었다는 방편품입니다.

우리는 흔히 기독교에서는 모든 중생들이 하나님에 대한 믿음 하나로써 구원을 받는 것을 기초로 하고 있다고 알고 있으며, 불교의 본인 스스로 부처님 되는 길과 비교, 대비를 하고 있습니다.

그러나 모든 말씀과 법이라는 것은 그때그때의 상대방의 근기에 따라 방편의 말씀이라는 것이 있어서, 그 말씀의 처음과 중간과 끝이 비록 같을지라도 그 의미는 다르다고 했습니다.

불교에서도 상대방의 근기에 따라서 자력구제 뿐만 아니라, 믿음에 의한 타력구제를 전적으로 배제하는 것이 아닙니다.

즉 오욕락에 빠져있고, 상대방의 근기의 천차만별이며, 사랑하는 아들이 그 종류가 천차만별 차별이 있으므로 어느 아들도 무시하거나 구원을 포기할 수 없으므로, 근기가 낮은 아들에 대해서는 타력구제를 인정하는 방편의 법을 배제하지 않는 것입니다.

예를 들어 무거운 돌이 스스로는 물에 가라앉지만, 배에 의지해서 물위에 뜰 수 있듯이 타력구제에 대해서도 충분히 포용하고 인정되는 것이 불교입니다.

그러므로 모든 법과 말씀이라는 것이 상대방(아들)의 근기에 따른 눈높이 설법이었기 때문에 모든 법과 말씀이 대조, 반대, 갈등, 충돌이 아니라, 법의 위계질서라는 체계로 이해를 해야 합니다.

상근기를 상대로 한 상위법인가 아니면 하근기를 상대로 한 하위법인가 라고 하는 상하 위계질서 속에 상호 포용,양립가능한 법이라고 해석해야 할 것입니다.

즉 기독교의 교리와 불교의 교리가 상호 충돌, 대립되는 법이 아니라, 법의 위계질서라는 체계속의 상호 양립 가능한 법이며, 한 아버지의 본성이 같은 말씀으로 이해를 해야 합니다. 부처님께서도 본 방편품에서 말씀하셨듯이 방편의 법을 설할 수밖에 없었다. 즉 아들의 근기에 따라 방편의 법을 설할 수 밖에 없었으며, 그러므로 우리는 법의 위계질서에 대한 인식이 더욱 필요합니다.

수많은 말씀과 교리들이 하나의 법에서 나왔으며(앞에 무량의경 참조), 수많은 말씀과 교리가 상호 충돌 모순 되는 말씀이 있지만 그 말씀을 풀고 해석하는 바에 따라서 상호 모순충돌이 아닌 것이며, 혹은 처음과 중간과 마지막의 말씀이 비록 동일한 말이라 하더라도 그 의미가 다를 수 있으며, 그러므로 그 의미를 받아들이고 해석하는 바가 달라서 도를 얻고 과를 얻는 바가 달라 수준의 차별이 생긴다고 말씀하셨습니다.

기독교와 불교의 상호간의 교리의 동일한 부분과 차이점에 대해서도 이와 같습니다).

세가지의 수레와 다양한 아들 (비유품)

해설 | 이전에 세 가지의 방편의 길로써 제도하시다가 궁극에는 일승이라는 하나의 길이 진실한 멸도이다 는 가르침을 비유의 이야기를 통해서 설명하신다고 해서 비유품이라고 합니다.

이 때에 사리불께서 뛰고 뛸 듯이 기뻐하고 즐거워하며 곧 일어나 합장하고, 존귀하신 얼굴을 우러러 바라다 뵈며 부처님께 말씀하되, "지금 세존으로부터 이 법의 소리를 듣고, 마음에 뛰고 뛸 듯함을 품으며 일찍이 있지 아니한 것을 얻었나이다.

까닭은 무엇인가 하오면, 제가 옛적에 부처님으로부터 이와 같은 법을 들었고, 모든 보살은 수기를 받아 부처님을 지으리라 함을 보았나이다. 그러하오나 저희들은 이 일에 참여하지 못하여 여래의 헤아릴 수 없는 지견을 잃었다고 심히 스스로 감정이 상하였나이다.

세존이시여, 제가 항상 홀로 산이나, 수풀이나, 나무 밑에 살면서, 만약 앉거나 만약 다니면서 매양 이런 생각을 하되, 저희들도 같이 법의 성품에 들었거늘 어찌하여 여래께서는 소승법으로써 제도하심을 보이시는가 하였지만, 이것은 저희들의 허물이고 세존의 탓이 아니옵니다.

까닭은 무엇인가 하오면, 만약 저희들이 완전한 깨달음을 성취하는 인연으로 할 바의 것을 설하심을 기다렸으면, 반드시 대승으로써 제도되어 벗어남을 얻었을 것이거늘 그러하오나 저희들은 마땅함을 따라 설하시는 바의 방편을 이해하지 못하고 처음에 부처님의 법을 듣고는 만나자 문득 믿고 받아서 증함을 가졌다고 깊이 생각하였기 때문입니다.

 세존이시여, 제가 옛적으로부터 오면서, 날이 끝나고 밤이 마치도록 매양 스스로를 엄하게 꾸짖었는데, 그러하오나 지금 일찍이 있지 아니하였던 법을 듣고 모든 의심하고 뉘우치는 것을 끊고 나니 몸과 뜻이 태연하여 쾌히 편안하게 의지함을 얻었사옵니다. 오늘에야 겨우 진실로 바른 부처님의 아들이며 부처님의 입으로부터 났으며 법으로부터 화하여 나서 부처님 법의 나눔을 얻게 된 것을 알았나이다"

> (일부생략—사리불존자의 반복되는 게송부분은 위내용과 중복되는 내용으로서 생략함.)

 이때에 부처님께서 사리불에게 이르시되, "내가 지금 하늘과 사람과 사문과 바라문들 가운데에서 설하노니, 내가 옛적에 일찍이 이만 억 부처님 거처에서 위없는 도를 위하는 까닭으로 항상 너를 가르쳐 교화하였고, 너는 또한 긴 밤에 나를 따라 배움을 받았느니라. 내가 방편으로써 너를 인도하였던 까닭으로 나의 법 가운데에 태어났느니라.

 사리불이여. 내가 옛적에 너를 가르쳐서 부처님의 도를 뜻에 원하도록 하였으나, 너는 지금 다 잊어버리고 문득 스스로 이미 멸도를 얻었다고 생각하였느니라.

 내가 지금 도로 너로 하여금 본래 원하던 바의 도를 기억하고 생각하게 하고자 하는 까닭으로 모든 성문을 위하여서 이 대승경을 설하노니, 이름은 묘법연화라, 보살을 가르치는 법이며, 부처님께서 생각하시어 두호하시는 바이시니라.

 사리불이여. 너는 미래 세상의 헤아릴 수 없고 가없으며, 생각으로 논의하지 못할 겁을 지나서, 몇 천만 억 부처님께 공양하고 바른 법을 받들어 가지며, 보살이 행할 바의 도를 흡족하게 갖추어서 마땅히 부처님 지음을 얻으리니, 호는 가로되, 화광여래 응공 정변지 명행족 선서 세간해 무상사 조어장부 천인사 불 세존이니라.

나라의 이름은 이구이며, 그 땅은 평탄하고 바르며 맑고 깨끗하게 꾸며서 치장되고, 편안하게 의지하여 즐거움이 가득하니, 하늘과 사람이 불길같이 성하며, 유리로 땅이 되고, 여덟 갈래로 오고 가는 길이 있으되, 황금으로 줄을 만들어서 그 가를 경계로써 하고, 그 옆에는 각각 일곱 가지 브배로 된 나무가 줄지어 섰고 항상 꽃과 과실이 있으리라.

화광 여래께서도 또한 삼승으로써 중생을 가르쳐 교화하시리라.

사리불이여. 그 부처님께서 나오실 때는 비록 악한 세상은 아니나 본래 원하던 까닭으로써 삼승법을 설하시느니라.

그 겁의 이름은 대보장엄이니, 어떠한 까닭으로 이름을 가로되 대보장엄이라 하는고 하면, 그 나라 가운데에 보살로서 큰 보배로 삼는 까닭이니라.

그 모든 보살은 헤아릴 수 없고 가없으며, 생각으로 논의하지 못할 것이며, 수를 세는 비유로도 능히 미치지 못할 바이니, 부처님의 지혜의 힘이 아니면 능히 아는 자가 없느니라. 만약 다니고자 할 때에는 보배 꽃이 발을 받드니라.

이 모든 보살은 처음으로 뜻을 일으킴이 아니라, 모두 오랫동안 덕의 근본을 심어 헤아릴 수 없는 부처님의 거처에서 깨끗한 범행을 닦아서, 모든 부처님께서 칭탄하시는 바가 되며, 부처님의 지혜를 닦아서 신통을 갖추고 모든 법의 문을 잘 알며, 바탕이 곧아서 거짓이 없고 뜻과 생각이 굳고 단단한, 이와 같은 보살이 그 나라에 가득 차리라.

사리불이여. 화광 부처님의 수명은 십이 소겁이니, 왕자가 되어서 부처님을 짓지 아니하였을 때에는 제외하느니라.

그 나라의 인민의 수명은 팔 소겁이니라.

화광여래께서 십이 소겁을 지나고서, 견만보살에게 완전한 깨달음의 수기를 주시고 모든 비구에게 이르시되, 이 견만보살이 다음에 마땅히 부처님을 지으면 호는 가로되 화족안행 다타아가도 아라하 삼먁삼불타라 하리니, 그 부처님의 국토도 또한 이와 같으니라. 하시느니라.

사리불이여. 이 화광부처님께서 멸도하신 뒤에 정법이 세상에 머무름은 삼십이 소겁이요, 상법이 세상에 머무름도 또한 삼십이 소겁이리라."

일부생략| 부처님께서 사리불존자에게 수기주시는 게송부분과 그 후 사부대중들이 <부처님께서 옛적 바라나에서 처음으로 법륜을 굴리시고 지금에야 다시 가장 큰 법륜을 굴리시는구나> 하면서 기쁨과 환희하는 상황부분을 생략합니다.

그 때에 사리불께서 부처님께 말씀하되, "세존이시여 저는 지금 다시 의심하여 뉘우치는 것이 없어서 부처님 앞에서 완전한 깨달음의 수기 받음을 얻었으나, 옛적에 부처님께서 항상 가르쳐 말씀하시되, 〈나의 법은 능히 생로병사를 떠나서 궁극의 열반을 한다〉 하셨나이다.

배우는 이와 배울 것이 없는 사람도 각각 스스로 '오온 화합의 내가 참 나라고 잘못 아는 그릇된 견해' 와 '죽은 뒤에도 항상 내가 그대로 있다는 그릇된 견해'와 '죽으면 몸과 마음이 없어진다는 그릇된 견해'들을 떠나서 열반을 얻었다고 생각하였는데, 그러나 지금 세존 앞에서 듣지 못한 것을 듣고, 모두 의심하여 미혹함에 떨어졌나이다.

세존이시여, 원하옵건대 사중을 위하여 그 인연을 말씀하시어 의심하여 뉘우침에서 떠나게 하여 주시옵소서"

이때에 부처님께서 사리불에게 이르시되, "내가 모든 부처님께서 가지가지 인연과 비유와 방편으로써 설하시는 법은 모두 완전한 깨달음을 위함이라고 먼저 말하지 않더냐. 이 모든 설하는 바는 보살을 교화하기 위한 까닭이니라.

그러나 사리불이여 지금 비유로써 다시 이 뜻을 밝히리니, 모든 지혜자는 비유로써 이해함을 얻느니라.

사리불이여. 나라의 고을 부락에 큰 장자가 있었으니, 그의 나이는 연로하여 쇠하고, 재물은 부자여서 밭과 집과 시중꾼이 많이 있으며, 그 집은 넓고 크나 문은 오직 하나만 있고, 사람의 무리가 많아서 오백의 사람에 이르기 까지 그 가운데 머물러서 살았느니라.

집과 누각은 낡고 썩었으며, 담장과 벽이 무너져 떨어졌고 기둥 뿌리는 부패하였으며 대들보와 용마루는 기울어져 위태한데다가 두루 빙 둘러서 같은 때에 홀연히 불이 일어나 타거늘, 장자의 모든 자식이 이 집 가운데 있었느니라.

장자가 큰 불이 사면으로부터 일어남을 보고 크게 놀라고 두려워하며 이런 생각을 하되, 〈나는 비록 불타는 문에서 나옴을 얻었으나, 모든 자식들은 불난 집에서 놀이하며 노는 데에만 착을 하여 깨닫지도 못하고 알지도 못하며 놀라지도 않고 두려워하지도 아니하며, 불이 와서 몸에 닿아 괴로움이 절박하게 될지라도 싫어하거나 근심하지 아니하고 나옴을 구하는 뜻도 없구나 하였느니라.

사리불이여. 장자는 이렇게 생각을 깊이 하되, 〈나의 몸과 손에는 힘이 있는지라 마땅히 꽃바구니와 안락의자나 책상들로써 집으로부터 나오게 하리라〉 하다가 다시 깊이 생각을 하되 〈이 집은 오직 문이 하나만 있고 좁고 작은데

> 해설| 나오는 문이 오직 하나만 있다는 것은 일불승을 일컫는 것입니다.

모든 자식은 나이가 어려 노는 곳에만 집착하니, 혹시 떨어져서 불에 타는 바가 되리라. 나는 마땅히 위하여 겁나는 일을 말하되, 이 집은 이미 타나니 빨리 나오라고 하여 불에 타서 해되는 바가 없게 하리라〉 이런 생각을 하기를 마치고는 모든 자식에게 이르되 〈너희들은 빨리 나오너라〉 하였느니라.

아버지는 비록 가련하고 불쌍히 여겨서 달래어 깨우쳐 주나 모든 자식들은 노는 데만 집착하여 믿어 받지 아니하며, 놀라지도 아니하고, 두려워하지도 아니하며, 깨달아 나올 마음이 없었느니라. 또한 어떤 것이 불이며, 어떤 것이 집이며, 어떤 것을 잃게 되는지 알지 못하고, 다만 동서로 달리어 놀며 아버지만 볼 따름이었느니라.

그때 장자는 이런 생각을 하되, 〈이미 이 집이 큰불에 타는 바 되었으니, 만약 때에 나오지 아니하면 반드시 불에 탈 바가 되리니, 내가 지금 방편을 베풀어서 자식들로 하여금 해를 면함을 얻게 하리라〉하고, 아버지는 자식들이 좋아하는 가지가지의 진귀한

장난감과 기이한 물건에 뜻을 두고 반드시 즐거움을 붙일 것이라는 것을 알고 말하되, 〈너희들이 가히 좋아하는 장난감은 드물게 있는 것이라서 얻기가 어려우니, 네가 만약 받지 아니하면 뒤에는 반드시 후회하리라.

이와 같은 가지가지의 양의 수레와 사슴의 수레와 소의 수레가 지금 문밖에 있으니, 가히 장난하며 즐겁게 놀 수 있느니라.

너희들은 이 불타는 집에서 빨리 나올지니라.

너희가 하고자 하는 바를 모두 너희에게 주리라〉 하였느니라.

이 때에 모든 자식은 아버지께서 말씀하시는 바를 듣고 진귀한 장난감인 물건이 원하는 바와 맞는 까닭으로 마음이 각각 용맹하고 날카로워져서 서로서로 밀치고 앞 다투어 달리며 불난 집을 나왔느니라.

이 때에 장자는, 모든 자식들이 편안하게 나옴을 얻어서 네거리 길 가운데의 드러난 땅에 앉으니, 다시는 막히고 걸릴 것이 없음을 보고 그 마음이 태연하며 기쁘고 즐거워서 뛰고 뛸 듯이 하였느니라.

때에 모든 자식들이 아버지께 아뢰어 말하되, 〈아버지께서 먼저 허락하신 좋은 장난감인 양의수레와 사슴의 수레와 소의 수레를 원하옵건대 내려 주시옵소서〉 하였느니라.

사리불이여, 이 때 장자는 각각 모든 자식에게 같은 하나의 큰 수레를 주니,

> 해설| 여기서 하나의 큰 수레란 일불승을 의미합니다.

그 수레는 높고 넓은데, 많은 보배와 방울로 아름답게 장식하고,

흰 소로써 끌게 하니, 살과 빛이 아름답고 깨끗하며 몸의 형상은 어여쁘고 좋으며 큰 기운과 힘이 있으며, 다니는 걸음이 평탄하고 바르며, 빠름이 바람과 같고 많은 시중꾼이 모시고 호위하였느니라.

 까닭은 무엇인가 하면, 이 큰 장자는 재물이 헤아릴 수 없을 만큼 부자여서 모든 창고가 다 차고 넘치니, 이에 이런 생각을 하되, 〈나의 재물은 끝이 없으니, 낮고 졸열한 작은 수레를 모든 자식에게 주지 않느니라. 지금 이 어린아이는 모두 바로 나의 자식이니, 사랑함에 치우쳐 편듦이 없이 하리라.

 나에게는 이와 같은 일곱 가지 보배로 된 수레가 있는데 그 수를 헤아릴 수 없으니, 응당 마땅히 같은 마음으로 이를 주나니, 차별하지 아니하느니라. 까닭은 무엇인가 하면 내가 이 물건으로써 두루 한 나라에 줄지라도 가히 오히려 다하지 못할 진대, 어찌 하물며 모든 자식이겠느냐〉

 이 때 모든 자식은 각각 큰 수레를 타고 일찍이 있지 않았던 것을 얻으니, 본래 바란 것뿐만이 아니었느니라.

 사리불이여. 너의 뜻에는 어떠하느냐.

 이 장자가 모든 자식에게 진귀한 보배의 큰 수레를 똑같이 준 것이 어찌 허망함이 있다 하겠느냐. 아니 하겠느냐"

 사리불께서 말씀하오되, "아니옵니다. 세존이시여. 이 장자는 자식으로 하여금 불의 난리에서 면함을 얻게 하여 목숨만 온전하게 될지라도 허망함이 되지 않음이옵니다.

 몸과 목숨만 온전하여도 좋은 장난감을 이미 얻게 됨이거늘, 하물며 방편으로 저 불난 집에서 **빼내어** 건져 줌이오니까.

세존이시여, 만약 이 장자가 가장 작은 수레 하나라도 주지 않음에 이를지라도 오히려 허망한 것이 아니옵니다.

왜냐하면 이 장자가 먼저 이러한 뜻을 짓되, 〈내가 방편으로써 자식으로 하여금 나옴을 얻게 하리라〉하였으니, 이러한 인연으로써도 허망함이 없음 이온데, 어찌 하물며 재물이 부자라서 헤아릴 수 없음을 스스로 알고, 모든 자식에게 똑같이 큰 수레를 줌이오리까."

부처님께서 사리불에게 이르시되, "착하고 착하도다.

네가 말한 바와 같으니라.

사리불이여. 여래도 또한 이와 같아서 곧 일체 세간의 아버지가 되어 모든 겁냄, 두려움, 쇠약함, 뇌로움, 근심, 질병이 없고, 헤아릴 수 없는 지견과 힘과 두려울 바 없는 것을 다 성취하여, 큰 신력과 사리에 밝은 지혜의 힘이 있으며, 방편과 사리에 밝은 지혜로써 생사의 이쪽언덕에서 생사가 없는 저쪽언덕에 이르름을 흡족하게 갖추고 대자대비로 게으름과 권태가 없으며, 항상 착한 일을 구하며, 일체를 이익 되게 하느니라.

이에 삼계의 썩고 낡은 불난 집에 나서, 중생의 생노병사, 근심, 슬픔, 괴로움, 번뇌로움, 어리석음과 어두움에 덮인 삼독의 불에서 건지기 위하여 가르쳐 교화하여 하여금 완전한 깨달음을 얻게 하느니라.

모든 중생을 보니, 생로병사와 근심, 슬픔, 괴로움, 뇌로움으로 불이 붙어 지지는 바가 되며, 다섯 가지 욕심과 재물의 이익을 위한 까닭으로써 가지가지의 괴로움을 받으며, 탐착하여 쫓아 구하는 까닭으로써 지금에는 많은 괴로움을 받다가 뒤에는 지옥 축생 아귀의 괴로움을 받으며, 만약 하늘위에 나거나 인간으로 있을 지라도 가난하고 궁하여 곤란한 괴로움과 사랑하는 이와 이별하는 괴로움과 원수와 미운 이를 만나는 괴로움인 이와 같은 것들의 가지가지의 모든 괴로움에 중생이 그 가운데 빠져 있으면서도, 즐겁게 놀이하며 놀면서 깨닫지도 못하고 알지도 못하며 놀라지도 아니하고 두려워하지도 아니하며 싫어함도 내지 아니하고, 해탈도 구하지 아니하며, 삼계의 불난 집에서 동서로 뛰고 달리며 근심도 하지 아니하느니라.

 사리불이여. 부처님은 이것을 보고 문득 이런 생각을 하되, 〈나는 중생의 아버지가 되는지라. 응당 그 괴로움과 어려운 것을 빼내어 주고, 부처님의 사리에 밝은 지혜의 즐거움을 주어서 그네로 하여금 놀이하며 놀게 하리라〉

 사리불이여. 여래는 다시 이런 생각을 하되, 〈만약 내가 신력과 사리에 밝은 지혜의 힘으로 방편을 버리고, 여래의 지견과 힘과 두려움 없는 것을 칭찬하면 중생이 이것으로써는 능히 제도를 얻지 못하느니라.

 까닭은 무엇인가 하면, 이 모든 중생이 생로병사와 근심하고 슬퍼하며 괴로워하고 뇌로워 하는 것을 면하지 못하고 욕계, 색계, 무색계의 불난 집에서 불타는 바가 될 것이니, 무엇으로 말미암아 능히 부처님의 사리에 밝은 지혜를 이해하리오.

 사리불이여. 그 장자가 비록 몸과 손에는 힘이 있으나, 그러나 쓰지 아니하고, 은근히 방편으로써 모든 자식을 불난 집의 난리에서 힘써 건지고 그러한 뒤에야 각각 보배로 된 큰 수레를 주는 것과 같이, 여래도 이와 같아서, 비록 힘과 두려울 바 없는 것이 있으나 그러나 쓰지 아니하고, 다만 사리에 밝은 지혜와 방편으로써 삼계의 불난 집에서 중생을 빼내어 건지기 위하여 삼승인 성문과 벽지불과 불승을 설하여 이러한 말을 하되 〈너희들은 삼계의 불난 집에 즐겁게 머무름을 얻지 말고 추하고 나쁜 빛과 소리와 향기와 맛과 닿는 것을 탐하지 말지니라.

만약 탐착하여 사랑이 생기면 곧 불타는 바가 되리라.

너희가 빨리 삼계를 나오면 마땅히 삼승인 성문, 벽지불과 불승을 얻으리라. 내가 지금 너희를 위하여 이 일을 보증하여 맡으리니 마침내 헛되지 않게 하리라. 너희들은 다만 부지런히 닦고 정진할지니라.〉

여래가 이런 방편으로써 중생을 달래어 나아가게 하고 다시 이런 말을 하되, 〈너희들은 마땅히 알지니라. 이 삼승법은 모두 바로 성인께서 칭탄하시는 바이라, 마음이 마음대로 되어 얽매임이 없으며, 의지하여 구할 것도 없으니, 이 삼승을 타면 새는 것이 없는 뿌리와 힘과 깨달음과 도와 선정과 해탈과 삼매로써 스스로 즐겁게 놀아 문득 헤아릴 수 없이 편안하게 의지하는 쾌락을 얻으리라〉 하느니라.

사리불이여, 만약 어떤 중생이 안으로 지혜로운 성품이 있어, 부처님으로부터 법을 듣고 믿어 받아 간절히 정진하며 빨리 삼계를 나오고자 하여 열반을 구하면 이 이름은 성문승이니 저 모든 자식이 양의 수레를 구하기 위하여 불난 집을 나오는 것과 같으니라.

만약 어떤 중생이 부처님으로부터 법을 듣고 믿어 받아 간절히 정진하여 자연혜를 구하며 홀로 고요함을 즐기어 모든 법의 인연을 알면 이 이름은 벽지불승이니, 저 모든 자식이 사슴의 수레를 구하기 위하여 불난 집을 나옴과 같으니라.

만약 어떤 중생이 부처님으로부터 법을 듣고 믿어 받아 부지런히 닦고 정진하여, 일체 지혜와 부처님 지혜와 자연 지혜와 스승 없는 지혜와 여래의 지견과 힘과 두려울 바 없는 것을 구하고 헤아릴 수 없는 중생을 불쌍히 생각하여 편안하고 즐겁게 하며 하늘과 사람을 이익 되게 하고 일체를 제도하여 벗어나게 하면 이 이름은 대승보살이니, 이러한 승을 구하는 까닭으로 마하살이라 이름하느니라. 저 모든 자식이 소의 수레를 구하기 위하여 불난 집을 나옴과 같으니라.

사리불이여. 저 장자가 모든 자식이 편안하게 불난 집에서 나옴을 얻어 두려움이 없는 곳에 이르럼을 보고, 스스로 생각하니 재물이 헤아릴 수 없이 부자여서, 큰 수레를 모든 자식에게 똑같이 주는 것과 같이 여래도 이와 같아서 일체 중생의 아버지가 되느니라.

만약 헤아릴 수 없는 억천중생이 부처님께서 가르치는 문으로 삼계의 괴로움인 겁나고 두렵고 험한 길을 나와서 열반의 즐거움을 얻는 것을 보고는, 여래가 문득 이러한 생각을 하되, 〈나는 헤아릴 수 없고 가없는 밝은 지혜와 힘과 두려움이 없는 것들의 모든 부처님의 법의 곳집이 있고 이 모든 중생은 바로 나의 아들이니, 똑같이 대승을 줄 것이요, 어떤 사람이든지 홀로 멸도를 얻지 못하니, 모두 여래의 멸도로써 멸도케 하리라.

이 모든 중생의 삼계에서 벗어난 자에게는 모든 부처님의 선정과 해탈의 즐겁게 노는 데에 갖추는 것을 다 주나니, 모두 이것은 한 형상 한 종류이고 성인께서 칭찬하시는 바이며, 능히 깨끗하고 묘한 즐거움이 생기느니라.

사리불이여. 저 장자가 처음에 세 가지 수레로써 모든 자식을 달래어 이끌고, 그러한 뒤에 다만 보배물건으로 꾸민 큰 수레를 주었느니라.

그러나 저 장자는 허망된 허물이 없는 것과 같이 여래도 이와 같아서 허망함은 있을 수 없나니, 처음에 삼승을 설하여 중생을 인도하고 그러한 뒤에 다만 대승으로써 제도하여 벗어나게 하느니라.

까닭은 무엇인가 하면, 여래는 헤아릴 수 없는 밝은 지혜와 힘과 두려울 바 없음의 모든 법의 곳집이 있어서, 능히 일체 중생에게 대승의 법을 주건마는, 다만 다 능히 받지 못하느니라.

사리불이여, 이런 인연으로써 마땅히 알지니라.

모든 부처님께서는 방편의 힘인 까닭으로 일불승을 분별하시어 삼을 설하시느니라."

해설| 여기서 승이란 수레와 같은 의미입니다. 수레란 올라탄다는 의미이며, 올라 탈 수 있는 오늘날의 의미로 생각한다면 기차로 생각할 수 있습니다. 부처님께서는 본래의 뜻은 하나의 큰 수레(일불승)를 주고 싶었으나, 중생들이 오욕락에 빠져있고 생사윤회의 고통 속에서 헤어나지 못하는 상태에서 그 하나의 큰 수레를 받을 수가 없으므로, 방편으로 세 개의 작은 수레로써 인도하여 속세의 오욕락의 집착과 생사윤회의 고통에서 구제하시고자 한 것입니다. 방편법으로 구제한 후에 모든 아들에게 하나의 큰 수레를 주시니 그 하나의 큰 수레가 무엇인지 깊이 생각하여야 합니다.

그리고 또 반복되는 해설입니다만, 이 비유의 이야기에서도 쉽게 이해할 수 있듯이 부처님께서 방편의 법을 설할 수밖에 없었던 상황에 대한 설명이 나오므로, 우리들은 부처님법의 위계질서에 대해서 더욱 이해의 필요성을 느끼지 않을 수가 없습니다.

부처님께서 거듭 이 뜻을 펴시고자 하시어 이에 게송으로 설하시어 말씀하시되,

"비유할 것 같으면,
장자에게는 큰 집이 하나 있는데,
그 집은 오래된 까닭으로 무너지고 헐었느니라.
집채는 높고 위태로우며
기둥뿌리는 썩어 꺾였으며
대들보와 용마루는 기울어져 비스듬하고
섬돌의 토대는 무너지고 헐었으며
담장과 벽은 무너져 엎어졌고
진흙 바른 것은 무너져 떨어졌으며
지붕 덮은 것도 어지럽게 떨어졌고
서까래와 처마는 어긋나고 떨어져 나갔으며
꾸불꾸불한 울타리 둘레에는
갑자기 더러운 것이 두루 가득 찼는데,
오백 사람이 그 가운데에 머물러 살고 있었느니라.
솔개와 올빼미와 수리와 독수리와
까마귀와 까치와 산비둘기와 집비둘기와
까치독사와 살무사와 전갈과 지네와 그리마와
수궁과 백족충과 족제비와 살쾡이와 생쥐와 쥐와
모든 악한 벌레 무리는 섞이어 가로지르며 달음박질 하며
똥과 오줌의 냄새가 나는 곳에
깨끗하지 못한 것이 흘러넘치며
말똥구리와 모든 벌레가 그 위에 모이며
여우와 이리와 야간이는 씹어 물고 밟고 다니며

죽은 시체를 맛보고 먹으니
뼈와 살이 흩어져 어지러웠느니라.
이로 말미암아 뭇 개는 다투며 와서 밀고 당기고,
굶어서 파리하며 급하게 먹을 것을 구하여
움켜잡고 끌어당기면서 다투고 싸우며
물어뜯고 크게 짖나니,
그 집의 두렵고 겁나는 재앙의 형상이 이와 같으니라.
곳곳에 모두 산도깨비와 물 도깨비와
나무도깨비와 돌 도깨비가 있으며
야차와 악한 귀신이 사람의 살을 씹어 먹으며,
독한 벌레의 무리와 모든 악한 날짐승과 길짐승이
알을 까서 기르고 새끼를 낳아 자라게 하여
각각 스스로 감추어 보호하나,
야차가 앞 다투어 와서 잡아먹으니,
먹고는 이미 배가 부르면
악한 마음이 돌아와서 힘이 커져서
다투고 싸우는 소리가 가히 심히 겁나고 두려우며
구반다 귀신은 단단한 땅에 웅크리고 앉아 있다가
때로는 땅에서 한 자나 두 자를 떨어져
왔다갔다 놀러 다니며 함부로 장난하기를 즐기되,
개의 양 발을 잡아서 팽개쳐서 소리를 잃게 하고,
다리를 목에 붙이고서 개를 놀라게 하고는
스스로 즐거워하였느니라.
다시 여러 귀신이 있나니,
그 몸은 길고 크며 벌거벗은 형상의 검고 파리한 것이

항상 그 가운데에 머물면서
크게 악한 소리를 일으켜서
울고 부르짖으며 먹을 것을 구하며
다시 모든 귀신이 있으니,
그 목구멍은 바늘과 같으며
다시 모든 귀신이 있는데
머리는 소의 머리와 같은 것이 사람의 살을 먹으며
다시 개도 씹어 먹으며
머리털이 어지럽게 헝클어진 것이
흉악하고 음흉하여 잔인하게 헤치며
주리고 목마름이 닥쳐서 부르짖고 외치며 치달아 달리며
야차와 아귀와 악한 새와 짐승은 굶주림에 급하여
사방으로 향하면서 창문과 들창을 엿보며 지키나니,
이와 같은 난리가 두렵고 겁남이 헤아릴 수 없느니라.
이 썩고 낡은 집은 한 사람에게 속했나니,
그 사람이 겨우 나온 지 오래되지 않은 사이에
뒤의 살던 집에서 홀연히 불이 일어나서
사면이 한 때에 불꽃과 함께 활활 붙어서
대들보와 용마루와 서까래와 기둥에서 터지는 소리가
찢어지듯이 진동하면서 꺾이어 부러지고 떨어져 내리고
담장과 벽이 무너지고 넘어져
모든 귀신들은 소리를 질러 크게 부르짖으며
수리와 독수리와 새와 구반다 들은
두루 두렵고 급하고 놀라서 능히 스스로 나오지 못하며
악한 짐승과 독한 벌레는 굴 구멍으로 도망하여 숨어 버리며

비사사 귀신도 그 가운데에 머물렀나니,
복과 덕이 엷은 까닭으로 불에 가까운 바가 되어
함께 서로를 잔혹하게 해쳐서
피를 마시고 살을 씹어 먹으며
야간의 무리는 아울러 이미 먼저 죽었으니
모든 크고 악한 짐승이 다투어 와서 뜯어먹으며
냄새나는 연기가 흩어져 무럭무럭 피어올라
사면을 가득히 메웠느니라.
지네와 그리마와 노리개와 땅지네와 독사의 종류는
불에 타는 바가 되어 다투어 달리어 구멍에서 나오면
구반다 귀신이 따라와 잡아먹으며
또 모든 아귀는 머리 위에 불이 타고
굶주리고 목마르며
뜨거움에 뇌로워하며
두루 두려워하고 번민하며 달아나니
그 집은 이와 같이 가히 심히 겁나고 두려우니라.
독하고 해로운 불의 재앙으로
많은 난리가 하나만이 아니었느니라.
이 때 집 주인이 문 밖에 서 있으면서
어떤 사람의 말을 들으니,
〈당신의 모든 자식들이 먼저 희학질하면서
놀기 위한 까닭으로 이 집에 들어 왔으나
어리고 작아 아는 것이 없어서
기쁘고 즐겁게 노는 데만 즐거이 착을 한다〉하니,
장자가 듣고는 놀라 불난 집에 들어가서

바야흐로 마땅히 구원하여 건져서
불에 타는 해가 없게 하리라 하고
모든 자식에게 깨우쳐 일러서 많은 난리를 말하되,
〈악한 귀신과 독한 벌레와 재앙과 불이
넝쿨같이 뻗쳐서 많은 괴로움이 차례차례로
같이 잇달아 끊어지지 않으며
독사와 까치독사와 전갈과
야차와 구반다 귀신과 야간과 여우와 개와
수리와 독수리와 솔개와 올빼미와 백족충의 무리가
굶주림과 목마름과 뇌로움에 급하여서
가히 심히 겁나고 두렵거늘
이런 괴로움과 난리에 하물며 다시 큰 불이랴.〉
모든 자식은 아는 것이 없어서
비록 아버지의 가르침을 들었으나
오히려 옛대로 즐거이 착을 하여
즐겁게 놀이하기를 마치지 아니하였느니라.
이 때에 장자는 이런 생각을 하되,
〈모든 자식은 이와 같으니,
나의 근심과 번뇌만 더하게 하는 구나.
지금 사는 이 집은 가히 즐거움이 하나도 없거늘
이에 모든 자식들은 즐거이 노는 데만
깊이 빠져서 지나치게 즐기고
나의 가르침을 받지 아니하니
장차 불이 해롭게 하리로다 〉 하고
곧 오로지 깊이 생각하되

〈모든 방편을 베푸리라〉 하고
모든 자식들에게 이르되,
〈나에게 있는 가지가지 보배로 된 수레인
양의 수레와 사슴의 수레와 큰 소의 수레가
지금 문밖에 있으니 너희들은 나오너라.
내가 너희들을 위하여 이 수레를 만들었으니
뜻에 따라 가히 즐겁게 놀이하며 놀 수 있느니라〉
모든 자식은 이와 같은 수레의 말을 듣고
곧 분주하게 앞 다투어 가면서
달음박질하여 나와서 빈 땅에 이르더니
모든 괴로움과 난리를 여의었느니라.
장자는 자식이 불난 집에서 나옴을 얻어
네거리에 머무는 것을 보고
사자자리에 앉아서 스스로 하례하는 말을 하되,
〈나는 지금 크게 즐겁도다.
자식들을 낳아 기르기가 어렵거늘
어리석고 어려서 아는 것이 없어 험한 집에 들었으니,
모든 독한 벌레는 많고 도깨비는 가히 두려우며,
큰 불의 맹렬한 불꽃이 사방에서 함께 일어나는데
그러나 이 모든 자식은
즐겁게 놀이하며 노는 것에만 탐착하였느니라.
나는 이미 구원하여 난리에서 벗어남을 얻게 하였으니,
이런 까닭으로 모든 사람이여,
나는 지금 크게 즐겁도다.〉
이 때 모든 자식은 아버지께서 편안히 앉았음을 알고

모두 아버지의 거처로 나아가서 아뢰어 말하되,
〈원하옵건대, 저희들에게 앞에서 허락하신 바와 같이
세 가지의 보배 수레를 내려주옵소서.
모든 자식이 나온다면, 마땅히 세 가지의 수레로써
너희가 하고자 하는 대로 따르리라고 하셨나이다.
지금이 바로 그 때이오니, 오직 베풀어 주시옵소서〉
장자는 큰 부자라서 창고에 감추었던
여러 가지 많은 보배로써
큰 수레를 만들어 아름답게 장식하였으며,
커다란 흰 소가 있으니,
살이 쪄서 굳세고 힘이 많으며
몸의 형상이 어여쁘고 아름다운데
보배수레의 멍에를 메게 하고
여러 인도하고 따르는 이가 많아서
모시고 호위하였느니라.
이 수레를 모든 자식에게 똑같이 내려주니,
자식들은 기쁘고 즐거워서 뛰고 뛰면서
보배수레를 타고 사방에서 놀되,
즐겁게 놀이하는 것이 쾌락하며
마음이 마음대로 되어 걸림이 없었느니라.
사리불에게 이르노니
나도 또한 이와 같아서
거룩한 분 가운데에서 높으며
세간의 아버지니라.
일체 중생은 모두 바로 나의 아들이나,

깊이 세상의 즐거움에 착을 하여
지혜로운 마음이 있을 수 없으며
삼계가 편안함이 없는 것은
마치 불난 집과 같으며
많은 괴로움이 가득 차서
가히 심히 겁나고 두려우니라.
항상 생로병사와 근심 걱정이 있으며
이와 같은 것들의 불이 치성하게 타올라서
쉬지를 아니하느니라.
여래는 이미 삼계의 불난 집을 떠나서
고요하고 한가하게 살며 편안하게 숲이나 들판에 사느니라.
지금 이 삼계는 모두 바로 나의 것이며,
그 가운데의 중생은 모두 바로 나의 아들이거늘
그러나 지금 이곳은 모든 근심과 난리가 많으니
오직 나 한 사람만이
능히 구원하고 보호할 수 있느니라.
비록 거듭 훈계하여 가르치나
그러나 믿어 받지 아니함은
모든 욕심에 물이 들어 탐착이 심한 까닭이니
이에 방편으로써 삼승을 설하여
모든 중생으로 하여금 삼계의 괴로움을 알게 하고
세간에서 나오는 길을 설명하여 말하고 열어 보이는 것이니
이 모든 아들들이 만약 마음이 결정되면
삼명과 육신통을 흡족하게 갖추어서
연각과 물러나지 아니하는 보살을 얻을 수 있느니라.

너 사리불이여
내가 중생을 위하여 이런 비유로써 일불승을 설하노니
너희들이 만약 능히 이 말을 믿어 받으면
일체가 모두 부처님의 도 얻음을 이루리라.
이 승은 미묘하여 맑고 깨끗함이 제일이라서
모든 세간에서 위가 있을 수 없으니
부처님께서 가히 기뻐하시는 바이며
일체 중생도 찬탄하고 공양하며 예배할 바이며
헤아릴 수 없는 억 천의 모든 힘과
해탈과 선정과 사리에 밝은 지혜와
그리고 또 부처님의 나머지 법이니라
이와 같은 승을 얻어야만
모든 자식들로 하여금 밤낮의 겁수에
항상 즐겁게 노는 것을 얻게 하며
모든 보살과 더불어 성문의 무리가
보배수레를 타고 도량에 이르느니라.
이런 인연으로써 시방으로 살펴서 구할 지라도
다시 다른 승은 없으니
부처님의 방편은 제외되느니라.
사리불에게 이르노니,
너희 모든 사람들은 모두 바로 나의 아들이요
나는 곧 바로 아버지니라.
너희들이 여러 겁에 많은 괴로움으로 불타는 바이거늘
내가 모두 건지고 빼내어 삼계에서 나오게 하였느니라.
내가 비록 먼저 너희들은 멸도 했다고 말하였으나,

다만 나고 죽음만 다한 것뿐이그
그러나 진실로 멸이 아니니,

> 해설| 멸도 했다고 말했으나, 진실된 참된 멸도는 아직 아니다고 하십니다.
> 위 비유를 통해서 알 수 있듯이 방편으로써 불난 집에서 끄집어내었을 뿐,
> 아직 진실을 가르치신 것은 아닙니다. 오온개공,제행무상,무아법,인연법,육바
> 라밀 등의 가르침으로써 일단 불난 집에서 벗어남을 얻게 했을 뿐, 참된 멸
> 도는 아닙니다.
> 부처님께서 말씀하신 세 가지의 수레(삼승)는 참된 멸도가 아니라 방편이
> 다는 것을 비유의 이야기를 통해서 말씀하시고 계십니다.

지금 응당 할 바는 오직 부처님의 밝은 지혜이니라.
만약 보살이 이 많은 이 가운데 있으면
한마음으로 부처님의 실상의 법을 들을 지니라
모든 부처님께서는 비록 방편을 쓰시나
교화하시는 바 중생은 모두 바로 보살이니라.
<u>만약 사람이 지혜가 적어서</u>
<u>사랑하는 욕심에 깊이 착을 하견,</u>
<u>이들을 위하는 까닭으로</u>
<u>괴로움이라는 이치를 설하느니라.</u>
중생이 기쁜 마음으로 일찍이 있지 아니한 것을 얻나니
부처님이 설한 괴로움이라는 이치는
진실하여 다름이 없느니라.
<u>만약 어떤 중생이 괴로움의 근본을 알지 못하여</u>
<u>깊이 괴로움의 원인에 착을 하여</u>
<u>능히 잠시도 버리지 못하면</u>
<u>이들을 위하는 까닭으로 방편으로 도를 설하느니라.</u>

모든 괴로움의 원인되는 바는 탐욕이 근본이 되거늘
만약 탐욕을 멸하면 의지하고 머무를 바가 없어서
모든 괴로움이 다하여 멸하니
세 번째 이치라 이름하느니라.
멸함이라는 이치를 위하는 까닭으로 도를 닦아 행하여
모든 괴로움의 얽힘에서 떠나면
해탈을 얻었다고 이름 하나니
이 사람이 어찌하여 해탈을 얻었다고 하는가 하면
다만 허망을 떠난 것을 해탈이라 이름 할 따름이며
그 참된 일체의 해탈을 얻지 못하였으니
부처님은 이 사람은 참된 멸도가 아니라고 말하느니라.

해설| 참된 멸도가 아님을 반복해서 말씀하십니다. 부처님 법의 체계와 질서에 있어서 부처님께서 처음부터 최상의 진실법을 설하신 것이 아니라, 진실 된 방편으로써, 불난 집에서 벗어남을 구하고 나중에야 진실을 말씀하십니다.
속세의 교육제도에서도 초등학생에게 곧바로 물리학을 가르치진 않습니다. 부처님의 40여 년간의 설법기간에서도 그 단계의 계획을 알 수 있습니다. 부처님의 40여 년간의 설법기간에서 체계와 질서 속에서 설법을 하실 수밖에 없었던 이유를 비유를 통해서 반복적으로 말씀하시고 계십니다. 그러므로 부처님의 말씀의 체계와 질서에 대한 이해의 필요성이 있습니다.

이런 사람은 위없는 도를 얻지 아니한 까닭이니
내가 뜻하는 멸도에 이르게 하고자 함이 아니니라.
내가 법왕이 되어 법에 마음대로 되어
중생을 편안하게 의지하게 하려고
일부러 세상에 나타났느니라.

너 사리불이여
나의 이 법도장은
세간을 이익 되게 하고자 하는 까닭으로 설하노니
놀고 있는 장소에 있어서는 함부로 전하여 펴지 말지니라.
만약 듣는 자가 있어서 따라 기뻐하며 이마로 받으면
마땅히 알지니라.
이 사람은 돌아서서 물러나지 아니함이니라.
만약 이 경법을 믿어 받는 자가 있으면
이 사람은 이미 일찍이 지난 예전에
부처님을 뵈옵고 공손히 공경하며 공양을 하였으며
또한 이 법을 들었느니라.
만약 사람이 있어 능히 네가 말한 것을 믿으면
곧 나를 본 것이며
또한 너와 비구승과
아울러 모든 보살을 본 것이니라.
이 법화경은 깊은 지혜를 위하여 설한 것이니
아는 것이 얕은 이가 들으면
미혹하여 이해하지 못하나니
일체의 성문과 벽지불은
이 경 가운데서는 힘이 미치지 못하는 바이니라
너 사리불도 오히려 이 경에서는
믿음으로써 들어옴을 얻게 되었거늘
하물며 다른 성문이랴.
그 나머지 성문도 부처님의 말씀을 믿는 까닭으로
이 경을 따르고 있으나

자기 지혜의 분수는 아니니라.
또 사리불이여
교만하고 업신여기고 소홀히 하고 게을리 하거나
오온 화합의 내가 참 나라고 잘못 아는 그릇된 견해를
꾀하는 자에게는 이 경을 설하지 말지니라.
범부는 아는 것이 얕아서
다섯 가지 욕심에 깊이 착을 하니
들어도 능히 알지 못하나니
또한 위하여 설하지 말지니라.
만약 사람이 믿지 않고 이 경을 헐뜯고 비방하면
곧 일체 세간의 부처님 종자를 끊는 것이니라.
혹은 얼굴을 찡그리며 의심과 미혹을 품으면
너는 마땅히 이 사람의 죄보를 설하는 것을 들을 지니라.
만약 부처님께서 세상에 계시거나 멸도하신 뒤에
그가 이와 같은 경전을 비방함이 있거나
경을 읽고 외우며 쓰고 가지는 어떤 자를 보고
가벼이 여겨 천대하거나 미워하고 질투하며
원한 맺음을 품으면
이 사람의 죄보를 너는 지금 다시 들을지니라.
그 사람이 명을 마치면
아비지옥에 들어가서 일 겁을 흡족히 채우고,
겁이 다하고는 다시 태어나며,
이와 같이 되풀이하기를 수없는 겁에 이르고,
지옥으로부터 나와서는 축생에 떨어져서
만약 개나 야간이가 되면,

그 형상이 대머리이고 파리하며 검으면서 누렇고
옴과 문둥병에 걸리고
사람이 찌르고 어지럽게 할 것이며
또 다시 사람이 가서 미워하고 천대할 것이고
항상 피곤하고 굶주리며 목말라 뼈와 살이 야위고 마르며,
살아서는 회초리로 독하게 맞고
죽어서는 기와나 돌에 덮여지나니,
부처님의 종자를 끊은 까닭으로
이런 죄의 보를 받느니라.
만약 낙타가 되거나 나귀 가운데 나면,
몸에는 항상 무거운 짐을 지고,
모든 몽둥이로써 채찍질 당하며,
다만 생각하는 것은 물과 풀 뿐이고
다른 것은 아는 것이 없으니,
이 경을 비방한 까닭으로 이와 같은 죄를 받느니라.
또 야간이가 되어 동네에 들어오면
신체는 옴과 문둥이고 한 쪽 눈이 없어서
모든 사내아이들이 향하여 치고 던지는 바가 되어
모든 괴로움과 아픔을 받아서
때로는 죽음에까지 이르며,
여기에서 죽기를 마치고는 다시 구렁이 몸을 받되
그 형상이 길고 커서 오백유순이며,
귀 먹고 미련하고 발이 없어서
고부라지게 구르면서 배로 다니다가
모든 작은 벌레에게 씹어 먹히는 바가 되어,

밤낮으로 괴로움을 받아 휴식이 있을 수 없나니,
이 경을 비방한 까닭으로 죄 얻음은 이와 같으니라.
만약에 사람됨을 얻을 지라도
모든 뿌리가 어둡고 둔하며
난쟁이고 못생기고 곰배팔, 절름발이
장님, 귀머거리, 곱사등이 되며
말할 바가 있어 말해도 사람이 믿어 받지 아니하며,
입 기운은 항상 냄새가 나고,
귀신과 도깨비가 붙은 바이며
가난 하고 궁하며 낮고 천하며
사람이 심부름시키는바 되며,
병이 많으며 소갈증이고 파리하나
의지하여 믿을 곳이 없으며
비록 사람을 친하여 가까이 할지라도
사람이 뜻에 두지 아니하며,
만약 얻는 바가 있어도 곧 다시 잃어버리며,
의원의 도를 닦아서 처방에 따라 병을 치료하여도
다른 질병만 더하여 죽음에 까지 이르며
자기가 병이 있으면 구원하여 치료해줄 사람이 없으며
설령 좋은 약을 먹을 지라도 이에 다시 더 심해지며,
만약 남에게 반역이나 노략질이나 겁탈이나 도둑맞는,
이 같은 재앙이 뜻밖에 걸리느니라.
이와 같은 죄인은 영원히 부처님을 뵈옵지 못하며
뭇 성인의 왕이 법을 설하여 가르쳐 교화할지라도
항상 어려운 곳에 나며

미치거나, 귀가 먹거나
마음이 어지러워서 영원히 법을 듣지 못하며,
항하사와 같은 수없는 겁에
번번이 귀머거리와 벙어리로 나서
모든 뿌리를 갖추지 못하며
항상 지옥에 사는 것을
동산의 망루에서 노는 것 같이 하며
나머지 악도에 있기를 자기 사는 집과 같이 하며
낙타나 나귀, 돼지, 개, 이것이 그가 가는 곳이니
이 경을 비방한 까닭으로 죄를 얻음이 이와 같으니라.
만약에 사람됨을 얻을 지라도
귀머거리, 장님, 벙어리가 되고 가난하고 궁하여
모든 쇠약한 것으로 스스로를 꾸미고 치장하며
물종기와 목마름과 두통과 학질과 문둥병과 악한 종기
이와 같은 것들의 병으로써 의복을 삼으며
몸은 항상 냄새나는 곳에 살아
때끼고 더러워 깨끗하지 못하며
깊이 오온화합의 내가 참나라고 잘못 아는
그릇된 견해에 착을 하여
성냄과 분노가 더욱 더하며
음탕한 욕심은 불같이 성하여
날짐승과 길짐승을 가리지 아니하나니,
이 경을 비방한 까닭으로 죄를 얻음이 이와 같으니라.
사리불에게 이르노니,
이 경을 비방한 자의 그 죄를 말한다면

겁이 다하여도 마치지 못하리라.
이런 인연으로써 내가 짐짓 너에게 말하노니
지혜 없는 사람가운데서는
이 경을 설하지 말지니라.
만약 날카로운 근기가 있고
밝은 지혜를 깨달아,
많이 듣고 분명히 알아서 부처님의 도를 구하는 자인,
이 같은 사람에게는 위하여 가히 설할 것이며,
만약 사람이 일찍이 억백천의 부처님을 뵈옵고
착한 근본을 심어서 마음이 깊고 굳어 단단하거든
이와 같은 사람에게는 위하여 가히 설할 것이며
만약 사람이 정진하여 사랑하는 마음을 닦되,
몸과 목숨을 아끼지 아니하면,
위하여 설할 것이며
만약 사람이 공손히 공경하되,
다른 마음 있음이 없으며
모든 범부의 어리석음을 떠나서 홀로 산이나 못에 살거든
이와 같은 사람에게는 위하여 설할지니라.
또 사리불이여,
만약 어떤 사람이 악지식을 버리고
착한 벗을 친하고 가까이 하는 것을 보거든,
이와 같은 사람에게는 위하여 설할 것이며,
만약 부처님의 제자가 계를 가지기를 맑고 깨끗하게 하되,
밝은 구슬과 같이 깨끗이 하며
대승경을 구하는 것을 보거든

이와 같은 사람에게는 위하여 설할 것이며,
만약 사람이 성냄이 없으며,
바탕이 곧으며 부드럽고 연하여
항상 일체를 불쌍히 여기고
모든 부처님을 공손히 공경하거든
이와 같은 사람에게는 위하여 설할 것이며
다시 부처님의 제자가 있어서
대중 가운데에서 맑고 깨끗한 마음으로써
가지가지 인연과 비유와 말로 법을 설함에 걸림이 없으면
이와 같은 사람에게는 위하여 설할 것이며
만약 어떤 비구가 일체 지혜를 위하여
사방으로 법을 구하여 합장을 하고 이마로 받되,
다만 대승경전만 받아 가지기를 즐겨하고
다른 경의 한 게송이라도 받지 않음에 이르거든,
이와 같은 사람에게는 위하여 설할 것이며,
만약 사람이 지극한 마음으로 부처님의 사리를 구하고
경을 구하여 얻음을 마치고는 이마로 이며
그 사람이 다시 뜻에 나머지 경을 구하지 않으며
또한 일찍이 외도의 법이나 서적을 생각하지 않거든
이와 같은 사람에게는 위하여 설할 지니라
사리불에게 이르노니,
내가 이러한 모양으로
부처님의 도를 구하는 자를 설하려면
겁이 다하여도 마치지 못하리라
이와 같은 이들의 사람은 곧 능히 믿어서 이해하리니

너는 마땅히 위하여 묘법화경을 설할지니라."

목련, 수보리, 가전연, 가섭존자의 깨달음, 집 나간 아들이 아버지에게 돌아 오다 (신해품)

해설| 가섭존자등 제자들은 이제야 부처님의 진실법인 회삼귀일, 일불승의 대승법을 이해하고 믿음이 생겼음을 비유의 이야기를 들어서 설명한다고 해서 신해품이라고 합니다.

이때에, 혜명 수보리와 마하가전연과 마하가섭과 마하 목건련께서는 부처님으로부터 일찍이 있지 아니한 바의 법과 세존께서 사리불에게 완전한 깨달음의 수기 주시는 것을 듣고는 드물게 있는 마음을 일으켜서 기쁘고 즐거워 뛰고 뛸 듯이 하며, 자리로부터 일어나서 의복을 가지런하게 하고 웃옷을 벗어서 한쪽으로 하여 오른쪽 어깨를 드러내고, 오른쪽 무릎을 땅에 붙여서 한마음으로 합장하고 몸뚱이를 굽혀서 공손히 공경하고, 존귀하신 얼굴을 우러러 뵈며 부처님께 아뢰어 말씀하되, "저희들이 승려에서는 우두머리에 앉았사오며, 나이는 함께 늙어서 쇠약하여 스스로 이미 열반을 얻었다고 일컫고, 완전한 깨달음을 구하지 아니하였나이다.

세존께서 지난 옛적부터 법을 설하신 지는 이미 오래시거늘, 때에 저희가 자리에 있었으되, 신체가 피곤하고 게을러져서 다만 공과, 무상과, 지음이 없는 것만을 생각하고, 보살법인, 신통으로 즐겁게 노는 것과, 부처님의 국토를 깨끗하게 하는 것과 중생을 성취시키는 데는 마음으로 기뻐하고 즐거워하지 아니하였나이다.

까닭은 무엇인가 하오면 세존께서 저희들로 하여금 삼계에서 나오게 하시어 〈열반 증함을 얻게 하였다〉하시고, 또한 지금 저희들도 나이는 늙고 쇠약해져서 부처님께서 보살을 가르쳐 교화시키시는 완전한 깨달음에는 한 생각도 좋아하고 즐거워하는 마음을 내지 아니하였나이다.

저희들이 지금 부처님 앞에서 성문에게도 완전한 깨달음의 수기 주심을 듣고는, 기뻐하고 즐거워하며 일찍이 있지 아니한 것을 얻었나이다. 생각지도 못한 지금에 홀연히 드물게 있는 법을 얻어 듣고, 깊이 스스로 경사스럽고 다행스럽게도 크고 좋은 이익을 얻었으며, 헤아릴 수 없는 진귀한 보배를 구하지도 아니하여도 저절로 얻었나이다.

세존이시여, 저희들이 지금 좋은 말로 비유하여 이 뜻을 밝히오리다. 비유하옵건대, 만약 어떤 사람이 나이가 아주 어려서 아버지를 버리고 도망가서 다른 나라에 오래 머물되, 혹 십이나 이십에서 오십 해에 이르러 나이는 이미 오래되고 많아졌어도, 더욱 가난하고 어려워 사방으로 밥과 옷을 구하며 다니다가 우연히 본 나라로 향하였나이다.

그 아버지는 예전부터 아들을 찾아도 찾지 못하고 하나의 성 가운데에 머물렀는데, 그 집은 큰 부자라 재물과 보배가 창고에 가득 차서 넘치며, 시종과 신하, 관리, 백성이 많이 있으며 코끼리와 말과 타는 수레와 소와 양이 수 없으며, 나가고 들어오는 이자가 다른 나라까지 두루 미치고, 다니며 하는 장사와 앉아서 하는 장사 또한 심히 무리가 많았나이다.

가난하고 궁한 아들은 모든 동네로 여행하며 나라와 고을을 지나다니다가 드디어 그 아버지가 머무는 성에 이르렀나이다.

아버지는 매양 아들을 생각하되, 〈아들과 더불어 이별한지가 오십여 년이로되 그러나 사람들에게 이와 같은 일을 말하지 아니하고 다만 스스로 깊이 생각만 하그 마음에 뉘우치고 한탄만을 품으며, 스스로 생각하기를, 늙어 쇠약한데 재물은 많이 있어서 금, 은, 보배가 창고에 넘치나, 자식이라곤 있음이 없으니, 하루아침에 마침내 죽으면 재물은 흩어져 잃을 것이니 부탁하여 맡길 곳이 없도다〉하였나이다.

이러므로 매양 간절히 그 아들을 기억하며 다시 이런 생각을 하되, 〈내가 만약 아들을 찾아서 재물을 부탁하여 맡겨두게 되면, 마음이 너그러워지며 상쾌하고 즐거워서 다시는 근심과 염려가 없으리라〉고 하였나이다.

세존이시여, 이 때에 가난한 아들은 머슴살이나 품팔이로 굴러 다니다가 우연히 아버지의 집에 이르러서 문 옆에 머물러 서서 멀리 아버지를 보니, 사자평상에 걸터앉아 보배로 된 궤에 발을 올리고, 모든 바라문과 찰리와 거사는 모두 공손히 공경하며 에워 둘러쌓으며 가치가 천만이나 되는 진주로써 그 몸으로 꾸미고 치장하였고 관리와 백성과 굽실거리는 시종이 손에 하얀 불자를 잡고 왼쪽과 오른쪽에서 모시고 섰으며, 보배휘장으로 덮고 꽃과 번을 드리웠으며, 향수를 땅에 뿌리고 많은 이름난 꽃을 흩었으며, 보물을 나열하여 나오고 들어가거 주고받는, 이와 같은 것들의 가지가지의 것들로 꾸미고 치장되어 있어서, 위엄과 덕이 뛰어나게 높았나이다.

가난한 아들은 아버지가 큰 힘과 권세가 있음을 보고 곧 두려움과 무서움을 품고, 여기에 이르러 온 것을 후회하며 가만히 이런 생각을 하되, 〈이는 혹시 왕이거나, 바로 왕과 같으니 내가 힘써 머슴살이를 하여 물건을 얻을 곳이 아니니, 가난한 동네에 가서 이르러 일할 땅이 있으면 부지런히 하여 옷과 밥을 쉽게 얻는 것만 못하도다. 만약 오래까지 여기에 머물면, 혹 보고 못살게 굴며 억지로 나에게 일을 시킬 것이리라〉이런 생각을 하고는 빨리 달아나 갔나이다.

때에 장자는 사자자리에서 아들을 문득 알아보고는, 마음이 크게 기쁘고 즐거워서 이런 생각을 하되,〈나의 재물과 곳집에 감춘 것을 지금에는 맡길 곳이 있도다.

내가 항상 이 아들을 생각하고 그리워하여도 볼 인연이 없더니, 홀연히 스스로 왔으니 심히 나의 원과 맞음이로다.

내가 비록 나이는 늙었으나 오히려 일부러 탐하고 아꼈노라.〉하고 곧 곁의 사람을 보내어 급히 쫓아가서 데리고 오게 하였나이다.

이때 명령을 받은 자는 빨리 달려가서 붙잡으니, 궁한 아들은 깜짝 놀라 크게 부르짖으며 일컫되,〈나는 붙들려 갈만한 짓을 범하지 아니하였거늘 어찌하여 보고는 잡으려고 하느뇨〉하니 심부름꾼은 더욱 급하게 잡아 억지로 끌고 돌아오려 하거늘, 궁한 아들은 스스로 생각하되,〈죄가 없으나, 잡아 갇힘을 입게 되었으니 이것은 반드시 죽음이 정해진 것이다〉하고 더욱 두렵고 놀래어 지나치게 번민하다가 기절하여 땅에 넘어졌나이다.

아버지가 멀리서 이를 보고 심부름꾼에게 말하되〈이 사람은 필요하지 아니하니, 억지로 끌고 오지를 말고 냉수를 얼굴에 뿌려서 깨어나게 하고 다시는 더불어 말하지 말지니라〉하였나이다.

까닭은 무엇인가 하오면, 아버지는 그 아들의 뜻과 생각이 낮고 졸열함을 알고 자기는 호화롭고 귀하여서 자식이 어렵게 여기는 바가 됨을 알고, 방편으로써 다른 사람에게는 이는 나의 아들이라고 일러서 말하지 않았나이다.

심부름꾼이 말하되 〈내가 지금 너를 놓아줄 터이니, 뜻한 바를 따라 나아가라〉고 하니, 가난한 아들은 기뻐하고 즐거워하며 일찍이 있지 아니한 것을 얻어, 가난한 마을에 이르러 가서는 옷과 밥을 구하려고 하였나이다.

이때에 장자는 장차 그 아들을 달래어 인도하고자 하여, 방편을 베풀어서 비밀히 형상과 얼굴이 여위고 위엄과 덕이 없는 자 두 사람을 보내되, 〈너는 가히 저기에 가서 궁한 사람에게 천천히 말을 하여라.

여기에 일할 곳이 있으니 너에게 삯을 배나 주겠다고 하여라.

궁한 사람이 만약 허락하거든 데리고 와서 일을 시키고, 어떤 일을 시키고자 하느냐고 하거든 비위를 맞추어서 말하기를, 너를 머슴으로 거름이나 버리게 할 것이고 우리들 두 사람도 너와 함께 일을 하리라고 할지니라〉

때에 두 심부름꾼이 곧 궁한 아들을 찾아가서 이미 잡고는 위의 일을 일일이 말하였나이다.

이때 궁한 아들은 먼저 그 품삯을 받고 함께 거름을 버려주니, 그 아버지는 아들을 보고 불쌍히 여기고 기이하게도 여기었나이다.

또 다른 날에 창살가운데로 멀리서 아들의 몸을 보니, 병들어 파리하고 시달려서 야위었으며, 거름과 흙과 티끌과 먼지에 땀이 나서 더러우며 깨끗하지 못하니 아버지는 곧 영락과 가늘고 연한 으뜸가는 옷과 아름답게 꾸민 꺼리를 벗어 놓고, 거칠고 해어지고 더럽고 기름기가 번드르르한 때낀 옷을 입되, 티끌과 흙을 몸에 어우러지게 하여 오른손에는 거름 버리는 그릇을 잡아 가지고, 두려운 형상으로 모든 일하는 사람에게 말을 하되, 〈너희들은 부지런히 일을 하여 게으르며 쉬려고 하지 말지니라〉하고 방편으로써 그 아들을 가까이함을 얻고는, 뒤에 다시 일러서 말하되, 〈애달픈 남자여, 너는 항상 여기서 일을 하고 다른 데로 가지만 않으면 마땅히 너에게는 품삯을 더 주며, 모든 필요한 동이, 그릇, 쌀, 밀가루, 소금, 식초 등을 스스로 의심하여 어렵게 여기지 말지니라. 또한 늙어서 곤한 심부름꾼이 있어 필요하면 도와주리니, 스스로 좋아하여 뜻을 편안히 하여라. 나는 너의 아버지와 같으니 다시는 근심과 걱정을 하지 말지니라.

까닭은 무엇인가 하면, 내 나이는 많이 늙었으며 그러나 너는 젊고 굳세며, 네가 항상 일할 때에 속이거나, 게으르거나, 성내거나, 한탄하거나, 원망하는 말이 있은 적이 없으며, 도무지 너에게는 이 모든 나쁜 것이 있음이 다른 일하는 사람과 같이 보이지를 아니하니, 지금부터 앞으로는 아들과 같이 하리라〉하며 장자는 다시 자를 지어주고 이름을 아이라고 하였나이다.

이때에 궁한 아들은 비록 이러한 것 만남을 기뻐하였으나, 오히려 옛날대로 생각하기를 〈나그네로 된 천한 사람이라〉하니, 이로 말미암은 까닭으로 이십년 동안 항상 거름을 버리게 하더니, 이렇게 지난 뒤에 마음과 몸을 서로 믿어서 들어가고 나오는 데에 어려움이 없었으나, 그 머무는 곳은 아직 본래 거처에 있었나이다.

세존이시여, 이때 장자는 병이 있어서 장차 오래지 아니하여 죽을 것을 알고 궁한 아들에게 말하되, 〈나에게 지금 많은 진귀한 보배가 있어 창고에 남아넘치니, 그 가운데 많고 적은 것과, 받고 줄 곳을 네가 다 알아서 할지니라.

나의 마음은 이와 같으니, 이러한 뜻이 근본이니라.

까닭은 무엇인가 하면, 지금 내가 너와 더불어 곧 다르지 아니하니, 마음 씀을 더하여 새어나가 잃어버림이 없게 할지니라〉 이때 궁한 아들은 곧 가르쳐 타이름을 받고 많은 진귀한 보배와 모든 곳집에 저장한 것을 알아서 처리하되, 그러나 한 움큼도 바라고 가질 뜻이 없었나이다.

 그러나 그 머무는 바는 옛대로 본래의 곳에 있었으며 낮고 용열한 마음도 능히 버리지 못하였나이다.

 다시 조금 때를 지나고 나서는, 아버지가 아들의 뜻이 점점 트이고 커져서 큰 뜻을 성취하여 스스로 먼저의 마음이 비천하였다고 생각하는 것을 알고 명을 마치고자 할 때에 다다라서 그 아들에게 명령하여 친한 일가를 모음과 아울러 나라의 왕과 대신과 찰리와 거사를 모두 다 모이게 하고서는 곧 스스로 선언하되,〈그대들 모두는 마땅히 알지니라. 이는 바로 나의 아들이니, 내가 낳은 바이나, 아무개 성 가운데에서 나를 버리고 도망해 달아나서 외롭게 비틀거리며 고생하고 괴로워함이 오십여 년이었느니라. 그 본자는 아무개요 나의 이름은 아무개인데, 옛날 본성에 있을 적에 근심을 품고 캐어물어서 찾았더니, 문득 이 사이에서 우연히 만남을 얻었노라.

 이는 진실로 나의 아들이요, 나는 진실로 그의 아버지니라.

 지금 내가 가지는 일체 재물은 모두 바로 아들에게 있는 것이며, 나가고 들이는 것도 이 아들이 알아 할바이니라.〉하였나이다.

 세존이시여, 가난한 아들은 아버지의 이 말을 듣고 크게 기뻐하고 즐거워하며 이러한 생각을 하되,〈나는 본래 마음에 바라고 구하는 것이 있은 적이 없었으나, 지금 이 보배 곳집이 자연히 이르렀도다〉하였나이다.

세존이시여, 큰 부자인 장자는 바로 여래이시고, 저희들은 모두 부처님의 아들과 같사오니, 여래께서 항상 말씀하시기를, 저희들을 아들이라 하셨나이다.

세존이시여, 저희들이 세 가지 괴로움의 까닭으로써 나고 죽는 가운데에서 모든 뜨거운 고달픔을 받고 미혹하여 아는 것이 없어서 작은 법에만 즐거이 집착하였나이다.

오늘날 세존께서 저희들로 하여금 깊이 생각하게 하시어 모든 법의 쓸데없이 논함의 찌꺼기를 정결하게 버리게 하시니, 저희들이 이 가운데서 부지런히 정진을 더하여 하루 가치의 열반에 이르름을 얻었나이다.

이미 이것을 얻고는 마음이 크게 기쁘고 즐거워서 스스로 흡족하게 여기며, 문득 스스로 일컬어 말하되, 〈부처님 법 가운데에서 부지런히 정진한 까닭으로 얻은 바가 크고 많았다〉고 하였나이다. 그러하오나 세존께서는 저희들의 마음이 해악스런 욕심에 착을 하여 작은 법을 즐기는 줄 먼저 아시나 , 문득 보시고도 놓아 버려두시고 〈너희들은 마땅히 여래지견인 보배곳집의 몫이 있느니라〉고 분별하시지 아니하셨나이다.

세존께서 방편의 힘으로써 사리에 밝은 지혜를 설하셨으나, 저희들은 부처님으로부터 하루 가치의 열반만 얻고도 크게 얻었다고 하여, 대승을 구할 뜻이 있은 적이 없었나이다.

저희들은 또 여래의 밝은 지혜로 인하여 모든 보살을 위하여 설명하여 말하고 열어 보였으나, 스스로 여기에는 원하는 뜻이 있은 적이 없었나이다.

까닭은 무엇인가 하면, 부처님께서는 저희들이 마음에 작은 법을 좋아하는 것을 아시고, 방편의 힘으로써 저희들을 따라서 설하셨건마는 저희들은 참으로 바로 부처님의 아들인 줄 알지 못하였나이다.

지금에야 저희들은 바야흐로 세존께서 부처님의 밝은 지혜를 인색하게 아끼시는 바가 없으심을 알았나이다.

까닭은 무엇인가 하면, 저희들은 예로부터 오면서 바로 부처님의 아들이거늘, 그러나 다만 작은 법만을 좋아하였나이다.

만약 저희들이 큰 것을 좋아하는 마음이 있었다면, 부처님께서는 곧 저희를 위하여 대승법을 설하시었사오리다.

이 경 가운데서는 오직 일승만을 설하시며, 옛적에 보살 앞에서 성문의 작은 법만을 좋아하는 것을 꾸짖고 나무라셨나이다.

그러하오나 부처님께서 실상은 대승으로써 가르쳐 교화하셨나이다. 이러한 까닭으로 저희들은 말하기를 〈본래 바라고 구하는 바 있는 마음이 없었으나, 이제 법왕의 큰 보배가 자연히 이르렀으니, 부처님의 아들로서 응당 얻을 바의 것을 이미 모두 얻은 것과 같도다〉하였나이다."

그때 마하가섭께서 거듭 이 뜻을 펴고자 하여 게송으로 설하여 말씀하오되,

"저희들은 오늘에야 부처님 음성의 가르침을 듣고,
기쁘고 즐거워서 뛰고 뛸 듯이 하며
일찍이 있지 아니한 것을 얻었나이다.
부처님께서 말씀하시기를
성문도 마땅히 부처님 지음을 얻는다고 하였사오니,
위없는 보배 무더기를 구하지 아니하여도
저절로 얻었나이다.

비유할 것 같으면
사내아이가 아주 어려 아는 것이 없어서
아버지를 버리고 도망하여 멀리 다른 나라에 이르러
모든 나라를 두루 흘러 다닌지 오십여 년이거늘
그 아버지는 근심스럽게 생각하여
사방으로 캐어물어 찾다가 찾기에
이미 피로하여 한 성에서 정지하여 머물러서
살 집을 만들어 세우고
다섯 가지 욕심으로 스스로를 즐겼나이다.
그 집은 크게 부자여서
모든 금, 은, 차거, 마노, 진주, 유리와
코끼리와 말과 소와 양과
메고 끄는 가마와 타는 수레가 많으며
밭일과 시종과 인민의 무리가 많고
이자가 나가고 들어옴이 다른 나라까지 두루 미치며
행상하는 사람과 앉아서 장사하는 사람이
있지 않은 곳이 없으며
천만 억의 무리가 에워 둘러싸고 공손히 공경하며
항상 왕이란 사람이 사랑하고 생각하는바 되며
뭇 신하와 호족이 모두 같이 우러러 받들고 중하게 여기니
모든 인연의 까닭으로써 가고 오는 자가 많았나이다.
호화스럽고 부함이 이와 같고 큰 힘과 권세가 있으나
그러나 나이는 늙어 쇠약하니,
아들을 근심하고 생각함은 더하여
새벽부터 밤까지 깊이 생각을 하되

〈죽을 때가 장차 이르렀거늘
어리석은 아들은 나를 버린 지가 오십여 년이니,
곳집에 감춘 모든 물건을
마땅히 어찌하여야 할고〉 하였나이다.
그때 궁한 아들은 옷과 밥을 구하고 찾아서
고을로부터 고을에 이르고
나라로부터 나라에 이르되
혹은 얻는 바가 있기도 하며,
혹은 얻는 바가 없기도 하니,
굶주리고 굶주려서 야위고 파리하며
몸에는 부스럼과 버짐이 생겼나이다.
점점 차례로 돌아다니다가
아버지가 머무는 성에 이르러서도
머슴살이나 품팔이로 옮기어 굴러다니다가
마침내 아버지의 집에 이르렀나이다.
·그때 장자는 문안에서
큰 보배 휘장을 치고 사자자리에 있으니,
거느린 무리가 에워 둘러싸고
모든 사람이 모시고 호위하며
혹은 금과 은과 보물을 계산하고 있기도 하며
재산을 내어주고 들이는 것을
장부에 적어 기록해서 올렸나이다.
궁한 아들은 아버지가 호화롭고 귀하며
높고 엄숙한 것을 보고는 생각하기를
〈이는 나라의 왕이거나, 혹은 나라의 왕과 같다〉하여

놀랍고 두려워서 스스로 괴이하게 여기며
〈어떤 까닭으로 여기에 이르르게 되었는고〉하고
다시 스스로 생각으로 말하되
〈내가 만약 오래 머물면 혹시 보고는
못살게 굴며 억지로 부려서 일을 시키리라〉
이렇게 생각하고는 빨리 도망가서
가난한 동네를 물어 품팔이 일을 하고자
가려고 하였나이다.
장자는 이때 사자자리에 있으면서
멀리 그 아들을 보고서 묵묵히 하였으나,
알고는 곧 심부름꾼에게 시켜
쫓아가서 잡아 데리고 오라 하였는데
가난한 아들은 놀래어 부르짖으며
근심으로 혼미하여 땅에 스러지며
〈이 사람이 나를 잡아 죽음을 당하게 할 것이니,
어찌하여 내가 여기에 이르렀는고〉 하였나이다.
장자는 아들이 어리석고 바보스러우며
좁고도 용렬하므로 자신의 말을 믿지 않으며
이 아버지를 믿지 않는 줄을 알고는
방편으로써 다시 다른 사람인
애꾸눈이며 난장이고 추하여 위엄과 덕이 없는 자를 보내되,
〈네가 가히 말하기를
마땅히 서로 머슴살이나 하면서
모든 더러운 거름이나 버리면
네게 품삯을 배로 줄 것이라고 이를지니라〉

가난한 아들이 듣고는 기뻐하고 즐거워하며 따라와서
위하여 거름과 더러운 것을 버리고
모든 살림방과 집을 깨끗하게 하였나이다.
장자는 창문으로 항상 그 아들을 보고
아들이 어리석고 용렬하여
비천한 일만 하는 것을 좋아하는 줄로 생각하고
이 장자는 떨어지고 때가 묻은 옷을 입고는
거름 버리는 그릇을 잡고
아들의 거처에 이르러 가서 방편으로 가까이 하여
부지런히 일하게 하려고 말을 하되,
〈이미 너에게는 품삯을 더 주기로 했으며
발에 바르는 기름과 음식을 흡족하게 주고
자리도 두텁게 하고 따뜻하게 하겠노라〉 하고
이와 같이 간절한 말을 하되,
〈너는 마땅히 부지런히 일을 하라〉하고
부드러운 말로써 〈너는 나의 아들과 같다〉고 하였나이다.
장자는 지혜가 있어 점점 들어오고 나가게끔하여
이십년이 지나도록 집안일을 맡아서 하게하며
그 금과 은과 진주와 파리인 모든 물건을 보여주고,
나가고 들어오는 것을 모두 시켜서 알아서 하게끔 하였으나,
오히려 문밖에 살면서 풀로 이은 암자에 머물러 잠자고
스스로 가난한 일을 생각하여
〈나는 이러한 물건이 없다〉고 하였나이다.
아버지는 아들의 마음이 점점 이미 넓고 커진 것을 알고는
재물을 주고자 하여, 곧 친족과 나라의 왕과

대신과 찰리와 거사를 모으고 이 대중에게 말하되,
〈이는 나의 아들인데 나를 버리고
다른 데로 다님이 오십 해가 지났으며
몸소 아들이 온 것을 본지도 이미 이십년이었소
옛적에 아무개 성에서 이 아들을 잃고
두루 다니며 찾기를 구하다가
드디어 여기에 와서 이르렀으니,
무릇 나에게 있는 바의 사는 집과 인민을 다 맡기고는
그 쓰는 것을 마음대로 하게 하리라〉 하였나이다.
아들이 옛적에 가난했던 것을 생각하여
뜻과 생각이 낮고 용렬하였는데
지금 아버지의 거처에서 진귀한 보배와
아울러 사는 집에 이르기 까지
일체 재물을 크게 얻고는
일찍이 있지 아니한 것을 얻어서
심히 크게 기뻐하고 즐거워하였나이다.
부처님께서도 또한 이와 같으시어
저희가 작은 것을 좋아하는 것을 아시어
일찍이 〈너희들이 부처님을 지으리라(작불)〉고
설하여 말씀하시지 아니하시고
그리하여 저희들을, 모든 새는 것이 없음을 얻어서
소승을 성취한 성문제자라고 말씀하셨나이다.
부처님께서 저희들에게 명령하시어
가장 높은 도를 설하게 하시되
〈이것을 닦고 익히는 자는

마땅히 부처님 이룸(성불)을 얻으리라고 하라〉 하시거늘
저희는 부처님의 가르치심을 이어서 큰 보살을 위하여
모든 인연과 가지가지 비유와
약간의 말씨로 위없는 도(무상도)를 설하니,
모든 부처님 아들들은 저희를 좇아 법을 듣고
밤낮으로 깊이 생각하여
정성껏 부지런히 닦고 익혔나이다.
이때에 모든 부처님께서 곧 그에게 수기 주시되
〈너는 오는 세상에 마땅히 부처님 지음(작불)을 얻으리라〉
하셨으니,
일체 모든 부처님의 비밀히 감추시는 법은
다만 보살을 위하여 그 실상의 일을 설하시고
그리고는 저희를 위하여서는
이 진실하고 요긴한 것을 설하시지를 아니 하셨나이다.
저 가난한 아들이 그 아버지를 가까이 하는 것을 얻고서
비록 모든 물건을 알았으나
마음으로 바라거나 가지려고 아니한 것과 같이,
저희들이 비록 부처님 법의 감춘 보배를 말하기는 하나
스스로 원하는 뜻이 없음은 또한 다시 이와 같나이다.
저희들은 안으로만 멸하면(내멸)
스스로 흡족하다고 생각하고
오직 이 일만 알고
다시 나머지 일은 없다고 하였나이다.

해설| 안으로만 멸하면 스스로 흡족하고 다른 가르침은 없으리라고 생각

부처님법의 위계질서 (법화경 한글번역 및 해설중심)

했지만, 부처님의 후반부의 가르침인 묘법연화경의 말씀을 통해서 이제야 그보다 상위의 법이 있다는 것을 이해하는 장면입니다. 안으로만 멸한다는 것은 마음공부와 수행을 통한 개인적인 깨달음의 법입니다. 즉 금강경이나 반야심경의 가르침과 같이 마음의 영역에서 일어나는 각종 번뇌와 애착과 어리석음에서 자유를 얻고 자연법칙과 존재론을 깨달아서 아는 영역으로서 부처님 법의 위계질서에서 하위법에 해당되는 법입니다. 그러한 법을 통달한 후에는 묘법연화경의 가르침에서처럼, 부처님 성품을 깨달아 스스로 부처님의 아들임을 알고, 일체 중생이 부처님의 아들로서 평등함과 중생구제와 성불을 이루겠다는 근본적이고 상위의 법을 이해하게 되는 장면입니다.

또한 이러한 부처님의 진실법을 부처님께서는 처음부터 바로 설하지 못하고 나중에야 말씀하신 이유에 대해서도 이해를 할 수 있는 비유의 이야기입니다.

저희들은 만약 부처님 국토를 깨끗하게 하는 것과
중생을 가르쳐 교화하는 것을 들었어도,
도무지 기뻐하고 즐거워한 적이 없었으니,
까닭은 무엇인가 하오면
일체 모든 법은 모두 다 비고 고요하여
나는 것도 없고 멸하는 것도 없으며
큰 것도 없고 작은 것도 없으며
새는 것도 없고 변하는 것도 없다고 하였나이다.
이와 같이 깊이 생각하고
기쁨과 즐거움을 내지 아니하였나이다.
저희들이 긴 밤에
부처님의 사리에 밝은 지혜를 탐냄도 없고
착을 함도 없었으며 원하는 뜻도 다시없어서

그리하여 스스로 법에서는
이것이 마지막 다 마침이라고 생각하였나이다.
저희들이 긴 밤에 공법을 닦고 익혀서
삼계의 괴롭고 뇌로움의 병든 것을 벗어남을 얻어서
가장 뒤의 몸인 남음이 있는 열반에 머물렀으므로
부처님께서 가르쳐 교화하시는 바에
헛되지 아니한 도를 얻었으니,
이미 곧 부처님의 은혜 갚음을 얻었다고 하였나이다.
저희들은 비록 모든 부처님 아들들을 위하여
보살법을 설하여 부처님의 도를 구하라고 하였사오나,
이 법에 있어서 영원히 원함과 즐거워함이 없었으니
인도하시는 스승께서는 보시고 버려두시되,
저희 마음을 관하시는 까닭으로
처음에는 참된 이익이 있다고 설하셔서
권하여 나아가게 하시지 아니 하셨나이다.
부자인 장자가 아들이 뜻이 용렬한 것을 알아서
방편의 힘으로써 부드럽게 그 가음이 조복하도록 하고
그러한 뒤에야 이에 일체 재물을 부탁하는 것과 같이
부처님께서도 또한 이와 같으시어
드물게 있는 일을 나타내셨나이다.
작은 것을 좋아함을 아시고 방편의 힘으로써
그 마음을 고르게 굴복시키시어
겨우 큰 지혜를 가르치시니
저희들은 오늘날에야
일찍이 있지 아니한 것을 얻었나이다.

먼저는 바라지도 아니한 것을
지금에야 스스로 얻었사오니,
저 가난한 아들이
헤아릴 수 없는 보배를 얻은 것과 같나이다.
세존이시여
저희는 지금 도를 얻고 과를 얻어
새는 것이 없는 법에서 맑고 깨끗한 눈을 얻었나이다.
저희들이 긴 밤에 부처님의 깨끗하신 계를 가졌으니,
비로소 오늘에야 그 과보를 얻었나이다.
법왕의 법 가운데에 오래 깨끗한 행을 닦아서
지금 새는 것이 없고 위가 없는 큰 과를 얻었으니,
저희들은 지금에야 참되고 바른 성문이라
부처님의 도의 소리로써 일체에게 듣게 하겠나이다.
저희들이 지금에야 참된 아라한 이니
널리 모든 세간의 하늘과 사람과 마와 범천의
그 가운데서 응당 공양을 받으오리다.
세존의 크신 은혜는 드물게 있는 일로써
가엾고 불쌍히 여기시와 가르쳐 교화하시어
저희들을 이익 되게 하시옵나니,
헤아릴 수 없는 억겁엔들 누가 능히 갚을 자이뇨
손과 발로 이바지 해드리고
머리와 이마로 절을 하여 공경하며
일체의 공양을 할지라도 다 능히 갚지 못하오리다.
만약 이마에 이고, 양 어깨에 짊어 메고서
항하사 겁에 마음을 다하여 공손히 공경을 하며

또 맛나는 반찬과 헤아릴 수 없는 보배옷과
그리고 또 눕는데 갖추는 것과
가지가지 끓인 약과 우두전단과
그리고 또 모든 진귀한 보배로 탑묘를 일으키고
보배옷을 땅에 펴는
이와 같은 것들의 일로 공양하기를
항하사 겁에서 할지라도 또한 능히 갚지를 못하오리다.
모든 부처님께서는 드물게 계시어
헤아릴 수 없고 가없으며
가히 생각으로 논의하지도 못하는 큰 신통의 힘과
새는 것이 없고 변함이 없는 모든 법의 왕으로
능히 낮고 용렬한 이를 위하여
이 일을 너그럽게 참으시고
형상을 가지려는 범부에게
마땅함을 따라 위하여 말씀하셨나이다.
모든 부처님께서는
법에서 가장 마음대로 되는 것을 얻으시어
모든 중생의 가지가지의 욕심과 즐거움과 뜻과 힘을 아시고
맡아 견딜 바를 따라 헤아릴 수 없는 비유로써
이에 의하여 법을 설하시며
모든 중생의 지난 세상의 착한 근본을 따르시며
또 숙달됨을 이루었고 숙달됨을 이루지 못한 자를 아시어서
가지가지로 셈놓아 헤아려서 분별하시어 아시고는
일승도를 마땅함을 따라 삼승으로 설하셨나이다.

해설| 부처님의 일불승의 가르침에 대해서 가섭존자등은 이제야 믿고 이해를 하게 되었음을 비유의 이야기를 들어서 가섭존자등이 밝히고 있는 장면입니다.

부처님의 40여 년간의 교육의 체계와 질서와 관련이 있으며, 삼승을 설하시어 인도하시고 난 후에 일승도를 설하셨다는 이해 즉 회삼귀일 사상에 대한 내용도 방편품, 비유품, 신해품을 통해서 반복해서 관련이 있는 내용입니다.

오늘날의 세상 사람들을 보더라도, 가난한 사람들은 스스로 천하다고 생각을 하거나, 부자나 고위직 사람들을 대하거나 볼 때에 자기 자신보다 다른 사람들이며, 자기 자신들은 천하다고만 여기는 경우가 많습니다. 그러나 부처님의 가르침에 의하면, 모든 중생이 평등하게 부처님의 아들이며, 부처님의 성품(씨앗)을 가지고 있는 존귀한 존재, 존엄한 존재입니다.

가섭존자 등은 그동안 하루가치의 열반을 얻고도 스스로 흡족해 하였다고 하며, 부처님께서 대승법을 설하지 않으신 것은 우리들이 스스로 작은 법만을 좋아하였기 때문이였다고 이제 이해를 하게 된 것을 밝히고 있습니다.

즉, 돌아온 아들에게 비록 아버지가 다가가서 너는 나의 아들이라고 밝히면, 오히려 아들은 놀라서 도망을 가면서 나는 죽을죄를 짓지 않았는데 왜 저를 죽이려고 하느냐고 오해를 하기 때문에, 아버지는 방편으로써 졸열하게 생긴 심부름꾼을 보내서 아들을 유인해서 데려오게 하시고, 스스로 천한 신분이라고만 생각하는 아들에게 처음에는 똥을 퍼 나르는 일을 시키다가, 나중에는 집안일을 맡아서 하게하고, 점점 지혜가 자라나는 것을 보아서 나중에는 재물의 나가고 들어오는 것을 관리하는 일을 시키고, 그런 이후에 나중에야 때를 봐서 너는 나의 아들이다라고 말씀하시듯이, 부처님께서도 이와 같이 대승의 일승도를 곧바로 설하시지 않으신 것은 아들의 스스로 낮고 졸열함 때문이었던 것입니다.

세상 사람들이, 특히 가난하고 불쌍한 사람들이 모두가 자신을 귀하고 존엄한 부처님의 아들임을 스스로 인식하여야 합니다. 모든 중생이 평등하고 존엄한 존재입니다. 스스로 천하다고 생각하거나 귀천의 구별을 생각하여서는 안 됩니다.

돌아온 아들에 대한 비유의 이야기는 기독교의 예수님의 말씀에서는 탕자의 비유라고 해서 유사한 비유의 이야기가 나오고 있습니다.

우선 석가모니부처님의 설법시기가 예수님의 설법시기보다 역사적으로 앞선 것이라는 말씀은 생략을 하고, 본 비유의 이야기의 근본취지와 의미가 무엇인가가 중요합니다.

아들은 처음에는 작은 법을 즐기고, 작은 법을 얻고도 스스로 흡족해 했으며, 대승법을 구하거나 알지 못했기 때문에 아버지는 아들에게 대승법을 주고 싶어도 줄 수가 없었습니다.

아들은 스스로 천한 존재라고 여기고 있었으며, 아버지를 알지 못했습니다.

이러한 아들에게 아버지는 방편의 법을 사용해서, 처음부터 대승법을 설하시지 않으시고, 아들의 근기에 맞추어서 차츰차츰 기다리다가 나중에는 모두를 모아서, 이는 나의 아들이라고 밝히게 되었습니다.

이러한 아버지의 마음을 아들은 비로소 이해를 하게 되고 믿음이 생긴 것에 대한 아버지의 기쁨도 알 수 있습니다.

아버지께서 처음부터 왜 대승법을 설하시지 않으셨던 것인가? 왜 맨 나중에야 비로소 일불승을 설하신 것인가?

가섭존자 등은 위 비유의 이야기를 들어서 이제야 충분히 이해를 하였다고 밝히고 계시는 장면입니다.

이 신해품에서도 부처님께서 처음에는 방편법을 설할 수밖에 없었던 상황에 대해서 충분히 이해를 할 수가 있습니다. 그러므로 여기에서도 부처님법의 위계질서에 대한 이해의 필요성을 알 수 있습니다.

또한 앞에서도 언급했듯이, 달은 하나이지만 이쪽에도 비추고 저쪽에도 비추듯이 진리 또한 하나이지만 동서양에 평등하게 출현하고 자생되었다고 생각할 수 있으며, 혹은 역사적으로 빠른 성립을 보였던 부처님의 설법이 제자들에 의해서 전파가 되었다는 견해도 있습니다.

일부 견해에 의하면, 기독교 국가들은 현재 문명이 발전하고 물질이 풍요로운 반면, 불교국가들은 물질문명이 낙후되어 있는 거와 관련시켜서 종교간의 교리의 우열을 말하려는 사람들도 있습니다.

여기에 대해서 저는 두 가지의 이야기를 하고 싶습니다.

첫째, 저의 견해에 의하면 기독교의 가르침은 부처님의 가르침 중에서 법화경(묘법연화경)의 가르침과 상당히 연관성이 있는 가르침이 있는 반면, 동양의 불교국가에서의 현실은 부처님 법의 최상위법인 법화경에 대한 믿음과 신앙보다는 내멸(스스로 멸하는 수행, 마음공부, 선문답, 참선수행, 나의 본래자리, 본성)을 추구하는 가르침에 중점을 두고 있는, 다시 말해서 부처님법의 하위법에 해당하는 법에 머물러 있는 듯한 성향이 크다는 것입니다.

여기에서 기독교의 가르침과 법화경(묘법연화경)의 가르침과 유사한 내용으로서는 예컨대, 법화경 여래신력품에서 부처님은 본래 영겁 전에 이미 성불하신 본불이시며, 무한한 신력을 갖추고 계시며, 일체를 아신다는 부처님 가르침은 기독교의 전지전능하신 하나님이라는 말과 다름이 없으며, 이것은 아빠와 아버지가 명칭만 다를 뿐 실체는 같다는 말과 같습니다. 그리고 법화경에서 <일대사인연고 출현어세>, 즉 하나의 큰일을 인연으로 이 세상에 사람 몸으로 출현하셨다, 는 부처님 가르침은 기독교에서는 태초에 말씀이 있었는데 그 말씀이 육신이 되어……라는 성육신 사상과 같은 내용이며, 법화경에서 일체 중생 성불도, 일체 중생을 불쌍히 여기어 구제하여야 한다는 보살도는 기독교의 사랑의 가르침 등 유사한 부분이 무척 많습니다.

부처님법의 체계, 위계질서에서 최상위 근본법, 부처님 본래의 진실법인 법화경의 가르침이 서양인들의 마음속에도 그 이름은 다르지만 존재한다고 저는 보고 있습니다. 왜냐하면 부처님은 시공을 초월해서 어디든지 평등하게 계시기 때문입니다. 앞서 에서 언급했듯이 하늘에 있는 달이 지구상에 비추어 질 때 차별적으로 비추어서 특정 호수에만 비추어 주고, 다른 나라의 호수에는 비추어지지 않는 것이 아니듯이, 부처님은 평등하게 존재하시며, 장소와 시간을 불문하고 항상 계시는 분이시기 때문입니다.

기독교의 가르침, 성경의 가르침도 다 해석을 하기 나름인데, 사람들이 잘못 해석해서 부처님 법에 어긋나게 해석하느냐, 어긋남이 없이 해석하느냐에 따라, 부처님법 안에 포함되는 법입니다.

둘째, 저의 견해에 의하면, 일부 속인들의 그러한 견해에 의한다면, 세월 따라 변화하는 힘의 논리가 곧 진리라고 믿는 것과 같습니다.

진리란 영원불변한 것인데, 일시적인 물질문명의 부침에 따라 믿음과 신앙을 결정한다는 것은 어리석은 것이라고 생각됩니다.

다양한 나무들 위에 평등한 비를 내리다 (약초유품)

> 해설ㅣ 부처님께서 법을 설하심은 하나의 평등한 비를 내리는 것과 같으나, 중생들이 받아들이는 것은 산속에 다양한 나무와 풀들이 자기의 그릇에 따라서 받아들이는 것과 같다는 의미에서 산 속에 있는 나무와 풀들에 비유를 해서 설명하신다고 해서 약초유품이라고 합니다.

이 때에 세존께서 마하가섭과 모든 큰 제자에게 이르시되, "착하고 착하도다. 가섭이여. 여래의 진실한 공덕을 잘 말하였으니, 진실로 말한 바와 같으니라.

여래는 또 헤아릴 수 없고 가없는 아승지의 공덕이 있나니, 너희들이 만약 헤아릴 수없는 억겁에 말할지라도 능히 다하지 못하느니라.

가섭이여 마땅히 알지니라.

여래는 이 모든 법의 왕이니, 만약 설한 바가 있는 것은 모두 헛되지 아니하느니라. 일체 법을 지혜의 방편으로써 설명하여 말하나니, 그 설하는 바의 법은 모두 다 일체 지혜의 지위에 이르게 하느니라. 여래는 일체 모든 법이 향하여 돌아가는 곳을 관하여 알며, 또한 일체 중생의 깊은 마음에 행하는 바를 알아 통달하여 걸림이 없고, 또 모든 법에 궁구하기를 다하여 밝게 알아서 모든 중생에게 일체의 사리에 밝은 지혜를 보이느니라.

가섭이여, 비유할 것 같으면, 삼천대천세계의 산과 내와 계곡과 토지에서 나는 바의, 풀과 나무와 빽빽한 숲과 그리고 또 모든 약초의 종류가 얼마쯤 이름과 모양이 각각 다르느니라.

짙은 구름이 두루 펴져 삼천대천세계를 두루 덮어, 한때에 똑같이 쏟아지는 그 비에, 풀과 나무와 빽빽한 숲과 그리고 또 모든 약초의 작은 뿌리, 작은 줄기와, 작은 가지, 작은 잎과 중간 뿌리, 중간 줄기와, 중간 가지, 중간 잎과, 큰 뿌리, 큰 줄기와, 큰 가지, 큰 잎이 두루 젖으나, 모든 크고 작은 나무의 상중하에 따라 각각 받는 바가 있거늘, 한 가지 구름의 비에 그 종류와 성품이 적합하여서 그리하여 나고 자람을 얻어 꽃과 과실이 피고 맺나니, 비록 한 가지 땅에 나는 바이며, 한 가지 비에 젖는 바이나, 모든 풀과 나무가 각각 차별이 있느니라.

가섭이여 마땅히 알지니라.

여래도 또한 이와 같아서, 세상에 나와서 나타나는 것은 큰 구름이 일어나는 것과 같음이요, 큰 음성으로써 널리 세계의 하늘과 사람과 아수라에 두루 미치는 것은 저 큰 구름이 삼천대천국토를 두루 덮음과 같으니라. 대중가운데에서 그리고는 이런 말로 외쳤느니라.

〈나는 바로 여래 응공 정변지 명행족 선서 세간해 무상사 조어장부 천인사 불 세존이라. 제도 되지 못한 자로 하여금 제도되게 하고 알지 못한 자로 하여금 알게 하며, 편안하지 못한 자로 하여금 편안하게 하고 열반에 이르지 못한 자로 하여금 열반을 얻게 하느니라. 지금 세상과 뒤의 세상을 실상과 같이 아나니 나는 바로 일체를 아는 자이며,

일체를 보는 자이며,

도를 아는 자이며,

도를 여는 자이며,

도를 설하는 자이니

너희들 하늘과 사람과 아수라의 무리는 법을 듣기 위한 까닭으로 모두 응당 여기에 이르도록 하라〉

이 때에 수없는 천만 억 종류의 중생이 부처님거처에 이르러 와서 법을 들었느니라. 여래는 때에 이 중생의 근기가 날카롭고 둔함과 정진함과 게으르고 느린 것을 관하여, 그 감당할 바를 따라서 이에 의하여 가지가지의 헤아릴 수 없는 법을 설하여 모두로 하여금 기쁘고 즐겁게 하고, 쾌히 좋은 이익을 얻게 하였느니라.

이 모든 중생이 이 법을 듣기를 마치니, 지금 세상에는 편안하게 의지하고, 뒤에는 좋은 곳에 나서 도로써 즐거움을 받고 또한 법을 얻어 들으며, 이미 법 듣기를 마치면 모든 막히고 걸리는 것에서 떠나며, 모든 법 가운데에서 맡은 힘에 능한 바로써 점점 도에 들어감을 얻나니, 저 큰 구름이 일체 풀과 나무와 빽빽한 숲과 그리고 또 모든 약초에 비를 내리면, 그 종류와 성품에 따라 흡족하게 물기를 받아서 각각 생장함을 얻는 것과 같으니라.

여래가 설한 법은 한 형상이며, 한 맛이라,(일상일미) 이른바 풀리어 벗어난 형상이며, 떠난 형상이며, 멸한 형상이니, 궁극에는 일체 가지가지 지혜에 이르느니라.

그 어떤 중생이 여래의 법을 듣고, 만약 가지며 읽고 외우며 설한 것과 같이 닦고 행하면, 얻는 바의 공덕은 스스로는 깨달아 알지 못하느니라.

까닭은 무엇인가 하면, 오직 여래만이 있어서 이 중생의 종류와 형상과 본체와 성품과 어떤 일을 염하며, 어떤 일을 헤아리며, 어떤 일을 닦으며, 어떻게 염하며, 어떻게 헤아리며, 어떻게 닦으며 어떤 법으로써 염하며, 어떤 법으로써 헤아리며 어떤 법으로써 닦으며, 어떤 법으로써 어떤 법을 얻는지를 알기 때문이니라.

중생이 가지가지의 지위에 머무름을 오직 여래만이 있어서 사실과 같이 보아서 밝게 알아 걸림이 없으니, 저 풀과 나무와 빽빽한

<u>숲과 모든 약초들은 스스로 상, 중, 하의 성품을 알지 못하는 것과 같으니라.</u>

> 해설/ 중생들은 자기 스스로 상중하의 경지를 알 수 없습니다. 오직 부처님만이 중생의 수준을 알아보실 수 있습니다.
> 중생들이 마치 풀이나 나무처럼 제각기 근기에 따라 자라나고 열매를 맺는데, 그 자라남과 열매의 우열은 오직 부처님의 안목만이 그 차별을 알아 보실 수 있는 것입니다.
> 예를 들어, 어느 사람이 장관이고 혹은 대통령이라고 하더라도, 이 사람의 경지와 열매가 높은 것인지 아니면, 시골의 농부가 더 높은 경지와 더 좋은 열매를 맺었는지는 중생의 눈으로는 알 수가 없으며, 부처님의 안목만이 알아 볼 수 있습니다. 큰스님, 목사, 추기경, 조계종총무원장, 이러한 이름자도 중생들이 편의상 붙여준 이름자일 뿐, 그러한 것을 가지고 경지를 알 수가 없으며, 오직 부처님만이 그 수준과 경지를 알 따름입니다.
> 대중들의 인기를 얻고 유명한 이름자일지라도 과연 그 사람의 경지가 그만큼 높은지 여부는 어느 누구도 알 수가 없으면 오직 부처님만이 알 수가 있는 것입니다.

여래는 이 한 형상과 한 맛의 법을 아나니, 이른바 풀리어 벗어난 형상이며, 떠난 형상이며, 멸한 형상이며, 궁극의 열반인 항상 고요하고 멸한 형상이라, 마침내 공으로 돌아가느니라. 부처님은 이것을 알고는 중생의 마음에 하고자하는 것을 관하여 이를 차차 두호하나니, 이런 까닭으로 위하여 곧 일체 가지가지 지혜를 말하지 아니하였느니라.

너희들 가섭은 심히 드물게 있으니, 여래가 마땅함을 따라 설한 법을 능히 알아서, 능히 믿고, 능히 받는구나.

까닭은 무엇인가 하면, 모든 부처님 세존께서 마땅함을 따라 말씀하신 법은 이해하기도 어렵고 알기도 어렵기 때문이니라."

그 때에 세존께서 거듭 이 뜻을 펴시고자 하시어 이에 게송으로 설하시어 말씀하시되,

"있다는 것을 깨뜨린 법의 왕께옵서
세간에 나오시어 나타나시어
중생이 하고 싶어 하는 바를 따라서
가지가지로 법을 설하시느니라.
여래는 높고 중하며
사리에 밝은 지혜는 깊고 멀어
오래도록 침묵하여 이 요긴 한 것을
힘써 빨리 설하지 아니하느니라.
지혜 있는 자가 만약 들으면
곧 능히 믿어서 이해할 것이며
지혜 없는 이는 의심하고 뉘우치며
곧 영원히 잃게 되느니라.
이런 까닭으로 가섭이여
힘을 따라 위하여 설하여
가지가지 인연으로써 바로 봄을 얻게 하느니라.
가섭이여 마땅히 알지니라.
비유컨대, 큰 구름이 세간에 일어나
두루 일체를 덮는 것과 같이,
지혜 구름이 물기를 머금고
번개 빛은 환하게 빛나며
우렛소리는 멀리 진동하여
중생으로 하여금 즐겁고 기쁘하게 하며
햇빛을 막아서 가리니 땅 위는 맑고 시원해지며

구름이 꽉끼어 내려 퍼져서
마치 가히 이어져 잡힐 듯하느니라
그 비는 널리 평등이 사방에 함께 내려
헤아릴 수 없이 흘러 들어가서
온 땅을 가득히 젖게 하며
산과 내와 험한 골짜기의
그윽하고 깊숙한 곳에서 난
풀과 나무와 약초와 크고 작은 모든 나무와,
백가지 곡식과 묘와 사탕수수와 부들과 포도가
비에 젖은 바로 풍족하지 아니함이 없으며
마른 땅은 널리 젖어서
약초와 나무가 어울려 우거지느니라.
그 구름에서 나온 바의 한 가지 맛의 물에
풀과 나무와 빽빽한 숲이 분수에 따라서 물기를 받느니라.
일체 모든 나무의 상, 중, 하들이
그 크고 작은 것에 맞추어
각각 나서 자라남을 얻어서
뿌리와 줄기와 가지와 잎과 꽃과 과실의 빛과 색이
한 가지 비에 닿는바 되어
모두 곱게 윤택함을 얻되,
그 몸과 형상에 따라 성분은 크고 작으나
윤택한 바는 바로 한가지이며
그리고는 각각 번성하며 무성 하느니라.
부처님도 또한 이와 같아서
세상에 나와 나타남은

비유하건대, 큰 구름이 널리 일체를 덮는 것과 같고
이미 세상에 나와서 모든 중생을 위하여
모든 법의 실상을 분별하고 설명하여 말하느니라.
크게 거룩한 세존은 모든 하늘과 사람과
일체 중생 가운데에서 이렇게 말하여 펴되
〈나는 양가지가 흡족하고 높은 여래이라.
세간에 나옴은 마치
큰 구름이 일체를 가득히 적시는 것과 같거늘,
야위고 마른 중생을 모두 괴로움에서 떠나게 하고,
편안하게 의지하는 즐거움과 세간의 즐거움과,
그리고 또 열반의 즐거움을 얻게 하느니라.
모든 하늘과 사람의 무리는 한마음으로 잘 듣고
모두 응당히 여기에 이르러서
위없이 높은 이를 뵈올 지니라.〉고 하였느니라.
나는 세존이라, 능히 미칠 자가 없음이니,
중생을 편안하게 의지하게 하려는 까닭으로
세상에 나타나서
대중을 위하여 감로의 맑은 법을 설하나니,
그 법은 한맛으로 해탈과 열반이라
한 가지 묘한 소리로써 이 뜻을 설명하여 펴며
항상 대승을 위하여 이에 인연을 짓느니라.
나는 일체를 관하되 널리 모두 평등하여
여기저기에 사랑하고 미워하는 마음 있음이 없으며
나는 탐착이 없고 또한 막히거나 걸릴 것이 없느니라.
항상 일체를 위하여 고루 같이 법을 설하되

한 사람을 위하는 것과 같으며
많은 무리에게도 또한 그러하게
항상 법을 설명하여 말하고
일찍이 다른 일은 없었으며
가고 오고 앉고 서는 것은 아무리 하여도
피곤하거나 싫어하지 아니하느니라.
세간을 가득케 하고 흡족케 함이
비에 널리 젖어들게 하는 것과 같아서,
귀하거나 천하거나 위나 아래나
계를 가졌거나 계를 무너뜨렸거나
위의를 흡족하게 갖추었거나
흡족하게 갖추지 아니하였거나
바른 견해거나 삿된 견해거나
날카로운 근기거나 둔한 근기거나
똑같이 법비를 내리되
싫증이나 게으름이 없느니라.
일체 중생으로서 나의 법을 듣는 자는
힘에 따라 받는 바의 모든 지위에 머무나니
혹은 사람과 하늘의 전륜성왕과 제석과 범천의
모든 왕으로 있으면 이것은 작은 약초요,
새는 것이 없는 법을 알아서 능히 열반을 얻으며
육신통을 일으키고 삼명을 얻어서
홀로 산이나 수풀에 살면서 항상 선정을 행하여
연각 증함을 얻으면 이것은 중간 약초이고,
세존의 자리를 구하여

〈나는 마땅히 부처님을 지으리라〉 하고
정진과 선정을 행하면, 이것은 위의 약초이니라.
또 모든 부처님의 아들이
마음을 부처님의 도에만 오로지 하여
항상 자비를 행하며
스스로 부처님 지음을 알고
결정코 의심이 없으면
이것의 이름은 작은 나무요,
신통에 편안히 머물러서 물러나지 아니하는 바퀴를 굴리며
헤아릴 수 없는 억백천 중생을 제도하면
이와 같은 보살은 큰 나무라고 이름하느니라
부처님의 고루 같은 말씀은 한 가지 맛의 비와 같으나
중생이 성품에 따라서 받는 바가 같지 않음은
저 풀과 나무의 받는 바가 각각 다름과 같으니라.
부처님은 이런 비유의 방편으로 열어 보이며
가지가지의 말씀으로 한 가지 법을 설명하여 말하나,
부처님의 사리에 밝은 지혜는
바다의 한 방울 물과 같으니라.
내가 법비를 비 오듯이 하여 세간을 가득 차게 하나니
한 가지 맛의 법을 힘에 따라 닦고 행하는 것이
저 빽빽한 숲과 약초와 모든 나무가
그 크고 작은 것에 따라서
점점 더욱 무성하게 좋아지는 것과 같으니라.
모든 부처님의 법은 항상 한 가지 맛으로써
모든 세간으로 하여금 널리 흡족히 갖추는 것을 얻게 하여

점점 차례로 닦고 행하여 모두 도의 과를 얻게 하느니라.
성문과 연각이 산과 수풀에 살며
가장 뒤의 몸에 머물러서 법을 듣고 과를 얻으면,
이것은 약초가 각각 더 자라남을 얻는 것을 이름함이요
만약 모든 보살이 사리에 밝은 지혜가 굳고 단단하여
삼계를 명확히 깨달아서 가장 위의 승을 구하면
이것은 작은 나무가 더 자라남을 얻는 것을 이름함이며,
또 선에 머물러 있으면서 신통의 힘을 얻으며
모든 법이 공한 것을 듣고
마음으로 크게 기뻐하고 즐거워하며
수없는 빛을 놓아서 모든 중생을 제도하면
이것은 큰 나무가 더 자라남을 얻는 것을
이름하는 것이니라.
가섭이여,
이와 같이 부처님이 설하는 바의 법은
비유하건대, 큰 구름이 한 가지 맛의 비로써
사람과 꽃을 적시어서
각각 열매 이룸을 얻는 것과 같으니라.
가섭이여, 마땅히 알지니라.
모든 인연과 가지가지 비유로써
부처님의 도를 열어 보이나,
이것은 나의 방편이니라.
모든 부처님께서도 또한 그러하시느니라.
이제 너희들을 위하여 가장 실상의 일을 설하노니
모든 성문 무리는 모두 멸도가 아니니라.

너희들이 행하는 바는 바로 보살도이니,
점점 닦고 배우면 다 마땅히 부처님을 이루느니라."

해설| 부처님의 자비, 부처님의 사랑, 부처님의 법, 진리는 하나이며, 위 아래가 없습니다. 이는 마치 숲의 초목위에 내리는 비는 평등하게 하나의 흡족한 비를 내리는 것과 같습니다. 법화경 후반부 제바달다품에서는 악인성불과 여성성불과정을 보여주시고 말씀하시는 장면이 나옵니다. 모든 중생이 부처님 성품을 갖추고 있으며, <근본에 있어서는 평등>합니다(속세 법학에서도 인간의 존엄성과 평등권에 대해서 모든 학자 간에 견해가 일치하며, 또한 현실에서는 다양한 차별에 대해서도 인정하고 있습니다. 평등하지만, 차별을 인정한다는 것이 다수의 의견입니다.). 그러나 초목들이 각자 그릇에 따라 받아들이는 것이 다릅니다. 즉 중생들의 수준에 따라 그 해석이 다양하며, 중생의 수준이 천차만별이라서 진리 또한 다양한 모양으로 출현되어질 뿐입니다.(현상에 있어서의 위계질서 있는 차별된 모양.)

하나의 평등한 법에서 나와서 무수히 많은 차별이 생긴 것은 진리가 처음부터 무수히 많아서가 아니라, 중생의 수준이 천차만별인 것이 원인입니다. 앞에서도 밝혔듯이, 중생들이 만약 하나의 수준, 한가지의 중생만 있는 그런 세상 이였다면, 세상에는 하나의 교(敎)만 존재할 것이며, 다양한 방편법이나 다양한 해석이 생겨나지 않았을 것입니다.

부처님께서 다양한 방편법을 설하실 수밖에 없었던 원인을 충분히 이해할 수 있습니다. 그러므로 여기에서도 우리는 부처님법의 위계질서에 대한 이해의 필요성을 알 수 있습니다.

여기에서 <현상에서의 차별상>을 주장하시면서 ,그 차별상에 사로잡히지 말고 지양해야 한다고 하시면서 그 이유를 만약 차별상에 사로잡히면 우월감, 열등감으로 인한 번뇌와 다툼, 갈등으로 인해 사회는 구제되지 못한다는 것을 들고 계시는 분(박혜경스님)도 계십니다.

이러한 견해에 전적으로 공감을 하면서, 저는 본 해설서의 머리말에서부터 줄곧 해설하기를 <현상에서의 차별상>에서 더 나아가, <위계질서 있

는 차별된 모양>이라고 해설하고 있습니다.

즉, 부처님 법을 모두 한데 모으면, 부처님의 분신 부처님을 모두 한데 모으시면, 마치 다보탑의 모양이 됩니다(견보탑품).

또한 중생들이 가지가지 모양들, 현상 세계의 갖가지의 다양한 수준들과 현상을 모두 한자리에 모으면 또한 마치 다보탑의 모양과 같이 됩니다.

이것은 <위계질서 있는 차별된 모양>을 설명하기 위해서 다보탑을 빌려서 설명하는 것입니다.

하층의 모든 것은 궁극의 다보탑의 꼭대기의 하나에 연결되어져 있습니다. 그러므로 하층이라고 해서 무시하는 것이 아니라, 반드시 언젠가는 누구나 모두 성불 할 수 있습니다.

중생들이 제각기 자기 나름의 것을 붙잡고 수행하고 신앙하고 있지만, 그 모두가 꼭대기 하나에 연결되어져 있고, 그 하나를 향해서 나아가고 있는 중입니다.

이러한 것을 <법의 위계질서>라고 표현을 한다면, 모든 법의 상호모순 충돌이든 현상의 상호 갈등이 모두 해소되고 양립 가능하고, 그 존재이유와 존엄성이 구현 가능합니다.

근본에 있어서는 평등하지만, 현상이 <위계질서 있는 차별된 모양>이며 그러한 현상세계에 설해진 부처님의 말씀 또한 <위계질서 있는 차별된 모양>입니다.

부처님 말씀 한부분만 붙잡고 이것이 전체다고 할 수 없듯이, 부처님 말씀을 모두 모으면 다보탑의 모양과 같으며 그 전체를 보고, 위계질서를 보고 체계를 보아야 비로소 다보부처님의 모습을 본다는 견보탑품의 의미와 같습니다.

우리들이 코끼리의 다리 하나만을 가지고 와서 이것이 코끼리이라고 말할 수 없으며, 반야만 말하면서 이것이 부처님법이다 라고 말할 수 없고, 화엄만을 말하거나 화두참선 위빠사나 만을 말하면서 이것이 부처님법이다 라고 말할 수 없으며 부처님의 45년간의 모든 설법을 한자리에 모아야지만이 다보부처님의 모습을 볼 수 있다는 말이 바로 이러한 뜻입니다.

중생의 본성에는 부처님의 씨앗이 있다 (수기품)

해설| 일체 중생의 본성에는 부처님의 씨앗이 있으므로 미래에는 성불을 할 것이라는 말씀을 수기를 준다고 하는데, 부처님의 제자들에게 수기를 주시는 품입니다.

이 때 세존께서 이 게송을 설하시기를 마치시고, 모든 대중에게 이르시어 소리 높여 말씀하시되, "나의 이 제자 마하가섭은 미래 세상에 삼백만억의 모든 부처님 세존을 받들어 뵈옴을 얻고서 공양하고 공손히 공경하며 높이 중하게 여기고 찬탄하며, 모든 부처님의 헤아릴 수 없는 큰 법을 펴다가 가장 뒤의 몸은 부처님 이름을 얻게 되리니, 이름은 가로되, 광명 여래 응공 정변지 명행족 선서 세간해 무상사 조어장부 천인사 불 세존이라 하며, 나라의 이름은 광덕이요, 겁의 이름은 대장엄이니라, 부처님의 수명은 십이 소겁이요, 정법이 세상에 머무름은 이십 소겁이며, 상법도 또한 이십 소겁을 머무느니라.

온 나라를 아름답게 꾸며서 모든 더럽고 나쁜 것인 기와와 자갈과 가시나무와 똥과 오줌의 깨끗하지 않은 것은 없으며, 그 땅은 평탄하고 발라서 높고 낮음인 갱과 구덩이와 흙무더기와 언덕은 있음이 없으며, 유리로 땅이 되고 보배나무가 줄지어 섰으며, 황금으로 노끈을 하여 길옆을 경계하고, 모든 보배꽃을 흩어서 두루 널리 맑고 깨끗하느니라.

그 나라의 보살은 헤아릴 수 없는 천억이며, 모든 성문의 많은 이도 또한 다시 수없고, 마의 일은 있음이 없으며, 비록 마와 그리고 또 마의 백성이 있다 할지라도 모두 부처님의 법을 두호할 것이니라."

그때 세존께서 거듭 이 뜻을 펴시고자 하시어 게송으로 설하시어 말씀하시되,

> (부처님께서 가섭존자에게 수기를 주시는 게송부분은
> 위 내용과 중복되는 부분이므로 생략함)

그때에 대목건련과 수보리와 마하가전연 들께서 모두 다 두려워하여 떨며, 한마음으로 합장하고 높으신 얼굴을 우러러 뵈오되, 눈을 잠깐도 떠나지 아니하며 곧 함께 같은 소리로 게송으로 설하여 말씀하오되,

"큰 영웅이시며 용맹하옵신 세존께서는
모든 석씨의 법왕이시옵니다.
저희들을 슬피 불쌍히 여기시는 까닭으로
부처님의 음성을 내려주시옵소서
만약 저희의 깊은 마음을 아시고
위하여 수기주시는 것을 보게 하시면
감로를 뿌려서 열을 없애고
맑고 서늘함을 얻는 것과 같으오리다.
굶주리는 나라로부터 와서
문득 대왕의 음식을 만나도
마음에는 오히려 의심과 두려움을 품고
감히 선뜻 먹지 못하나,
만약 다시 왕의 명령을 얻은 그러한 뒤에야
이에 감히 먹는 것과 같나이다.
저희들도 또한 이와 같아서
매양 소승의 허물만 생각하고

마땅히 어찌하여야 부처님의 위없는 지혜를
얻을 것인지 알지 못하였나이다.
비록 부처님의 음성으로
저희들도 부처님을 짓는다고 하시는 말씀을 들었사오나
마음에는 오히려 근심과 두려움을 품고
감히 선뜻 먹지를 못함과 같으나이다.
만약 부처님의 수기 주심을 받으면
그러하여야 이에 쾌히 안락 하오리다.
큰 영웅이시며 용맹하옵신 세존께서는
항상 세간을 편안하게 하시고ㅈ 하시니,
원하옵건대, 저희들에게 수기를 주시옵소서.
주린 이에게 모름지기 먹을 것을 가르치심과 같사옵니다."

 그 때에 세존께서 모든 큰 제자의 마음에 생각하는 바를 아시고 모든 비구에게 이르시되, "이 수보리는 마땅히 오는 세상에 삼백만억 나유타 부처님을 받들어 뵈옵고 공양하고 공손히 공경하며 존중하고 찬탄하며, 항상 깨끗한 행을 닦아서 보살의 도를 갖추어서 가장 뒤의 몸에 부처님 이룸을 얻게 되리니, 호는 가로되, 명상 여래 응공 정변지 명행족 선서 세간해 무상사 조어장부 천인사 불 세존이며, 겁의 이름은 유보요, 나라의 이름은 보생이니라.

 그 땅은 평탄하고 바르며, 파리로 땅이 되고, 보배나무로 꾸미고 치장 되며, 모든 언덕과 구덩이와 모래와 자갈과 가시나무와 똥과 오줌의 더러운 것은 없고, 보배꽃이 땅을 덮어 두루 널리 맑고 깨끗하느니라.

 그 나라의 인민은 모두 보배정자와 진기하고 묘한 누각에 살며,

성문제자는 헤아릴 수 없고, 가없어서 산수 비유로 능히 알지 못할 바이며, 모든 보살의 많은 이도 수없는 천만 억 나유타이니라. 부처님의 수명은 십이 소겁이요, 정법이 세상에 머무름은 이십 소겁이며, 상법도 또한 이십 소겁을 머무느니라.

그 부처님께서 항상 허공에 살면서 대중을 위하여 법을 설하시어, 헤아릴 수 없는 보살과 그리고 또 성문 무리를 제도하여 벗어나게 하시느니라."

그 때에 세존께서 거듭 이 뜻을 펴시고자 하시어 게송으로 설하여 말씀하시되,

(부처님께서 수보리존자에게 수기를 주시는 게송부분은 위 내용과 중복되는 부분이므로 생략함)

이때 세존께서는 다시 모든 비구무리에게 이르시되, "내가 지금 너희에게 이르노니, 이 대가전연은 마땅히 오는 세상에 모든 공양하는 꺼리로써 팔천억 부처님을 받들어 섬기며 공양하고 공손히 공경하며 존중하고, 모든 부처님께서 멸하신 뒤에 각각 탑묘를 일으키되, 높이는 천유순이며, 가로와 세로는 똑같이 오백유순이고, 금과 은과 유리와 차거와 마노와 진주와 매괴의 일곱 가지 보배로써 합하여 이루며, 많은 꽃과 향과 깃발 등으로 탑묘에 공양하고, 이렇게 이미 지난 뒤에 마땅히 다시 이만 억 부처님께 공양하되, 이와 같이 하여 이 모든 부처님께 공양하기를 마치고는 보살의 도를 갖추어서 마땅히 부처님 지음을 얻으리니, 호는 가로되, 염부나제금광 여래 응공 정변지 명행족 선서 세간해 무상사 조어장부 천인사 불 세존이니라.

그 땅은 평탄하고 바르며, 파리로 땅이 되고, 보배나무로 꾸미고 치장되며, 황금으로 노끈을 하여 길옆을 경계하고, 묘한 꽃이 땅을 덮어서 두루 널리 맑고 깨끗하니, 보는 자가 기뻐하고 즐거워하며, 네 가지 악도인 지옥, 아귀, 축생, 아수라도가 없고, 하늘과 사람이 많이 있으며, 모든 성문 무리와 보살은 헤아릴 수 없는 만억이라, 그 나라를 꾸미고 치장하며, 부처님의 수명은 십이 소겁이요, 정법이 세상에 머무름은 이십 소겁이며, 상법도 또한 이십 소겁을 머무느니라."

그 때에 세존께서 거듭 이 뜻을 펴시고자 하시어 게송으로 설하시어 말씀하시되,

(부처님께서 가전연존자에게 수기를 주시는 게송부분은 위 내용과 중복되는 내용이므로 생략함)

이 때에 세존께서 다시 대중에게 이르시되, "내가 지금 너희에게 말하노니, 이 대목건련은 마땅히 가지가지의 공양하는 꺼리로써 팔천의 모든 부처님께 공양하고, 공경하며 존중하고, 모든 부처님께서 멸하신 뒤에 각각 탑묘를 일으키되, 높이는 천유순이며, 가로와 세로는 똑같이 오백유순이고, 금과 은과 유리와 차거와 마노와 진주와 매괴의 일곱 가지 코배로써 합하여 이루고 많은 꽃과 향과 깃발 등으로 공양하며, 이렇게 이미 지난 뒤에 마땅히 다시 이백만억의 모든 부처님께 공양하되, 또한 다시 이와 같이 하여서, 마땅히 부처님 이름을 얻으리니, 호는 가로되, 다마라발전단향 여래 응공 정변지 명행족 선서 세간해 무상사 조어장부 천인사 불 세존이니라.

겁의 이름은 희만이요, 나라의 이름은 의락이며, 그 땅은 평탄하고 바르며, 파리로 땅이 되고, 보배나무로 꾸미고 치장되며, 진주꽃을 흩어서 두루 널리 맑고 깨끗하니, 보는 자가 기뻐하고 즐거워하며, 모든 하늘과 사람과 보살과 성문이 많되, 그 수는 헤아릴 수 없느니라.

부처님의 수명은 이십사 소겁이요, 정법이 세상에 머무름은 사십 소겁이며, 상법도 또한 사십 소겁을 머무느니라."

그 때에 세존께서 거듭 이 뜻을 펴시고자 하시어 게송으로 설하시어 말씀하시되,

(부처님께서 목련존자에게 수기를 주시는 게송부분은 위 내용과 중복되는 내용이므로 생략함)

"나의 모든 제자로 위엄과 덕을 흡족하게 갖춘 이는 그 수가 오백이라. 모두 마땅히 수기 주리니, 미래 세상에 다 부처님 이룸을 얻느니라. 나와 그리고 또 너희들의 지난 세상의 인연을 내가 지금 마땅히 말하리니, 너희들은 잘 들을 지니라."

해설| 수기품에서 부처님께서는 보살제자, 상근기 제자들에게 마땅히 스스로 부처님 지음, 성불을 하리라고 예언을 주시는 말씀입니다. 모든 중생들은 그 성품(씨앗)에 부처님의 성품이 있어서 미래에는 모두가 성불을 이룰 수 있으며, 이러한 말씀을 하근기의 중생에게는 설한들, 받아들이지 못하며, 그래서 상근기의 보살제자들에게 부처님의 성품을 가진 아들로서 미래에 성불을 이루리라고 예언을 주시고 계십니다.

보살지위에 머물러 있는 것은 완전한 멸도가 아니며, 오직 일불승 ,성불만이 완전한 멸도입니다.

이러한 가르침으로 인해서 불교는 자력구제 사상 이다 라고만 단정 지어서는 안 됩니다.

 법화경은 보살을 가르치는 말씀이며, 보살이 아닌 하근기의 대다수 중생들에게는 이러한 가르침이 전혀 받아들여 질 수 없으며, 법그릇이 아니므로 오해만 불러일으키며 이해하지 못할 수 있습니다.

 그러므로 하근기의 대다수 중생들에게는 타력구제사상이 반드시 필요하며, 타력구제사상을 전적으로 배척하는 것은 아닙니다. 마치 무거운 돌이 홀로는 물속에 가라앉지만, 배에 의존해서는 물위에 뜰 수 있듯이 불교에서도 타력구제사상을 포용하고, 상대방의 근기에 따라 타력구제사상이 실제 존재하고 있습니다.

 앞서 에서도 밝혔듯이, 진리는 하나이지만(근본에 있어서 평등상), 그 하나의 씨앗에서부터 무수히 많은 가르침, 말씀, 방편법이 나올 수밖에 없었습니다(현상에서 차별상). 중생들의 수준이 천차만별이다 보니, 그리고 줄열하고 낮은 중생들도 부처님의 아들이므로 구원을 포기할 수 없으므로 그들의 눈높이에 맞춘 많은 말씀이 나올 수밖에 없었습니다. 그러므로 그 말씀의 상호 모순, 충돌에 대해서는 우리들이 갈등관계, 대립관계가 아니라, 충분히 양립가능하고, 충분히 포용 가능한 말씀이다 는 것을 인식해야 합니다(현상에서 위계질서 있는 차별상). 그러므로 더 나아가서 불교와 기독교 상호간의 말씀의 상호 모순, 갈등의 부분도 마찬가지로 상호 양립 가능한 충분히 상호 보완의 말씀이다 라고 인식할 수 있습니다.

 그러므로 여기에서도 부처님법의 위계질서에 대한 이해의 필요성을 알 수 있습니다.

부처님께서 방편으로 만드신 가짜의 성은 사라진다(화성유품)

해설| 일승에 이르는 과정에서, 부처님께서 방편으로 삼승을 만들어 설하신 것을 마치 성을 변화시켜 만들어서 그 성에 들어가서 편히 쉬고 난 뒤에 만든 성은 방편으로 만든 것이므로 멸하여 없어지므로, 다시 떠나야 한다는 비유의 이야기를 통해서 일불승을 설하시므로 화성유품이라고 합니다.

부처님께서 모든 비구에게 이르시되, "옛 옛 지나간 예전에, 헤아릴 수도 없고 가도 없으며, 가히 생각으로 논의하지도 못할 아승지 겁인, 그 때 부처님께서 계셨으니, 이름은 대통지승 여래 응공 정변지 명행족 선서 세간해 무상사 조어장부 천인사 불 세존이셨느니라. 그 나라의 이름은 호성이요, 겁의 이름은 대상이었느니라.

모든 비구여, 그 부처님께서 멸도 하시어 이미 오심은 심히 크게 오래 되고 멀었으니, 비유할 것 같으면 삼천대천세계에 있는 바, 땅의 종류를 가령 어떤 사람이 갈아서 먹을 만들어서 동방으로 천 국토를 지나면서 이에 한 점을 떨어트리되, 큰 것은 미진과 같이 하며, 또 천 국토를 지나면서 다시 한 점을 떨어트리고, 이와 같이 되풀이 하여 땅의 종류의 먹을 다한다면 너희들의 뜻에는 어떠하느냐.

이 모든 국토를 만약 산수하는 스승이나, 산수 스승의 제자가 능히 가와 끝을 깨달아서 그 수를 알겠느냐. 모르겠느냐."

"모르겠나이다. 세존이시여."

"모든 비구여, 이 사람이 지난바 국토의, 만약 점을 찍거나 점을 찍지 않은 것을 다 갈아 미진을 만들어 한 미진을 한 겁이라

할지라도, 그 부처님께서 멸도 하시어 오심은 다시 이 수를 지나서, 헤아릴 수도 없고 가도 없는 백천만억 아승지 겁이니라. 나는 여래지견의 힘의 까닭으로써 저 멀고 오래된 것을 관하되, 오히려 오늘날과 같이 하노라."

해설| 부처님께서는 무한한 신력이 있으시고, 일체를 아시는 분입니다. 부처님 지견, 안목에서는 무한한 과거와 미래의 일체 일을 아시는 분입니다. 법화경 여래수량품, 여래신력품, 종지용출품 참조.

그 때에 세존께서 거듭 이 뜻을 펴시고자 하시어 게송으로 설하시어 말씀하시되,
"내가 생각을 하니,
헤아릴 수도 없고 가도 없는 겁의 지나간 예전 세상에
양가지가 흡족하시고 높으신 부처님께서 계셨으니,
이름은 대통지승이시니라.
만일 사람의 힘으로써 삼천대천의 땅을 갈되,
이 모든 땅의 종류를 다하여 먹을 만들어
천 국토를 지나면서 이에 한 미진 점을 떨어트리며,
이와 같이 되풀이하여 점을 찍어
이 모든 미진 먹이 다하고,
이와 같이 모든 국토의 점을 찍은 것과
더불어 점을 찍지 아니한 것들을
다시 다 갈아 미진을 만들어서
한 미진으로 한 겁을 삼더라도
이 모든 미진수 보다도

그 겁은 다시 이를 지나느니라.
그 부처님께서 멸도 하시어 오심은
이와 같이 헤아릴 수도 없는 겁이나,
여래의 걸림 없는 지혜로
저 부처님 멸도와 그리고 또 성문과 보살을 알기를
지금 멸도 함을 보는 것과 같으니라.
모든 비구여, 마땅히 알지니라.
부처님의 지혜는 깨끗하고 미묘하여
새는 것도 없고 걸릴 것도 없어서
헤아릴 수도 없는 겁을 통달하느니라."

 부처님께서 모든 비구에게 이르시되, "대통지승 부처님의 수명은 오백사십만 억 나유타 겁이었느니라. 그 부처님께서 처음 도량에 앉으시어 마의 군사를 깨트리기를 마치시고, 완전한 깨달음을 거의 얻으셨으나, 모든 부처님의 법이 앞에 나타나 있지를 않는지라, 일 소겁에서 십소겁에 이르도록 가부좌를 맺으시고 몸과 마음이 움직이지 아니하셨으나, 모든 부처님의 법은 오히려 앞에 있지 않았느니라.

 이 때에 도리의 모든 하늘이 먼저 그 부처님을 위하여 보리수 아래에 사자자리를 펴되 높이는 일 유순이라, 부처님께서 〈이곳에 앉아서 마땅히 완전한 깨달음을 얻으리라〉 하시고, 마침 이 자리에 앉으시거늘, 때에 모든 범천왕이 많은 하늘의 꽃을 비 오듯이 하되, 방향마다 백유순이고, 향기로운 바람이 때로 와서는 시들어진 꽃을 불어가고, 다시 새로운 것을 비 오듯이 하여, 이와 같이 끊어지지 아니하기를 십 소겁이 차도록 부처님께 공양하고, 이에 멸도에 이르기까지 항상 이 꽃을 비 오듯이 하였느니라.

넷 왕의 모든 하늘은 부처님께 공양하기 위하여 항상 하늘 북을 치고, 그 나머지의 모든 하늘은 하늘의 재주와 음악을 지어 십 소겁을 채우고 멸도에 이르도록 또한 다시 이와 같이 하였느니라.

모든 비구여, 대통지승 부처님께서는 십 소겁을 지나고서 모든 부처님의 법이 겨우 앞에 나타나 있어 완전한 깨달음을 이루셨느니라.

그 부처님께서 출가하지 아니하셨을 때에 열여섯 아들을 두셨는데, 그 첫째 자의 이름은 가로되, 지적이었느니라.

모든 아들은 각각 가지가지 진귀하고 좋은 장난감이 있었으나, 아버지가 완전한 깨달음 이룸을 얻었다는 것을 듣고는, 모두 진귀한 것을 버리고 부처님의 거처를 향하여 나아가니, 모든 어머니는 눈물을 줄줄 흘리고 울면서 따라 보냈느니라.

그 할아버지인 전륜성왕은 일백의 대신과 그리고 도 나머지 백천만억의 인민이 더불어 모두 에워 둘러싸고 따라가 도량에 이르러서, 대통지승 여래를 친하고 가까이 하여 공양하고 공경하며 존중하고 찬탄하고자 하여, 머리와 얼굴로 발에 절하고 부처님을 돌기를 마치고는, 한마음으로 합장하고 세존을 우러러 바라다보며 게송으로 창송하여 가로되, 큰 위엄과 덕망의 세존께서는 중생을 제도하시기 위하시는 까닭으로 헤아릴 수도 없는 억겁에야 겨우 부처님 이름을 얻으시어 모든 원을 이미 흡족하게 갖추셨으니 좋으시고 길하심은 위가 없나이다.

세존께서는 심히 드물게 계시어 한번 앉아서 십소겁이 되도록 신체와 손발을 고요하고 편안하게 하시어 움직이지 않으시며 그 마음도 항상 고요하시고 편안하시어 일찍이 어지럽게 흩어짐이 있지 않으셨고 궁극에 영원히 고요히 멸하시어 새는 것이 없는 법에 편안히 머무시었나이다.

 지금 세존께서 편안하게 의지하여 부처님의 도 이루심을 뵈오니, 저희들이 좋은 이익을 얻어서 크게 기쁘고 즐거워서 경사롭다고 일컫나이다. 중생이 항상 괴롭고 번뇌로우며 눈감아서 어두우나 인도하시는 스승이 없는지라, 괴로움이 다하는 도를 알지 못하며 해탈을 구할 줄도 알지 못하고 긴 밤에 악으로 나아가는 것만 더해져서 모든 하늘의 무리는 감해져 줄며 어둠으로부터 어둠에 들어가서 영원히 부처님의 이름도 듣지 못하나이다.

 이제 부처님께서는 가장 높은 편안하게 의지하며 새는 것이 없는 도를 얻으셨으니, 저희들과 하늘과 사람이 가장 큰 이익을 얻게 되었나이다. 이런 까닭으로 다 머리를 조아려서 위없이 높으신 분께 목숨을 맡기나이다.

 그 때 열여섯 왕자가 게송으로 부처님을 찬탄함을 마치고, 세존께 법의 바퀴를 굴려 주시기를 권하고 청하여 함께 이런 말을 하되, 〈세존께서 법을 설하시면 편안하게 의지할 바가 많겠사오니, 모든 하늘과 인민을 가엾고 불쌍히 여겨 넉넉히 이익 되게 하여 주시옵소서〉하고 거듭 설하여 게송으로 말하되,

 같이 짝을 할 수 없는 세상의 영웅께서는
 백가지 복으로 스스로를 꾸미시며 치장하시고
 위없는 사리에 밝은 지혜를 얻으셨으니
 원하옵건대, 세간을 위하여 설하시어
 저희들과 모든 중생의 종류를
 제도하시어 벗어나게 하시고
 위하여 분별하시어 나타내 보이시어

사리에 밝은 지혜를 얻게 하옵소서.
만약 저희들이 부처님을 얻으면
중생도 또한 다시 그러하리 이다
세존께서는 중생의 마음에
깊이 생각하는 바를 아시며
행하는 바의 도를 아시며
사리에 밝은 지혜의 힘을 아시리이다.
즐거이 하고자 하는 것과 닦은 복과 숙명과
행할 바의 업을 세존께서는 이미 다 아시니,
마땅히 위없는 바퀴를 굴리시옵소서.

부처님께서 모든 비구에게 이르시되,〈대통지승 부처님께서 완전한 깨달음을 얻으시니, 때에 시방으로 각각 오백만억 모든 부처님세계는 여섯 가지로 진동하여 움직이며, 그 나라 중간의 깊숙하고 어두운 곳인, 해와 달의 위엄스러운 빛이 능히 비치지 아니하던 곳도 이에 모두 크게 밝은지라, 그 가운데의 중생이 각각 서로 보는 것을 얻어서 다 이런 말을 하되,〈이 가운데에서 어찌하여 문득 중생이 생겼음인가〉하였느니라.

또 그 나라 경계의 모든 하늘 궁전과 이에 범궁에 이르도록 여섯 가지로 진동하여 움직이고, 큰 빛이 널리 비치어서 두루 세계에 가득 차니, 모든 하늘의 빛을 능가하였느니라.

이 때에 동방으로 오백만억 모든 국토 가운데의 범천 궁전에도 밝은 빛이 비치어서 빛나되, 평상시 밝음의 배가 되니, 모든 범천왕이 각각 이런 생각을 하되,〈지금 궁전의 밝은 빛은 옛적에는 있지 아니한 것이니, 어떠한 인연으로써 이러한 형상이 나타남이어뇨〉이 때에 모든 범천왕이 곧 각각 서로 모여서 같이 이 일을 논의 하였느니라.

  때에 그 많은 이 가운데에 한 대범천왕이 있으니, 이름은 구일체라, 모든 범천의 무리를 위하여 게송으로 설하여 말하되, 우리들의 모든 궁전의 밝은 빛은 옛적에는 있지 아니하였는데, 이것은 바로 어떠한 인연입니까. 마땅히 각각 같이 이것을 찾아봅시다. 이렇게 크고 밝은 빛이 시방에 두루 비치는 것은 대덕천이 나오시게 된 것입니까 부처님께서 세간에 나오시게 된 것입니까

  그 때에 오백만억 국토의 모든 범천왕이 궁전을 동반함과 더불어, 각각 꽃바구니로 모든 하늘꽃을 담고서 같이 서방으로 나아가서 이 형상을 캐어물어 찾다가, 대통지승 여래께서 도량의 보리수 아래에 계시어 사자자리에 앉으셨는데, 모든 하늘과 용왕과 건달바와 긴나라와 마후라가와 인비인들이 공손히 공경하며 에워 둘러싸고 있는 것을 보고, 그리고 또 열여섯 왕자가 부처님께 법의 바퀴를 굴리시기를 청하는 것을 보았느니라.

  곧 때에 모든 범천왕은 머리와 얼굴로 부처님께 절하고 백천번을 둘러서 돌고는 하늘꽃으로써 부처님 위에 흩으니, 그 흩은 바의 꽃은 수미산과 같고, 부처님의 보리수에도 공양을 하였으니, 그 보리수의 높이는 십유순이였느니라.

  꽃공양을 마치고는 각각 궁전을 그 부처님께 받들어 올리고 이런 말을 하되, 〈오직 슬피 불쌍히 보시어 저희들에게 넉넉히 이익 되게 하시옵고, 드리는 바의 궁전을 원하옵건대 너그러이 받아들이시어 머무르게 하시옵소서〉 하였느니라.

(범천왕이 게송으로 부처님을 칭송하고, 부처님께 법륜을 굴리시길 청하는 부분 생략)

이 때에 대통지승 여래께서는 시방의 모든 범천왕과 열여섯 왕자의 청을 받으시고, 십이 행의 법의 바퀴를 세 가지로 굴리시니, 만약 사문이거나, 바라문이거나, 만약 하늘이거나, 마이거나, 범천이거나, 그리고 또 다른 세간은 능히 굴리지 못할 바이었느니라.

설명하자면, 〈이것이 괴로움이며 이것이 괴로움의 모임이며 이것이 괴로움의 멸함이며 이것은 괴로움을 멸하는 길이니라〉 하시었다.

그리고 또 십이인연법을 널리 설하시니, 〈무명은 행의 인연이 되고 행은 식의 인연이 되고 식은 명색의 인연이 되고 명색은 육입의 인연이 되고 육입은 촉의 인연이 되고 촉은 수의 인연이 되고 수는 애의 인연이 되고 애는 취의 인연이 되고 취는 유의 인연이 되고 유는 생의 인연이 되고 생은 노사와 우비고뇌의 인연이 되느니라.

무명이 멸하면 곧 행이 멸하고 행이 멸하면 곧 식이 멸하고 식이 멸하면 곧 명색이 멸하고 명색이 멸하면 곧 육입이 멸하고 육입이 멸하면 곧 촉이 멸하고 촉이 멸하면 곧 수가 멸하고 수가 멸하면 곧 애가 멸하고 애가 멸하면 곧 취가 멸하고 취가 멸하면 곧 유가 멸하고 유가 멸하면 곧 생이 멸하고 생이 멸하면 곧 노사와 우비고뇌가 멸하느니라〉 하시었다.

부처님께서 하늘과 사람의 대중 가운데서 이 법을 설하실 때에, 육백만억 나유타의 사람은 일체 법을 받지 않은 까닭으로 이에 모든 새는 것에서 마음이 해탈을 얻어 모두 깊고도 묘한 선정과 삼명과 육통을 얻고 팔 해탈을 갖추었느니라.

두 번째, 세 번째와 네 번째어 법을 설하실 때에도, 천만 억 항하사 나유타들의 중생이 일체 법을 받지 않은 까닭으로 모든 새는 것에서 마음이 해탈을 얻었으며, 이로부터 이후에도 모든 성문 무리가 헤아릴 수 없고 가도 없어서 가히 수를 헤아리지 못하였느니라.

이때에 열여섯 왕자가 모두 동자로서 출가하여 사미가 되었나니, 모든 근기가 형통하며 날카롭고 사리에 밝은 지혜가 밝고 분명하여, 이미 모든 부처님께 공양하고 깨끗이 범행을 닦아, 완전한 깨달음을 구하려 하여 함께 부처님께 아뢰어 말씀 올리되,〈세존이시여 이 모든 헤아릴 수 없는 천만억이 큰 덕의 성문을 모두 이미 성취하였사오니, 세존께서는 마땅히 저희들을 위하여 완전한 깨달음의 법을 설하시옵소서.

저희들이 듣기를 마치고는 다 함께 닦고 배우오리다.

세존이시여, 저희들이 뜻에 원하는 여래의 지견과, 마음 깊이 생각하는 바를 부처님께서는 스스로 증하시어 아시리이다.〉하였느니라.

이 때 전륜성왕이 거느린 바의 무리 가운데에 팔만 억 사람이 열여섯 왕자가 출가함을 보고 또한 출가를 구하거늘, 왕이 곧 듣고 허락 하였느니라.

그 때에 그 부처님께서 사미의 청을 받으시고, 이만 겁을 지나고서야 겨우 사중 가운데에서 이 대승경을 설하시니, 이름은 묘법연화이었느니라. 보살을 가르치는 법이며, 부처님께서 생각하시어 두호하시는 바이셨느니라.

이 경을 설하시기를 마치시니, 열여섯 사미는 완전한 깨달음을 위하는 까닭으로 모두 함께 받아 가지고 읽고 외워서 통리 하였느니라.

이 경을 설하실 때에 열여섯 보살의 사미는 모두 다 믿어서 받고 성문 무리 가운데서도 또한 믿고 이해함이 있었으나, 그 나머지의 중생 천만 억 종류는 모두 의심하고 미혹함을 내었느니라.

부처님께서 이 경을 설하시기를 팔천 겁에서 일찍이 쉬거나 폐지하지 아니하셨느니라.

이 경을 설하시기를 마치시고는 곧 고요한 방에 드시어 팔만 사천 겁을 선정에 머무셨느니라.

이 때에 열여섯 보살 사미는 부처님께서 방에 들어가시어 고요히 선정에 드심을 알고, 각각 법자리에 올라가서 팔만 사천 겁에서 사부중을 위하여 널리 묘법화경을 분별하여 설하니, 하나하나가 모두 육백만억 나유타 항하사 중생을 제도하여 이롭고 기쁜 것을 가르쳐 보이어 완전한 깨달음의 마음을 일으키게 하였느니라.

대통지승 부처님께서 팔만사천 겁을 지나고서야 삼매로부터 일어나시어 법자리로 향하여 나아가셔서 침착하시고 조용히 앉으시어 널리 대중에게 이르시되, 〈이 열여섯 보살의 사미는 심히 드물게 있느니라.

모든 근기가 형통하며 날카롭고 사리에 밝은 지혜가 밝고 분명하며, 이미 일찍이 헤아릴 수 없는 천만 억 수의 모든 부처님께 공양하였고, 모든 부처님의 거처에서 항상 범행을 닦아 부처님의 지혜를 받아 가지고 중생에게 열어 보이어 그 가운데에 들게 하니, 너희들은 다 마땅히 자주자주 친하고 가까이하여 공양할지니라.

까닭은 무엇인가 하면, 만약 성문과 벽지불과 모든 보살이 능히 이 열여섯 보살이 설한바 경법을 믿어 받아 가지고, 헐뜯지 아니하는 자이면, 이 사람은 모두 마땅히 완전한 깨달음인 여래의 지혜를 얻을 것이기 때문이니라〉 하셨느니라.

부처님께서 모든 비구들에게 이르시되,〈이 열여섯 보살이 항상 이 묘법연화경을 설하기를 즐거이 하여, 하나하나 보살이 교화한 바는 육백만억 나유타 항하사의 중생이라, 세세에 나는 곳마다 보살과 더불어 함께하여 그로부터 법을 듣고 모두 다 믿고 이해하나니, 이런 인연으로써 사백만억 모든 부처님 세존 만남을 얻되, 이제까지도 다하지 못하였느니라.

모든 비구여, 내가 지금 너희에게 말하리라.

그 부처님의 제자 열여섯 사미는 이제 모두 완전한 깨달음을 얻고는 시방 국토에서 나타나 있으며, 법을 설하며, 헤아릴 수 없는 백천만억의 보살과 성문이 있어 권속이 되어 있느니라.

그 두 사미는 동방에서 부처님을 지으시니 첫째 이름은 아촉이시라, 환희국에 계시고 둘째 이름은 수미정이시라, 동남방 두 부처님의 첫째 이름은 사자음이시고, 둘째 이름은 사자상이시며, 남방 두 부처님의 첫째 이름은 허공주이시고 둘째 이름은 상멸이시니라 서남방 두 부처님의 첫째 이름은 제상이시고, 둘째 이름은 범상이시며, 서방 두부처님의 첫째 이름은 아미타이시고, 둘째 이름은 도일체세간고뇌 이시니라.

서북방 두 부처님의 첫째 이름은 다마라발전단향신통이시고, 둘째 이름은 수미상이시며, 북방 두 부처님의 첫째 이름은 운자재이시고, 둘째 이름은 운자재왕이시니라. 동북방 부처님의 이름은 괴일체세간포외이시고, 제 십육은 나 석가모니 부처님이니, 사바국토에서 완전한 깨달음을 이루었느니라.

모든 비구여, 우리들이 사미이었을 때에 각각 헤아릴 수 없는 백천만억 항하사의 중생을 가르쳐 교화하였느니라.

나를 좇아 법을 들음은 완전한 깨달음을 위함이며, 이 모든 중생으로 지금까지 성문지에 머물러 있는 자는 내가 항상 완전한 깨달음을 가르쳐 교화하나니, 이 모든 사람들은 응당히 이 법으로써 점점 부처님의 도에 드느니라. 까닭은 무엇인가 하면, 여래의 사리에 밝은 지혜는 믿기 어렵고, 이해하기 어렵기 때문이니라.

 그 때 교화한 헤아릴 수도 없는 항하사의 중생이란 자는, 너희들 모든 비구와 그리고 또 내가 멸도한 뒤의 미래세상 가운데에 성문제자가 바로 이들이니라.

 내가 멸도한 뒤에 다시 어떤 제자가 이 경을 듣지 못하고 보살의 행할 바를 알지도 못하고 깨닫지도 못하여 스스로 얻는 바의 공덕에 멸도 하였다는 생각을 내어 마땅히 열반에 든다하나, 내가 다른 나라에서 부처님을 지어 다시 다른 이름이 있으리니, 이 사람이 비록 멸도의 생각을 내어 열반에 들었다 하나, 그 나라에서 부처님의 밝은 지혜를 구하여 이 경 들음을 얻으리라.

 오직 불승으로써만 멸도를 얻을 것이고 다시 다른 승은 없으나, 모든 여래께서 방편으로 법을 설하시는 것은 제외하느니라.

 모든 비구여, 만약 여래가 스스로 열반할 때가 이르르고, 많은 이도 또 맑고 깨끗하여 믿고 이허하는 것이 굳고 단단하며, 공법을 명확하게 깨달아서 깊이 선정에 든 것을 알면, 곧 모든 보살과 성문 무리를 모아서 이 경을 설하게 되느니라.

 세간에서 이승으로 멸도를 얻음은 있을 수 없고, 오직 일불승이라야 멸도를 얻을 뿐이니라.

 비구여, 마땅히 알지니라.

 여래는 방편으로 중생의 성품에 깊이 들어가서, 그들의 뜻이 작은 법을 즐겨하여 다섯 가지 욕심에 깊이 착을 하는 것을 알기에,

이들을 위하는 까닭으로 열반을 설하나니, 이 사람이 만약 들으면 곧 오로지 믿어서 받느니라.

비유할 것 같으면, 오백유순의 험하고도 어렵고 나쁜 길의, 사람은 비고 끊어져 없는 겁나고 두려운 곳에, 만약 많은 무리가 있어 이 길을 지나 진귀한 보배가 있는 곳에 이르고자 하였느니라.

한 인도하는 스승이 있었으니, 영민한 지혜로 밝게 깨달아서, 험한 길의 통하고 막힌 형상을 잘 알아서, 많은 사람을 거느리고 인도하여 이 어려운 데를 지나고자 하였느니라. 거느린 사람의 무리가 길 중간에서 게으름으로 뒤떨어져서 인도하는 스승께 아뢰어 말하되, 〈저희들은 극히 피곤하고 겁나고 두려워서 능히 다시 나아가지 못하겠나이다. 앞길은 아직도 머나니 이제 물러나 돌아가고자 하나이다〉

인도하는 스승은 여러 가지 방편이 많으므로 이러한 생각을 하되, 〈이들은 가히 불쌍하구나. 어찌하여 크고도 진귀한 보배를 버리고 물러나 돌아가고자 하는가〉 이러한 생각을 하기를 마치고, 방편의 힘으로써 험한 길 가운데에 삼백유순을 지나서 한 성을 변화시켜 만들고는 많은 사람에게 일러서 말하되, 〈너희들은 두려워 하지 말고 물러나 돌아가려 하지 말지니라.

지금 이 큰 성에서 중지하여 가히 뜻에 따라 할 수 있는 바이니, 만약 이 성에 들어가면 쾌히 편안하게 의지함을 얻고, 만약 능히 앞의 보배 있는 곳에 이르고자 하면 옳게 가는 것을 얻으리라〉

이 때 피로가 극한 무리는 마음이 크게 기쁘고 즐거워서 일찍이 있지 아니한 것을 찬탄하되, 〈저희들이 이제 이 나쁜 길을 면하고 쾌히 편안하게 의지함을 얻었도다〉하였느니라.

이에서 많은 사람이 변화의 성에 들어가서 이미 제도되었다는 생각을 내고 편안하게 의지하는 생각을 내었느니라.

이 때에 인도하는 스승은 이 사람들이 이미 머물러 쉼을 얻어 다시 피로하고 싫증남이 없는 것을 알고는 곧 변화의 성을 멸해버리고 많은 사람에게 일러 말을 하되, 〈너희들은 빨리 가거라. 보배 있는 곳은 가까이 있노라.

먼저의 큰 성은 내가 변화로 지은 것이니, 머물러 쉬게 하기 위한 것뿐이니라〉하였느니라.

모든 비구여, 여래도 또한 이와 같아서 이제 너희들을 위하여 크게 인도하는 스승이 되나니, 모든 나고 죽음과 번뇌의 악한 길이 험하고 어려우며 길고도 멀지마는 응당히 떠나고 응당히 제도되어야 함을 아느니라.

만약 중생이 다만 일불승만을 듣는다면, 부처님을 보고자 하지 아니하고, 친하고 가까이하고자 아니하며, 〈부처님의 도는 길고도 멀어서 오래도록 부지런하고 괴로움을 받고서야만 겨우 이룸을 얻을 수 있으리라〉하리라.

부처님은 이 마음의 겁내고 약하며 낮고 용렬함을 알고 방편의 힘으로 이에 길 중간에 머물러 쉬게 하기 위한 까닭으로 두 가지의 열반을 설하나니, 만약 중생이 두 가지의 지위에 머물면 여래가 이때에 곧 위하여 설하느니라.

〈너희들은 갖출 것을 아직 다하지 못하였노라. 너희가 머문 바의 지위는 부처님 지혜에 가까우나, 마땅히 관하고 살펴서 셈하여 헤아릴지니라. 얻은 바의 열반은 진실한 것이 아님이니라.

다만 이것은 여래가 방편의 힘으로 일불승을 분별하여 삼으로 설한 것이니라〉

저 인도하는 스승이 머물러 쉬게 하기 위한 까닭으로 큰 성을 변화로 지었다가, 이미 쉬기를 마친 것을 알고는 이에 일러 말하되, 〈보배가 있는 곳은 가까이 있노라 이 성은 진실이 아니고 내가 변화로 지은 것뿐이니라〉 함과 같으니라."

해설| 성불, 일불승만이 진실한 멸도입니다. 우리들의 마지막 궁극의 목표점은 성불, 일불승입니다. 일불승은 부처님의 본래 세우신 원입니다. 즉 부처님의 일대사입니다. 부처님법의 최상위의 진실법입니다. 그러나 이 목표는 너무나 아득하고 힘든 여정이므로, 부처님께서 중간에 가짜의 멸도를 만드셔서 이승과 삼승을 설하셨던 것임을 말씀하시고 계십니다.

성문승, 벽지불승, 보살승은 진실한 궁극의 멸도가 아니라, 중간에 쉬게 하기 위한 단계로 이해해야 합니다.

처음에 삼승을 설해서 제자들이 깨우친 바는 진실한 참된 멸도가 아니라고, 방편품과 비유품 그리고 신해품에서도

말씀하셨습니다. 그러한 삼승으로서 불난 집에서 벗어나게 하고 난 후에 비로소 일승도를 설하신다는 내용은 부처님께서 계속해서 반복해서 말씀하시고 계십니다.

그럼에도 불구하고 우리들이 부처님 법의 체계와 질서를 부정하는 것은 큰 과오입니다.

삼승이 일승도의 상위일 수 없으며, 혹은 동급일수 없습니다.

산수가 물리학과 동급이거나 상위일 수 없으며, 초등학생이 대학생과 동급이거나 상위일 수 없듯이

부처님의 법에 있어서도 그 체계와 위계질서가 있습니다.

삼승은 일승을 설하시기 위한 방편이며 일승의 하위법입니다.

삼승을 설하셨던 것은 나중에 일승으로 이끄시기 위한 방편입니다.

(회삼귀일)

2차 유추해설| 우리가 살아가고 있는 이 우주, 사바세계의 존재와 생성

과 소멸에 대해서 우리는 본 화성유품의 말씀과 연관지어서 생각해보고자 합니다.

대통지승여래의 12인연법이 본 화성유품에 나오며, 그 말씀에 의하면 첫 번째의 생의 인연은 무명입니다.

즉, <무명은 행의 인연이 되고 행은 식의 인연이 되고 식은 명색의 인연이 되고 명색은 육입의 인연이 되고 육입은 촉의 인연이 되고 촉은 수의 인연이 되고 수는 애의 인연이 되고 애는 취의 인연이 되고 취는 유의 인연이 되고 유는 생의 인연이 되고 생은 노사와 우비고뇌의 인연이 되느니라.

무명이 멸하면 곧 행이 멸하고 행이 멸하면 곧 식이 멸하고 식이 멸하면 곧 명색이 멸하고 명색이 멸하면 곧 육입이 멸하고 육입이 멸하면 곧 촉이 멸하고 촉이 멸하면 곧 수가 멸하고 수가 멸하면 곧 애가 멸하고 애가 멸하면 곧 취가 멸하고 취가 멸하면 곧 유가 멸하고 유가 멸하면 곧 생이 멸하고 생이 멸하면 곧 노사와 우비고뇌가 멸하느니라> 라고 하시는,

이 12인연법에 의하면, 우주만물과 사바세계의 생성, 탄생의 원인은 무명이 근본원인이라고 할 수 있습니다.

성불, 부처의 반대가 곧 무명입니다.

무명이 근본 원인이 되어서 이 우주만물과 사바세계가 탄생되었다고 볼 수 있습니다.

그렇다면 기독교에서 말하는 하나님의 창조론과 상호모순, 충돌, 대립의 교리라고 일견 여겨집니다.

그러나 기독교의 창조론과 상호모순, 대립, 충돌의 가르침으로 단정 지어서는 안 됩니다.

부처님께서, 우리들의 궁극의 목표는 성불, 일불승이지만, 이러한 목표는 아득하며 힘든 여정이므로, 우리들이 중간에 지쳐서 스러져 모든 것을 포기할 상황에서, 부처님께서 방편으로 변화의 성을 만드셨다고 분명히 밝히고 계십니다. 이 변화의 성이란 가짜의 성으로서 각종 놀이감과 맛나는 음식과 유흥과 휴식과 쾌락을 즐길 수 있는 성이지만, 이 성은 가짜의 성으

> 로서 곧 멸하여 없어질 것이라고 하십니다.
> 즉 이 가짜의 한계가 있는 성은 바로 우리 우주와 사바세계라고 유추해석할 수 있으며, 부처님께서 방편으로 지으셨다고 관조하고 싶습니다.
> 무명이 근본원인이 되었다 말씀도 진리이며, 무명이 없이 성불 상태라면 이러한 가짜의 성을 만들 필요도 없었을 것입니다. 그러므로 창조론도 전적으로 배척, 상호 모순 되는 것이 아니라, 불교 내에서 양립가능하고 포용 가능한 법이라고 생각합니다.
> 앞서 에서도 밝혔듯이 진리가 하나의 법에서부터 무수히 많은 말씀과 방편법이 도출되었으며, 상대의 근기에 따라 많은 교리와 방편법이 설해질 수밖에 없었다. 라고 했을 때, 이러한 다양한 교리와 법이 상호 모순 충돌, 대립의 관계가 아니라, 부처님법의 체계 내에서 모두 양립가능하고 , 상호 상위법과 하위법이라는 법의 위계질서라는 체계로 이해해야 합니다.
> 그러므로 부처님법의 위계질서에 대한 이해의 필요성이 있습니다.

그 때에 세존께서 거듭 이 뜻을 펴시고자 하시어 게송으로 설하시어 말씀하시되,

"대통지승 부처님께서 십겁을 도량에 앉아 계셨으되,
부처님의 법이 앞에 나타나지를 아니하여
부처님의 도 이룸을 얻지 못하시니,
모든 하늘과 신과 용왕과 아수라의 무리들이
항상 하늘꽃을 비 오듯이 하여 저 부처님께 공양을 하며,
모든 하늘이 하늘북을 치고 많은 재주와 음악을 지으며
향기로운 바람이 시들어진 꽃을 불어버리고
다시 새롭고 좋은 것을 비 오듯이 하였으며
십소겁을 지나기를 마치고는
겨우 부처님의 도 이룸을 얻으셨으니
모든 하늘과 세상 사람이 마음에

모두 뛰고 뛰는 것을 품었느니라.
그 부처님의 열여섯 아들은
모두 그 권속 천만 억에 더불어 에워 둘러싸여
함께 부처님의 거처에 이르러 가서는
머리와 얼굴로 부처님 발에 절하고
법의 바퀴를 굴리시기를 청하되,
〈거룩하신 사자이시여, 법비로 저희와 일체에
가득 차게 하시옵소서.
세존께서는 심히 만나 뵙기가 어려웁나이다.
멀고도 오랜 때에야 한번 나타나시니,
뭇 중생에게 깨닫기를 깨우쳐 주시기 위하사
일체를 진동하여 움직이시옵소서〉 하였느니라.
동방 모든 세계 오백만억 나라의 범천 궁전에 빛이 비치니,
옛적에는 일찍이 있지 아니한 것이라.
모든 범천이 이 형상을 보고
부처님 거처에 찾아와 이르러서는 꽃을 흩어 공양을 하며,
아울러 궁전을 받들어 올리고
부처님께 법의 바퀴를 굴리시기를 청하며
게송으로써 찬탄하나,
부처님께서는 때가 이르지 아니한 것을 아시고
청을 받으시고도 묵묵히 앉아져셨느니라.
세 방향과 네 모퉁이와 위와 아래도 그러하니,
꽃을 흩고 궁전을 바치며,
부처님께 법의 바퀴를 굴리시기를 청하되,
〈세존께서는 심히 만나옵기 어려웁나니,

원하옵건대 본래의 자비로써 감로의 문을 널리 여시어
위없는 법의 바퀴를 굴리시옵소서〉 하였느니라.
헤아릴 수 없는 지혜의 세존께서는
그 많은 사람의 청을 받으시고
위하여 가지가지의 법인 사제와 십이인연을 베푸시되,
〈무명에서 늙고 죽음에 이르기 까지
모두 나는 것의 인연으로부터 있음이니,
이와 같은 많은 허물과 아픔을 너희들은 응당 마땅히 알지니라〉
하셨느니라.
이 법을 밝혀 펼 때
육백만억 나유타가 모든 괴로움의 끝이 다함을 얻어
모두 아라한을 이루었으며
두 번째로 법을 설하실 때에도 천만 항하사의 중생이
모든 법을 받지 아니하고 또한 아라한을 얻었으며
이로부터 뒤에 도를 얻은 이도
그 수의 헤아림은 있을 수 없으니
만억 겁에 수를 셈하여도 능히 그 가를 얻지 못하느니라.
때에 열여섯 왕자는 출가하여 사미가 되어
다 함께 저 부처님께 청을 하되,
〈대승법을 설명하시어 말씀하시옵소서.
저희들과 그리고 다스리어 따르는 이가
모두 마땅히 부처님의 도를 이루어
세존과 같은 제일 맑은 지혜의 눈을 얻기를 원하옵나이다〉
하였느니라.
부처님께서 동자의 마음과 지난 세상에 행한 바를 아시고

헤아릴 수 없는 인연과 가지가지의 모든 비유로써
여섯 가지로 나고 멸하는 이쪽에서
나고 멸함이 없는 저쪽에 이르름과
그리고 또 모든 신통의 일을 말씀하시어
진실한 법인 보살의 행할 바 도를 분별하시고
이 법화경의 항하사 같은 게송을 설하셨느니라.
그 부처님께서 경을 설하시기를 마치시고
고요한 방에서 선정에 드시어,
한마음으로 한 곳에 앉으셨기를 팔만 사천 겁이거늘
이 모든 사미들이
부처님께서 선정에서 나오시지 아니하실 것을 알고
헤아릴 수도 없는 억의 중생을 위하여
부처님의 위없는 지혜를 설하였느니라.
각각 법자리에 앉아서 이 대승경을 설하여
부처님께서 편안하시고 고요하신 뒤에도
법을 펴서 드날리어 돕고 교화하되,
하나하나 사미들이 제도한 중생이
육백만억 항하사의 무리가 있었느니라.
그 부처님께서 멸도하신 뒤에 이 법을 들은 모든 자는
곳곳의 모든 부처님 나라에 항상 스승과 더불어 나느니라.
이 열여섯 사미가 부처님의 도 행함을 흡족하게 갖추어서
지금 시방에 나타나 있으며
각각 바른 깨달음 이룸을 얻었으며
그 때 법을 들은 자도 각각 모든 부처님 거처에 있느니라.
그 성문에 머물고 있는 이는

부처님의 도로써 점점 가르치시느니라.
나도 열여섯 숫자로 있으면서
일찍이 너희를 위하여 설하였노라.
이러한 까닭으로 방편으로써
너희를 인도하여 부처님의 지혜로 향하게 하느니라.
이런 본래 인연으로써 지금 법화경을 설하여
너희로 하여금 부처님의 도에 들게 하니
삼가 놀램과 두려움을 품지 말지니라.
비유할 것 같으면,
험하고 나쁜 길의, 멀어 인적은 끊어지고
독한 짐승은 많고 물과 풀이 없으며,
두렵고 겁나는 바의 곳에 수없는 천만의 중생은
이 험한 길을 지나고자 하는데
그 길은 심히 멀고 비어서 오백유순을 지나느니라.
때에 한 인도하는 스승이 있으니,
사리에 밝은 지혜가 있어 분명히 알아 밝게 깨달아서
마음을 결정하여 험한 데에 있으면서 많은 어려운 것을 건지나,
많은 사람은 모두 피로하고 싫증이 나서
인도하는 스승께 아뢰어 말하되,
〈저희들은 이제 부족하여 좌절하였으니,
여기에서 물러나 돌아가고자 하나이다〉하니,
인도하는 스승은 이러한 생각을 하되,
〈이 무리는 가히 심히 불쌍하도다.
어찌하여 물러나 돌아가고자 하여
크고도 진귀한 보배를 잃으려 하는가〉하고

이윽고 때에 방편을 생각하되,
〈마땅히 신통력을 베푸리라〉하여
큰 성곽을 변화하여 만들되,
모든 사는 집을 꾸미고 치장하여 주위를 빙 둘러서
수풀동산과 흐르는 개천과 목욕하는 못을 있게 하고
중첩된 문의 높은 누각에는
남자와 여자를 모두 가득 차게 하였느니라.
이런 변화를 만들고는 많은 이를 위로하여 말하되,
〈두려워하지 말지니라. 너희들이 이 성에 들어가면
각각 가히 즐거워하는 바를 따를 것이니라〉하였느니라.
모든 사람은 이미 성에 들어서고는
마음이 모두 크게 기쁘고 즐거워서
모두 편안하게 의지하는 생각을 내며
스스로 이미 제도됨을 얻었다고 생각하였느니라.
인도하는 스승은 쉼이 다했다는 것을 알고
많은 이를 모아 일러 말하되,
〈너희들은 마땅히 앞으로 나아갈지니라.
여기에 이것은 변화의 성일뿐이니라
내가 너희를 보니 극히 피로하여
길의 중간에서 물러나 돌아가려고 하니,
그러므로 방편의 힘으로써 꾀를 내어
변화로 이 성을 만들었느니라.
너희는 이제 부지런히 정진하여 마땅히 함께
보배 있는 곳에 이를지니라.〉하였느니라.
나도 또한 이와 같아서 일체를 인도하는 스승이 되어

모든 도를 구하는 자를 보니,
  길 중간에서 게으름이 나서 중지하여
  능히 생사번뇌의 모든 험한 길을 건너지 못하므로
  방편의 힘으로써 쉬게 하기 위하여 열반을 설하고,
  〈너희들은 괴로움이 멸했고
  할 것을 모두 이미 갖추었다〉고 말하되,
  이미 열반에 이르러서 모두 아라한을 증득했음을 알고
  그리하여 겨우 대중을 모아서 위하여 진실한 법을 설하느니라.
  모든 부처님께서 방편의 힘으로 분별하여 삼승을 설하시니,
  오직 일불승만 있지마는 쉬게 할 거처 때문에
  둘을 설하시느니라.
  이제 너희를 위하여 실상을 설하노니,
  너희가 얻은 것은 멸이 아니니라.
  부처님의 일체 지혜를 위하여 마땅히 큰 정진을 일으킬지니라.
너희는 일체 지혜와 열 가지 힘들의 부처님 법을 증하여
  서른 두 가지 형상을 갖추어야만 이에 이것이 진실한 멸이니라.
  모든 부처님인 인도하시는 스승께서는
  쉬게 하기 위하여 열반을 설하시고
  이미 이렇게 쉬기를 마친 것을 아시고는
  부처님 지혜에 이끌어서 들게 하시느니라."

보배구슬을 친구의 옷 속에 메어 두었으나, 그 가난한 친구는 알지 못하고 (오백제자 수기품)

그 때에 부루나-미다라니자께서는 부처님으로부터 설하시는 법을 듣고, 또 모든 큰 제자에게 완전한 깨달음의 수기 주심을 듣고, 지난 세상의 인연의 일을 듣고, 모든 부처님께서 대자재한 신통의 힘이 있으심을 듣고는 미증유의 것을 얻어 마음이 깨끗하여 뛰고 뛸 듯이 하며, 곧 자리로부터 일어나서 부처님 앞에 이르러사, 머리와 얼굴로 발에 절하고 물러나 한쪽에 머물러서 높으신 얼굴을 우러러 바라다 뵈오되 눈을 잠깐도 떠나지 아니하고, 이에 이런 생각을 하오되, 〈세존께서는 심히 기묘하시고 특별하시어, 방편의 지견으로써 법을 설하시어 중생의 탐착을 뽑아내시니, 저희들은 부처님의 공덕을 말로써 능히 펴지 못하겠사옵나이다. 오직 부처님 세존께서만이 능히 저희들의 마음속 깊은 본래 원을 아시오리다〉하였소이다.

이때 부처님께서 모든 비구에게 이르시되, "너희들은 이 부루나-미다라니자를 보느냐, 않느냐. 내가 항상 그는 법을 설하는 사람 가운데 가장 제일이라고 일컬으며(설법제일 부루나존자), 항상 그의 가지가지 공덕을 찬탄하였느니라.

나의 법을 성실하고도 부지런히 하며 두호하여 가지며 도와서 펴되, 능히 사중에게 이롭고 기쁜 것을 가르쳐 보이고, 부처님의 바른 법을 흡족하게 갖추어 해석하여, 같이 깨끗한 행을 하는 자에게 크게 넉넉히 이익 되게 하느니라. 여래를 제외하고는 능히 그의 말로써 논의하는 변재를 당할 수 없느니라.

너희들은 부루나가 다만 나의 법만을 능히 두호하여 가지며 도와서 편다고 생각하지 말지니라.

지난 예전에 구십억 모든 부처님의 거처에서도 부처님의 정법을 두호하여 가지며 도와서 폈으되, 그 법을 설하는 사람 가운데서도 가장 제일이었으며, 또 모든 부처님께서 설하신 공법을 밝게 깨달아 통달하였으며, 네 가지 걸림 없는 지혜를 얻어서 항상 능히 자세히 살펴서 맑고 깨끗이 법을 설하니, 의심하여 미혹됨이 있은 적이 없었으며, 보살의 신통의 힘을 흡족하게 갖추고, 그 수명을 따라서 항상 깨끗한 행을 닦으니, 그 부처님의 세상 사람이 모두 다 이르기를, 〈진실은 바로 성문이다〉하였느니라.

그러나 부루나는 이러한 방편으로써 헤아릴 수 없는 백천중생에게 넉넉히 이익 되게 하였으며 또 헤아릴 수 없는 아승지 사람을 교화하여 완전한 깨달음에 서게끔 하였나니, 부처님의 나라를 깨끗하게 하기 위한 까닭으로 항상 부처님의 일을 하여 중생을 가르쳐 교화하느니라.

모든 비구여, 부루나는 일곱 부처님의 법을 설하는 사람 가운데에서도 제일임을 얻었으며 지금 나의 거처에서 법을 설하는 사람 가운데에서도 또한 제일이며, 현겁 중의 마땅히 오는 부처님의 법을 설하는 사람가운데에서도 또한 제일이며, 부처님의 법을 모두 두호하여 가지며 도와서 펼 것이니라.

또한 미래에도 헤아릴 수 없고 가없는 모든 부처님의 법을 두호하여 가지며 도우고 펴서, 헤아릴 수 없는 중생을 가르쳐 교화하며 넉넉히 이익 되게 하여, 완전한 개달음에 서게 되게끔 하며, 부처님의 나라를 깨끗하게 하기 위한 까닭으로 항상 부지런히 정진하며, 중생을 가르쳐 교화하여 점점 보살도를 흡족하게 갖추고 헤아릴 수 없는 아승지겁을 지나서 마땅히 이 나라에서 완전한 깨달음을 얻으리니, 호는 가로되, 법명 여래 응공 정변지 명행족 선서 세간해 무상사 조어장부 천인사 불 세존이니라.

그 부처님께서는 항하사의 삼천대천세계를 한 부처님의 나라로 하시되, 일곱 가지 보배로 땅이 되고, 땅은 평탄하여 손바닥과 같아서 산 능선과 산골 물과 시내와 도랑과 구덩이가 있음이 없으며, 일곱 가지 보배로 된 망루가 그 가운데 가득 차고, 모든 하늘의 궁전이 허공에 가까이 있어서 사람과 하늘이 서로 사귀되 양쪽에서 서로 봄을 얻으며, 모든 악도가 없고 또한 여인이 없으며, 일체 중생은 모두 화하여 생김으로써 음욕은 있음이 없으며, 큰 신통을 얻어서 몸에서는 밝은 빛이 나오고 날아다니기를 마음대로 하며, 뜻과 생각이 굳고 단단하며, 정진하여 지혜롭고, 널리 모두 금빛이며, 서른두 가지 형상으로 스스로 꾸미고 치장하느니라.

그 나라의 중생은 항상 두 가지를 먹나니, 하나는 법의 기쁨이 먹는 것이요, 둘은 선정의 즐거움이 먹는 것이니라.

헤아릴 수 없는 아승지 천만 억 나유타의 모든 보살의 많은 이가 있어, 큰 신통과 네 가지 걸림이 없는 지혜를 얻어서 능히 중생의 무리를 잘 가르쳐 교화하며, 그 성문 무리도 산수로 헤아리고 세어도 능히 알지 못할 바이며, 모두 육통과 삼명과 팔 해탈을 흡족하게 갖춤을 얻느니라.

그 부처님의 국토에는 이와 같은 것들이 있느니라.

헤아릴 수 없는 공덕으로 꾸미고 치장하여 성취하리니, 겁의 이름은 보명이요, 나라의 이름은 선정이며, 그 부처님의 수명은 헤아릴 수 없는 아승지 겁이니라. 법은 심히 오래 머무르고 부처님께서 멸도하신 뒤에 일곱 가지 보배로 된 탑을 일으켜서 두루 그 나라를 채우느니라."

그 때에 세존께서 거듭 이 뜻을 펴시고자 하시어 게송으로 설하시어 말씀하시되,

(부처님께서 부루나존자에게 게송으로 수기주시는 말씀은 반복되는 내용이므로 생략함)

그 때 천이백 아라한의 마음이 마음대로 되는 이가 이런 생각을 하되,〈 우리들은 기뻐하고 즐거워하며 일찍이 있지 아니한 것을

얻었으나, 만약 세존께서 각각 수기 주심을 보이시되 다른 큰 제자와 같이 하시면, 또한 기분이 좋지 아니하겠는가〉 하였소이다.

부처님께서 이들의 마음에 생각하는 바를 아시고, 마하가섭에게 이르시되, "이 천이백 아라한에게 내가 마땅히 앞에 나타나서 차례차례로 더불어 완전한 깨달음의 수기를 주리라.

이 대중 가운데에서 나의 큰 제자 교진여 비구는 마땅히 육만 이천억 부처님께 공양을 하고 그런 뒤에 부처님 이름을 얻게 되니, 호는 가로되, 보명 여래 응공 정변지 명행족 선서 세간해 무상사 조어장부 천인사 불 세존이니라.

그 오백 아라한인 우루빈나가섭과 가야가섭과 나제가섭과 가유타이와 우타이와 아누루다와 이바다와 겁빈나와 박구라와 주타와 사가타 들도 모두 마땅히 완전한 깨달음을 얻으리니, 다 같이 한가지 호라, 이름은 가로되 보명이니라 하셨소이다."

그 때 세존께서 거듭 이 뜻을 펴시고자 하시어 게송으로 설하시어 말씀하시되,

(부처님께서 교진여 비구에게 게송으로 수기주시는 말씀은 위 내용과 중복되는 내용이므로 생략함)

"가섭이여, 너는 이미 오백의 마음대로 되는 자를 알거니와 나머지 모든 성문 무리도 마땅히 다시 이와 같으니, 그들이 이 모임에 있지 아니하거늘 네가 마땅히 위하여 펴서 설하여라."

그 때 오백 아라한께서 부처님 앞에서 수기 주심을 얻기를 마치고는 기쁘고 즐거워 뛰고 뛸 듯이 하오며, 곧 자리로부터 일어나서 부처님 앞에 이르러서 머리와 얼굴로 발에 절을 하고 허물을 뉘우치고 스스로를 나무라시되, "세존이시여, 저희들은 항상 이런 생각을 하되, 스스로 이미 궁극의 멸도를 얻었다고 생각하였사오나, 이제야 겨우 알았사오니, 지혜 없는 자와 같나이다.

까닭은 무엇인가 하오면 저희들도 응당히 여래의 밝은 지혜를 얻

을 수 있었으나, 그러나 스스로 작은 지혜로써 편안히 흡족하게 여겼나이다.

세존이시여, 비유할 것 같으면 어떤 사람이 친한 벗의 집에 이르러서 술에 취하여 누웠는데, 이 때 친한 벗은 관청의 일로 떠나가면서, 값을 따질 수 없는 보배구슬을 친구의 옷 속에 잡아매어 주고 그리고는 갔나이다.

그 사람은 술에 취해 누워서 도무지 깨달아 알지도 못하고, 일어나서는 놀러 다니다가 다른 나라에 이르러서는 옷과 밥을 위하는 까닭으로 힘써 부지런히 찾아 구했으나, 심히 크게 가난하고 어려워서 만약 조그마한 것을 얻는바 있어도 편안히 흡족하게 여겼나이다. 뒤에 친한 벗과 우연히 모여서 이를 보고는 이에 이러한 말을 하되, 〈애달프다 장부여, 어찌 옷과 밥을 위하여 겨우 이와 같음에 이르렀느뇨.

내가 옛적에 너로 하여금 편안하고 즐거움을 얻게 하여 다섯 가지 욕심을 스스로 마음대로 하게 하고자 하여, 아무 해, 달, 날에 값으로 따질 수 없는 보배구슬을 너의 옷속에 매어 두었다.

지금도 옛것이 나타나 있는데 그러나 너는 알지 못하고 애쓰고 고생하며 근심하고 번뇌하면서 스스로 살기를 구하니, 심히 어리석도다. 너는 지금 가히 이 보배로써 필요한 것을 바꾸어서 항상 가히 뜻하는 것과 같이 함에 옹색하고 모자랄 것이 없으리라〉 하였나이다.

부처님께서도 이와 같으시어, 보살이 되시어 계셨을 때, 저희들을 가르쳐 교화하시어 일체 지혜의 마음을 일으키게 하였사오나, 얼마 아니 있어 잊어버리고 알지드 못하고 깨닫지도 못하고는, 이미 아라한 도를 얻었음을 멸도 했다고 스스로 생각하고, 재물이 생기는 것이 어렵고 어려워하여 적은 것을 얻고도 흡족하게 여겼으나, 일체 지혜의 원은 오히려 잃지 않고 있사옵니다.

지금의 세존께서는 저희들을 깨치기를 깨우쳐 주시어 이와 같은 말씀을 하시되, 〈모든 비구여, 너희들이 얻은 것은 궁극의 멸이 아니니라.

내가 오랫동안 너희들로 하여금 부처님의 착한 근본을 심게 하려고, 방편을 쓰는 까닭으로써 열반의 형상을 보였거늘 ,그러나 너희는 실상의 멸도를 얻었다고 생각하였느니라〉 하시었나이다.

세존이시여, 저희는 지금에야 겨우 참으로 바로 보살이라, 완전한 깨달음의 수기를 얻어 받았음을 알고, 이러한 인연으로써 심히 크게 기뻐하고 즐거워하며 일찍이 있지 아니한 것을 얻었나이다."

그 때에 아야교진여 들께서 거듭 이 뜻을 펴고자 하여 게송으로 설하여 말씀하시되,

> 해설 : 게송으로 설하시는 내용은 중복되는 내용이므로 생략함. 마치, 친한 벗의 집에 가서 음식과 반찬을 얻어먹고, 즉 자그마한 열반의 못을 얻고는 스스로 흡족하게 여겨서 그 벗이 진실로 주고자 하는 보배를 구하지 않았다는 스스로의 과오를 말하는 부분입니다.
> 즉, 부처님 제자들이 과거 부처님으로부터 무아법,인연법,공사상, 무상법, 반야, 금강, 화엄, 아함, 능엄경의 말씀을 듣고 스스로 흡족하게 생각하고, 다른 것을 구하지 않았다는 것을 말하고 있습니다.
> 여기서 다른 것이란, 부처님의 본래의 진실법, 일대사로서
> 일체중생성불도, 일불승, 회삼귀일, 영원불변하고 항상 존재하시는 본불로서의 부처님의 실체, 이러한 진정한 보배구슬을 구하지 않았다고 말하고 있는 장면입니다.

이제 부처님께서 저희에게 깨우쳐 주시어 진실한 멸도가 아님을 말씀하시되, 부처님의 위없는 지혜를 얻고서 그리하여야 이에 진실한 멸이 됨이라고 하시나니, 저희는 지금 부처님으로부터 수기 주시는 장엄하신 일과 그리고 또 차례로 옮기면서 수기 결정하심

을 듣자옵고 몸과 마음이 두루 기쁘고 즐겁나이다.

아난존자와 라훌라존자 등도 수기 받다 (수학무학인기품)

해설/ 부처님께서 아난존자와 라훌라존자에게 먼 미래에 장차 부처님이 될 것이라고 보증을 하시는 장면이 나오며, 곧이어 배움에 있는 이와 더 이상 배울 것이 없는 이들 이천 사람에게도 마찬가지의 수기를 주시는 장면이 이어집니다.

그래서 수학, 무학인 , 수기주시는 품 이라고 해서 수학무학인기품입니다. 경전의 구체적인 구절은 생략합니다.

중생을 불쌍히 여기는 까닭으로 이 세상에 오다 (법사품)

그 때 세존께서 약왕보살을 인하시어 팔만대사에게 이르시되, "약왕이여, 너는 이 대중 가운데서 헤아릴 수 없는 모든 하늘과 용왕과 야차와 건달바와 아수라와 가루라와 긴나라와 마후라가와 사람과 더불어 사람 아닌 것과 그리고 또 비구 비구니와 우바새 우바이로, 성문을 구하는 자와 벽지불을 구하는 자와 부처님의 도를 구하는 자를 보느냐.

이와 같은 이들의 무리가 다 부처님 앞에서 묘법화경의 한 게송이나 한 구절을 듣고 이에 한 생각으로 따라서 기뻐하는데 이르는 자에게는 내가 모두 수기를 주리니 마땅히 완전한 깨달음을 얻으리라."

부처님께서 약왕에게 이르시되, "여래가 멸도한 뒤에 만약 어떤 사람이 묘법화경을 듣되, 한 게송이나 한 구절에 이르러서 한 생각으로 따라 기뻐하는 자에게는 , 내가 더불어 완전한 깨달음의 수기를 주리라.

만약 다시 어떤 사람이 묘법화경의 한 게송에 이를지라도 받아서 가지고 읽고 외우며 풀어서 말하고 써서 베끼면서, 이 경권을 공경하되 부처님과 같이 보고 꽃과 향과 의복과 음악등 가지가지로 공양하고 ,이에 합장하고 공손히 공경하는데 이르러면 ,약왕이여 마땅히 알지니라.

이러한 모든 사람들은 이미 일찍이 십만 억 부처님께 공양하고 모든 부처님의 거처에서 큰 원을 성취하였으되, 중생을 불쌍히 여긴 까닭으로 이 인간에 난 것이니라.

약왕이여, 만약 어떤 사람이 묻되 〈어떠한 중생들이 미래 세상에 마땅히 부처님 지음을 얻겠는가〉 하면, 응당히 이러한 모든 사람들이 미래 세상에 반드시 부처님 지음을 얻으리라고 가리켜라.

어떠한 까닭이냐 하면, 만약 선남자 선여인이 법화경의 한 구절이라도 받아서 가지고 읽고 외우며 풀어서 말하고 써서 베끼면서 꽃과 향과 음악 등으로 가지가지로 경권에다 공양하며 합장하고 공경하면, 이 사람은 일체 세간이 응당 우러러 보고 받들 바이니, 응당히 여래에게 공양하듯이 이에 그것을 공양할지니라.

마땅히 알지니, 이 사람은 바로 큰 보살이니라.

완전한 깨달음을 성취하였건마는 중생을 슬피 불쌍히 여기고 이 세간에 나기를 원하며, 널리 묘법화경을 분별하여 설명함인데, 어찌 하물며 능히 다 받아서 가지고 가지가지로 공양하는 자이랴.

약왕이여, 마땅히 알지니라. 이러한 사람은 스스로 맑고 깨끗한 업보를 버리고 내가 멸도한 뒤에 중생을 불쌍히 여기는 까닭으로 악한 세상에 나서 널리 이 경을 설명하느니라.

> 해설—스스로 깨끗한 업보를 버리고, 중생을 불쌍히 여기는 까닭으로 이 악한 세상에 나서 이 법화경을 설한다.
> 라는 말씀입니다. 스스로 맹세의 원에 의해서 이 세상에 태어난다는 의미입니다. 즉 업에 의해서 육도를 윤회하는 중생이 아니라, 자기 스스로 원을 일으켜서 이 세상에 스스로 태어나는 보살을 의미합니다.
> 즉 보살이란 중생을 사랑하는 분입니다. 중생을 불쌍히 여기는 분입니다. 그러므로 깨끗한 세상을 버리고 이 악한 세상에 태어나서 법화경을 설한다는 것입니다.
> 왜 이 세상은 악한 세상이라고 할까요?
> 이 세상은 난리가 많으며, 다섯 가지로 흐리고 탁한 오탁악세이며, 욕심이 많고 서로 다투거나, 혹은 스스로 욕심의 구렁이에 빠져서 스스로를 헤칠 수도 있는 위험한 세상인데, 이런 세상에 스스로 태어난 것은 법화경을 해설하기 위해서입니다.

만약 이 선남자 선여인이 내가 멸도한 뒤에 은밀히 한 사람을 위하여 법화경의 한 구절을 설할지라도, 이 사람은 곧 여래의 심부름꾼이라, 여래가 보낸 바로서 여래의 일을 행하는 것인데, 어찌 하물며 대중 가운데에서 널리 사람을 위하여 설함이랴.
 약왕이여, 만약 악한 사람이 있어 착하지 못한 마음으로써 일 겁동안에 부처님 앞에 나타나서 부처님을 헐뜯고 욕할지라도, 그 죄는 오히려 가볍거니와, 만약 사람이 한마디의 악한 말로써 집에 있는 이나 출가한 이의 법화경을 읽고 외우는 자를 헐뜯고 비방하면, 그 죄는 심히 무겁느니라.
 약왕이여, 어떤 이가 법화경을 읽고 외우면 마땅히 알지니라.
 이 사람은 부처님의 꾸밈과 치장함으로써 스스로를 꾸미고 치장하고 곧 여래를 어깨에 메고 진 것이니라. 그가 이르는 곳의 방위에 응당히 따라 향하여 절을 하며, 한마음으로 합장하고 공경하며 공양하고 존중하며 찬탄하되, 꽃과 향과 의복과 음식, 음악 등을 공양할지며, 응당 하늘의 보배를 가져다가 이를 흩고 하늘위의 보배무더기를 받들어 드릴지니라.
 까닭은 무엇인가 하면, 이 사람이 기쁘고 즐거이 법을 설함에 잠깐 동안 들을지라도 곧 궁극의 완전한 깨달음을 얻기 때문이니라."

 그 때 세존께서 거듭 이 뜻을 펴시고자 하시어 게송으로 설하여 말씀하시되,
 "만약 부처님의 도에 머물러서
 자연지혜를 성취하고자 하면
 항상 마땅히 부지런히
 법화를 받아 가진 자에게 공양 할지니라
 그 어떤 이가 일체 가지가지
 밝은 지혜를 빨리 얻고자 하면
 이 경을 받아서 가질 것이며
 아울러 가진 자에게 공양 할지니라
 만약 능히 묘법화경을 받아서 가지고 있는 자는

부처님의 심부름꾼인 바로서
 모든 중생을 불쌍히 생각함이니라.
 묘법화경을 받아서 가지고 있는 자는
 모두 맑고 깨끗한 나라를 버리고
 중생을 불쌍히 여기는 까닭으로 여기에 나느니,
 이와 같은 사람은
 나고자 하는 바를 마음대로 하느니라.
 능히 이 악한 세상에 널리 위없는 법을 설하나니
 응당 하늘의 꽃과 향과 하늘의 보배의복과
 하늘위의 묘한 보배무더기로써
 법을 설하는 자에게 공양을 할지니라.
 내가 멸한 뒤 악한 세상에
 능히 이 경을 가지는 자에게는
 합장하고 절을 하며 공경하되,
 세존께 공양함과 같이 하고
 으뜸가는 반찬이며 여러 가지 달고 맛나는 것과
 가지가지 의복으로
 이 부처님의 아들에게 공양하고
 잠깐 동안이라도 얻어듣기를 바랄지니라.
 만약 뒷세상에 이 경을 받아서 가지는 자는
 내가 보내어 사람 가운데 있게 하여
 여래의 일을 행하게 한 것이니라.
 만약 일겁동안 항상 착하지 못한 마음을 품고
 성낸 빛을 지어 부처님께 욕하면
 헤아릴 수 없는 무거운 죄를 얻을 것이로되,
 그 어떤 이가 이 법화경을 읽고 외우며 가지는 자에게
 잠깐이라도 나쁜 말을 하면
 그 죄는 다시 그것보다 더함이니라.

어떤 사람이 부처님의 도를 구하여 일 겁동안 합장하고
내 앞에 있으면서 수없는 게송으로 찬탄하면
이것은 부처님을 찬탄함을 말미암은 까닭으로
헤아릴 수 없는 공덕을 얻을 것이로되
경을 가지는 자를 훌륭하다고 칭탄하는
그 복이 다시 그것보다도 더함이니라.
팔십억 겁에 가장 묘한 빛과 소리와
향기와 맛있는 것과 촉감으로써
경을 가지는 자에게 공양하며
이와 같이 공양하기를 마치고는
만약 잠깐 사이라도 얻어들으면
곧 응당 스스로 기뻐하고 경사로워하며
〈나는 지금에야 큰 이익을 얻었다〉고 할지니라
약왕이여, 이제 너에게 이르노니
내가 설한 바의 모든 경과 이 경 가운데에서
법화가 가장 제일이니라."

　그 때에 부처님께서 다시 약왕보살마하살에게 이르시되, "내가 설한 바의 경전은 헤아릴 수 없는 천만 억이니, 이미 설했고, 지금 설하며, 미래에도 설할 것이니와, 그러나 그 가운데에서도 이 법화경이 가장 믿기 어렵고 이해하기 어려움이 되느니라.
　약왕이여, 이 경은 바로 부처님의 비밀 되고 요긴한 곳집이라, 가히 나누어 펴서 함부로 사람에게 주지 말지니라. 모든 부처님세존께서 지키시고 호위하시는 바이라, 예로부터 오면서 일찍이 이 경을 나타내어 설하지 아니한 것은, 여래가 나타나 있음에도 오히려 원망과 미워하는 것이 많거늘, 하물며 멸도한 뒤에랴.
　약왕이여, 마땅히 알지니라.
　여래가 멸한 뒤에, 능히 써서 가지고 읽고 외우며 공양하고 다른 사람을 위하여 설하는 그 자에게는 여래가 곧 옷으로써 덮는 것이 됨이며, 다른 방위에 나타나 계시는 모든 부처님께서도 생각하시어 두호하시는 바가 되느니라. 이 사람은 크게 믿는 힘과 뜻하여 원하는 힘과 모든 착한 근본의 힘이 있나니, 마땅히 알지니라. 이 사람은 여래와 더불어 같이 잠이며, 여래가 손으로 그의 머리를 어루만져주는 것이 되느니라.

약왕이여, 곳곳마다 처소에서 만약 설하거나 만약 읽거나 만약 외우거나 만약 쓰며 만약 경권이 머무는 바의 곳에는 모두 응당히 일곱 가지 보배로 된 탑을 일으켜 극히 높고 넓게 하여 아름답게 꾸미되, 모름지기 다시 사리를 모시지 말지니라.

까닭은 무엇인가 하면, 이 가운데에는 이미 〈여래의 온몸〉이 있기 때문이니라.

해설—법화경이 머무는 곳에는 부처님의 사리조차 모시지 말라고 하시는 장면입니다.
왜냐하면 법화경의 부처님 말씀, 그 자체가 곧 부처님의 온몸과 같다고 하십니다.
탑을 세우되, 사리는 모시지 말라, 왜냐하면 법화경 가운데에 부처님의 온몸이 있기 때문이다고 하십니다. 부처님의 온몸, 혹은 <부처님의 설법 전체>를 한 자리에 모으면 다보탑의 형상처럼 위계질서 있는 전체의 모양과도 같은데, 부처님의 사리는 일부분일 뿐 전체는 아니기 때문입니다.

이 탑에 응당히 일체 꽃과 향과 영락과 비단일산과 장대 끝에 용머리 모양을 만들고 깃발을 단것과 부처님과 보살의 위엄과 덕을 표시하는 장엄도구인 깃발과 재주와 음악과 칭송하는 노래로 공양하고, 공경하며 존중하며, 찬탄할지니라. 만약 어떤 사람이 이 탑을 뵈옴을 얻고 예배하고 공양하면 이들은 모두 완전한 깨달음에 가까우리라.

약왕이여, 많은 사람이 있어 집에 있거나 출가하여 보살의 도를 행하되, 만약 능히 이 법화경을 보고 듣고 읽고 외우며 쓰고 가지며 공양을 잘하지 않는 자는 , 마땅히 알지니라.

이 사람은 보살의 도를 잘 행하지 못함이고 만약 이 경전을 얻어 듣는 자가 있으면 능히 보살의 도를 잘 행하는 것이니라.

그 어떤 중생이 부처님의 도를 구하는 자로 법화경을 만약 보거나 듣거나 하여, 듣기를 마치고는 믿고 이해하여 받아가지는 자는, 마땅히 알지니라. 이 사람은 완전한 깨달음을 얻기가 가까우니라.

약왕이여, 비유하건대, 어떤 사람이 목이 말라서 물을 구하려 하여 저 높은 언덕을 파고 뚫어서 구하되, 여전히 마른 흙만 보게 되면 물은 아직 먼 것을 알게 되나, 공들임을 그치지 아니하다가 젖은 흙으로 변해지는 것을 보고 드디어 점점 진흙에 이르면, 그 마음에 결정코 물이 반드시 가까운 것을 아는 것과 같으니라. 보살도 또한 다시 이와 같아서 만약 이 법화경을 듣지 못하고, 이해하지 못하며, 능히 닦고 익히지 못하면, 마땅히 알지니라. 이 사람은 완전한 깨달음에 가기가 다직 멂이요, 만약 얻어듣고 이해하며 깊이 생각하고 닦고 익히면, 반드시 완전한 깨달음을 얻음이 가까움을 아느니라.

까닭은 무엇인가 하면 일체 브살의 완전한 깨달음은 모두 이 경에 속함이니라.

이 경은 방편의 문을 열어서 진실한 형상을 보인 것이니라.

이 법화경의 곳집은 깊고 굳으며 그윽하고 멀어서 사람이 능히 이를 수가 없거늘, 이제 부처님은 보살을 가르쳐 교화하여 성취시키려고 이에 열어 보이게 되느니라.

약왕이여, 만약 어떤 보살이 이 법화경을 듣고 놀라거나 의심을 하거나 겁을 내거나 두려워하면 마땅히 알지니라. 이는 새로 뜻을 일으킨 보살이고, 만약 성문의 사람이 이 경을 듣고 놀라고 의심하며, 겁을 내고 두려워하면 마땅히 알지니라. 이는 깨닫지 못하고서도 깨달은 체 하는 거만한 자라 하느니라.

 약왕이여, 만약 선남자,선여인이 있어 여래가 멸한 뒤에 사중을 위하여 이 법화경을 설하고자 하는 자는 어떻게 응당 설해야 하는가 하면, 이 선남자 선여인은 여래의 방에 들어가, 여래의 옷을 입고, 여래의 자리에 앉으며, 그리하여 응당히 사중을 위하여 이 경을 설해야 하느니라.

 여래의 방이란 것은 일체 중생 가운데에 큰 자비의 마음이 이것이요, 여래의 옷이란 것은 부드럽고 온화하며 욕되는 것을 참는 마음이 이것이며, 여래의 자리란 것은 일체의 법이 공한 것이 이것이니라. 이 가운데 편안히 머무르며, 그러한 뒤에 게으르고 해이하지 않은 마음으로써 모든 보살과 사중을 위하여 널리 이 법화경을 설해야 하느니라.

 약왕이여, 내가 다른 나라에서 변화한 사람을 보내어 그를 위하여 법을 들을 많은 이를 모이게 해주며, 또한 변화한 비구와 비구니와 우바새와 우바이를 보내어 그 법을 설하는 것을 듣게 하리니, 이 모든 변화한 사람은 법을 듣고 믿어서 받으며 따르고 좇으며 거역하지 아니하리라.

 만약 법을 설하는 자가 비고 한가한 곳에 있으면, 내가 때에 널리 하늘과 용과 귀신과 건달바와 아수라 들을 보내어 그 법을 설하는 것을 듣게 하리라. 내가 비록 다른 나라에 있을 지라도 때때로 법을 설하는 자로 하여금 나의 몸 봄을 얻게 하리라. 만약 이 경에서 글귀를 읽거나 잊어버리면 내가 돌아와서 설하여 흡족하게 갖춤을 얻게 하리라."

 그 때 세존께서 거듭 이 뜻을 펴시고자 하시어 게송으로 설하시어 말씀하시되,

 "모든 게으르고 느린 것을 버리고자 하면,
 응당 마땅히 이 경을 들을 지니라.
 이 경은 얻어 듣기가 어려우며

믿어서 받는 것도 또한 어려움이니라.
마치 사람이 목이 말라 물을 구하려고
높은 언덕을 파서 뚫되,
아직 물기가 없는 마른 흙만 보면
물에 가기가 여전히 먼 것을 아나
점점 축축한 흙과 진흙을 보게 되면
결정코 물이 가까움을 아는 것과 같으니라.
약왕이여, 너는 마땅히 알지니라.
이와 같이 모든 사람들이 법화경을 듣지 못하면
부처님의 지혜에 가기가 심히 멀 것이나,
만약 이 깊은 경을 들으면 성문법을 끊어서 마치느니라.
이것은 모든 경의 왕이니
듣고는 자세히 깊이 생각하면, 마땅히 알지니라.
이런 사람들은 부처님의 밝은 지혜에 가까우니라.
만약 사람이 이 경을 설하려면
응당히 여래의 방에 들어가서
여래의 옷을 입고
여래의 자리에 앉아야
많은 이와 살아도 두려울 바 없어서
널리 분별하여 설하게 되느니라.
대자비가 방이 되며
부드럽고 온화하며 욕되는 것을 참는 것은 옷이 되고
모든 법이 공한 것이 자리가 되니,
여기에 살면서 법을 설할 지니라.
만약 이 경을 설할 때에
어떤 사람이 악한 입으로 욕을 하며
칼과 막대기나 기와나 돌로 때릴 지라도
부처님을 생각하는 까닭으로 응당히 참을 지니라

나는 천만 억 나라에서
깨끗하며 굳고 단단한 몸을 나타내어
헤아릴 수없는 억겁에 중생을 위하여 법을 설하느니라.
만약 내가 멸도한 뒤에 능히 이 경을 설하는 자에게는
내가 변화한 사중인 비구 비구니와
청신사녀를 보내어 법사를 공양하게 하고
모든 중생을 인도하여 모아서 법을 듣게 하리라
만약 사람이 악하게 칼과 막대기와
기와나 돌로 때리려고 하면
곧 변화한 사람을 보내어
그를 위하여 지키고 두호하게 하리라.
만약 법을 설하는 사람이 홀로 비고 한가한 곳에 있으면서
고요하고 쓸쓸하여 사람소리도 없는데
이 경전을 읽고 외우면,
내가 그때에 위하여 맑고
깨끗하며 밝게 빛나는 몸을 나타내며
만약 문장이나 구절을 잃거나 잊어버리면
위하여 설하여 통리케 할 것이니라
만약 사람이 이런 덕을 갖추어 사중을 위하여 설하거나
빈곳에서 경을 읽고 외우면
모두 나의 몸 봄을 얻으리라
만약 사람이 비고 한가한 데에 있으면
내가 하늘과 용왕과 야차와 귀신들을 보내어
위하여 법을 들을 무리가 되게 할 것이며
이 사람이 좋아하는 바대로 법을 설하며 분별하되,
걸리거나 막힐 것이 없으며
모든 부처님께서 생각하시어 두호하시는 까닭으로
능히 대중으로 하여금 기쁘게 하느니라.

만약 법사를 친하고 가까이 하면
빨리 보살도를 얻고
이 스승을 따르고 좇아 배우면
항하사의 부처님 뵈옴을 얻느니라."

다보탑을 보면, 부처님법을 볼 수 있다 (견보탑품)

> 해설—과거 부처님이신 다보부처님께서 원을 세우시기를 미래에 법화경을 설하는 곳에 보배탑을 일으켜서 찬탄하면서 증명을 하시겠다고 하셨습니다. 이에 현재부처님이신 석가모니부처님께서 법화경을 설하시자, 보배탑이 솟아 나와서 그 보배탑 안에 계시는 다보부처님께서 찬탄하시는 장면입니다.
> 다보탑이라고 부르는 탑은 바로 법화경이 설해지는 곳에 다보부처님께서 탑을 솟아 나오게 하신 탑이며, 현상계의 모습이나 부처님법의 전체적인 체계와 위계질서를 상징하는 탑입니다.

그 때에 부처님 앞에 일곱 가지 보배로 된 탑이 있으되, 높이는 오백유순이요, 가로와 세로는 이백오십 유순이라, 땅으로부터 솟아 나와서 공중에 머물러 있었소이다.

가지가지의 보물로 틀을 하여 치장되었으며 오천의 난간에는 부처님의 형상을 모시는 방이 천만이며, 장대 끝에 용머리 모양을 만들고 깃발을 단 것과, 부처님과 보살의 위엄과 덕을 표시하는 장엄도구인 깃발로 엄숙하게 꾸미고 보배영락을 드리웠으며, 보배 방울 만억을 그 위에 달았으며, 사면에는 모두 다마라발전단의 향기가 나와서 세계에 두루 차며, 그 모든 번과 천개는 금과 은과 유리와 차거와 마노와 진주와 매괴의 일곱 가지 보배로 합하여 이루었으며, 높이는 사천왕궁에 이르렀소이다.

삼십삼천은 하늘의 만다라꽃을 비 오듯이 하여 보배탑에 공양하고 다른 모든 하늘과 용과 야차와 건달바와 아수라와 가루라와 긴나라와 마후라가와 인비인 들 천만 억의 많은 이는 일체의 꽃과 향과 영락과, 부처님과 보살의 위엄과 덕을 표시하는 장엄도구인 깃발과, 음악으로 보배탑에 공양하며, 공손히 공경하고 존중하며 찬탄하였소이다.

이 때에 보배탑 가운데에서 큰 음성이 나와서 찬탄하시어 말씀하시되, "거룩하시고 거룩하시옵니다. 석가모니 세존이시여, 능히 평등한 큰 지혜로써, 보살을 가르치는 법이며, 부처님께서 생각하시어 두호하시는 바이신 묘법화경을 대중을 위하여 설하시나니, 그와 같고 그와 같으나 이다. 석가모니 세존께서 말씀하신 바와 같은 것은 모두 바로 진실이옵나이다."

이때에 사중은 큰 보배탑이 허공 가운데에서 머물러 있음을 보며, 탑 가운데에서 나온 바의 음성을 듣고는 모두 법의 기쁨을 얻어서, 일찍이 있지 아니한 것이라고 기이하게 여기어, 자리로부터 일어나서 공손히 공경하며 합장하고 물러나 한쪽에 머물렀소이다.

이 때에 보살마하살이 계시니, 이름은 대요설이었소이다.

일체 세간의 하늘과 사람과 아수라들의 마음에 의심하는 것을 아시고 부처님께 아뢰어 말씀하시되, "세존이시여 어떠한 인연으로써 이 보배탑이 땅으로부터 솟아나와 있으며, 또 그 가운데에서 이러한 음성이 일어나게 되었나이까." 하셨소이다.

이 때에 부처님께서 대요설보살에게 이르시되, "이 보배탑 가운데에는 여래의 온몸이 계심이니라.

해설 - 이 보배탑 가운데에 여래의 온몸이 계신다는 말씀을 생각해봅시다.
여래, 부처님이란 진리 그 자체로서의 부처님 개념입니다.
진리 그 자체로서의 부처님께서 사람 몸으로 출현하신 것을 응신불이라고 합니다.
응신불이신 석가모니 세존께서는 많은 말씀을 설하셨습니다.
많은 말씀을 하셨다는 것은 진리 그 자체가 이 현상계에서 많은 모양의 형상으로 나타나게 되었다는 것입니다. 진리 그 자체는 모양으로 출현합니다. 모양으로 출현 할 때는 많은 차별된 모양으로 출현합니다. 왜냐하면 중생의 수준이 차별된 모양으로 하고 있기 때문입니다. 즉 <즌본적으로는 진리 그 자체는 평등하고 하나의 씨앗>이지만, <현상계에 모양으로 출현할 때는 중생의 모양에 맞추어서 갖가지 차별된 모양>으로 출현하는 것입니다.
석가세존께서 설하신 말씀은 중생들의 다양한 차별된 모양에 맞추어서, 상대의 근기에 맞추어서 설하시다 보니 그 모양이 마치 다보탑처럼 피라미드처럼 생긴 <위계질서 있는 차별된 모양>의 말씀으로 출현 했습니다.

즉 부처님께서 설하신 법을 모두 한데 모으면 다보탑처럼 생긴 <위계질서를 갖춘 모양>이 된다는 것입니다. 어떤 자가 코끼리 다리 하나만을 보여주면서 이것이 코끼리이라고 말할 수 없듯이, 무엇이 부처님이고 무엇이 부처님법이며 무엇이 불교이다라고 말할 때는 부처님법의 위계질서를 모두 정해서 그 체계를 보여주면서 이것이 부처님법이고 부처님께서 설하신 말씀이고 불교이다라고 말해야 된다는 것입니다.

그것을 <보배탑을 본다는 견보탑품>입니다.

다보탑 전체를 한번 보고 부처님의 온몸이 무엇인지를 깨달아야 된다는 것인데 그것은 부처님법의 위계질서를 깨달아야 비로소 부처님의 온몸을 보는 것에 해당됩니다.

부처님법의 전체를 보는 것에 해당됩니다.

반야만을 말하면서 부처님법이다 라고 할 수 없으며, 화엄이나 바라밀, 혹은 화두참선, 위빠사나만을 말하면서 이것이 부처님법이다고 말할 수 없으며, 부처님의 45년간의 설법 전체를 한자리에 모아서 그 위계질서를 세워서 마치 다보탑처럼 모아야지만이 부처님의 온몸을 볼 수 있는 것입니다.

법화경에서 처음 무량의경을 설하실 때(1권참조), 제자가 부처님께 질문하시기를 지난날에 설하신 법과 어떤 다름이 있어서 이와 같은 대승의 무량의경을 보살이 닦고 행해야 한다고 하시는지 <나머지 의심>이 없도록 설명해 주시기를 여쭈었습니다.

즉, 무량의경을 되돌아가면,

여래께서는 사십여 년 동안 중생을 위하시어 모든 법의 네 가지 형상의 뜻, 괴로움의 뜻, 공의 뜻, 항상함이 없는 법(무상법), 나의 실체가 없는 법(무아법), 분별이 없는 법, 생멸이 없는 법, 법의 성품과 형상은 본래 비고 고요하여 오는 것도 아니요, 가는 것도 아니며, 나오지도 않고 사라지지도 아니함이라.

만약 듣는 자가 있다면 수다원, 사다함, 아나함, 아라한, 벽지불의 도를 얻고, 제일지, 제이, 제삼에 올라 제 십지에 이른다고 말씀하셨나이다.

이와 같은 지난날에 설하신 모든 법의 뜻과 지금 설하시는 바와는 어떻게 다름이 있어서, 대승의 무량의경만을 보살이 닦고 행하면 빨리 성불을 얻으리라고 말씀하시나이까?

오직 원하옵건대, 세존이시여 일체를 사랑하시고 불쌍히 여기시어 현재와 미래 세상에서 법을 듣는 자가 있으면 <나머지 의심>이 없게 하옵소서>

라고 제자가 질문하는 내용이 나옵니다. 여기에서 나머지 의심이 없게 하옵소서.에서 <나머지 의심>의 의미에 대해서 간략하게 언급하겠습니다.

예를 들어 우리들이 초등,중고등,대학 이라는 교육과정에서 산수, 수학, 물리학을 차례로 배운다고 한다면, 만약 어떤 사람이 초등,중고등 까지만 배우고 마친다면, 이 사람도 전체를 배웠다라고 말할 수 없습니다.

그리고 만약 어떤 사람이 초,중고등,대학 까지 모두 배웠다라고 해도, 이 사람은 마지막 하나를 배우지 않으면 <나머지 의심>이 남아 있게 됩니다.

여기서 마지막 하나라고 하는 것은 산수, 수학, 물리학을 모두 배웠다 해도, 마지막에는 산수, 수학, 물리학 <상호간의 체계, 관계, 위계질서>를 배워야 비로소 나머지 의심이 없어지는 것이며 전체를 배웠다라고 할 수 있는 것입니다.

이러한 상호 관계,위계질서를 배우지 않으면, 산수, 수학, 물리학 상호간의 의미의 모순, 충돌이 있을 수 있으며, 의미의 해석을 놓고 갈등과 의심이 남게 되는 것입니다.

모든 부처님의 45년 동안의 설법을 한자리에 모으면 다보탑과 같은 모양으로서, 이러한 모양을 볼 때, 비로소 부처님의 본뜻을 볼 수 있습니다.

지난날에 설하셨던 반야, 능엄경, 금강경, 화엄, 방등의 12부경등과 오늘날의 법화경에서의 부처님의 설법은 어떤 관계가 있고 뜻이 있길래, 오늘날에 부처님께서 이와 같은 법을 설하시는가? 에 대해서 보살제자들은 이해를 하지만, 후학들이 의심을 할 것 같아서 <나머지 의심>이 없게 하기 위해서 <법의 위계질서>를 설하시는 장면입니다.

법화경 초반부에 무량의경에서도 이와 같은 뜻이 있었듯이, 이곳 견보탑품에서도 부처님 말씀의 전체를 모아서 전체의 상하 위계질서를 보아야 비로소 진리 그자체로서의 부처님이신 다보여래를 볼 수 있다고 하시는 것입니다.

옛 옛 지난 예전에 동방으로 천만억 아승지 세계에 나라의 이름은 보정이요, 그 가운데에 부처님께서 계셨으니, 호는 가로되 다

보이셨느니라. 그 부처님께서 보살도를 행하실 때에 크게 맹세하여 원을 하시되,

〈만약 내가 부처님을 이루어서 멸도한 뒤에, 시방국토에서 법화경을 설하시는 곳이 있으면, 나의 탑묘는 이 경을 듣기 위한 까닭으로 그 앞에 솟아 나타나서 증명을 짓게 되고, 찬탄하여 거룩하시다고 말하리라〉 하셨느니라.

그 부처님께서 도를 이루시기를 마치시고 멸도하실 때에 임하여, 하늘과 사람 대중 가운데에서 모든 비구에게 이르시되, 〈내가 멸도한 뒤에 나의 온몸에다가 공양을 하고자 하는 자는, 응당히 한 개의 큰 탑을 일으키도록 하라〉하셨느니라.

해설 : 나의 온몸에 공양하고자 하는 자는, 한 개의 큰 탑을 일으키도록 하라.는 말씀에서 나의 온몸이란 부처님께서 사바세계에서 설하신 모든 말씀, 즉 부처님법이라고 할 수 있습니다. <근본적인 진리 그 자체로서의 부처님>은 평등하고 하나의 씨앗이라서 위아래가 없다고 할 수 있지만, 그 진리 그 자체가 우리 중생들에게 모양으로 나타나는 것은 여러 가지 의 <차별된 모양>으로 나타날 수밖에 없습니다. 왜냐하면 중생의 수준이 여러 가지 종류의 다양한 수준이기 때문에 그러한 중생의 눈높이에 맞추어서 출현하시다보니 <현상계에서는 여러 가지 차별된 모양의 법>이 설해 진 것입니다.
그러나 그 다양한 차별된 모양의 법이 중구난방 흩어진 차별된 모양이 아니라, <위계질서 있는 차별된 모양>이므로 마치 하나의 큰 탑과 같은 모양입니다. 즉 부처님의 모든 말씀(법)을 한데 모으면 하나의 큰 탑과 같은 전체적인 체계를 이루는 것입니다

그 부처님께서 신통과 원력으로써 ,시방세계의 곳곳마다 만약 법화경을 설하시는 분이 계시면, 그 보배탑이 모두 그 앞에 솟아나며, 온몸이 탑 가운데에 계시면서 찬탄하시어 말씀하시되, 〈거룩하고 거룩하시도다.〉하시느니라.

대요설이여, 지금 다보여래의 탑께옵서 법화경 설하는 것을 들으시려는 까닭으로, 땅으로부터 솟아나오셔서 찬탄하시어 말씀하

시되, 〈거룩하시고 거룩하시도다〉 하시느니라."

 이 때에 대요설 보살께서 여래의 신력의 까닭으로써 부처님께 아뢰어 말씀하시되, "세존이시여 저희들도 원하옵건대 이 부처님의 몸을 뵈옵고자 하나이다." ㅎ-셨소이다.

 부처님께서 대요설보살에게 이르시되, " 이 다보 부처님께서 깊고 무거운 원이 있으시니, 〈만약 나의 보배탑이 법화경을 듣기 위하는 까닭으로 모든 부처님 앞에 나올 때, 그 어떤 분이 나의 몸을 사중에게 보이고자 하시면, 시방세계에 계시면서 법을 설하시는, 그 부처님의 분신이신 모든 부처님을 다 돌아오시게 하여 한 곳에 모이시게 하신, 그러한 뒤에야 나의 몸이 비로소 나와서 나타날 뿐이니라〉하셨느니라.

 대요설이여, 시방세계에 법을 설하고 있는 나의 분신인 모든 부처님을 이제 응당 마땅히 모으리라."

> 해설: 시방세계에서 법을 설하시는 분신 부처님을 한데 모은다는 것은
> 거듭 반복되는 해설입니다만, 진리 그 자체로서의 부처님은 위아래가 없고 하나의 씨앗이며 평등하지만, 현상계, 시방세계에서는 갖가지 차별된 모양의 법, 차별된 모양의 말씀, 차별된 모양의 형상으로 출현해 계십니다. 왜냐하면 중생의 수준이 근본에는 평등하지만 현실에서는 갖가지의 차별된 수준이 있기 때문입니다.
> 그러므로 진리 그 자체로서의 부처님의 분신부처님이신 부처님의 모든 방편의 말씀, 부처님의 모든 설법, 부처님의 모든 말씀을 한데 모으면, 마치 다보탑처럼 <위계질서 있는 형상>이 될 것이라는 의미입니다.
> 우리들이 만약 초중고 대학을 거치면서 하나의 학문을 배운다고 합시다.
> 만약 어떤 사람이 사정상 초등학교만 수료하고 더 이상 과정을 수료하지 못했다거나, 혹은 초중고 대학까지 모든 과정을 거쳤다고 하더라도, 그동안 배웠던 전 과정의 배움을 모두 한데 모아서 그 상호간의 질서와 체계를 배우는 것만 생략을 했다고 한다면, 이 두 사람은 모두 그 학문의 전체를 깨우쳤다라고 할 수 없습니다.
> 그 학문의 전체를 깨우치고 보았다라고 하려면, 초중고 대학 과정을 모두

부처님법의 위계질서 (법화경 한글번역 및 해설중심)

밟고, 그리고 또 그동안 초중고 대학과정에서 배운 모든 과정의 배움을 한데 모아서 그 배움 상호간의 관계, 질서, 체계에 관한 설법을 이수해야만이 그 학문의 전체를 깨우쳤다라고 할 수 있습니다.

즉 그 시점이 바로 모든 분신 부처님을 한데 모은다, 전체 다보탑을 본다고 하는 견보탑의 순간입니다.

<부처님법의 위계질서>를 보는 것이 바로 보배탑을 보는 견보탑의 순간이라고 할 수 있습니다.

부처님 말씀이 이렇듯 현상계에서는 다양한 중생의 근기에 맞춘 다양한 상중하의 법을 설하셨지만, 그 말씀은 모두 본성은 하나이다. 라고 무량의경에서 말씀하셨습니다.

즉 모든 물이 더러운 때를 씻듯이, 부처님의 모든 법도 중생의 번뇌의 때를 씻는 성품은 동일하다고 하셨습니다. 그러나 냇물, 강물, 바닷물이 다르듯이 그 법도 또한 현실에서는 하나가 아니라고 하셨지요.

부처님 말씀을 한데 모으면 다보탑처럼 전체적인 체계를 볼 수 있지만, 그 다보탑의 하위에 있는 말씀, 법이라 하더라도 최상위의 한 점에 연결되어져 있으며, 하위의 법 하나, 씨앗 하나가 결국 미래에는 최상위의 한 점이 될 수 있으므로(방편즉 진실), 하위의 중생들이 만약 현재 나무불이라고 부처님께 귀의합니다. 라는 말을 한번만 하더라도 그 작은 씨앗이 곧 성불한 것과 같다고 하는 것은 결국 최상위의 한 점에 연결되어져 있기 때문입니다.

그러므로 방편즉 진실이며, 부처님의 분신 부처님이라고 하시는 것입니다.

대요설께서 부처님께 아뢰어 말씀하시되, "세존이시여 저희들도 원하옵건대, 세존의 모든 분신 부처님을 뵈옵고 예배하며 공양하고자 하나이다."

그 때에 부처님께서 흰털로부터 한 빛을 놓으시니, 곧 동방으로 오백만억 나유타 항하사 국토에 모든 부처님께서 보이셨소이다.

그 모든 국토는 모두 파리로써 땅이 되고, 보배나무와 보배옷으로써 꾸미고 치장되었으며, 천만 억 보살들이 그 가운데에 가득 찼으며, 두루 보배 휘장을 치고 보배그물로 위를 둘렀소이다.

그 나라의 모든 부처님께서 크고 묘한 소리로써 모든 법을 설하시며, 그리고 천만 억 보살께서 두루 모든 나라에 가득 차서 많은 이를 위하여 법을 설하시는 것이 보이셨소이다. 남서 북방과 네모 퉁이와 위아래의, 흰털의 모습의 빛이 비춘 바의 곳도, 또한 다시 이와 같았소이다.

그 때 시방의 모든 부처님께서 각각 많은 보살에게 일러 말씀하시되, "착한 남자여 나는 지금 응당히 사바세계의 석가모니 부처님의 거처에 가서, 아울러 다보여래의 보배탑에 공양하리라." 하셨소이다.

때에 사바세계는 곧 변하여 맑고 깨끗하되, 유리로 땅이 되고 보배나무로 꾸미고 치장되었으며, 황금으로 줄을 하여 여덟 갈래의 길에 경계로써 하였으며, 모든 동네와 촌영과 성과 고을과 큰 바다와 강과 큰 강과 산과 내와 수풀의 덤불이 없었으며, 큰 보배 향을 사르고 만다라꽃을 그 땅에 두루 깔았으며, 보배그물 휘장으로써 그 위에다 벌려서 덮고 모든 보배방울을 달았으며, 오직 이 모인 많은 분만 머물게 하고, 모든 하늘과 사람을 옮겨서 다른 땅에 두셨더이다.

이 때에 모든 부처님께서 각각 한 큰 보살을 거느리시어 시자로 삼고, 사바세계에 이르러서 각각 보배나무 아래에 이르시니, 하나하나 보배나무의 높이는 오백우순이요, 가지와 잎과 꽃과 실과는 차례차례로 꾸며서 치장되고 모든 보배나무 아래에는 모두 사자자리가 있으되, 높이는 오유순이요, 큰 보배로써 틀을 하여 꾸몄더이다.

그 때에 모든 부처님께서 각각 이 자리에서 가부좌를 맺으시며 이와 같이 되풀이하시되, 두루 삼천대천세계에 가득하게 하여도, 그러나 석가모니 부처님의 한 방위에 나누신 바의 몸도 아직 다하지 못하였더이다.

때에 석가모니 부처님께서 모든 분신 부처님을 받아들이시고자 하시려는 까닭으로, 여덟 방위에 각각 이백만억 나유타의 나라를 변화시켜 모두 맑고 깨끗하게 하시니, 지옥과 아귀와 축생과 아수라는 있음이 없었더이다.

  모든 하늘과 사람을 옮겨서 다른 나라에 두시고 변화한 나라는 유리로써 땅이 되고 보배나무로 꾸미고 치장되었으며 나무의 높이는 오백 유순이었더이다. 가지와 잎과 꽃과 실과를 차례차례로 아름답게 꾸몄으며, 나무 아래에는 보배로 된 사자자리가 있으되, 높이는 오 유순이요, 가지가지의 모든 보배로 꾸며서 장식 되었으며, 또한 큰 바다와 강과 목진리타산과 마하목진리타산과 철위산과 대철위산과 수미산들의 모든 산 왕이 없으며, 통하여 한 부처님의 국토가 되었으며, 보배땅은 평탄하고 바르며 보배로 이슬같이 얽은 휘장을 그 위에 두루 덮고 모든 번과 천개를 달고 큰 보배향을 사르며, 모든 하늘의 보배꽃을 두루 그 땅에 폈더이다.

  석가모니 부처님께서는 , 모든 부처님께서 마땅히 오셔서 앉으시게 하시기 위한 까닭으로 다시 여덟 방위에 각각 이백만억 나유타 나라를 변화시켜 모두 맑고 깨끗하게 하시나니, 지옥과 아귀와 축생과 아수라는 있음이 없었더이다.

  모든 하늘과 사람을 옮겨서 다른 나라에 두시며 , 변화한 바의 나라도 또한 유리로써 땅이 되고 보배나무로 꾸미고 치장되었으며, 나무의 높이는 오백 유순이요, 가지와 잎과 꽃과 실과를 차례차례로 꾸미고 치장되었으며 ,나무 아래에는 모두 보배로 된 사자자리가 있으되, 높이는 오 유순이요, 큰 보배로써 틀을 하여 꾸몄으며, 큰 바다와 강과 목진린타산과 마하목진린타산과 철위산과 대철위산과 수미산들의 모든 산 왕이 없으며, 통하여 한 부처님의 국토가 되었으며, 보배땅은 평탄하고 바르며 보배로 이슬같이 얽은 휘장을 두루 그 위에다 덮고는 모든 번과 천개를 달고, 큰 보배향을 사르며, 모든 하늘의 보배향을 두루 그 땅에 폈더이다.

  이때에 동방으로 석가모니께서 나누신바 몸인, 백천만억 나유타 항하사의 국토 가운데의 모든 부처님께서 각각 법을 설하시다가 오셔서 여기에 모이셨더이다. 이와 같이 차례차례로 시방의 모든 부처님께서 모두 다 오셔서 모이시어 팔방에 앉으시거늘, 이 때에 하나하나의 방위마다 사백만억 나유타 국토에 모든 부처님 여래께서도 그 가운데 두루 가득하셨더이다.

이 때에 모든 부처님께서 각각 보배나무 아래의 사자자리에 앉아 계시면서 모두 시자를 보내시어 석가모니 부처님께 문안을 묻게 하시되, 각각 보배꽃을 싸서 가득히 움켜쥐게 하고는 일러 말씀을 하셨더이다.

"착한 남자여 네가 기사굴산 석가모니부처님의 거처를 향하여 나아가서 나의 말과 같이 가로되, 병환이 적으시고 고달픔도 적으시며 기력이 편안하시고 즐거우시며 그리고 보살과 성문의 무리도 다 편안하게 의지하나이까. 아니옵니까, 하고 이 보배꽃으로써 부처님께 흩어서 공양하고, 그리고는 이렇게 말을 하되, 〈그 아무 부처님께서 함께 이 보배탑을 열어 주셨으면 하나이다〉라고 할지니라."

모든 부처님께서 보내신 심부름꾼도 이와 같이 하였더이다.

이 때 석가모니 부처님께서는 분신 부처님께서 이미 다 모이시어, 각각 사자자리에 앉으심을 보시고, 모든 부처님께서 더불어 같이 보배탑을 열어 주십사고 하심을 모두 들으시고, 곧 자리로부터 일어나시어 허공 가운데에 머무르시니, 일체의 사중이 일어나서서 합장하고 한마음으로 부처님을 바라다보았더이다.

이에 석가모니부처님께서 오른편 손가락으로써 일곱 가지 보배로 된 탑의 문을 여시니, 큰 음성이 나오되, 빗장의 자물쇠를 젖히고 큰 성문을 여는 것과 같았더이다.

곧 때에 일체의 많은 모임이 모두 다보여래를 뵈오니, 보배탑가운데에서 사자자리에 앉으셨으되, 온몸이 흩어지지 아니하심이 선정에 드신 것과 같으시며, 또한 말씀을 들으니, 〈잘하시고 잘하시옵니다. 석가모니부처님께서 이 법화경을 기꺼이 설하시니, 저는 이 경을 듣기 위한 까닭으로 여기 이르러 왔사옵니다〉하셨소이다.

그 때에 사중들이 지난 예전의 헤아릴 수도 없는 천만억겁에 멸도하신 부처님께서 이와 같은 말씀을 설하심을 보고, 일찍이 있지 아니한 것이라고 찬탄하며, 하늘의 보배꽃 무더기로써 다보 부처님과 석가모니 부처님 위에 흩었더이다.

이 때에 다보 부처님께서 보배탑 가운데에서 자리를 반으로 나누시어 석가모니 부처님께 주시고, 그리고는 이런 말씀을 하시되, "석가모니 부처님께서는 가히 이 자리에 나아가소서." 하셨더이다.

곧 때에 석가모니 부처님께서 그 탑 가운데 들어가시어, 그 반의 한자리에 앉으시어 가부좌를 맺으시었더이다.

> 해설 : 진리 그 자체로서의 부처님이신 다보부처님께서 자리의 반을 내주셔서 석가 부처님께 앉으시라고 하신 장면입니다. 석가세존은 진리 그 자체로서의 부처님이 이 사바세계, 현상세계에 몸으로 오신 응신불이신데, 이처럼 진리 그 자체로서의 부처님이나 현상세계에 몸으로 나투신 응신불이신 부처님이나 다 같이 급이 같다는 것입니다.
> 밤하늘에 달과 우리 주변에 호수나 바다나 강에 비춰진 달이 그 본성은 같은 것입니다.
> 이러한 개념을 기독교나 천주교 에서는 삼위일체라는 유사한 개념이 있습니다

이 때 대중이 두 여래께서 일곱 가지 보배로 된 탑 가운데의 사자자리 위에 계시어 가부좌를 맺으심을 보고 각각 이런 생각을 하되, 〈부처님의 자리는 높고도 머오니, 오직 원하옵건대, 여래께서 신통의 힘으로써 저희들 무리로 하여금 함께 허공에 머무르게 하옵소서〉라고 하니, 곧 때에 석가모니부처님께서 신통의 힘으로써 모든 대중을 가까이 하시어 모두 허공에 있게 하시고, 큰 음성으

로써 널리 사중에게 이르시되, "누가 능히 이 사바국토에서 널리 묘법화경을 설하겠느냐.
 지금이 바로 그러한 때이니라.
 여래는 오래지 아니하여 열반에 들리니, 부처님은 이 묘법화경을 부촉할 곳이 있었으면 하노라."

 그 때에 세존께서 거듭 이 뜻을 펴시고자 하시어 계송으로 설하시어 말씀하시되,
 "거룩한 주인이신 세존께서는
 비록 멸도하신 지는 오래이시나,
 보배탑 가운데에 계시면서도
 오히려 법을 위하시어 오셨거늘
 모든 사람은 어찌하여 법을 위하여
 부지런히 하지 않겠는가.
 이 부처님께서 멸도하신 지는 무앙수겁이나,
 곳곳에서 법 들음을 만나기가 어려운 까닭으로
 저 부처님의 본래의 원은
 〈내가 멸도한 뒤에 곳곳마다 가는 곳에서
 항상 법을 들으리라〉 이었느니라.
 또 나의 분신인 항하사들과 같은
 헤아릴 수 없는 모든 부처님이 와서
 법을 듣고 멸도하신 다보부처님을 뵙고자 하여
 각각 묘한 나라와 많은 제자와
 하늘과 사람과 용과 신에게
 모든 공양 받는 일을 버리고
 법을 오래 머무르게 하려고
 일부러 여기에 이르러 왔느니라.

모든 부처님을 앉으시게 하기 위하여
신통의 힘으로써 헤아릴 수 없는 중생을 옮기고
나라를 맑고 깨끗하게 하였느니라.
모든 부처님께서 각각 보배나무 아래에 나아가시니,
맑고 깨끗한 못에 연꽃으로써 꾸미고 치장함과 같으며,
그 보배나무 아래의 모든 사자자리 그 위에
부처님께서 앉으시니,
밝은 빛으로 아름답게 꾸밈이
어두운 밤 가운데에 큰 횃불을 사르는 것과 같으며
몸에서는 묘한 향기가 나와 시방 나라에 두루 미치니,
중생이 자욱한 향기를 입고
기쁨을 스스로 이기지 못하나니
비유컨대, 큰바람이 작은 나뭇가지에 부는 것과 같으니라.
이런 방편으로써 하여금 법을 오래 머물게 하느니라.
모든 대중에게 이르노니
내가 멸도한 뒤에는 누가 능히
이 경을 두호하여 가지며 읽고 설하겠느냐.
지금 부처님 앞에서 스스로가 맹세의 말을 설할지니라.
다보 부처님께서 비록 멸도하신지는 오래이시나,
크게 맹세한 원으로써 사자후를 하시나니,
다보여래와 더불어 나의 몸과
모인 바 화한 부처님께서는 당연히 이 뜻을 아시느니라.
모든 부처님의 아들들이여
누가 능히 법을 두호할 것인가
마땅히 큰 원을 일으켜서
하여금 오래 머무름을 얻게 할지니라.
능히 이 경법을 두호하는 그 어떤 자는
곧 나와 다보 부처님께 공양한 것이 됨이니라.

다보 부처님께서 보배탑에 계시사와
항상 시방에 노니심은
이 경을 위하시는 까닭이시니라.
또한 모든 분신 부처님을 공양함이며
모든 세계의 것을 장엄하고 빛나게 꾸밈이니라.
만약 이경을 설하면
곧 나와 다보여래와
모든 분신 부처님을 보는 것이 되느니라.
모든 선남자여, 각각 자세히 깊이 생각하여라.
이는 어려운 일이 되나니,
마땅히 큰 원을 일으킬지니라.
모든 나머지 경전의 수가 항하사 같으나,
비록 이런 것들을 설할 지라도
가히 어려움이 되지는 않거니와
만약 수미를 잡아서
다른 방위의 수없는 부처님 국토에 던져두기는
또한 어려움이 되지는 않거니와
만약 발가락으로 대천세계를 움직여
멀리 다른 나라에 던지기는
또한 어려움이 되지는 않거니와
만약 유정에 서서 중생을 위하여
헤아릴 수 없는 나머지 경을 솔명하여 말하기는
또한 어려움이 되지는 않거니와
만약 부처님 멸하신 뒤 악한 세상 가운데에서
능히 이 경을 설하는 이것이 곧 어려움이 되느니라.
가령 하여금 어떤 사람이 손으로 허공을 잡아 쥐고
그리고는 놀러 다니는 것은
또한 어려움이 되지는 않거니와

내가 멸한 뒤에 만약 스스로 써서 가지거나
만약 사람을 시켜서 쓰게 하면
이것이 곧 어려움이 되느니라.
만약 큰 땅을 발톱위에 올려놓고
범천에 올라가는 것은
또한 어려움이 되지 않거니와
부처님이 멸도한 뒤에 악한 세상 가운데에서
잠깐이라도 이 경을 읽는 이것이 곧 어려움이 됨이며
가령 하여금 겁이 타는데
마른 풀을 짊어지고 그 가운데 들어가서
타지 않게 하기는 어려움이 되지는 않거니와
내가 멸도한 뒤에 만약 이 경을 가지고 한 사람을 위하여 설하면
이것이 곧 어려움이 되느니라.
만약 팔만 사천 법의 곳집과 십이부경을 가지고
사람을 위하여 설명하고 말하여,
모든 듣는 자로 하여금 여섯 가지 신통을 얻게 하는
이와 같이 하기는 또한 어려움이 되지는 않거니와
내가 멸한 뒤에 이 경을 듣고 받아서
그 뜻이 향하는 바를 묻는 이것이 곧 어려움이 되느니라.
만약 사람이 법을 설하여 천만 억 의 헤아릴 수없고
수없는 항하사 중생으로 하여금 아라한을 얻게 하고
여섯 가지 신통을 갖추게 하는
비록 이러한 이익이 있어도
또한 어려움이 되지는 않거니와
내가 멸한 뒤에 만약 능히 이와 같은 경전을
받들어 가지는 이것이 곧 어려움이 되느니라.
내가 부처님의 도를 위하여 헤아릴 수 없는 국토에서
처음으로부터 지금에 이르도록 널리 모든 경을 설하였으나,

그러나 그 가운데에서 이 경이 제일이니,
만약 능히 가지고 있으면 곧 부처님의 몸을 가짐이니라.
모든 착한 남자여,
내가 멸한 뒤에 누가 능히
이 경을 받아서 가지고 읽고 외우겠느냐
지금 부처님 앞에서 스스로 맹세의 말을 설할지니라.
이 경은 가지기가 어려우니,
만약 잠깐이라도 가지는 자이면
내가 곧 기뻐하고 즐거워하며
모든 부처님께서도 그러함이니,
이와 같은 사람은 모든 부처님께서 칭찬하시는 바이며,
이것이 곧 용맹정진이며
이것을 이름하여 계를 가짐이다, 두타를 행하는 것이니,
곧 위없는 부처님의 도를 빨리 얻게 되느니라.
능히 오는 세상에 이 경을 읽고 가지면
이는 진실한 부처님의 아들로
순박하고 좋은 지위에 머무르며
부처님이 멸도한 뒤에 능히 그 뜻을 풀면
이는 모든 하늘과 사람과 세간의 눈이며
무섭고 두려운 세상에 능히 잠깐이라도 설하면
일체 하늘과 사람이 모두 응당 공양하리라."

악인은 전생에 나의 스승, 그도 언젠가는 성불하리라
(제바달다품)

> 해설—석가모니부처님 당시에 가장 부처님을 방해하고 헤 꼬지를 하였던 인물이 제바달다입니다.
> 이러한 제바달다로부터 과거전생에 법화경을 배웠다고 하시면서, 미래에 제바달다도 성불을 할 것이라고 부처님께서 말씀하시는 장면이며 이어서 여성의 성불을 보여주는 품입니다

이 때에 부처님께서 모든 보살과 하늘과 사람과 사중에게 이르되, "나는 지난 예전의 헤아릴 수 없는 겁 가운데 법화경을 구하되, 게으름과 싫증냄이 없었으며, 많은 겁 가운데에서 항상 나라의 임금이 되어 원을 일으켜서 위없는 깨달음을 구하되, 마음에 돌아서서 물러나지 아니하였노라.

육바라밀을 흡족하게 차게 하고자 하기 위하여 부지런히 보시를 행하되, 마음에 아끼고 중하게 여긴 것이 없어서 코끼리와 말과 일곱 가지 보배와 나라와 성과 처자식과 남자종과 여자종과 따르는 시중꾼과 머리와 눈과 골수와 뇌와 몸과 살과 손발과 몸뚱이와 목숨을 아끼지 아니하였느니라.

때에 세상 인민의 수명은 헤아릴 수 없었으나, 법을 위하는 까닭으로 나라와 지위를 놓아버리고 정사를 태자에게 맡기고는 북을 쳐 널리 알려 영을 내려서 사방으로 법을 구하되, "누가 능히 나를 위하여 대승을 설할 것인가 내가 마땅히 몸을 바치도록 이바지하여 주고, 종으로 심부름하리라." 하였느니라.

때에 어떤 선인이 와서 임금에게 아뢰어 말하되, "나에게 대승이 있으니, 이름은 묘법화경이라 하나니, 만약 나를 어기지 아니하면 마땅히 위하여 베풀어 설하리라."

임금은 선인의 말을 듣고 기쁘고 즐거워서 뛰고 뛸 듯이 하며,

곧 선인을 따라가서 필요한 바를 공급하되, 과실도 따고, 물도 길으며, 땔나무도 줍고, 음식도 만들며, 이에 몸으로써 평상자리가 되는데 이를지라도 몸과 마음에 게으름이 없었느니라.
 그 때로부터 받들어 섬기기를 일천 해를 지났으나, 법을 위하는 까닭으로 정성스럽고 부지런히 모시어 주되, 모자란 것이 없게 하였느니라."

 그 때에 세존께서 거듭 이 뜻을 펴시고자 하시어 게송으로 설하시어 말씀하시되,
 "내가 지난간 예전 겁을 생각하니,
 큰 법을 구하기 위한 까닭으로
 비록 세상 나라 임금이 되었으나
 다섯 가지 욕심의 즐거운 것을 탐하지 않고
 종을 쳐서 사방에 알리되
 〈누구에게 큰 법이 있는 것인가.
 만약 나를 위하여 풀어서 말하면
 몸이 마땅히 종과 시중꾼이 되리라〉
 때에 아사라는 선인이 와서 대왕에게 아뢰기를
 〈나에게 있는 미묘한 법은
 세간에 드물게 있는 것이니,
 만약 능히 닦고 행한다면
 나는 마땅히 당신을 위하여 설하겠소이다〉 하였느니라.
 임금은 선인의 말을 듣고
 마음에 크게 기쁨과 즐거움을 내어
 곧 오로지 선인을 따라서 필요한 것을 공급하되,
 땔나무와 과일과 풀 열매를 따며
 공손히 공경해주었으나,
 뜻은 묘법에 있었던 까닭으로

몸과 마음에 게으르고 싫증냄이 없었느니라.
널리 모든 중생을 위하여 부지런히 큰 법을 구하였으며
자기 몸과 다섯 가지 욕심의 즐거운 것을
위하지 아니하였느니라.
그러므로 큰 나라의 임금이 되어
부지런히 이 법을 구하여 얻고
드디어 부처님 이룸을 얻음에 이르렀으니,
이제 너희를 위하는 까닭으로 설하느니라."

부처님께서 모든 비구에게 이르시되, "그 때에 임금이란 자는 곧 나의 몸이 그요, 선인이란 자는 지금의 제바달다가 그이니라. 제바달다 선지식으로 말미암은 까닭으로, 나로 하여금 여섯 가지로 생멸하는 이쪽에서 생멸이 없는 저쪽에 이르럼과, 자비희사와 서른두 가지 형상과, 팔십 종류의 좋은 것과, 자마금빛과 열 가지 힘과, 네 가지 두려울 바 없는 것과 네 가지 거두어들이는 법과 열여덟 가지 같지 않은 것과 신통도력을 흡족하게 갖추게 하였고, 평등하고 바른 깨달음을 이루어서 널리 중생을 제도하게 하니 모두 제바달다 선지식으로 말미암은 까닭이니라.

모든 사중에게 이르노니, 제바달다는 헤아릴 수 없는 겁이 물러가 지난 뒤에 마땅히 부처님 이룸을 얻으리니, 호는 가로되, 천왕여래 응공 정변지 명행족 선서 세간해 무상사 조어장부 천인사 불세존이요, 세계의 이름은 천도이니라. 천왕 부처님께서 세상에 머무르심은 이십 중겁이시니라. 널리 중생을 위하여 묘법을 설하시니, 항하사의 중생은 아라한과를 얻고 헤아릴 수 없는 중생은 연각의 마음을 일으키며, 항하사의 중생은 위없는 도의 마음을 일으켜서, 나지도 없어지지도 않는 참된 법의 본바탕을 깨달아 알고 편안히 머물러 움직이지 않음을 얻고 돌아서서 물러나지 않는 데 이르리라.

천왕 부처님께서 열반에 옮기신 뒤에 정법이 세상에 머무름은 이십 중겁이고, 온 몸의 사리로 일곱 가지 보배탑을 일으키되, 높이는 육십 유순이요, 가로와 세로는 사십 유순이며, 모든 하늘과 인민이 다 갖가지 꽃과 향과 의복과 영락과 장대 끝에 용머리 모양을 만들고 깃발을 단 것과 부처님과 보살의 위엄과 덕을 표시하는 장엄도구인 깃발과 보배일산과 재주와 음악과 칭송하는 노래로써 일곱 가지 보배로 된 묘한 탑에 예배하고 공양하리라.

헤아릴 수 없는 중생이 아라한과를 얻고, 헤아릴 수 없는 중생은 벽지불을 깨달으며, 가히 생각으로 논의하지 못할 중생은 깨달음의 마음을 일으켜서 돌아서서 물러나지 아니하는 데에 이르리라."

부처님께서 모든 비구에게 이르시되, "미래 세상 가운데 만약 어떤 선남자 선여인이 묘법화경의 제바달다품을 듣고 깨끗한 마음으로 믿고 공경하며 의심과 미혹함을 내지 않는 자는, 지옥, 아귀, 축생에 떨어지지 아니하고, 시방의 부처님 앞에 나며, 나는 곳에서 항상 이 경을 들을 것이며, 만약 사람이나 하늘가운데 나면 뛰어나게 묘한 즐거움을 받을 것이며, 만약 부처님 앞에 있으면 연꽃에 화하여 나느니라."

때에 하방에서 다보 부처님을 따라 온 보살의 이름은 지적이라 하는데, 다보 부처님께 아뢰고 본국토로 돌아가려 하거늘, 석가모니 부처님께서 지적에게 일러 가라사대, " 선남자여, 우선 잠깐만 기다릴 지니라. 여기에 보살이 있으니, 이름은 문수보살이니라. 가히 서로가 더불어 보아서 묘법을 논하여 설하고 가히 본국토로 돌아갈지니라."

그 때 문수보살께서 크기가 수레바퀴와 같은 천개의 잎사귀 연꽃에 앉으셨으니, 함께 오신 보살도 또한 보배연꽃에 앉으셨으니, 큰 바다 사가라 용궁으로부터 자연히 솟아나오셨으며, 허공가운데에 머무시어 영취산에 나아가셔서 ,연꽃으로부터 내리시와 부처님의 거처에 이르러시어, 머리와 얼굴로 두 세존의 발에 공경히 절하셨소이다. 공경하기를 길게 하여 마치시고 조금 있다가 지적의 거처에 가셔서 함께 서로 위문하시고 물러나 한쪽에 앉으셨더이다.

지적보살께서 문수사리께 물으시되, "어지신 분께서 용궁에 가시어 교화하신 바의 중생은 그 수가 얼마이옵나이까."

문수사리께서 말씀하시되, "그 수는 헤아릴 수 없어서 가히 헤아려 세지를 못하며 , 입으로 펼 바가 아니며, 마음으로 헤아릴 바도 아니오니, 잠깐만 기다리시면 스스로 증험하시어 아시오리다."

말씀하실 것을 마치시지도 아니하셨는데 수없는 보살께서 보배 연꽃에 앉으시어 바다로부터 솟아 나오시어 영취산에 나아가셔서 허공에 머물러 계셨더이다.

이 모든 보살께서 모두 이 문수사리께서 교화하시어 제도하신 바이시라, 보살의 행을 갖추셔서 모두 함께 육바라밀을 논하여 설하시며, 본래 성문인 사람은 허공가운데에 있으면서 성문의 행을 설하다가 이제는 모두 대승의 공한 뜻을 닦아 행하였더이다.

문수사리께서 지적에게 일러 가라사대, "바다에서 가르쳐 교화한 그 일은 이와 같나이다."

그 때에 지적보살께서 게송으로 찬탄하시어 가라사대
"큰 지혜와 덕이며 용맹하시고 굳셈이시여
헤아릴 수 없는 중생을 교화하시어 제도하심을
지금 이 모든 큰 모임과
저와 모두는 이미 보았소이다.
실상의 뜻을 설명하여 펴고
일승의 법을 열어 밝히시어
널리 모든 중생을 인도하시어

빨리 깨달음을 이루게 하셨소이다."

문수사리께서 말씀하시되, "저는 바다 가운데에서 오직 항상 묘법화경을 펴서 설하였소이다."

지적께서 문수사리께 여쭈어 말씀하시되, "이 경은 심히 깊고 미묘하여 모든 경 가운데 보배이라, 세상에 드물게 있는 바이니, 자못 어떤 중생이 부지런히 정진을 더하여 이 경을 닦고 행하면, 부처님을 얻음이 빠르나이까. 아니오이까."

문수사리께서 말씀하시되, "사가라용왕의 딸이 있으니, 나이는 비로소 여덟 살이나, 사리에 밝다 지혜롭고 근기가 날카로워서 중생의 모든 근기와 행하는 업을 잘 알며, 다라니를 얻어서 모든 부처님께서 말씀하신 바의 심히 깊이 숨겨져 감추어진 것을 다 능히 받아 가지며, 깊이 선정에 들어서 모든 법을 명확히 깨달았으며, 찰나 사이에 깨달음의 마음을 일으켜서 돌아서서 물러나지 아니하는 것을 얻었으며, 말재주가 걸림이 없고 중생을 사랑스럽게 생각하기를 마치 갓난아기와 같이 하며, 공덕을 흡족하게 갖추어서 마음으로 생각하고 입으로 설명함이 미묘하고 넓고 크며, 자비롭고 어질며 겸손하고 뜻과 생각이 온화하고 올발라서 능히 깨달음에 이르렀소이다."

지적보살께서 말씀하시되, "제가 석가여래를 뵈오니, 헤아릴 수 없는 겁동안 어려운 행과 괴로운 행을 하시고, 공을 쌓으시고 덕을 쌓으시어 깨달음의 길을 구하시되, 일찍이 그치거나 쉬지 아니하셨으며 삼천대천세계를 살펴보아도, 이에 겨자씨만한 곳에 이르기까지 이 보살께서 몸과 목숨을 버리시지 아니한 곳은 있음이 없었습니다.

중생을 위하시는 까닭으로 그렇게 하신 뒤에 겨우 깨달음의 길 이룸을 얻으셨거늘, 이 여자가 잠깐 사이에 문득 바른 깨달음을 이루었다고 하는 것은 믿지 못하겠나이다.

> 해설 —문수보살께서 바다 가운데서 항상 법화경만을 펴서 설하였다라고 하시며, 그 바다 용궁의 용왕의 딸이 어린 나이에도 깨달음을 이루었다고 하시고 계십니다.
> 이것은 법화경의 가르침은 깨달음에 이르는 가장 빠른 길, 부처님께서 닦아 놓은 고속도로와 같은 것이라고 우리는 이해를 할 수가 있다고 생각합니다.
> 무엇보다도 여성의 성불과 깨달음에 대해서 당시 시대상황에서 설하고 계시는 장면은 오늘날에 인간의 존엄성과 평등을 석가모니부처님 당시에도 이미 밝히신 가치이며, 모든 중생이 부처님의 성품과 종자를 지니고 있어서 일체 중생이 부처님의 아들과 같은 것임을 이해하여야 할 것입니다

 말씀 논하시기를 끝내지도 아니하셨는데, 때에 용왕의 딸이 문득 앞에 나타나서 머리와 얼굴로 공경히 절을 하고 물러나 한쪽에 머물러 계송으로써 찬탄하여 가로되, 죄와 복의 형상을 깊이 통달하시어 시방에 두루 비추시며, 미묘하시고 깨끗하신 법의 몸에 서른 두 가지의 형상을 갖추셨으며, 팔십 종류의 좋은 것으로써 법의 몸을 꾸미시고 치장하시는데 쓰셨으며 하늘과 사람이 우러러 받드는 바이시며, 용과 신도 다 공손히 공경하오며 일체 중생의 종류는 높이 받들지 아니하는 자가 없음이로소이다.
 또 듣고 깨달음을 이루는 것은 오직 부처님만이 마땅히 증험하시어 아시오리다. 제가 대승의 가르침을 열어서 괴로워하는 중생을 제도하여 벗어나게 하오리이다.
 때에 사리불께서 용왕의 딸에게 일러 말씀하오되, "그대가 오래지 아니하여 위없는 도를 얻는다고 일컫는 이 일은 믿기 어렵도다. 까닭은 무엇인가 하면, 여자의 몸은 때 끼고 더러워서 이는 법그릇이 아니거늘, 어찌하여 능히 위없는 깨달음을 얻으리오. 부처님의 도는 멀고 넓어서 헤아릴 수 없는 겁을 지나도록 부지런히 괴롭게 행을 쌓고 모든 법칙을 닦아 갖춘 그러한 뒤에야 겨우 이루는 것이며, 여인의 몸은 오히려 다섯 가지 막히는 것이 있으니,

첫째는 범천왕 됨을 얻지 못함이요,
둘째는 제석이며,
셋째는 마왕이고,
넷째는 전륜성왕이며,
다섯째는 부처님의 몸인데,
어떻게 하여 여자의 몸으로 빨리 부처님 이룸을 얻겠는가."

 그 때 용왕의 딸에게는 한 보배구슬이 있었으니, 가치가 삼천대천세계만한 것이었소이다. 가져가가 부처님께 올리니, 부처님께서는 곧 이를 받으시거늘, 용녀가 지적보살과 존자 사리불께 일러 말하되, "제가 드리는 보배구슬을 세존께서 받아들이시니, 이 일이 빠르나이까. 아니오이까."

 답하여 말씀하오되, "심히 빠르도다."

 용왕의 딸이 말하되, "그대의 신력으로써 저의 부처님 이룸이 이보다도 빠름을 보시옵소서."

 그러할 때에 모인 무리가 모두 용왕의 딸을 보니, 문득 그러할 사이에 변하여 남자를 이루어서 보살행을 갖추고 곧 남방무구세계로 가서 보배연꽃에 앉으시어 평등하고 바른 깨달음을 이루시니, 서른 두 가지 형상이요, 팔십 종류의 좋은 것이라, 널리 시방의 일체 중생을 위하여 묘법을 설명하시어 말씀하시더이다.

 이 때 사바세계의 일체 사부대중이 멀리서, 저 용왕의 딸이 부처님을 이루시어 대중과 하늘을 위하여 법을 설하시는 것을 보고, 마음이 크게 기쁘고 즐거워서 멀리서 공경히 절하였소이다.

 헤아릴 수 없는 중생은 법을 듣고 이해하고 깨달아, 돌아서서 물러나지 아니하는 것을 얻었고, 도의 수기 받음을 얻었으며, 무구세계는 여섯 번 돌이켜 진동하여 움직였으며, 사바세계의 삼천중생은 물러나지 아니하는 지위에 머물고 삼천중생은 깨달음의 마음을 일으키며, 지적보살과 사리불과 일체 모든 무리는 묵묵히 믿어 받았소이다.

업신여기고 욕할지라도 법화를 널리 펴겠습니다 (권지품)

이 때 약왕보살마하살과 대요설보살마하살께서는 이만보살의 권속과 더불어 부처님 앞에서 이러한 맹세의 말씀을 하시되, "오직 원하옵건대, 세존께서는 염려를 하시지 마시옵소서. 저희들은 부처님께서 멸하신 뒤에 이 경전을 받들어 가지고 읽고 외우며 설하오리다.

뒤 악한 세상에 중생은 착한 근본이 점점 적어지고, 깨닫지 못하고서도 깨달은 체 하는 거만한 자가 많으며, 이익 되는 공양을 탐하여, 착하지 못한 근본은 늘고, 해탈에서 멀어지나니, 비록 가르쳐 교화하기가 어려울지라도, 저희들은 마땅히 크게 참는 힘을 일으켜서 이 경을 읽고 외우며, 가지고 설하며, 써서 베끼며, 가지가지로 공양을 하되, 몸과 목숨을 아끼지 아니하오리다."

(일부 구절 생략, 부처님의 이모 마하파사파제 비구니, 교담미, 라훌라의 어머니 야수다라 비구니, 여타 비구니에게 수기주시는 구절 생략)

곧 때에 모든 보살께서 소리를 같이 내어서 게송으로 설하여 말씀하시되,
"오직 원하옵건대, 염려하시지 마시옵소서.
부처님께서 멸도하신 뒤,
무섭고 두려운 악한 세상 가운데서
저희들이 마땅히 널리 설하오리다.
모든 지혜 없는 사람이 악한 입으로 욕하고 꾸짖는 것과
칼과 몽둥이로 때리는 자가 있더라도
저희들은 모두 마땅히 참으오리다.
악한 세상 가운데의 비구는

삿된 지혜로 마음이 아첨하고 굽어서
얻지 못한 것을 얻었다고 일컬으며
내라 하고 교만하여 남을 업신여기는 마음이 가득 차며
혹은 아련야에 있거나
기운 옷으로 비고 한가한 곳에 있으면서
스스로 참된 도를 행한다고 일컬으며
인간을 가벼이 여겨 천대하는 자가
이롭게 이바지하는 것에만 탐착하는 까닭으로
속인과 더불어 법을 설하니,
세상에서 공손히 공경 받는 바가 됨이
여섯 신통의 나한 같을 것이옵니다.
이런 사람은 악한 마음을 품고 항상 세속 일을 생각하며
거짓으로 아련야라 이름하여
저희들의 허물을 드러내기를 좋아하며
그리고는 이와 같은 말을 하되,
〈이 모든 비구들은 이롭게 이바지 하는 것에만
탐을 하기 위한 까닭으로 외도의 논의를 설하며,
스스로 이 경전을 만들어서
세간의 사람을 속여서 미혹하게 하며,
이름 들림을 구하기 위한 까닭으로
이 경을 분별한다〉할 것이옵니다.
항상 대중 가운데 있으면서
저희들을 헐뜯고자 하는 까닭으로
나라의 왕과 대신과 바라문과 거사와
다른 비구 무리를 향하여
저희를 나쁘다고 비방하여 설하되,
〈이는 삿된 견해의 사람이라,
외도의 논의를 설한다〉고 일컬을지라도

저희들은 부처님을 공경하는 까닭으로
이 모든 나쁜 것을 다 참으오리다.
이렇게 가벼운 말을 하되,
〈너희들은 모두 바로 부처님이다〉할지라도
이와 같은 가볍게 업신여기는 말을
모두 마땅히 참고 받으오리다.
흐린 겁의 악한 세상 가운데에는
모든 무섭고 두려운 것이 많이 있으며
악한 귀신이 그 몸에 들어서 저희를 욕설하고 꾸짖으며
험담하며 수치 당하게 할지라도
저희들은 부처님을 공경히 믿으므로
욕되는 것을 참는 갑옷을 입고
이 경을 설하기 위한 까닭으로
이 모든 어려운 일을 참으며
저희는 몸과 목숨을 사랑하지 아니하고
다만 위없는 도를 아껴서
저희들이 오는 세상에서
부처님의 부촉하신 바를 두호하여 가지오리다.
세존께서는 스스로 아시오리니,
흐린 세상에 악한 비구는
부처님께서 방편으로
마땅한 것을 따라 법을 설하시는 것을 알지 못하고,
악한 입으로 찡그리면서 빈정거리며
보고는 자주자주 쫓아내어 나가게 하고
탑과 절에서 멀리 떠나게 하더라도
이와 같은 것들의 여러 가지 나쁜 것을
부처님께서 일러서 명령하신 것을 생각하는 까닭으로
모두 이 일을 참으오리다.

모든 동네와 성과 고을에 그 법을 구하는 자가 있으면
저희는 모두 그곳에 이르러서
부처님께서 부촉하신 바의 법을 설하오리다.
저희는 바로 세존의 심부름꾼이라.
많은 이에 살아도 두려울 바가 없으며
저희는 마땅히 법을 잘 설하오리다.
원하옵건대
부처님께서는 편안하게 의지하여 머무시옵소서.
저희는 세존의 앞과 시방에서 오신 모든 부처님께
이와 같은 맹세의 말을 일으키옵나니
부처님께서는 스스로 저희의 마음을 아시오리다."

소승과 이름자에 집착하지 않겠습니다 (안락행품)

이때 문수사리법왕자 보살마하살께서 부처님께 아뢰어 말씀하시되, "세존이시여 이 모든 보살은 심히 어려움이 되는 것이 있사옵니다. 부처님을 공경하고 따르는 까닭으로 크게 맹세하여 원을 일으키되, 뒤의 악한 세상에서 이 법화경을 두호하여 가지며 읽고 설할 것이옵니다. 세존이시여 보살마하살이 뒤의 악한 세상에서 어떻게 하여야 능히 이 경을 설하오리까."

부처님께서 문수사리에게 이르시되, "만약 보살마하살이 뒤 악한 세상에서 이 경을 설하고자 하면, 마땅히 네 가지 법에 편안히 머물러야 하느니라.

첫째는 보살의 행할 곳과 친하고 가까이할 곳에 편안히 머물러서 능히 중생을 위하여 이 경을 설명하여 말할지니라.

문수사리여, 어떠한 것을 이름하여 보살마하살의 행할 곳이라 하는가 하면, 만약 보살마하살이 욕되는 것을 참는 지위에 머물러서 부드럽고 온화하며 착하고 순하며 그리고 불끈 일어나는 성을 내지 아니하며, 마음이 또한 놀라지 아니하며, 또 다시 법에 행한다고 하는 바가 없어야 하며, 모든 법을 실상과 같이 관하되, 행하지 않고 분별하지도 아니하면, 이것을 보살마하살의 행할 곳이라 이름하느니라.

어떤 것을 이름하여 보살마하살의 친하고 가까이할 곳이라 하는가 하면, 보살마하살은 나라의 임금과 왕자와 대신과 장관을 친하고 가까이 아니해야 하며, 모든 외도인 범지와, 고행을 주로 하는 외도들과, 세속의 글을 짓고 쓰는 이와, 외도의 글을 찬탄하며 읊는 이와, 세속의 욕망과 즐거움을 따라가는 외도와, 세속의 일반적인 도리에 거꾸로 나아가는 외도의 사람을 친하고 가까이 아니해야 하며, 또한 모든 흉한 놀이를 하고 있는 이와, 서로 찌르고 치는 것과 ,배우들의 가지가지의 변화로 나타내는 놀이의 것을 친하고 가까이 아니해야 하며, 살생과 감금들의 나쁜 일을 하는 천한 계급과 돼지와 양과 닭과 개를 기르는 이와, 사냥하고 물고기를 잡는 이와, 모든 나쁜 율의들 친하고 가까이 아니해야 하느니라.

이와 같은 사람들이 혹은 때에 오는 자에게는 곧 위하여 법을 설하되, 기대하거나 바라는 바가 없어야 하느니라. 또 성문을 구하는 비구 비구니와 우바새 우바이를 친하고 가까이 아니해야 하며, 문안을 묻지도 말며, 만약 방 가운데이거나, 만약 다니는 길의 곳이거나, 만약 강당 가운데에 있더라도 함께 멈추어 머물지 말며, 혹은 때에 오는 자에게는 마땅함을 따라 법을 설하되, 구하고 바라는 것이 없어야 하느니라.

문수사리여 ,보살마하살은 응당히 여인의 몸에 욕심의 생각을 내어 형상을 가지려고 하면서 법을 설하지 말며, 또한 즐거이 보지 말며, 만약 남의 집에 들어가더라도 소녀와 처녀와 과부들과 더불어 말하지 말며, 또한 다섯 종류의 근이 확실하지 않는 남자의 사람과 가까이 하여 두터웁게 친하지 말며, 홀로 남의 집에 들어가지 말되, 만약 인연이 있어 모름지기 홀로 들어갈 때이면 다만 한마음으로 부처님을 생각할지니라. 만약 여인을 위하여 법을 설하려거든 이가 드러나도록 웃지 말며, 가슴을 드러내지 말며, 이에 법을 위하는 데에 이를지라도 오히려 두텁게 친하지 말아야 하는데 하물며 다시 나머지 일이겠느냐.

나이 어린 제자와 사미와 작은 아이를 기르기를 즐기지 말며, 또한 스승과 더불어 같이 풍류하지 말며, 항상 좌선하기를 좋아하되, 한가한 곳에 있으면서 그 마음을 닦아 거둘지니라.

문수사리여, 이것을 처음 친하고 가까이 할 곳이라 이름하느니라.

또 다시 보살마하살은 일체 법이 공한 것을 실상과 같음을 관할지니라. 뒤바뀌게 하지 말며, 움직이지 말며, 물러나지 말며, 구르지도 말지니라. 허공과 같아서 성품이 있는 바가 없음이라.

 일체 말의 길이 끊어지며, 나지도 아니하고, 나오지도 아니하며, 일어나는 것이 아니고, 이름도 없으며, 형상도 없어서 진실로 있는 바가 없으며, 헤아릴 수 없고 가없으며 걸림도 없고 막힘도 없건마는 오직 인연으로써 있으되, 뒤바뀜으로 좇아 나느니라.

 그러므로 설하느니라. 항상 이와 같은 법의 형상을 즐거이 관할 것이니, 이것을 보살마하살이 둘째의 친하고 가까이할 곳이라 이름하느니라."

 그 때에 세존께서 거듭 이 뜻을 펴시고자 하시어 게송으로 설하시어 말씀하시되,
 "만약 어떤 보살이 뒤의 악한 세상에
 무섭고 두려움이 없는 마음으로
 이 경을 설하고자 하거든,
 응당 행할 곳과 친하고 가까이할 곳에 들어갈지니라.
 항상 나라의 왕과 왕자와 대신과 장관과
 흉하고 험하게 노는 자와
 살생과 감금 등의 나쁜 일을 하는 천한 계급과
 외도인 범지를 떠날지며
 친하고 가까이 아니해야 하되,
 깨닫지 못하고서도 깨달은 체하는 거만한 사람과
 소승을 탐착하는 삼장학자와
 계를 깨뜨린 비구와, 이름자뿐인 나한과
 비구니로서 희롱하고 웃기를 좋아하는 자와
 다섯 가지 욕심에 깊이 착을 하면서
 현재 멸도를 구하려는 모든 우바이를
 모두 친하고 가까이 아니해야 하느니라.

만약 이런 사람들이 좋은 마음으로써 와서
보살의 거처에 이르러
부처님의 도를 들으려고 하거든
보살은 곧 두려울 바 없는 마음으로써
구하고 바라는 것을 품지 말고
이에 위하여 법을 설할 것이며
과부와 처녀와 모든 완전하지 않는 남자를
모두 친하고 가까이하여 친함을 두터웁게 하지 말며
백정이나 조개나 생선회를 치는 것이나
사냥하거나 물고기를 잡는 것이나
이익을 위하여 살해하거나,
고기를 팔아서 스스로 생활하거나,
여색을 자랑하여 파는
이와 같은 사람을 모두 친하고 가까이 아니해야 하느니라.
흉하고 험하게 서로 치는 것과
가지가지로 노래하고 춤추는 것과
모든 음탕한 여자들을
친하고 가까이 아니해야 하느니라.
홀로 으슥한 곳에서 여자를 위하여 법을 설하지 말며
만약 법을 설할 때이거든
만족하여 희롱함과 웃음이 없어야 하며
동네에 들어가서 밥을 구걸하려면
한 비구와 함께 하여야 하며
만약 비구가 없거든 한마음으로 부처님을 생각하여야 하니,
이것이 곧 행할 곳과 가까이 할 곳이라 이름하느니라.
이 두 곳이라야 능히 편안하고 즐겁게 설하리라.
또 다시 상, 중, 하의 법과 변함이 있음과 변함이 없음과
실다운 것과 실답지 못한 법을 행하지 말지니라.

또한 이는 남자다 이는 여자다 라고 분별하지 말며
모든 법을 얻었다고 하지 말며
안다고 하지 말며, 보았다고도 하지 말지니라.
이것이 곧 보살의 행할 곳이라 이름하느니라.
일체 모든 법은 비어서 있는 바가 없음이라.
항상 머물러 있음도 없고 생멸하는 것도 없음이니,
이것을 이름하여 지혜로운 자의
친하고 가까이할 바의 곳이라고 하느니라.
뒤바뀌어 모든 법을 있다 없다 하고,
이는 참됨이다 참됨이 아니다 하고
이는 난다 나지 아니한다고 분별하니
한가한 곳에 있으면서 그 마음을 닦아 거두되,
편안히 머물러서 움직이지 아니하기를 수미산과 같이 하며
일체 법을 관하되,
모두 있는 바가 없으니
마치 허공과 같아서 굳고 단단한 것은 있음이 없으며
생기지도 아니하고 나오지도 아니하며
움직이지도 아니하고 물러나지도 아니하며,
항상 한 형상에 머문다고 하는 이것을
가까이 할 곳이라 이름하느니라.
만약 어떤 비구가 내가 멸한 뒤에
이 행할 곳과 친하고 가까이 할 곳에 들어가면
이 경을 설할 때에 겁나고 약함은 있음이 없느니라.
보살이 어떤 때에 고요한 방에 들어가서
바른 기억과 생각으로써 뜻을 따라 법을 관하고
선정으로부터 일어나서 모든 나라의 왕과 왕자와
신하와 백성과 바라문들을 위하여 교화를 열어서
설명하여 드러내며 이 경전을 설하면

그 마음이 편안하게 의지하여 겁나고 약함은 있음이 없느니라.
문수사리여, 이것을 보살이 첫째로 법에 편안히 머물러서
능히 뒤의 세상에 법화경을 설함이라고 이름하느니라."

"또 문수사리여, 여래가 멸한 뒤에 말법 가운데에 이 경을 설하고자 하면, 응당 편안하고 즐거운 행에 머물러서 ,입으로 베풀어서 설하거나, 경을 읽을 때에는, 사람과 경전의 허물을 말하기를 즐기지 말며, 다른 모든 법사를 가벼이 여겨 업신여기지 말며, 다른 사람의 좋고 나쁜 것과 잘한 것과 못한 것을 말하지 말지니라. 성문인 사람에게도 이름을 일컬어서 그의 나쁜 허물을 말하지 말며, 이름을 일컬어서 그의 아름다운 것을 찬탄하지도 말며, 또한 원망하고 싫어하는 마음을 내지 말지니라.

이와 같이 편안하고 즐거운 마음을 잘 닦는 까닭으로 모든 듣고 있는 자는 그 뜻을 거스르지 아니하느니라.

어려운 것을 묻는 바가 있으던 소승법으로써 답하지 아니하며, 다만 대승으로써 위하여 풀어서 말하여 일체 가지가지 지혜를 얻게 하느니라."

그 때 세존께서 거듭 이 뜻을 펴시고자 하시어 게송으로 설하시어 말씀하시되,
"보살은 항상 편안하게 의지하여 법을 설하기를 좋아하되,
맑고 깨끗한 땅에 평상자리를 펴고
기름을 몸에 바르고 티끌과 때를 씻어 목욕하고
새로이 깨끗한 옷을 입어 안과 밖을 함께 깨끗하게 하고
편안히 법의 자리에 머무르면서 물음을 따라 설할 지니라.
만약 비구와 비구니와
모든 우바새와 우바이와
나라의 왕과 왕자와 신하와 선비와 백성이 있으면

미묘한 뜻으로써 온화한 얼굴로 설할 것이며
만약 어려운 물음이 있으면 뜻을 따라서 답하되,
인연과 비유로 자세히 설명하고 분별할지니라.
이런 방편으로써 모두로 하여금 마음을 일으키게 하고
점점 이익을 더하게 하여 부처님 도에 들게 할 것이며
혐오하고 느린 뜻과 싫증나고 게으른 생각을 버리고
모든 근심과 번뇌를 떠나서
사랑스런 마음으로 법을 설할지니라.
낮과 밤으로 항상 위없는 도의 가르침을 설할며,
모든 인연과 헤아릴 수 없는 비유로써
중생에게 열어 보이어
다 기쁘고 즐겁게 하되,
의복과 눕는데 갖추는 것과 음식과 의약을
그 가운데서 구하고 바라는 바가 없어야 하며
다만 한마음으로 생각하되,
법을 설한 인연으로 부처님의 도를 이루기를 원하고
중생으로 하여금 또한 그렇게 되게 할지니라.
이것이 곧 큰 이익이며 편안하고 즐거운 공양이니라.
내가 멸도한 뒤에 만약 어떤 비구가
능히 이 묘법화경을 설명하여 말하면
마음에 미워하고 분내는 것과
모든 뇌로움으로 막히거나 걸림이 없고
근심과 수심과 욕하고 꾸짖는 자가 없을 것이며
겁나고 두려운 것과 칼과 몽둥이들로 때리는 것이
없을 것이며
또한 쫓겨 나옴이 없으리니,
편안히 참는데 머문 까닭이니라.
지혜자는 이와 같이 그 마음을 잘 닦아서

능히 편안하고 즐거움에 머물되
내가 위에서 설한 것과 같이 하면
그 사람의 공덕은 천만억겁에
산수의 비유로 말하여도 능히 다하지 못하리라."

 "또 문수사리여, 보살마하살은 뒤의 말세에서 법이 멸하고자 할 때에, 이 경전을 받아서 가지고 읽고 외우는 자를 미워하고 투기하며 아첨하고 속이는 마음을 품지 말고, 부처님의 도를 배우는 자를 가볍게 여겨 욕하며 그의 잘함과 못함을 찾지 말지니라.
 만약 비구 비구니와 우바새 우바이의 성문을 구하는 자와 벽지불을 구하는 자와 보살의 도를 구하는 자에게 뇌로움을 얻게 하여서 그로 하여금 의심하여 뉘우치게 하고는 그 사람에게 일러 말하되,〈 너희들은 도에는 떨어져서 심히 멀어서 일체 가지가지 지혜를 얻지 못하리라. 까닭은 무엇인가 하면 너는 바로 방일한 사람이라서 도에 게으르고 느린 까닭이니라〉라고 하지 말지니라.
 또한 역시 응당히 모든 법을 장난스럽게 논하여 싸우거나 다투는 것이 있으면 아니해야 하며, 일체 중생에게 크게 불쌍히 여기는 생각을 일으키고 ,모든 여래께는 사랑해 주시는 아버지라는 생각을 일으키며, 모든 보살에게는 큰 스승이란 생각을 일으키고, 시방의 모든 큰 보살에게는 항상 응당히 깊은 마음으로 공손히 공경하며 예배할지며, 일체 중생에게는 고루 같이 법을 설하되, 법을 따르는 까닭으로써 많이도 말고 적게도 말며, 이에 깊이 법을 사랑하는 자에게 이를지라도 또한 많이 설하지 말지니라.
 문수사리여, 이 보살마하살 로서 뒤의 말세에서 법이 멸하고자 할 때에 , 이 세 번째의 편안하고 즐거운 행을 성취한 자가 있으면, 이 법을 설할 때에 능히 뇌롭고 어지러운 것이 없을 것이며, 같이 배울 좋은 이를 얻어서 함께 이 경을 읽고 외울 것이며, 또한 대중이 와서 받아 들음을 얻을 것이로되, 듣기를 마치고는 능히 가지며, 가지기를 마치고는 능히 외우며, 외우기를 마치고는 능히 설하며, 설하기를 마치고는 능히 쓰며, 만약 사람을 시켜서 쓰게 하며, 경권에다 공양하고 공손히 공경하며 존중하고 찬탄하리라."

그 때에 세존께서 거듭 이 뜻을 펴시고자 하시어 게송으로 설하시어 말씀하시되,
"만약 이경을 설하고자 하면,
마땅히 시기함과 화냄과 거만함과 아첨함과
속이는 것과 삿된 것과 거짓된 마음을 버리고
항상 바탕이 곧은 행을 닦으며
사람을 가볍게 여겨 업신여기지 말며
법을 장난스럽게 논하지 말며
다른 이로 하여금 의심하게 하거나 뉘우치게 하여 이르기를
〈너는 부처님을 얻지 못한다〉하지 말지니라.
이 부처님의 아들이 법을 설하되,
항상 부드럽고 온화하며 능히 참고
일체를 사랑하고 불쌍히 여겨
게으르거나 느린 마음을 내지 말지니라.
시방에 큰 보살이 중생을 불쌍히 여기는 까닭으로
도를 행하나니
응당 공손히 공경하는 마음을 내어
〈이는 곧 나의 큰 스승이다〉하며
모든 부처님 세존께는 위없는 아버지라는 생각을 내어
교만하고 거만한 마음이 깨어지게 하고
법을 설함에 막히고 걸릴 것이 없게 할지니라.
세 번째의 법이 이와 같으니
지혜자는 응당 지키고 두호하며

한마음으로 편안하고 즐거운 행을 하면
헤아릴 수 없는 중생이 공경할 것이니라."

"또 문수사리여, 보살마하살로서 뒤의 말세에서 법이 멸하고자 할 때에 이 법화경을 가지고 있는 자는, 집에 있거나 출가한 사람 가운데에서는 크게 사랑하는 마음을 내고, 보살이 아닌 사람 가운데에서는 크게 불쌍히 여기는 마음을 내어 응당히 이런 생각을 하되,〈이와 같은 사람은 곧 크게 잃어버림이 되어, 여래께서 방편으로 마땅한 것을 따라 설하신 법을 듣지도 아니하며, 알지도 못하며, 깨닫지도 못하며, 묻지도 아니하며, 믿지도 아니하고, 이해하지도 못하나니, 그 사람이 비록 이 경을 묻지도 아니하며, 믿지도 아니하고, 이해하지도 못하나, 내가 완전한 깨달음을 얻을 때에는, 어떤 곳에 있을 지라도 좇아서 신통의 힘과 사리에 밝은 지혜의 힘으로써 그를 이끌어서 이 법 가운데 머묾을 얻게 하리라〉고 할지니라.

문수사리여, 이 보살마하살로서 여래가 멸한 뒤에, 이 네 번째의 법을 성취한 자가 있으면, 이 법을 설할 때에 잘못이나 허물은 있음이 없으며, 항상 비구 비구니와 우바새 우바이와 나라의 왕과 왕자와 대신과 인민과 바라문과 거사 들이 공양하고 공경하며 존중하고 찬탄하게 되며, 허공의 모든 하늘은 법을 듣기 위한 까닭으로 항상 따르고 모시리라.

만약 마을이나, 성이나, 고을이나, 비고 한가한 수풀 속에 있는데, 어떤 사람이 와서 어려운 것을 묻고자 하면, 모든 하늘이 밤낮으로 항상 법을 위한 까닭으로 호위하고 두호하여 능히 듣는 자로 하여금 모두 기뻐하고 즐거워함을 얻게 하느니라.

까닭은 무엇인가 하면, 이 경은 바로 일체 과거와 미래와 현재의 모든 부처님의 신력으로 두호하시는 바이기 때문이니라.

문수사리여, 이 법화경은 헤아릴 수 없는 나라 가운데에서 이름자만이라도 가히 얻어 듣지 못함에 이르거늘, 어찌 하물며 얻어 보고 받아서 가지며 읽고 외움이겠느냐.

 문수사리여, 비유할 것 같으면, 힘이 센 전륜성왕이 위엄 있는 기세로써 모든 나라를 항복 받고자 하나, 모든 작은 왕이 그 명령을 따르지 아니하면, 때에 전륜왕이 가지가지로 군사를 일으켜 가서 쳐서 벌하되, 왕이 군사무리에서 싸워서 공이 있는 자를 보고는 곧 크게 기쁘고 즐거워서 공에 따라 상을 주되, 혹은 밭과 집과 마을과 성과 고을을 주며, 혹은 의복과 몸을 꾸미는데 갖추는 것을 주며, 혹은 가지가지 진귀한 보배와, 코끼리와 말과 수레와 남자종과 여자종과 인민을 주되, 오직 상투 가운데의 밝은 구슬만은 주지 아니하니, 까닭은 무엇인가 하면, 홀로 왕의 이마 위에만 이 하나의 구슬이 있으니, 만약 이것을 준다면 왕의 모든 권속이 반드시 크게 놀라고 괴이하게 여길 것이니라.

 문수사리여, 여래도 또한 다시 이와 같아서 , 선정과 사리에 밝은 지혜의 힘으로써 법의 국토를 얻어서 삼계의 왕이거늘, 그러나 모든 마왕이 즐거이 따라 복종하지 아니하면, 여래의 어질고 거룩한 모든 장수가 더불어 같이 싸우니, 그 공이 있는 자에게는 마음이 기쁘고 즐거워서 , 사중 가운데에서 모든 경을 설하여 그로 하여금 즐겁게 하고, 선정과 해탈과 새는 것이 없는 근력과 모든 법의 재물을 하사하며, 열반의 성을 더불어 하사하며, 멸도를 얻으리라고 말하여, 마음을 인도하여 모두로 하여금 기쁘고 즐겁게 하되, 그러나 생각하여 이 법화경을 설하지 아니하느니라.

 문수사리여, 만약 전륜왕이 모든 군사무리에서 큰 공이 있는 자를 보면 마음이 심히 기쁘고 즐거워서 , 이 믿기 어려운 구슬을 오랫동안 상투 가운데 두고 함부로 사람에게 주지 아니하다가 이에 이제 이를 주느니라.

 여래도 또한 이와 같아서 삼계 가운데에서 큰 법왕이 되어 법으로써 일체 중생을 가르쳐 교화하되, 어질고 거룩한 군사가 오음마와 번뇌마와 죽음의 마와 더불어 싸워서 큰 공훈이 있어 , 탐함과 성냄과 어리석음을 멸하고 , 욕계와 색계와 무색계를 나와서, 마군의 그물을 깨뜨림을 보고는, 이 대 여래는 또한 크게 기뻐하고 즐거워하여, 이 법화경이 중생으로 하여금 능히 일체 지혜에 이르게 하지만, 일체 세간에서는 원망이 많고 믿기 어려움이라, 먼저 설하지 아니하였던 것을 지금 설하느니라.

문수사리여, 이 법화경은 모든 부처님 여래께서 비밀히 감추어 두셨던 바이라, 모든 경 가운데에서 가장 그 위에 있으니, 긴 밤에 지키고 두호하여 함부로 펴서 말하지 아니하다가, 비로소 오늘에야 너희들에게 주어 널리 설명하느니라."

그 때에 세존께서 거듭 이 뜻을 펴시고자 하시어 게송으로 설하시어 말씀하시되,
"항상 욕되는 것을 참는 행을 하고
일체를 슬피 불쌍히 여겨
능히 부처님께서 찬탄하신 바의 경을
설명하여 말할 지니라.
후의 말세 때에 이 경을 가지는 자는
집에 있는 이나 출가한 이나
보살이 아닌 이에게도 응당히 자비를 내어
〈이들이 이 경을 듣지 아니하고 믿지 아니하면
곧 크게 잃음이 됨이나
내가 부처님의 도를 얻어서 모든 방편으로써
위하여 이 법을 설하여
그 가운데 머물게 하리라〉할지니라.
비유하건대, 힘이 센 전륜왕이
군사가 싸워서 공이 있으면
상으로 모든 물건을 주되,

코끼리와 말과 수레와 몸을 치장하는 꺼리와
모든 밭과 집과 마을과 성과 고을과
의복과 진귀한 보배며
남자종과 여자종과 재물을 주어
기쁘고 즐겁게 베풀어 주다가,
용맹하고 굳셈이 있어
능히 어려운 일을 하게 되면
왕이 상투 가운데의 밝은 구슬을 풀어서
하사하는 것과 같듯이
여래도 또한 모든 법의 왕이 되어
욕되는 것을 참는 큰 힘과,
사리에 밝은 지혜의 보배 곳집과
큰 자비로써 법과 같이 세상을 교화하되
일체 사람이 괴로움과 뇌로움을 받고
해탈을 구하고자 하여
모든 마군과 더불어 싸우는 것을 보고
이런 중생을 위하여 가지가지의 법을 설하고
큰 방편으로써 이 모든 경을 설하여
이미 중생이 그 힘을 얻은 것을 알고는
뒤끝에야 이 법화를 설하나니,
왕이 상투를 풀어서 밝은 구슬을 주는 것과 같으니라.
이 경은 존귀하여 많은 경 가운데 으뜸이라,
내가 항상 지키고 두호하여 함부로 열어 보이지 아니하였으나,
지금이 바로 그 때이므로 너희들을 위하여 설하노라
내가 멸도한 뒤에 부처님의 도를 구하는 자가
편안하게 의지하여 만족하게
이 경을 설명하여 말하고자 하면
응당 마땅히 이와 같은 네 가지 법을 친하고 가까이 할지니라.

이 경을 읽는 자는 항상 근심과 번뇌로움이 없고
병과 아픔이 없으며, 얼굴빛이 곱고 희며
가난하고 궁하거나 낮고 천하거나
추하고 더러운 데에 나지 않으며
중생이 좋아하여 보되
어질고 거룩한 이를 사모하는 것과 같이 하며
하늘의 모든 동자가 심부름꾼이 되며
칼과 막대기로 치지 못하며
독이 능히 해롭게 하지 못하며
만약 사람이 악하게 욕을 하면 입이 곧 닫히고 막히며
노닐며 다님에 두려움이 없기는 사자왕과 같으며
사리에 밝은 지혜의 빛이 밝음은 해가 비침과 같으니라.
꿈 가운데에는 묘한 일만 보되,
모든 여래께서 사자자리에 앉으시고
모든 비구 무리에게 에워 둘러싸이시어
법을 설하시는 것을 보며
항하사와 같은 수의 용과 신과 아수라들이
공경하며 합장함을 보거든
그 몸이 위하여 법을 설하는 것을 스스로 볼 것이니라.
모든 부처님의 몸의 형상이 금빛이라
헤아릴 수 없는 빛을 놓으시어 일체를 비추시고
맑은 음성으로써 모든 법을 설경하시어
말씀하시는 것을 보며
부처님께서 사중을 위하시어
위없는 법을 설하시거늘,
몸이 가운데에 머물면서 합장하고 부처님을 찬탄하고
법을 듣고는 기쁘고 즐거워서 공양하며
다라니를 얻어 물러나지 아니하는 지혜를 증하면

부처님께서 그 마음이 깊이 부처님의 도에 듦을 아시고는
곧 수기 주시어 〈가장 빠른 깨달음을 이루리라〉 하시되,
〈그대 선남자는 오는 세상에
부처님의 큰 도를 얻을 것이며
국토는 엄숙하고 깨끗하며
넓고 커서 비할 데 없으며
또한 사중이 있어 합장하고 법을 들으리라〉
하심을 보느니라.
또 자기 몸이 산의 수풀 가운데 있음을 보나니,
좋은 법을 닦고 익혀서 모든 실상을 증하며
깊이 선정에 들어서 시방의 부처님을 뵈옵나니,
모든 부처님의 몸은 금빛이요
백가지 복의 형상으로 꾸미고 치장됨이요,
법을 듣자옵고 는 사람을 위하여 설하는
항상 이런 좋은 꿈이 있음이니라.
또 꿈에 나라의 왕이 되어 궁전과 거느린 무리와
으뜸가고 묘한 다섯 가지 욕심을 버리고
도량에 나아가서 보리수 아래에 있으면서
사자자리에 머물러
도를 구하기 칠일을 지나고는
모든 부처님의 지혜를 얻고
위없는 도를 이루어 마치고는 일어나서
법의 바퀴를 굴리며 사중을 위하여 법을 설하되
천만억겁이 지나도록 새는 것이 없는 묘법을 설하여
헤아릴 수없는 중생을 제도하여
뒤에 마땅히 열반에 들것이로되
연기가 다하여 등불이 꺼지는 것과 같음이니라.
만약 뒤 악한 세상 가운데에서 이 제일의 법을 설하면

이 사람이 얻는 큰 이익은 위의 모든 공덕과 같으니라.

부처님은 진리 그 자체 (종지 용출품)

> 해설―타방 세계에서 오신 보살께서 이 사바세계에서 법화경을 두호하고 중생들을 위해 설하겠다고 하자, 부처님께서는 이 사바세계에도 보살이 수없이 많으며, 이 보살들이 법화경을 설할 것이라고 하시면서, 이 사바세계의 수많은 보살들이 땅으로부터 솟아 나오는 모습을 보입니다.
> 그리고 이 많은 보살과 부처님과의 관계에 대해서 말씀하시면서 부처님은 영겁 전에 이미 성불하신 본불로서, 진리 그 자체로서의 부처님 개념을 설하시는 장면이 이어집니다.

이 때에 다른 방위의 국토에서 오신 보살마하살께서는 팔 항하사 수보다 지났소이다. 대중 가운데에서 일어나 합장하시고 절을 하시고는 부처님께 말씀하시되, "세존이시여, 만약 저희들이 부처님께서 멸하신 뒤에 이 사바세계에 있으면서 부지런히 정진을 더하며 이 경전을 두호하여 가지고 읽고 외우며 써서 베끼며 공양할 것을 들어주신다면, 마땅히 이 땅에서 널리 설하오리다."

이 때에 부처님께서 보살마하살 대중에게 이르시되, "그칠 지어라. 선남자여, 너희들이 이 경을 두호하여 가지기를 기다리지 아니하나니, 까닭은 무엇인가 하면, 나의 사바세계에는 스스로 육만 항하사들의 보살마하살이 있고 하나하나의 보살에게는 각각 육만 항하사 권속이 있거늘, 이 모든 사람들이 내가 멸한 뒤에 능히 이 경을 두호하여 가지고 읽고 외우며 널리 설할 것이니라."

부처님께서 이러한 말씀을 하실 때에 사바세계의 삼천대천국토는 땅이 모두 진동하여 갈라지더니, 그 가운데에서 헤아릴 수도 없는 천만 억 보살마하살이 계시어 같은 때에 솟아 나오셨소이다. 이 모든 보살의 몸은 모두 금빛이고, 서른 두 가지 형상이며, 헤아릴 수 없는 밝은 빛이라, 먼저 다 이 사바세계의 아래에 계시어 이 경계의 허공 가운데에 머무시다가, 석가모니 부처님의 말씀하시는 음성을 듣자옵고 아래로부터 떠나오시되, 하나하나의 보살께서는 모두 바로 대중의 창도의 우두머리이시니, 각각 육만 항하사의 권속을 거느리셨거늘, 하물며 오만, 사만과 삼만, 이만과 일만 항하사들의 권속만 거느린 자이겠소이까.

하물며 다시 이에 일 항하사와 반항하사와 사분의 일에 이르러며, 이에 천만 억 나유타분의 일에 이르럼이겠소이까.

하물며 다시 천만 억 나유타 권속뿐이며, 하물며 다시 억만의 권속뿐이며, 하물며 다시 천만, 백만에서 이에 일만에 이르러며, 하물며 다시 일천, 일백에서 일십에 이르러며, 하물며 다시 다섯, 넷, 셋, 둘, 하나의 제자만 거느린 자뿐이겠소이까.

하물며 다시 홀몸으로 멀리 떠나는 행을 즐기시는, 이와 같은 이들의 많은 이는 헤아릴 수 없고 가도 없어서 산수의 비유로는 능히 알지 못할 바이었소이다.

이 모든 보살께서 땅으로부터 나오시기를 마치고는 각각 나아가시어, 허공의 일곱 가지 보배로 된 묘한 탑의 다보여래와 석가모니 부처님의 거처에 이르시고는 두 세존을 향하시어 머리와 얼굴로 발에 절을 하시고, 모든 보배나무 아래의 사자자리 위, 부처님의 거처에 이르시어 모두 절을 하시고, 오른 쪽으로 세 번 둘러서 도시고는 합장하시고 공손히 공경하사, 모든 보살의 가지가지 찬탄하는 법으로써 찬탄하시고 한쪽에 머물러 계시면서 기뻐하시고 즐거워하시며 두 세존을 우러러 바라다 보셨소이다.

이 모든 보살마하살께서 처음 솟아 나오시어부터 모든 보살의 가지가지 찬탄하는 법으로써 이에 부처님을 찬탄하시니, 이와 같은 시간이 오십 소겁이 지났소이다.

이 때에 석가모니부처님께서는 묵묵히 앉아계시었고 모든 사중도 묵묵히 하기를 오십소겁이었는데 부처님의 신력의 까닭으로 모든 대중으로 하여금 한나절과 같이 생각게 하였소이다.

이 때에 사중은 부처님의 신력의 까닭으로써 모든 보살이 헤아릴 수 없는 백천만억 국토의 허공에 두루 가득함을 보았소이다.

이보살의 많은 이 가운데에는 네 분의 인도하는 스승이 계시니,
첫째 이름은 상행이시고,
둘째 이름은 부변행이시며,
셋째 이름은 정행이시고
넷째 이름은 안립행이시었소이다.

이 네 분 보살께서는 많은 이 가운데에서 가장 높은 우두머리로서 창도의 스승인시니, 대중 앞에 계시며 각각 같이 합장하시고 석가모니부처님을 우러러 뵈옵고 문안을 여쭈어 말씀하시되, "세존이시여, 병환이 적으시며, 뇌로움도 적으시며, 편안하시고 즐거우신 행을 하시옵니까, 아니 하시옵니까. 응당히 제도할 바의 자는 가르침을 쉽게 받으시옵나이까, 아니옵나이까, 세존으로 하여금 피로를 내시게 하지는 아니하나이까."

그 때 네 분의 큰 보살께서 게송으로 설하시어 말씀하시되,

(보살께서 게송으로 부처님께 문안을 여쭙는 말씀은 위 구절과 반복되는 게송이므로 생략함)

이 때 세존께서 보살대중가운데에서 이런 말씀을 하시되, "그와 같고 그와 같으니라. 모든 선남자여, 여래는 편안하고 즐거우며 병도 적고 뇌로움도 적으며, 모든 중생들도 가히 교화하여 제도하기가 쉬워서 피로함이 있음이 없노라.

까닭은 무엇인가 하면, 이 모든 중생은 세세로 이미 오면서 항상 나의 교화를 받았으며, 또한 지난 예전에 모든 부처님을 공경하고 존중하였으며, 모든 착한 근본을 심음이라.

이 모든 중생이 처음 나의 몸을 보고 내가 말한 바를 듣고는 곧 모두 믿어서 받아 여래의 지혜에 들었나니, 먼저 소승을 배워서

닦고 익힌 자는 제외하느니라. 이와 같은 사람도 내가 지금 이 경을 얻어 듣게 하여 부처님 지혜에 들게 하느니라."

그 때 모든 큰 보살께서 게송으로 설하시어 말씀하시되,
"좋으시고 좋으시며
큰 영웅이신 세존이시여
모든 중생들을 가히 쉽게 교화하시어 제도하시오니,
능히 모든 부처님의 심히 깊은 밝은 지혜를 물어서
듣기를 마치고는 믿어 행함이니
저희들도 따라서 기뻐하나이다."

때에 있어서 세존께서 높은 우두머리의 모든 큰 보살을 찬탄하시되, "착하고 착하도다. 착한 남자여, 너희들이 능히 여래를 기대어 따라 기쁜 마음을 일으키는 구나."

그 때에 미륵보살과 팔천 항하사의 모든 보살의 많은 이께서 이런 생각을 하시되, '우리들이 예로부터 이미 오면서 이와 같은 큰 보살마하살의 많은 분께서 당으로부터 솟아 나오시어, 세존 앞에 머무시면서 합장하시며 공양하시고 여래께 문안을 여쭈심을 보지도 못하였고 듣지도 못하였도다.'

때에 미륵보살께서 팔천 항하사의 모든 보살의 마음에 생각하시는 바를 아시고, 아울러 스스로 의심하는 바를 끊고자 하시어, 부처님을 향하여 합장하시고 게송으로써 여쭈어 가라사대, 천만억 대중의 모든 보살은 옛적에는 일찍이 보지도 못한 바이오니 원하옵건대, 양가지가 흡족하시고 높으신 분께옵서는 설하여 주시옵소서. 이들은 어느 곳으로부터 왔으며 어떠한 인연으로 모였나이까. 거대한 몸에 큰 신통과 밝은 지혜는 생각으로 논의하기 어려우며 뜻과 생각이 굳고 단단하여 크게 욕되는 것을 참는 힘이 있으며 중생이 보기를 즐거워하는 바이니, 어떠한 곳으로부터 오게 되었나이까.

하나하나의 모든 보살이 거느린 바의 모든 권속의 수를 헤아림이란 있을 수 없어서 항하사들과 같으며 어떤 큰 보살은 육만 항하사를 거느리며 모든 대중이 한마음으로 부처님의 도를 구하며 육만 항하사의 이 모든 큰 스승들이 함께 와서 부처님께 공양하고 그리고 이 경을 두호하여 가지며 오만 항하사를 거느리니, 그 수는 이보다 지나며 사만과 그리고 삼만이며, 이만과 일만에 이르러며 일천과 일백들로 이에 일 항하사에 이르러며 절반과 삼사 분과 억 만 분의 일이며 천만 나유타 만억의 모든 제자와 반억에 이르름의 그 수는 다시 위의 것을 지나며 백만에서 일 만에 이르름과 일천과 일백이며 오십과 더불어 일십에서 셋, 둘, 하나에 이르러며 혼자 몸으로 권속도 없이 홀로 살기를 즐기는 자가함께 와서 부처님의 거처에 이르니, 그 수는 점점 위보다 지나옵니다.

이와 같은 모든 대중을 만약 사람이 수를 헤아림을 행한다면 항하사 겁을 지나도 오히려 능히 다 알지 못하오리다.

이 모든 큰 위엄과 억의 정진하는 보살 많은 이에게 누가 그를 위하여 법을 설하시어 가르쳐 교화하시어 성취하게 하셨으며 누구를 따라 처음에 마음을 일으켰고 어느 부처님의 법을 드러내어 찬양하였으며 누구의 경을 받아 가져서 행하였고 어떤 부처님의 도를 닦아 익혔나이까.

이와 같은 모든 보살의 신통과 큰 지혜의 힘으로 사방으로 땅이 진동하고 갈라져서 모두 가운데로 솟아나오니 저희는 옛적으로부터 오면서 일찍이 이런 일을 보지 못하였사옵니다.

원하옵건대, 그 좇아온바 국토의 명호를 설하시어 주시옵소서.

저는 항상 모든 나라를 여행하였으되 이렇게 많은 이를 보지 못하였사오며 이 많은 이 가운데에서 한 사람도 알지 못하겠나이다. 홀연히 땅으로부터 나왔나니, 원하옵건대 그 인연을 설하여 주시옵소서. 지금 여기의 큰 모임에 백천억의 이 모든 보살들이 모두 이러한 일과 이 모든 보살들의 처음과 끝의 인연을 알고자 하옵나

이다. 헤아릴 수 없는 덕의 세존이시여, 오직 원하옵건대 대중의 의심을 끊게 하여 주시옵소서

이 때에 석가모니부처님께서 분신하신 모든 부처님이신, 천만 억의 다른 방위의 국토로부터 오신 분께옵서, 여덟 방위의 모든 보배나무 아래 사자자리 위에 가부좌를 맺고 계셨는데, 그 부처님의 시자께서는 이 보살 대중께서 삼천대천세계의 사방에서 땅으로부터 솟아 나오시어 허공에 머무르심을 각각 보시고, 각기 그 부처님께 아뢰어 말씀하오되, "세존이시여, 이 모든 헤아릴 수도 없고 가도 없는 아승지 보살 대중은 어떠한 곳으로부터 왔나이까."

이 때에 모든 부처님께서 각각 시자에게 이르시되, "선남자여 우선 잠깐만 기다릴 지니라. 보살마하살이 있으니, 이름은 가로되 미륵이라. 석가모니부처님께서 수기주신 바이니, 차후에 부처님을 지으리니 와, 이미 이 일을 물었으니, 부처님께서 지금 답하시리라. 너희들도 스스로 이로 인하여 들음을 얻으리라."

이 때에 석가모니 부처님께서 미륵보살에게 이르시되, "착하고 착하도다. 아일다여, 능히 부처님께 이와 같은 큰일을 물었도다. 너희들은 마땅히 같이 한마음으로 정진의 갑옷을 입고 굳고 단단한 뜻을 일으킬지니라. 여래는 지금 모든 부처님의 밝은 지혜와, 마음대로 되는 신통의 힘과, 모든 부처님의 사자가 분발하여 **빠름**과 같은 힘과, 모든 부처님의 위엄스럽고 용맹하시며 큰 세력의 힘을 나타냄을 일으켜서 펴 보이고자 하느니라."

그 때에 세존께서 거듭 이 뜻을 펴시고자 게송으로 설하여 말씀하시되,

"마땅히 한마음으로 정진할지니라.
내가 이일을 말하고자 하노니,
의심하여 뉘우침 가짐을 얻지 말지니라.

부처님의 지혜는 생각으로 논의하기 어렵나니
　너는 지금 믿는 힘을 내어 참고 착한 거운데 머물면
　옛적에는 듣지도 못한 바의 법을
　지금 모두 마땅히 얻어들으리라.
　내가 지금 너를 편안하도록 위로하노니
　든든히 여겨 의심과 두려움을 품지 말지니라.
　부처님은 진실한 말씀 아닌 것이 없으며
　밝은 지혜는 가히 헤아리지를 못하느니라.
　얻은 바의 제일의 법은 심히 깊어서 분별하지도 못함이니,
　이와 같은 것을 지금 마땅히 설하노니
　너희들은 한마음으로 들을 지니라."

　이 때에 세존께서 이 게송을 설하시기를 마치시고 미륵보살에게 이르시되, "내가 지금 너희들에게 펴서 이르노라.
　아일다여, 이 수없는 아승지의 큰 보살마하살들이 땅으로부터 솟아나왔으니, 너희들은 옛적에는 보지 못한 바의 자이니라.
　내가 이 사바세계에서 완전한 깨달음을 얻기를 마치고는, 이 모든 보살을 가르쳐 교화하여 인도하고, 그 마음을 고르게 굴복시켜 도에 뜻을 일으키게 하였나니, 이 모든 보살이 모두 이 사바세계 아래의 허공가운데 머물면서 모든 경전을 읽고 외워서 통리하였으며, 깊이 헤아리고 분별하여 바르게 기억하고 생각하였느니라.
　아일다여, 이 모든 선남자들이 많은 이에 있으면서도 말하는 바가 많이 있는 것을 즐기지 않고 항상 고요한 곳을 즐기며 부지런히 정진을 하되 일찍이 쉬지 아니하였으며 또한 사람과 하늘에 의지하여 머물지도 아니하고 항상 깊은 지혜를 즐기어 막히고 걸리는 것은 있음이 없으며, 또한 항상 모든 부처님의 법을 즐겨 한마음으로 정진하여, 위없는 지혜를 구하느니라."

그 때에 세존께서 거듭 이 뜻을 펴시고자 게송으로 설하시어 말씀하시되,
 "아일다여, 너는 마땅히 알지니라.
이 모든 큰 보살이 수없는 겁으로부터 오면서
부처님의 밝은 지혜를 닦고 익혔느니라.
이는 다 내가 교화한 바이며
큰 도의 마음을 일으키게 한 것이니라.
이들은 바로 나의 아들이니,
이 세계를 의지하여 머물며
항상 옷과 음식과 집에 대한 집착을 버리고
몸과 마음을 수행하는 일을 행하며,
뜻은 고요한 곳을 즐기어 대중의 시끄러움과 어지러움을 버리고
말 많은 것을 즐기지 아니하나니
이와 같은 모든 아들들이 나의 도법을 배우고 익히며
밤낮으로 항상 정진하여 부처님의 도를 구하기 위한 까닭으로
사바세계 아래 방위의 허공가운데에 머물러 있느니라.
뜻과 생각하는 힘이 굳고 단단하여
항상 부지런히 밝은 지혜를 구하며
가지가지 묘법을 설하되, 그 마음이 두려울 바 없느니라.
내가 가야성 보리수 아래 앉아
가장 바른 깨달음 이룸을 얻고서 위없는 법륜을 굴리고
이를 가르쳐 교화하여
처음으로 도의 마음을 일으키게 하였나니,
지금은 모두 물러나지 않는 데에 머물렀으며
마땅히 부처님 이룸을 얻느니라.
내가 지금 진실한 말을 설하노니
너희들은 한마음으로 믿을 지니라
나는 멀리 오래부터 오면서

이들의 많은 이를 가르쳐 교화하였느니라."

이 때에 미륵보살마하살과 수없는 모든 보살께서 마음에 의심하여 미혹함을 내시고 괴이하게 여기시어 이런 생각을 하시되, '어찌하여 세존께서는 적은 시간에 의거하여, 이와 같이 수없는 아승지의 큰 보살을 가르쳐 교화하시어 완전한 깨달음에 머물게 하셨겠는가' 하시고, 곧 부처님께 아뢰어 말씀하시되, "세존이시여, 여래께서 태자이실 때 석씨궁궐을 나오시어 가야성 가기가 멀지 않은 도량에 앉으시서 완전한 깨달음 이룸을 얻으시고, 이로부터 이미 오심은 비로소 사십여 년이 지났나이다.

세존께서는 어찌하여 이 적은 시간에 크게 부처님의 일을 하시어, 부처님의 세력과 부처님의 공덕으로 이와 같은 수없는 큰 보살을 가르쳐 교화하시어 완전한 깨달음을 이루게 하시나이까.

세존이시여, 이 큰 보살의 많은 이를 가령 어떠한 사람이 천만억겁토록 세어도 능히 다하지 못하며, 그 가를 얻지도 못하오리다. 이들은 오래되고 멀리 오면서 수없는 모든 부처님의 거처에서, 착한 근본을 심어 보살도를 성취하고 항상 깨끗한 행을 닦았을 것이니, 이와 같은 일은 세상에서 믿기 어려운 바이옵니다.

비유하옵건대, 얼굴이 아름답고 머리도 검고 나이는 스물다섯 살 되는 어떤 사람이 ,백 살이나 된 사람을 가리켜서 〈이는 나의 아들이다〉고 말하고 ,그 백 살 된 사람도 나이 젊은이를 가리켜서 〈이 분은 나의 아버지다. 저희들을 낳아서 기르셨다〉 고 말하면, 이 일은 믿기가 어려웁나이다.

부처님께서도 이와 같으시어, 도를 얻으셔서 오신지는 오래지 않사옵고, 이 대중의 모든 보살들은 이미 헤아릴 수 없는 천만억겁토록 부처님의 도를 위한 까닭으로 부지런히 정진을 행하며, 오래 범행을 닦아, 능히 차례차례로 모든 좋은 법을 잘 익혀서 문답하는데 훌륭하여 사람가운데의 보배이니, 일체 세간에 심히 드물게 있음이 온대, 오늘날 세존께서 바야흐로 이르시되,〈부처님의 도를 얻었을 때에 처음으로 마음을 일으키게 하여, 가르쳐 교화하여 인도하고, 하여금 완전한 깨달음으로 향하게 하였다〉하시오니, 세존께서는 부처님을 얻으시온 지는 오래이시지 않사온데 이러하신 큰 공덕의 일을 능히 지으시나이까.

저희들은 비록 다시 부처님께서 마땅하신 것을 따라 설하옵신 바의, 부처님에게서 나오신 바의 말씀은 일찍이 허망하지 않사오며, 부처님께서는 아실 바를 모두 다 통달하셨음을 믿사옵니다.

그러하오나 새로 뜻을 일으킨 모든 보살은 부처님께서 멸하신 뒤에, 만약 이 말씀을 듣고 믿어서 받지 아니하여, 법을 깨뜨리는 죄업의 인연을 일으키옵니다. 오직 그러하오니, 세존이시여, 풀어서 말씀하시어 저희들의 의심을 버리게 하여 주시옵소서. 그리고 또 미래 세상의 모든 선남자가 이 일을 듣기를 마치고는 의심을 내지 않게 하여 주시옵소서."

그 때에 미륵보살께서 거듭 이 뜻을 펴시고자 하시어 게송으로 설하시어 말씀하시되,

(미륵보살께서 위 질문 내용을 게송으로써 재차 여쭙는 내용은 위 질문 내용과 중복되므로 생략함)

해설—이 미륵보살의 질문의 내용은 중요한 질문입니다. 불교에 있어서 반드시 이 부분을 가장 소중하게 인식하여야 하면, 앞으로 나오는 부처님의 답변 말씀 부분은 불교교리의 핵심으로 자리 잡아야 할 뿐만 아니라, 중고등학교 교과서에서 나오는 불교의 개념, 부처님의 의미 부분이 현재 모두 틀리게 기술이 되어있습니다.

그러한 일반 대중교육에서 불교를 틀리게 인식하고 교육 받음으로 인해서 현재 국민의 99%는 불교를 오해하고 있습니다.

부처님이란 무엇입니까?

부처님이란 오직 하나 뿐인 진리 그 자체입니다.

그러한 진리는 영겁 전에 이미 존재해 있었으며, 우리 인간 세상에 사람의 몸으로 출현하신 응신불로서는 석가모니 부처님이십니다. 즉 본래부터 존재

하는 진리 그 자체를 본불이라고 부르며, 그 본불이 우리 인간 세상에 모양으로 나타나신 분이 바로 응신불이라고 부르는 석가모니부처님이십니다. 왜 본불께서 우리 인간 세상에 오셨는가에 대해서는 이미 이 경전의 방편품에서 자세히 말씀하시고 계셨으므로 다시 언급하지 않겠습니다.

본불로서의 , 본래부터 존재하는 진리 그 자체, 오직 하나뿐인 진리 그 자체로서의 부처님은 이미 영겁 전에 성불을 이루시고 또한 무한한 능력과 신력을 가지시고, 일체를 아시고, 다시 말해서 전지전능하신 아버지로서의 분이시다는 것을 부처님께서는 보살들에게 말씀하시고 계시는 것입니다.

중생들에게 말씀하시면 중생들이 믿지를 아니하고 오히려 욕할 것이다. 그러므로 중생들이 삼악도에 떨어질 것이므로 차라리 말씀하시지 않고 계시다가, 그것을 이해 할 수 있는 상근기의 보살들에게 이러한 진실법을 설하시려고 하는 것입니다.

방편품에서도 부처님께서 말씀하셨듯이, 부처님의 능력은 전지전능하여서, 아들들을 한 손으로 들어서 불난 집에서 바로 꺼내 나오게 할 수도 있지만, 그렇게 한다면, 나오는 문은 오직 하나(일승, 일불승)만 있고, 아들들이 몸부림을 치면서 혹시나 떨어져 다칠 것 같아서 그러한 방법을 쓰지 않고, 방편의 방법으로서 아들들을 나오게 하셨다고 하셨습니다.

이제부터 하시는 부처님 말씀은 불교의 가장 최상의 교리이며, 모든 학생들과 교과서 일반 국민들이 바르게 알아야 할 부분입니다. 즉 불교의 최상의 교리는 자비(사랑)와 전지전능하신(일체를 아시고 무한한 신력을 가지신) 부처님 아버지에 대한 믿음, 신앙입니다. 부처님은 일체를 아시고(일체지),무한한 신력을 지니셨으며(여래신력품),영원히 멸하지 아니하시는(불멸) 중생의 아버지이시다 는 것에 대한 믿음과 신앙은 불교의 핵심입니다.)

부처님은 영원불멸하다 (여래수량품)

해설—여래수량품에서 수는 수명을 의미하는데, 부처님의 수명이란 있는 것이 아니라, 영겁 전에 무한한 과거 전에, 사람의 생각으로 헤아리기 어려운 무한한 과거에 이미 성불을 이루시고, 항상 존재하시는 영원불멸하신 분이다 라고 말씀하시는 장면입니다. 열반을 보이신 것은 중생을 위한 방편으로 열반을 보이신 것이며, 진실은 항상 존재하신다는 의미를 유념하시길 바랍니다

이 때에 부처님께서 모든 보살과 일체 대중에게 이르시되, "선남자여, 너희들은 마땅히 여래의 참된 이치의 말을 믿고 이해할지니라."

다시 대중에게 이르시되, "너희들은 마땅히 여래의 참된 이치의 말을 믿고 이해할지니라."

또 다시 모든 대중에게 이르시되, "너희들은 마땅히 여래의 참된 이치의 말을 믿고 이해할지니라."

해설—이처럼 부처님께서 세 번씩이나 반복해서 여래의 진실한 말씀을 믿으라고 하셨는데, 오늘날 불자들은 과연 이러한 부처님의 말씀에 대한 믿음이 있는지 묻고 싶습니다.
부처님의 진실한 말씀을 믿고 이해하라고 세 번씩이나 말씀하시고 계십니다.

이 때에 보살 대중에게 미륵께서 우두머리가 되어 합장하시고 부처님께 아뢰어 말씀하시되, "세존이시여, 오직 원하옵건대 설하시옵소서. 저희들은 마땅히 부처님의 말씀을 믿어서 받으오리다."

이와 같이 세 번이나 아뢰기를 마치고는 다시 말씀하시되, "오직 원하옵건대 설하시옵소서. 저희들은 마땅히 부처님의 말씀을

믿어서 받으오리다."

　이 때 세존께서는 모든 보살이 세 번이나 청하며 그치지 아니하는 것을 아시고, 이에 일러서 말씀하시되, "너희들은 여래의 비밀한 신통의 힘을 잘 들을 지니라.

　일체 세간의 하늘과 사람과 아수라는 모두, <u>지금의 석가모니 부처님이 석씨 궁궐을 나와서 가야성 가기가 멀지 않은 도량에 앉아서, 완전한 깨달음을 얻었다고 생각하느니라.</u>

　<u>그러나 선남자여, 내가 진실로는 부처님을 이루어 이미 옴은 헤아릴 수 없고 가도 없는 백천만억 나유타 겁이니라.</u>

> 해설―석가모니부처님께서는 왕태자로서 궁궐에서 출가하여 보리수나무 아래에서 성불을 이룬 것으로 생각하고 있지만, 사실은 그 이전에 이미 영겁전에 이미 성불하신 후 항상 존재하시는 분이신데, 방편으로 그러한 출가와 수행과 성불을 보여주신 것에 불과한 것입니다. 응신불로서의 부처님 개념에 앞서 우리들은 본불로서의 부처님 개념을 아셔야 할 것입니다.

　비유할 것 같으면, 오백천만억 나유타 아승지의 삼천대천세계를 가령 어떤 사람이 갈아서 미진을 만들어서, 동방으로 오백천만억 나유타 아승지 나라를 지나면서 이에 한 미진을 떨어뜨리며, 이와 같이 동쪽으로 가면서 이 미진이 다한다면, 모든 선남자여 뜻에는 어떠하겠느냐. 이 모든 세계를 가히 깊이 생각하여 산술로 헤아림을 할지라도 그 수를 알겠느냐. 모르겠느냐."

　미륵보살들께서 함께 부처님께 아뢰어 말씀하시되, "세존이시여, 이 모든 세계는 헤아릴 수 없고 가없어서 산수로써 알바가 아니오며, 또 한마음의 힘으로도 미칠 바가 아니오며, 일체 성문벽지불이 새는 것이 없는 지혜로써 깊이 생각하여도 그 한정의 수는 능히 알지를 못하오며, 저희들이 돌아서서 물러나지 아니하는 지위에 머물지라도, 이 일 가운데서는 또한 통달하지 못할 바이옵나이다."

이 때에 부처님께서 큰 보살 많은 이에게 이르시되, "모든 선남자여, 이제 마땅히 너희들에게 분명히 펴서 말하리라.

이 모든 세계에 만약 미진을 든 것과 그리고 또 두지 아니한 것을 모두 미진을 만들어서, 한 디진을 한 겁이라고 하여도, 내가 부처님을 이루어서 이미 옴은 다시 이보다도 백천만억 나유타 아승지 겁을 지나느니라. 이로부터 스스로 오면서 내가 항상 이 사바세계에 있으면서 법을 설하여 가르쳐 교화하였으며, 또한 나머지 곳인 백천만억 나유타 아승지 나라에서도 중생을 인도하여 이롭게 하였느니라.

모든 선남자여, 이런 중간에 내가 연등 부처님들을 말하였으며, 또 다시 그가 열반에 들었다고 말하였으나, 이와 같은 것은 모두 방편으로 분별한 것이니라.

모든 선남자여, 만약 어떤 중생이 나의 거처에 와서 이르러면, 내가 부처님 눈으로써 그의 근기가 날카롭고 둔함을 관하여, 응당 제도할 바를 따라서 곳곳마다에서 이른 자를 같지 않게 하고, 나이의 연대도 많고 적게 하여 스스로 설하였으며, 또한 다시 마땅히 열반에 듦을 나타내어 말하기도 하며, 가지가지 방편으로써 미묘한 법을 설하여, 능히 중생으로 하여금 기뻐하고 즐거워하는 마음을 일으키게 하였느니라.

모든 선남자여, 여래는 모든 중생이 작은 법을 즐기며, 덕이 엷고 때가 무거운 자를 보면, 이러한 사람을 위하여 말하되, 〈나는 젊어서 출가하여 완전한 깨달음을 얻었노라〉하였느니라.

그러나 내가 진실로는 부처님을 이루어 이미 오는 것이 멀고 오래됨은 이와 같지마는, 다만 방편으로써 중생을 가르쳐 교화하여 부처님의 도에 들게 하려고 이와 같은 말을 하였느니라.

모든 선남자여, 여래가 설명한바 경전은 모두 중생을 제도하여 벗어나게 하기 위함이니, 혹은 자기 몸을 설하고 혹은 남의 몸을 설하며 혹은 자기 몸을 보이고, 혹은 남의 몸을 보이며, 혹은 자기의 일을 보이고, 혹은 남의 일을 보이되, 모든 설한 바의 말은 모두 진실하여 헛되지 아니하느니라.

까닭은 무엇인가 하면, 여래는 삼계의 형상을 실상과 같이 보고 알아 나거나 죽거나 물러남과 나옴도 있음이 없고, 세상에 있는 것과 멸도한 것도 없으며, 참된 것도 아니요, 헛된 것도 아니며, 같은 것도 아니요, 다른 것도 아니며, 삼계에서 보는 삼계와는 같지 않느니라.

이와 같은 일을 여래는 밝게 보아 그릇되어 어긋남은 있음이 없건마는 모든 중생은 가지가지 성품과, 가지가지 욕심과, 가지가지의 행과, 가지가지를 기억하고 생각하며 분별함이 있는 까닭으로 모든 착한 근본을 내게 하고자 하여, 약간의 인연과 비유와 말로써 가지가지의 법을 설하되, 부처님을 짓는 바의 일을 일찍이 잠깐이라도 폐하지 않았느니라.

<u>이와 같이 하여 내가 부처님을 이루어서 이미 오는 것은 심히 많이 오래되고 멀어서, 수명은 헤아릴 수 없는 아승지 겁이라, 항상 머물러서 멸하지 아니하느니라.</u>

모든 선남자여, 내가 본래 보살의 도를 행하여 이룬바 수명은 지금도 아직 다하지 못하였으며, 다시 위의 수보다 배이니라.

그러나 지금 진실은 멸도가 아니면서 이에 문득 〈마땅히 멸도를 취하겠다〉고 소리 높여 말하노니, 여래는 이런 방편으로써 중생을 가르쳐 교화하느니라.

까닭은 무엇인가 하면, 만약 부처님이 세상에 오래 머무르면, 덕이 엷은 사람은 착한 근본을 심지 않고 빈궁하고 낮고 천하며, 다섯 가지 욕심에만 탐착하여 기억과 생각이 허망한 견해의 그물 가운데에 들 것이니라.

만약 여래가 항상 멸하지 않고 있는 것을 보면, 오로지 교만하고 방자한 것만 일으켜서 싫증냄과 게으름을 품고, 능히 만나기 어렵다는 생각과 공경하는 마음을 내지 아니하리라.

이러한 까닭으로 여래는 방편으로 설하되, 〈비구여 마땅히 알지니라. 모든 부처님께서 세간에 나오시는 것을 가히 만남을 마주치기가 어렵다〉하느니라.

까닭은 무엇인가 하면, 모든 덕이 엷은 사람은 헤아릴 수 없는 백천만억겁을 지나도록, 혹은 부처님을 뵈오며, 혹은 뵈옵지 못하는 자가 있나니, 이러한 일의 까닭으로 내가 이런 말을 하되, 〈모든 비구여, 여래는 가히 뵈옴을 얻기가 어렵다〉하느니라.

이 중생이 이와 같은 말을 들으면, 반드시 마땅히 만나기 어렵다는 생각을 내어 마음에 사랑하여 그리워함을 품고 부처님을 목마르게 우러르며 문득 착한 근본을 심느니라. 이러한 까닭으로 여래는 비록 실상으로는 멸하지 아니하나, 그러나 멸도 한다고 말함이니라. 또 선남자여, 모든 부처님 여래의 법도 모두 이와 같아서 중생을 제도하기 위함이니, 모두 참되어 헛되지 아니하느니라.

비유할 것 같으면, 좋은 의원이 지혜가 총명하고 통달해서, 처방과 약을 밝게 다루어 많은 병을 잘 다스렸느니라. 그 사람에게는 여러 자식이 많아, 어떤 일의 인연으로써 멀리 다른 나라에 이르렀는데, 모든 자식은 뒤에 다른 독약을 마시고 속이 답답하고 어지러움이 일어나서 땅에 꼬부라져서 뒹굴고 있었느니라.

이 때 그 아버지는 돌아와서 보니, 모든 자식은 독한 것을 먹었으되, 혹은 본마음을 잃었으며 혹은 잃지 아니한 자가 멀리서 그 아버지를 보고 크게 기쁘고 즐거워서 무릎을 꿇고 절을 하며 문안을 여쭙되, 〈안은 하시게 잘 돌아오셨나이까. 저희들은 어리석고 바보라서 그릇되게 독한 약을 먹었나이다. 원하옵건대 보시고는 치료하시어 구원하사 다시 수명을 부으옵소서〉

아버지는 자식들의 괴로움과 뇌로움이 이와 같음을 보고 처방을 실은 책을 의지하여, 빛과 향기와 좋은 맛을 모두 흡족하게 갖춘 좋은 약초를 구해, 찧고 체로 쳐서 고루 합하여 자식에게 주어서 먹게 하고는 이런 말을 하되 〈이 아주 좋은 약은 빛과 향기와 좋

은 맛이 흡족하게 갖춰졌으니, 너희들이 옳게 먹으면 괴롭고 뇌로움이 빨리 없어지고 다시는 병이 없으리라〉

그 모든 자식 가운데에 마음을 잃지 아니한 자는 이 길한 약의 빛과 향기가 좋은 것을 보고 이를 먹으니, 병이 다 없어져 나았느니라. 나머지의 마음을 잃은 자도 그의 아버지가 오는 것을 보고는, 그 약을 주어도 먹지 아니하나니, 까닭은 무엇인가 하면, 독한 기운이 깊이 들어가서 본마음을 잃은 때문으로, 이 좋은 빛의 향기로운 약을 좋지 않다고 생각하였느니라.

아버지는 이런 생각을 하되, 〈이 자식은 가히 불쌍하도다. 독에 맞힌 바로 마음이 거꾸로 되어, 비록 나를 보고 기뻐하며 치료해서 구원해 주기를 구하고 찾으나, 이와 같은 좋은 약을 기꺼이 먹지 아니하나니, 내가 지금 마땅히 방편을 베풀어서 이 약을 먹게 하리라〉하고 곧 이런 말을 하되, 〈너희들은 마땅히 알지니라. 내가 이제 약하고 늙어서 죽을 때가 이미 이르렀으므로, 이 좋고 길한 약을 이제 여기에 놓아두노니, 너희가 가져서 먹되, 병이 낫지 아니할까 근심하지 말지니라〉

이런 가르침을 하여서 마치고는, 다시 다른 나라에 이르러서 심부름꾼을 보내어 정반대로 이르라고 하되, 〈너희 아버지는 이미 죽었다〉 하였느니라.

이때 모든 자식은 아버지가 죽어서 잃었음을 듣고 마음으로 크게 근심하고 뇌로워 하며 이런 생각을 하되, 〈만약 아버지께서 계시면, 우리들을 사랑하시고 불쌍히 여기시어 능히 보시면 구원하시고 두호하실 것이나, 지금에는 우리를 버리시고 멀리 다른 나라에서 돌아가셨으니, 스스로 생각하면 외로움만 드러나고 다시는 믿고 의지할 곳이 없다〉 하고, 항상 슬픈 느낌을 품다가 마음이 드디어 깨어나서 깨닫고, 이 약의 빛과 향기와 맛이 좋음을 알고 가져다 먹으니, 독한 병이 모두 나았느니라.

그 아버지는 자식이 다 이미 잘 나았다는 것을 듣고는, 찾아 문득 돌아와서 모두에게 보이게 하였느니라.
 모든 선남자여, 뜻에는 어떠하냐.
 어떤 사람이 능히 이 좋은 의원을 허망한 죄가 있다고 말하겠느냐."
 "아니옵니다. 세존이시여."
 부처님께서 말씀하시되, "나도 또한 이와 같아서 부처님을 이루어서 이미 오는 것은 헤아릴 수 없고 가없는 백천만억 나유타 아승지 겁이건만, 중생을 위하는 까닭으로 방편의 힘으로써 〈마땅히 멸도 한다〉고 말하였으며, 법을 순종하고서 나의 허망한 허물을 말할 자는 있을 수 없느니라."

 그 때에 세존께서 거듭 이 뜻을 펴시고자 하시어 게송으로 설하여 말씀하시되,
 "내가 부처님을 얻어 옴으로부터
 지나는 바의 모든 겁수는
 헤아릴 수 없는 백천만억재 아승지이니라.
 항상 법을 설하여 수많은 중생을
 가르쳐 교화하여 부처님 도에 들게 하였으며
 그리하여 옴은 헤아릴 수도 없는 겁이니라.
 중생을 제도하기 위한 까닭으로
 방편으로 열반을 나타내었으나,
 이에 진실로는 멸도하지 아니하고
 항상 여기에 머물면서 법을 설하느니라.
 내가 항상 여기에 머무르면서
 모든 신통의 힘으로써
 거꾸로 된 중생으로 하여금
 비록 가까우나 보지 못하게 하느니라.
 중생이 나의 멸도한 것을 보고는

널리 사리에 공양하며,
모두 다 사랑하여 그리워함을 품고
목마르게 우러르는 마음을 내느니라.
중생이 이미 믿고 복종하며
바탕이 곧고 뜻이 부드럽고 연하여
한마음으로 부처님을 뵙고자 하되,
스스로 몸과 목숨을 아끼지 아니하면
때에 나와 많은 승려가 함께 영취산에 나와서
내가 때에 중생에게 말하되,
〈항상 여기에 있으며 멸하지 아니하건만,
방편의 힘인 까닭으로써
멸함과 멸하지 않음이 있음을 나타내노라〉하느니라
다른 나라 중생도 공손히 공경하며 믿고
좋아하는 자가 있으면
내가 다시 그 가운데에서 위없는 법을 설하게 되니,
너희들은 이를 듣지 못하므로
다만 내가 멸도 하였다고 생각하느니라.
내가 보니,
모든 중생이 괴로움과 뇌로움에 **빠져** 있음이라.
그러므로 위하여 몸을 나타내지 아니하고
그로 하여금 목마르게 우러름을 내게 하고
그 마음으로 인하여 사랑하고 그립게 하고는
이에 나와서 법을 설하느니라.
신통의 힘이 이와 같아서
아승지 겁에 항상 영취산과
그리고 다른 모든 곳에 머물고 있느니라.
중생이 겁이 다하여 큰불에 타는 바가 됨을 볼 때에도
나의 이땅은 편안하게 의지하여

하늘과 사람이 항상 가득하고
동산의 수풀과 모든 사는 집과 층집에는
가지가지 보배로 꾸며서 치장되고
보배나무에는 꽃과 과실이 많아서
중생이 즐겁게 노니는 바이니라.
모든 하늘은 하늘 북을 쳐서
항상 많은 재주와 음악을 지으며
만다라꽃을 비 오듯이 하여 부처님과 대중에게 흩나니
나의 깨끗한 나라는 헐어지지 아니하건만
중생은 불이 타서 다한 것으로 보고
근심과 두려움과 괴로움과 뇌로움,
이와 같은 것이 모두 가득 찼느니라.
이 모든 죄의 중생은 악한 업의 인연으로
아승지 겁이 지나도록 삼보의 이름도 듣지 못하느니라.
모든 공덕을 닦음이 있어서
부드럽고 온화하며 바탕이 곧은 자는
곧 내 몸이 여기에 있으면서
법을 설하는 것을 모두 보느니라.
혹은 때에 이 많은 이를 위하여
부처님의 수명이 헤아릴 수 없다고 말하고
오래되어야 겨우 부처님을 뵈옵는 자를 위하여서는
부처님 만나기가 어렵다고 설하느니라.
나의 지혜의 힘은 이와 같나니,
지혜의 빛이 비춤은 헤아릴 수 없고
수없는 겁의 수명은 오래 업을 닦아 얻은 것이니라.
너희들 지혜 있는 자는 이를 의심을 내지 말고
마땅히 끊어서 영원히 다하게 할지니라.
부처님의 말씀은 진실하여 헛되지 아니하느니라.

마치 의원이 좋은 방편으로
　미친 자식을 치료하기 위한 까닭으로,
　진실로는 있으나 그러나 죽었다고 말하나니,
　능히 허망한 것을 설했다고 할 수 없듯이
　나도 또한 세상의 아버지가 되어서
　모든 괴롭고 아픈 자를 구원하되,
　범부의 거꾸로 된 것을 위하여 사실은 있으나
　그러나 멸한다고 말하느니라.
　항상 나를 보는 까닭으로써
　교만하고 방자한 마음을 내어
　편안히 놀며 다섯 가지 욕심에 착을 하여
　악도 가운데 떨어지니,
　내가 항상 중생이 도를 행하고
　도를 행하지 않는 것을 알아
　응당 가히 제도할 바를 따라
　위하여 가지가지 법을 설하느니라.
　매양 스스로 이런 뜻을 짓되,
　〈어떻게 하여야 중생으로 하여금
　위없는 지혜에 들어감을 얻게 하여
　속히 부처님의 몸을 성취하게 할 것인가〉 하느니라."

법화 깨달음의 공덕이 행하는 공덕보다 높다 (분별공덕품)

이 때에 큰 모임에서 부처님께서 설하시는 수명의 겁수가 길고 먼 것이 이와 같다는 것을 듣자옵고, 헤아릴 수 없고 가도 없는 아승지의 중생을 크게 넉넉히 이익 됨을 얻었소이다.

때에 있어서 세존께서 미륵보살에게 이르시되, "아일다여, 내가 이 여래의 수명이 길고 멀다는 것을 설할 때에, 일체 중생은 생멸도 않는 참된 법의 본바탕을 깨달아 알고 편안히 머물러 움직이지 않음을 얻었으며, 다시 천배의 보살이 있어, 듣고 가져서 잊어버리지 아니하는 다라니문을 얻었으며, 다시 일세계 미진수의 보살이 있어 ,하고자 하는 말을 걸림 없이 잘하는 재주를 얻었으며, 다시 일세계 미진수의 보살이 있어 ,일체의 다라니를 얻었으며, 다시 삼천대천세계 미진수의 보살이 있어 능히 물러나지 아니하는 법륜을 굴리며, 다시 이천 중국토 미진수의 보살이 있어 ,맑고 깨끗한 법륜을 굴리며, 다시 소천국토 미진수의 보살이 있어, 여덟 번 태어나서는 완전한 깨달음을 얻을 것이며, 다시 사 사천하 미진수의 보살이 있어, 네 번 태어나서는 완전한 깨달음을 얻을 것이며, 다시 삼 사천하 미진수의 보살이 있어, 세 번 태어나서는 완전한 깨달음을 얻을 것이며, 다시 이 사천하 미진수의 보살이 있어, 두 번 태어나서는 완전한 깨달음을 얻을 것이며, 다시 일 사천하 미진수의 보살이 있어 한번 태어나서는 완전한 깨달음을 얻을 것이며, 다시 팔 세계 미진수의 중생이 있어, 모두 완전한 깨달음의 마음을 일으켰느니라."

부처님께서 이 모든 보살마하살이 큰 법의 이익을 얻었음을 말씀하실 때에, 허공 가운데서 만다라꽃과 마하만다라꽃이 비 오듯이 하여, 헤아릴 수 없는 보배나무 아래 사자자리 위의 모든 부처님께 흩어졌으며, 아울러 일곱 가지 보배로 된 탑 가운데의 사자자리 위의 석가모니 부처님과 다보여래께도 흩어졌으며, 일체 모든 큰 보살과 그리고 사부중에게 흩어졌소이다.

또 가루전단과 침수향이 비 오듯이 하였으며, 허공가운데에서는 하늘 북이 스스로 울리니 묘한 소리가 깊고 멀었더이다. 또 일천 가지 하늘 옷이 비 오듯이 하였고 ,모든 영락을 드리우되 진주영락과 마니주영락이며 여의주영락이 아홉 방위에 두루하였으며, 많은 보배향로에는 값으로 따질 수 없는 향을 사르니, 자연히 두루 이르러서는 큰 모임에 공양하였으며, 한 분 한 분 부처님 위에는 모든 보살께서 계시어, 부처님과 보살의 위엄과 덕을 표시하는 장엄도구인 깃발과 천개를 잡아 가지시고 차례차례로 이에 올라가시어 범천까지 이르셨으며, 이 모든 보살께서 묘한 음성으로써 헤아릴 수 없이 칭송하여 노래하시며 모든 부처님을 찬탄 하셨소이다.

그 때 미륵보살께서 자리로부터 일어나시어 웃옷을 벗어서 한쪽으로 하시어 오른쪽 어깨를 드러내시고, 부처님을 향하여 합장하시고 이에 게송으로 설하시어 말씀하시되,

<mark>(미륵보살께서 게송으로 찬탄하시는 내용은 생략함)</mark>

그 때 부처님께서 미륵보살에게 이르시되, "아일다여, 그 어떤 <u>중생이 부처님의 수명이 이와 같이 길고 먼 것을 듣고 능히 한 생각으로 믿고 이해함을 내는 데에 이르려면, 얻은 바의 공덕의 한정을 헤아림이란 있을 수 없느니라.</u>

만약 선남자, 선여인이 완전한 깨달음을 위하는 까닭으로, 팔십만 억 나유타 겁토록, 다섯바라밀인 , 베풀어줌으로써 생멸하는 이쪽에서 생멸이 없는 저쪽에 이르름과, 계를 가짐으로써 생멸하는 이쪽에서 생멸이 없는 저쪽에 이르름과, 욕되는 것을 참음으로써 생멸하는 이쪽에서 생멸이 없는 저쪽에 이르름과 몸과 마음이 용맹하여 쉬지 아니함으로써 생멸하는 이쪽에서 생멸이 없는 저쪽에 이르름과 마음을 한곳에 모아 고요한 경지에 듦으로써 생멸하

는 이쪽에서 생멸이 없는 저쪽에 이르름을 행하되, 실상을 비쳐보는 밝은 지혜로써 생멸하는 이쪽에서 생멸이 없는 저쪽에 이르름은 제외한다면, 이 공덕으로써 앞의 공덕에 견주어 보건대, 백분, 천분, 백천만억분의 하나에도 미치지 못하여, 산수비유에 이를지라도 능히 알지 못할 바이니라. 만약 선남자, 선여인이 이와 같은 공덕이 있고도, 완전한 깨달음에서 물러나는 그러한 경우는 있을 수 없느니라."

그 때에 세존께서 거듭 이 뜻을 펴시고자 하시어 게송으로 설하시어 말씀하시되,
"만약 사람이 부처님의 지혜를 구하려고
팔십만 억 나유타 겁수에
다섯 가지로써 생멸하는 이쪽에서
생멸이 없는 저쪽에 이르름을 행하여,
이 모든 겁 가운데 부처님과 연각인 제자와
모든 보살에게 보시하여 공양하되,
맛있는 음식과 으뜸가는 옷과 눕는데 갖추는 것과,
전단으로 정사를 세우고
동산의 수풀로써 꾸미고 치장하는
이와 같은 것들의 모든 미묘한 것을 보시하기를,
부처님의 도에 돌리어 향하게 하며
만약 다시 금하는 계를 가지되,
맑고 깨끗하여
모자라거나 새는 것이 없어 위없는 도를 구하니
모든 부처님께서 칭찬하시는 바이며
만약 다시 욕되는 것을 참는 것을 행하여
고르고 부드러운 지위에 머물되
설령 뭇 악한 것이 와서 침노할지라도

그 마음이 기울거나 움직이지 아니하며
법을 얻었다고 깨닫지 못하고서도
깨달은 체 하는 거만함을 품은
모든 어떤 이가 가볍게 여겨서 뇌롭게 할지라도
이와 같은 것을 능히 참으며
만약 다시 부지런히 정진하여
뜻과 생각이 항상 굳고 단단하여서
헤아릴 수 없는 억겁에 한마음으로
게으르거나 쉬지를 아니하며
수없는 겁동안 비고 한가한 곳에 머물면서
앉거나 거닐거나 함에
잠을 버리고 항상 마음을 다스리며,
이런 인연인 까닭으로써 능히 모든 선정을 내며
팔십억만겁동안 편안하게 머물러서
마음이 어지럽지 않고
이 한마음을 가진 복으로 위없는 도를 구하기를 원하여
〈내가 일체 지혜를 얻고 모든 선정의 끝을 다하리라〉하여
이런 사람이 백천만억겁의 수 가운데서
이 모든 공덕을 행하되
위에서 말한 것과 같이 하여도
어떤 착한 남녀들이 내가 말한 수명을 듣고
이에 한 생각으로 믿음에 이르러면,
그 복은 그것을 지나느니라."

 만약 사람이 일체 모든 의심과 후회스러움이 없이 깊은 마음으로 잠깐사이에 믿을지라도 그 복은 이와 같으니라.
 그 모든 보살이 있어 오랫동안 도를 행하다가 나의 수명 말함을 듣고 바로 곧 믿어 받으면 이와 같은 모든 사람은 이 경전을 이마

에 받아서 〈저희는 미래에 수명이 길어서 중생을 제도하되, 오늘날 세존과 같이 하오리다. 모든 석씨 가운데의 왕으로 도량에서 사자후로 법을 설하시되, 두려울 바가 없으시니, 저희들도 미래세상에 일체에게 존경받는바 되어 도량에 앉았을 때 수명을 설함이 또한 이와 같게 하리라〉고 원하리라.

만약 깊은 마음이 있는 자가 맑고 깨끗하며 바탕이 곧아서 많이 듣고 다 가지고는 뜻을 따라 부처님 말씀을 이해하면 이와 같은 사람은 여기에서 의심이 있을 수 없느니라.

또 아일다여, 만약 부처님의 수명이 길고 멀다한 것을 듣고 그 말씀의 뜻을 이해함이 있으면 , 이 사람의 얻은 바의 공덕은 한정을 헤아림은 있을 수 없어서 능히 여래의 위없는 지혜가 일어날 것이거늘, 어찌 하물며 널리 이 경을 듣거나, 사람에게 가르쳐 듣게 하거나, 스스로 가지거나, 사람을 가르쳐 가지게 하거나, 스스로가 쓰거나, 사람을 가르쳐 쓰게 하거나, 꽃과 향과 영락과, 장대 끝에 용머리모양을 만들고 깃발을 단것과 부처님과 보살의 위엄과 덕을 표시하는 장엄도구인 깃발과 비단일산과 향기름과 차조기 등으로써 경권에 공양함이겠는가. 이런 사람의 공덕은 헤아릴 수 없고 가없어서 능히 일체 가지가지 지혜가 나느니라.

아일다여, 만약 선남자, 선여인이 내가 말하는 수명이 길고 멀다는 것을 듣고 마음 깊이 믿고 이해하면, 곧 부처님이 항상 기사굴산에 있어 큰 보살과 함께 므든 성문 무리에게 둘러싸여 법을 설하는 것을 보게 되느니라.

또 이 사바세계가 그 땅이 유리이며 평탄하고 곧고 바르며 염부단금으로 여덟 갈래 길에 경계로 하고, 보배나무가 줄을 지었고, 모든 좌대와 누각이 보배로 이루어졌으며, 보살의 많은 이가 그 가운데에 사는 것이 보이리니, 능히 이와 같이 관하는 자가 있으면 이것은 깊이 믿고 이해하는 형상이 되느니라. 또 다시 여래가 멸한 뒤에, 이 경을 듣고는 헐뜯고 비방하지 아니하며, 기뻐하는 마음을 일으키면, 이미 깊이 믿고 이해하는 형상이 되거늘, 어찌 하물며 읽고 외우며 받아서가지는 자이겠느냐.

이 사람은 곧 여래를 이마에 인 것이 되느니라.

아일다여, 이 선남자 선여인은 나를 위하여 다시 탑과 절을 일으키고 승방을 만들어서 네 가지 일로써 많은 승려에게 공양함이 필요하지 아니하느니라.

까닭은 무엇인가 하면, 이 선남자 선여인이 이 경전을 받아 가지고 읽고 외운다면, 이미 탑을 일으키고 승방을 만들어 세워서 많은 승려에게 공양을 하는 것이 되느니라.

곧 부처님의 사리로써 일곱 가지 보배로 된 탑을 일으켜서 높을수록 넓이는 점점 작아져서 범천에 이르고, 모든 번과 천개와 보배풍경을 달고 꽃과 향과 영락과 가루향과 바르는 향과 사르는 향과, 북, 재주, 음악, 퉁소, 피리, 공후와, 가지가지 춤을 추는 놀이와 아름다운 음성으로써 장단을 맞추며 범패로써 찬탄하고 칭송을 함이 되나니 곧 헤아릴 수 없는 천만억겁에 이러한 공양을 지어 마침이 되느니라.

아일다여, 만약 내가 멸한 뒤에, 이 경전을 듣고 능히 받아서 가짐이 있으되, 만약 자기가 쓰거나 사람을 가르쳐서 쓰게 하면, 곧 승방을 일으켜 세움이 됨이라. 붉은 전단으로써 서른과 또 두 채의 모든 대궐을 지으니, 높이는 팔다라수이라, 높고 넓으며 좋게 치장하여 백천의 비구가 그 가운데에서 머무르며, 동산수풀과 목욕하는 못과 거니는 길과 선하는 굴과 의복과 평상에 까는 요와 탕약과 일체 악기가 그 가운데에 가득 차며, 이와 같은 승방과 사는 집과 층집이 몇백천만억으로 그 수는 헤아릴 수 없나니, 이러한 것으로써 지금 앞에서 나와 비구승에게 공양함이니라.

이런 까닭으로 내가 말하되, 〈여래가 멸한 뒤에 만약 받아서 가지며 읽고 외우며 다른 사람을 위하여 설하며, 만약 자기가 쓰거나, 만약 사람을 가르쳐 쓰게 하여 경권에 공양함이 있으면, 다시 탑사를 일으킴과 그리고 승방을 지어서 많은 승려에게 공양함이 필요하지 않다〉 하였는데, 하물며 어떤 사람이 이 경을 가지고, 겸하여 베풀어 줌과, 계를 가짐과, 욕되는 것을 참음과, 정진과, 밝은 지혜를 행함이랴. 그 덕은 가장 수승하여 헤아릴 수 없고 가없느니라.

비유하건대, 허공이 동서남북과 네모퉁이와 위아래가 헤아릴 수 없고 가없는 것과 같이 이 사람의 공덕도 또한 이와 같아서 헤아릴 수 없고 가없으니, 빨리 일체 가지가지 지혜에 이르느니라.

만약 사람이 이 경을 읽고 외우며 받아서 가지고 다른 사람을 위하여 설하며, 자기가 쓰거나 사람을 가르쳐 쓰게 하고, 다시 능히 탑을 일으키고 승방을 지어서 성문의 많은 승려를 공양하며 찬탄하고 보살의 공덕을 찬탄하며, 다른 사람을 위하여 가지가지 인연으로 뜻을 따라 이 법화경을 풀어서 말하며, 다시 맑고 깨끗한 계를 가지며, 부드럽고 온화한 자와 더불어 같이 머물면서 욕되는 것을 참아 성냄이 없으며, 뜻과 생각이 굳고 단단하며, 항상 좌선하는 것을 귀하게 여겨서 깊은 선정을 얻으며, 용맹이 정진하여 모든 좋은 법을 거두어들이며 날카로운 근기와 사리에 밝은 지혜로 어려운 것을 물음에 잘 대답하면, 아일다여, 만약 내가 멸한 뒤에 모든 선남자 선여인이, 이 경전을 받아서 가지며 읽고 외우는 자가 이와 같은 좋은 공덕이 있으면 마땅히 알지니라. 이 사람은 이미 도량에 나아가서 완전한 깨달음에 가까워져서 도의 나무 아래에 앉은 것이니라.

아일다여, 이 선남자 선여인이 만약 앉거나 만약 서거나 만약 거니는 곳인, 이 가운데에는 오로지 응당 탑을 일으킬지니라.

일체 하늘과 사람이 모두 응당히 공양하되, 부처님의 탑과 같이 할지니라."

그 때에 세존께서 거듭 이 뜻을 펴시고자 하시어 게송으로 설하

시어 말씀하시되,

(게송부분은 위 내용과 중복되는 부분으로서 생략함)

법화를 받아 기뻐하는 공덕 (수희공덕품)

이 때에 미륵보살께서 부처님께 아뢰어 말씀하시되, "세존이시여, 만약 선남자 선여인이 있어 이 법화경을 듣고 기뻐하는 자는 얼마만한 복을 얻나이까." 하시고, 게송으로 설하여 말씀하시되, 세존께서 멸도하신 뒤에 이 경을 듣고 만약 능히 기뻐하는 자는 얼마만한 바의 복을 얻게 되나이까.

그 때에 부처님께서 미륵보살에게 이르시되, "아일다여, 여래가 멸한 뒤에 만약 비구 비구니와 우바새 우바이와 다른 지혜로운 자인 어른이나 어린이가 이 경을 듣고 기뻐하고는, 법 설하는 모임으로부터 나와서 다른 곳에 이르되, 만약 승방에 있거나, 비고 한가한 땅이거나, 성읍의 골목거리나, 저잣거리나, 도시나, 변두리 마을이나, 고향 마을에서, 그 들은 바와 같이 부모와 종친과 착한 친구와 아는 이를 위하여 힘에 따라 설명하여 말하거든, 이 모든 사람들이 듣고는 따라 기뻐하며, 다시 돌아가면서 가르침을 행하여 나머지 사람이 듣기를 마치고는, 따라 기뻐하며 옮기면서 가르치며, 이와 같이 옮겨서 펴되 오십 번째까지 이르러면, 아일다여, 그 오십 번째의 선남자 선여인이 따라 기뻐한 공덕을 내가 이제 말하리니, 너는 마땅히 잘 들을 지니라.

만약 사백만억 아승지 세계의 여섯 갈래로 나아가는 데에, 네 가지로 나는 중생인 알로서 나는 것과, 태로서 나는 것과, 습기로 나는 것과 화하여 나는 것과 형상이 있는 것과 형상이 없는 것과 생각이 있는 것과 생각이 없는 것과 생각이 있지도 않는 것과 생각이 없지도 않는 것과, 발이 없는 것과 발이 둘인 것과 발이 넷인 것과 발이 많은 이와 같은 것들의 중생의 수에 있는 자에게, 어떤 사람이 복을 구하여 그들이 하고자 하는 바를 따라 오락하는 꺼리를 모두 주되, 하나하나 중생에게 염부제에 가득한 진귀한 보배와 , 그밖에 코끼리, 말, 수레, 일곱가지 보배로 된 궁전과 누각을 주었다 하자, 이 큰 시주가 이와 같이 베풀어주는 것을 팔십년을 채워서 이런 생각을 하되, 〈내가 이미 중생에게 오락하는 꺼리를 베풀어서 뜻에 하고자 하는 바를 따랐으나, 그러나 이 중생이 모두 늙어서 약하고 나이는 팔십을 지났는지라,

머리털은 희고 얼굴은 주름져서 장차 오래지 아니하여 죽을 것이니, 내가 마땅히 부처님의 법으로써 가르쳐서 인도하리라〉하고 , 이 중생을 모아서 법으로 베풀어 펴서 교화하여, 이롭고 기쁜 것을 가르쳐 보이고, 수다원도와 사다함도와 아나함도와 아라한도를 얻게 하여, 모든 새는 것을 다 없애어 깊은 선정에서 마음대로 되는 것을 얻어서 여덟 가지 해탈을 갖추게 하면, 너의 뜻에는 어떠하겠느냐. 이 큰 시주가 얻은 바의 공덕은 어찌 많다 하겠느냐."

미륵께서 부처님께 아뢰어 말씀하시되, "세존이시여 ,이 사람의 공덕은 심히 많아서 헤아릴 수 없습니다. 만약 이 시주가 다만 중생에게 일체의 풍류하는 데 갖추는 것만 베풀지라도 공덕이 헤아릴 수 없사온데, 어찌 하물며 아라한과까지 얻게 함이오리까."

부처님께서 미륵에게 이르시되, "내가 지금 너에게 분명히 말하리라. 이 사람이 일체의 풍류 하는데 갖추는 것으로써, 사백만억 아승지 세계의, 여섯 곳으로 나아가는 데의 중생에게 베풀고, 또 아라한과를 얻게 할지라도, 얻은 공덕은 이 오십 번째 사람의 법화경 한 게송을 듣고 따라 기뻐하는 공덕만 같지 못하니, 백분, 천분, 백천만억 분의 하나에도 미치지 못하며, 이에 산수 비유로써는 능히 알지 못할 것에 이르느니라.

아일다여, 이와 같이 오십 번째 사람이 법화경을 되풀이하면서 폄에, 듣고 따라 기뻐한 공덕도 오히려 헤아릴 수도 없고 가도 없는 아승지거늘, 어찌 하물며 가장 처음의 모임 가운데에서 듣고

따라 기뻐한 자이겠느냐. 그 복은 다시 나아서, 헤아릴 수도 없고 가도 없는 아승지로도 가히 비교함을 얻지 못하리라.

또 아일다여, 만약 사람이 이 경을 위하는 까닭으로 승방을 향하여 나아가서, 만약 앉거나, 만약 서서 잠깐이라도 들어서 받으면, 이 공덕으로 인연하여 몸을 변하여 나는 곳에는 좋고도 가장 묘한 코끼리와 말과 수레와 진귀한 보배와 궁전 가마와 그리고 또 하늘 궁전에 오름을 얻으리라.

만약 다시 어떤 사람이 법을 강론하는 곳에 앉았는데, 어떤 사람이 오거든 권하여 앉아서 듣게 하되, 만약 자리를 나누어 앉게 하면, 이 사람의 공덕은 몸이 변하면 제석이 앉는 곳이거나 범왕이 앉는 곳이거나 전륜성왕이 앉는 자리를 얻느니라.

아일다여, 만약 다시 어떤 사람이 나머지 사람에게 일러 말을 하되, 〈경이 있으되 이름은 법화인데 가히 함께 가서 듣자〉하고는 곧 그 가르침을 받게 하여 잠깐 사이에 들음에 이를지라도, 이 사람의 공덕은 몸이 변하면 다라니 보살과 더불어 한곳에 나는 것을 얻으리라.

근기가 날카롭고 사리에 밝아 지혜로우며, 백천만 세상에 끝끝내 말 못하는 벙어리가 되지 아니하고 입 기운에는 냄새가 나지 아니하며, 혀는 항상 병이 없고, 입도 병이 없으며, 이는 때 묻거나 검지 아니하고, 누렇지도 아니하며, 성글지도 아니하고 빠지거나 떨어지지도 아니하며, 어긋나지도 아니하고 굽지도 아니하며, 입술은 아래로 처지지 아니하고 또한 걷어 올라가거나 오그라지지도 아니하며, 거칠고 껄끄럽지 아니하며, 부스럼이나 종기가 나지 아니하고, 또한 언청이거나 찢어지지 아니하며, 또한 입이 비뚤어져 비스듬하지 아니하며, 두텁지 아니하며 크지도 아니하고 또한 검거나 검은 사마귀가 나지 아니하여 모든 나쁜 것은 가히 없으며, 코는 옆거나 납작하지 아니하고 굽어 휘어지지 아니하며, 얼굴은 빛이 검지 아니하고 좁고 길지 아니하며, 또한 우묵하거나 굽지도 아니하여 일체가 가히 기뻐하지 아니할 형상은 있음이 없나니, 입술과 혀와 어금니와 이는 모두 다 아름답고 좋으며, 코는 길고 높고 곧으며, 얼굴모양은 둥글어 가득하며, 눈썹은 높고 길며, 이마는 넓고 평탄하고도 발라서, 사람의 형상이 흡족하게 갖추어지며, 세세에 나는 곳에는 부처님을 뵙고서 법을 듣고 가르침과 타이름을 믿어서 받느니라.

아일다여, 너는 또 이것을 관할지니라.

한 사람에게 권하여 가서 법을 듣게 할지라도 공덕이 이와 같은데, 어찌 하물며 한마음으로 설함을 듣고, 읽고 외우며 대중에게 설함과 같이 닦아 행함이랴."

그 때 세존께서 거듭 이 뜻을 펴시고자 하시어 게송으로 설하여 말씀하시되,

(게송부분은 위내용과 중복되는 내용으로서 생략함)

법화 삼부경

법화 오종법사의 공덕 (법사공덕품)

이 때 부처님께서 상정진보살에게 이르시되, "만약 선남자 선여인이 이 법화경을 받아서 가지고 읽거나 외우거나 풀어서 말하거나 써서 베끼면 이 사람은 마땅히 팔백의 눈의 공덕과, 천이백의 귀의 공덕과 팔백의 코의 공덕과 천이백의 혀의 공덕과 팔백의 몸의 공덕과 천이백의 뜻의 공덕을 얻으리니, 이 공덕으로써 여섯 뿌리를 꾸미고 치장하여 모두 맑고 깨끗하게 되리라.

이 선남자 선여인은 부모가 낳은 바의 맑고 깨끗한 육안으로 ,삼천대천세계의 안과 밖에 있는 바의 산과 수풀과 큰 강과 바다를 보되, 아래로는 아비지옥에 이르고 위로는 유정까지 이르며 ,그 가운데의 일체 중생을 보되, 업의 인연과 과보로 나는 곳을 다 보고, 다 아느니라."

그 때에 세존께서 거듭 이 뜻을 펴시고자 하시어 게송으로 설하여 말씀하시되,
"만약 대중 가운데에서 두려울 바 없는 마음으로써
이 법화경을 설하면 너는 그 공덕을 들을 지니라
이 사람은 팔백 공덕의 뛰어나게 나은 눈을 얻으리니
이것으로 꾸미고 치장한 까닭으로써,
그 눈은 심히 맑고 깨끗하리라
부모가 낳은바 눈으로 삼천세계의 안과 밖의
미루산과 수미와 그리고 철위와 모든 다른 산과
수풀과 큰 바다와 강과 큰 강과 물을 다 보되,
아래로는 아비지옥에 이르고
위로는 유정의 곳에 이르기까지며

그 가운데의 모든 중생을 일체 모두 다 보리니
비록 천안을 얻지는 못하였으나
육안의 힘이 이와 같으니라.
부모가 낳은 바의 귀는
맑고 깨끗하여 흐리고 더러운 것이 없으며
평상시의 이 귀로써
삼천대천세계의 소리를 듣느니라.
코끼리와 말과 수레와 소의 소리와
종과 방울과 소라와 북의 소리와
거문고와 비파와 공후의 소리와
퉁소와 피리의 음악 소리와
맑고 깨끗한 좋은 노래 소리를 들어도
그러나 집착하지 아니하며
수없는 종류의 사람소리를 듣고는
능히 다 이해하여 깨우치며
모든 하늘소리와 미묘한 노래와 음악을 듣고
그리고 남자와 여자의 소리와
사내아이와 계집아이의 소리를 들으며
산과 내와 험한 골짜기 안의 가릉빙가의 소리와
모든 새의 음성을 다 들으며
지옥무리의 고통인 가지가지의 고통을
느낌과 괴로워하는 소리와
이귀가 주리고 목마름에 몹시   기며
음식을 구하려고 찾는 소리며
모든 아수라들이 큰 바닷가에 살고 있으면서
자기네가 함께 말할 때 나오는 큰 음성을
이와 같이 법을 설하는 자는
편안이 이 사이에 머물면서

멀리서 이 많은 소리를 들어도
그러나 귀의 뿌리는 헐어지지 아니하며
시방세계 가운데의 날짐승과 길짐승이
서로 울며 부르는 것을
그 법을 설하는 사람은 여기서 다 들으며
그 모든 범천위의 광음과 그리고 또
변정과 유정천에 이르기까지,
말하는 음성을 법사는 다 알아 모두 얻어들으며
일체 비구의 많은 이와 모든 비구니가
경전을 읽고 외우거나
다른 사람을 위하여 말하는 것을
법사는 여기에 머물면서 다 알아 모두 얻어들으며
다시 모든 보살이 있어
경법을 읽고 외우며 다른 사람을 위하여 말하며
모아서 기록한 것의 그 뜻을 푸는
이와 같은 모든 음성을 다 알아 모두 얻어 들으며
크게 거룩하시고 높으신 모든 부처님께서
중생을 가르쳐 교화하시나니
모든 큰 모임 가운데서 미묘한 법을
설명하시어 말씀하시는 것을
이 법화를 가지는 자는 다 알아
모두 이를 얻어 듣느니라.
삼천대천세계 안과 밖의 모든 음성이며
아래로는 아비지옥에 이르고
위로는 유정천에 이르기까지의
그 음성을 모두 들어도 귀뿌리는 헐어지지 않나니
그 귀가 밝고 날카로운 까닭으로
능히 다 분별하여 아느니라.

이 법화를 가지는 자는 비록 하늘 귀를 얻지는 못하였으나
다만 타고난 바의 귀만 쓸지라도
공덕은 이미 이와 같으리라
이 사람의 코는 맑고 깨끗하여 이 세계 가운데에서
만약 향기나 냄새나는 물건의 가지가지를 다 맡아서 알되,
수만나와 세제와 다마라와 전단과 침수와
계수나무 향과 과실의 향기와
중생 향기와 남자와 여인의 향기를 아느니라.
법을 설하는 자는 멀리서 머물러도
향기를 맡고서 있는 곳을 아느니라.
큰 세력의 전륜왕과 작은 전륜왕과 그리고 아들과
뭇 신하와 모든 궁궐사람을 향기를 맡고 있는 곳을 알며
몸에 붙은 진귀한 보배와
땅속에 감춰진 보배와 전륜왕의 보배여자를
향기를 맡고 있는 곳을 알며
모든 사람의 몸을 치장하는 의복과 영락과
향기를 맡고서 그 몸을 알며
모든 하늘이 만약 다니거나 앉거나
즐겁게 노는 것과 신통변화를
이 법화를 가지는 자는 향기를 맡고 능히 다 알며
모든 나무의 꽃과 과실과 차조기 기름의 향기를
경을 가지는 자는 여기에 머물면서 그 있는 곳을 알며
산 깊고 험한 곳의 전단나무에 꽃이 핀 것과
그 가운데 있는 중생을 향기를 맡고 능히 알며
철위산과 큰 바다와 땅속의 모든 중생을
경을 가지는 자는 향기를 맡고 그 있는 곳을 다 알며
아수라의 남자와 여자와 그리고 모든 거느린 무리가
싸우며 다투는 것과 희롱하며 놀 때를

향기를 맡고 모두 능히 알며
넓은 들과 위태롭고 험한 곳의
사자와 코끼리와 범과 이리와 들소와 물소 들을
향기를 맡고 있는 곳을 알며
아이를 배고 있는 자의 그 아들인가 딸인가와
뿌리가 없는 것인지 사람이 아닌 것인지
구별되지 않는 것을 향기를 맡고 다 능히 알며
향기를 맡는 힘의 까닭으로써
그 처음에 아이 밴 것이 성취하고 성취하지 못하는 것과
편안하고 즐겁게 복 있는 아이를 낳을 것을 알며
향기를 맡는 힘의 까닭으로써 남자와 여자가 생각하는 바와
욕심에 물이 들어 어리석고 성내는 마음을 알며,
또한 착한 것을 닦는 자를 알며
땅속에 숨겨져 감춰진 금과 은과 모든 진귀한 보배와
구리그릇에 담은 것을 향기를 맡고 능히 다 알며
가지가지 모든 영락인, 그 값을 알 수없는 것을
향기를 맡고는 귀하고 천한 것과
나온 곳과 있는 곳을 아느니라
하늘위의 모든 꽃들과 만다와 만수사와 바리질다 나무를
향기를 맡고 능히 다 알며
하늘위 모든 궁전의 상, 중, 하의 차별과
많은 보배꽃으로 꾸며서 치장함을
향기를 맡고 능히 다 알며
하늘의 동산 수풀과 훌륭한 궁전과 누각과
묘법당의 가운데 있으면서 오락하는 것을
향기를 맡고 능히 다 알며
모든 하늘이 만약 법을 듣거나
다섯 가지 욕심을 받을 때의

오고 가며 다니고 앉으며 눕는 것을
향기를 맡고 능히 다 알며
하늘 여자의 입은바 옷에
좋은 꽃과 향기로 꾸미고 치장하여
두루 돌아다니며 즐겁게 놀 때를
향기를 맡고 능히 다 알며
이와 같이 돌아가면서 올라가 범천세계에 이르기까지
선에 들고 선에서 나오는 것을
향가를 맡고 능히 다 알며
광음과 변정천과 유정에 이르기까지
처음 나오고 그리고 물러나서 사라짐을
향기를 맡고 능히 다 알며
모든 비구무리들이 법에 항상 정진하되
앉거나 거닐거나
그리고 경전을 읽고 외우며
혹은 수풀의 나무 아래 있으면서
오로지 정성스러이 좌선만을 하는 것을
경을 가지는 자는 향기를 맡고 그 있는 곳을 알며
보살이 뜻이 굳고 단단하여 좌선하며
만약 읽고 외우며
혹은 사람을 위하여 법을 설하는 것을
향기를 맡고 능히 다 알며
곳곳마다의 방위에서 세존께서
일체에게 공손히 공경 받는바 되어
중생을 불쌍히 여기시어 법을 설하시는 것을
향기를 맡고 능히 다 알며
중생이 부처님 앞에 있으면서 경을 듣고
기뻐하고 즐거워하며 법과 같이 닦고 행하는 것을

향기를 맡고 능히 다 아느니라
비록 보살의 새는 것이 없는
법에서 생기는 코를 얻지 못하였으나
그러나 이 경을 가지는 자는 먼저 이 코의 형상을 얻느니라.
이 사람의 혀의 뿌리는 깨끗하여
끝끝내 나쁜 맛을 받지 아니하고
그가 먹고 씹는 것은
다 모두 감로를 이루느니라.
깊고 깨끗한 소리로써 대중에게 법을 설하되
모든 인연과 비유로써 이끌어 중생의 마음을 인도하니,
듣는 자가 모두 기쁘고 즐거워서
모든 으뜸가는 공양을 베푸느니라.
하늘과 용과 야차와 그리고 아수라들이
공손히 공경하는 마음으로써
함께 와서 법을 듣느니라.
법을 설하는 이 사람이 만약 묘한 소리로써
두루 삼천세계를 채우고자 하견
뜻에 따라 능히 이르르며
크고 작은 전륜왕과
그리고 천명의 아들과 거느린 무리가
합장하고 공손한 마음으로
항상 와서 법을 받아 들으며
하늘과 용과 야차와 나찰과 비사사가 또한
기쁘고 즐거운 마음으로써
항상 즐거이 와서 공양하며
범천왕과 마왕과 자재와 대자재의
이와 같은 모든 하늘의 무리가
항상 와서 그 곳에 이르느니라.

모든 부처님과 그리고 제자가
그 법을 설하는 소리를 듣고
항상 생각하며 지키고 두호하며
혹은 때로 몸을 나타내기도 하느니라.
만약 법화를 가지는 자는
그 몸이 심히 맑고 깨끗하여 유리와 같으니,
중생이 모두 기쁘게 보느니라.
깨끗하고 밝은 거울에
모든 색과 모양이 다 보이는 것과 같이
보살의 깨끗한 몸으로 세상에 있는 것을 모두 보되
오직 홀로만 스스로 밝게 알고
다른 사람은 보지 못하는 바이니라
삼천대천 가운데 일체의 모든 움직이지 아니하는 무리와
하늘과 사람과 아수라와 지옥과 아귀와 축생의
이와 같은 모든 색과 모양이
모두 몸가운데서 나타나느니라.
모든 하늘들의 궁전과 유정과 철위와 그리고
미루와 마하미루산과 큰 바닷물에 이르기까지
모두가 몸가운데서 나타나며
부처님과 성문과 부처님의 제자인 보살들이
만약 홀로나 많은 이에 있으면서
법을 설하는 것이 모두 다 나타나리니
비록 새는 것이 없는 법 성품의 묘한 몸을 얻지는 못하였으나,
맑고 깨끗한 평상시 몸에
일체가 가운데서 나타나느니라.
이 사람의 뜻이 맑고 깨끗하며 밝고 날카로워
흐리고 더러움이 없으니
이 묘한 뜻의 뿌리로써 상, 중, 하의 법을 알며

이에 하나의 게송을 들음에 이를지라도
헤아릴 수 없는 뜻을 통달하여
차례차례로 법과 같이 설하되,
한 달이나, 넉 달이나, 한 해에 이르며
이 세계의 안과 밖의 일체 모든 중생인
만약 하늘이거나 용이거나,
그리고 사람과 야차와 귀신들이
여섯 갈래로 나아가는 그 가운데 있으면서
생각하는 바의 약간의 종류를
법화를 가진 보로 한 때에 모두 다 아느니라.
시방의 수없는 부처님께서
백가지 복으로 꾸미고 치장하신 형상으로
중생을 위하시어 법을 설하시는 것을
다 알아듣고 능히 받아서 가지며
헤아릴 수 없는 뜻을 깊이 생각하고
법을 설함이 또한 헤아릴 수 없되,
처음부터 끝까지 잊거나 그르치지를 않는 것은
법화를 가진 까닭이니라.
모든 법의 형상을 다 알고
뜻을 따라서 차례를 알며
이름자와 말하는 것을 통달하여
아는 바와 같이 설명하여 말하느니라.
이 사람이 말한 바 있는 것은
모두 바로 먼저 부처님의 법이니,
이 법을 설명하는 까닭으로써
많은 이에게 두려울 바가 없느니라.
법화경을 가지는 자는
뜻의 뿌리가 깨끗한 것이 이와 같아서

비록 새는 것이 없는 것을 얻지는 못하였을 지라도
먼저 이와 같은 형상이 있느니라.
이 사람이 이경을 가지고 드물게 있는 지위에 편안히 머무르면
일체 중생이 기뻐하고 즐거워하며 사랑하고 공경하게 되며
능히 천만가지 좋고 훌륭한 말로써 분별하여 법을 설하나니
법화경을 가진 까닭이니라."

나는 당신들을 가볍게 여기지 않습니다 (상불경보살품)

이 때에 부처님께서 득대세보살마하살에게 이르시되, "너는 지금 마땅히 알지니라, 만약 법화경을 가진 자를 어떤 이가 악한 입으로 험담을 하거나 욕을 하며 흉을 보거나 나무라면 큰 죄보를 얻되 앞에 설한 바와 같으며 그 얻은 바의 공덕은 먼저 설한 바와 같아서 눈, 귀, 코, 혀, 몸, 뜻이 맑고 깨끗하느니라.

득대세여, 옛 지나간 오래된 옛날인 헤아릴 수 없고 가없으며, 가히 생각으로 논의하지도 못할 아승지 겁을 지나서, 부처님께서 계셨으니, 이름은 위음왕 여래 응공 정변지 명행족 선서 세간해 무상사 조어장부 천인사 불 세존이시고, 겁의 이름은 이쇠이며, 나라의 이름은 대성이었느니라.

그 위음왕 부처님께서 그 세상 가운데에서 하늘과 사람과 아수라를 위하여 법을 설하시되, 성문을 구하는 자를 위하여서는 응당히 사제법을 설하시어, 생로병사를 건너서 마침내 열반을 다 마치게 하시고, 벽지불을 구하는 자를 위하여서는 응당 십이인연법을 설하시며, 모든 보살을 위하여서는 완전한 깨달음으로 인하여, 응당 여섯 가지로 생멸하는 이쪽에서 생멸이 없는 저쪽에 이르름을 설하시어 궁극인 부처님의 지혜를 다 마치게 하셨느니라.

득대세여, 이 위음왕부처님의 수명은 사십만 억 나유타 항하사겁이고, 정법이 세상에 머무는 겁수는 한 염부제의 미진과 같고, 상법이 세상에 머무는 겁수는 사천하의 미진과 같았느니라. 그 부처님께서 중생을 넉넉히 이익 되게 하시고는 그러한 뒤에 멸도하시고, 정법과 상법이 멸하여 다 없어진 뒤에, 이 국토에서 다시 부처님께서 나오심이 있었으니, 또한 호는 위음왕 여래 응공 정변지 명행족 성서 세간해 무상사 즈어장부 천인사 불 세존이시었느니라.

이와 같이 차례차례로 이만 억 부처님께서 계셨으되, 모두 같이 한 가지 호이시었느니라.

가장 처음의 위음왕 여래께서 이미 멸도하시기를 마치시고 정법이 멸한 뒤에 상법 가운데에서 깨닫지 못하고서도 깨달은 체하는 거만한 비구에게 큰 세력이 있었느니라.

그 때에 한 보살의 비구가 있었으니, 이름은 상불경이었느니라.

득대세여, 어떠한 인연으로써 이름을 상불경이라 하였는고 하면, 이 비구는 무릇 보이는 바 있는, 만약 비구나 비구니거나 우바새나 우바이에게 모두 다 인사의 절을 하고 찬탄하며 이러한 말을 하되,

<u>〈나는 당신들을 깊이 공경하여 감히 가볍게 여겨 업신여기지를 아니하노니, 까닭은 무엇인가 하면, 당신들은 모두 보살도를 행하여 마땅히 부처님 지음을 얻을 것이기 때문이오〉하였느니라.</u>

그리고 이 비구는 오로지 경전만 읽거나 외우지를 아니하고 다만 인사의 절을 행하며, 이에 멀리서 사중을 보는데 이를지라도 또한 다시 일부러 가서 인사의 절을 하고 찬탄하며 이러한 말을 하되,〈 나는 감히 당신들을 가벼이 여기지를 아니하노니, 당신들은 모두 마땅히 부처님을 지을 것이오〉하였느니라.

사중 가운데에서 성과 분을 내며, 마음이 깨끗하지 못한 자가 있어서, 악한 입으로 욕을 하고 꾸짖으며 말을 하되,〈이 지혜 없는 비구야, 어느 곳으로부터 와서 스스로 말을 하기를〈나는 당신네를 가벼이 여기지 아니하노라〉하며, 그리고는 우리들에게 수기를 주어 〈마땅히 부처님 지음을 얻으리라〉고 하느냐. 우리들은 이 아같이 허망한 수기는 소용이 없느니라〉하였느니라.

이와 같이 많은 해를 지내고 겪으면서 항상 욕과 꾸짖음을 입어도 성과 분을 내지 아니하고, 항상 이런 말을 하되,〈당신네는 마땅히 부처님을 지으리라〉하였느니라. 이런 말을 설할 때에 많은 사람이 혹은 나무 몽둥이나 기와나 돌로써 치거나 던지면, 피하여

달아나 멀리서 머물면서도 오히려 높은 소리로 외쳐 말하되,〈나는 감히 당신들을 가벼이 아니 하노니, 당신들은 모두 마땅히 부처님을 지을 것이오〉하였느니라.

그가 항상 이런 말을 하는 까닭으로써, 깨닫지 못하고서도 깨달은 체 하는 거만한 비구와 비구니와 우바새와 우바이가 호를 상불경이라 하였느니라.

> 해설─석가모니부처님의 전생에 상불경보살의 몸으로 있을 때의 이야기입니다. 이처럼 상불경보살은 일체 중생을 가볍게 여기지 않았으며, 일체중생의 성품에 부처님의 씨앗이 있으며, 미래에 모두 성불을 이룰 수 있다고 말씀하시고 있습니다.

이 비구가 죽으려고 할 때에 임하여 허공가운데에서 위음왕부처님께서 먼저 말씀하신 바인, 법화경의 이십천만억의 게송을 갖추어 듣고 능히 다 받아 가지니, 곧 위와 같은 눈의 뿌리가 맑고 깨끗함과 귀와 코와 혀와 몸과 뜻의 뿌리가 맑고 깨끗함을 얻었느니라. 이 여섯 뿌리가 맑고 깨끗함을 얻고는 다시 수명이 더하여 이백만억 나유타 해를 널리 사람을 위하여 이 법화경을 설하였느니라.

그제야 깨닫지 못하고서도 깨달은 체하는 거만한 사중인 비구 비구니와 우바새 우바이로서, 이 사람을 가벼이 여겨 천대하여 불경이란 이름을 지은 자가, 그 큰 신통의 힘과, 말하고자하는 대로 말 잘하는 힘과, 크고 좋으며 고요한 힘을 얻은 것을 보고, 그가 설하는 바를 듣고는, 모두 믿고 굴복되어 다르고 좇으니, 이 보살은 다시 천만 억의 많은 이를 교화하여, 아뇩다라삼먁삼보리에 머물게 하였느니라.

목숨을 마친 뒤에는 이천 억의 부처님 만남을 얻으니, 모두 호는 일월등명이시고, 그 법 가운데에서 이 법화경을 설하였으니, 이런 인연으로써 다시 이천억 부처님을 만나니, 한 가지 호가 운

자재등왕이시었느니라.

　이 모든 부처님의 법 가운데에서 받아서 가지고 읽고 외우며, 모든 사중을 위하여 이 경전을 설한 까닭으로, 이 평상시 눈이 맑고 깨끗하며 귀와 코와 혀와 몸과 뜻의 모든 뿌리가 맑고 깨끗함을 얻어서 사중 가운데에서 법을 설하되 마음에 두려울 바가 없었느니라.

　득대세여, 뜻에는 어떻게 생각하느뇨. 그 때 상불경보살이 어찌 다른 사람이겠느냐. 곧 나의 몸이 그이니라.

　<u>만약 내가 지난 세상에서 이 경을 받아서 가지고 읽고 외우며 다른 사람을 위하여 설하지 아니하였으면, 능히 아뇩다라삼먁삼보리을 빨리 얻지 못하였을 것이려니와, 내가 먼저 부처님의 거처에서 이 경을 받아서 가지고 읽고 외워서 사람을 위하여 말한 까닭으로, 빨리 완전한 깨달음을 얻었느니라.</u>

　득대세여, 그 때 사중의 비구 비구니와 우바새 우바이는 성내고 분내는 뜻으로써 나를 가볍게 여기고 천하게 한 까닭으로, 이백억 겁에 항상 부처님을 만나지 못하였으며, 법을 듣지 못하였고, 승려를 보지 못하였으며, 천겁을 아비지옥에서 큰 괴로움과 뇌로움을 받았느니라. 이런 죄를 다하기를 마치고는, 다시 상불경보살의 완전한 깨달음을 가르쳐 교화시킴을 만났느니라. 득대세여, 너의 뜻에는 어떠하느냐. 그 때 사중으로서 항상 이 보살을 가벼이 여긴 자가 어찌 다른 사람이겠느냐. 지금 이 모임 가운데의 발타바라 들의 오백보살과, 사자월 들의 오백비구와 니사불들의 오백 우바새로 모두 완전한 깨달음에서 돌아서서 물러나지 않은 자가 이들이니라.

　득대세여, 마땅히 알지니라. 이 법화경은 모든 보살마하살에게 크게 넉넉히 이익 되게 하여, 능히 완전한 깨달음에 이르게 하나니, 이런 까닭으로 모든 보살마하살은 여래가 멸한 뒤에, 항상 응당히 이 경을 받아서 가지고 읽고 외우며 풀어서 말하고 써서 베껴야 하느니라."

그 때에 세존께서 거듭 이 뜻을 펴시고자 하시어 게송으로 설하여 말씀하시되,
 "지난 예전에 부처님께서 계셨으니
호는 위음왕이시라
신통과 지혜가 헤아릴 수 없으시며
일체를 거느리시고 인도하시니,
하늘과 사람과 용과 신이 함께 공양하는 바이며
이 부처님께서 멸하신 뒤에 법이 다 없어지고자 할 때,
한 보살이 있었으니, 이름은 상불경이었느니라.
때에 모든 사중이 법에서 꾀를 부리고 착을 하거늘
불경보살이 그곳에 가서 이르러 일러 말을 하되,
〈나는 당신네를 가벼이 여기지 않노니
당신들은 도를 행하여 모두 마땅히
부처님을 지을 것이오〉하였느니라.
모든 사람이 듣기를 마치고는
가벼이 여겨 헐뜯고 욕하고 꾸짖으나,
불경보살은 능히 참고 이를 받았느니라.
그가 죄가 다하기를 마치고
목숨이 끝나려고 할 때에 임하여 이 경을 얻어듣고
여섯 뿌리가 맑고 깨끗하여
신통력의 까닭으로 수명이 더욱 늘었느니라.
다시 모든 사람을 위하여 널리 이 경을 설하니,
모든 법에 착을 한 중생이 모두
보살의 가르쳐 교화함을 입고 성취하여
부처님 도에 머물게 되었느니라.
불경이 목숨을 마치고 수없는 부처님을 만나서

이 경을 설한 까닭으로 헤아릴 수 없는 복을 얻고
점점 공덕을 갖추어서 빨리 부처님의 도를 이루었느니라.
그 때에 불경은 곧 나의 몸이 그이고
때에 사부중으로서 법에 착을 하던 자는
불경으로부터 〈당신네는 마땅히 부처님이 되리라〉고
말을 들은 이러한 인연으로써 수없는 부처님을 만났으니,
이 모임에 보살인 오백의 많은 이와
아울러 그리고 사부와 청신사녀로서
지금 내 앞에서 법을 듣는 자가 그들이니라.
내가 앞의 세상에서 이 모든 사람을 권하여
제일의 법인 이 경을 받아 듣게 하고
사람에게 열어 보이어 가르쳐서 열반에 머물게 하고
세세에 이와 같은 경전을 받아서 가지게 하였느니라.
억 억 만 겁에 가히 논의하지도 못함에 이르도록
모든 부처님 세존께서 때에야 이 경을 설하시나니,
이런 까닭으로 행하는 자는 부처님 멸한 뒤에
이와 같은 경을 듣고 의심하여 미혹하는 것을 내지 말며
응당 마땅히 한마음으로 널리 이 경을 설하면
세세에 부처님을 만나서 빨리 부처님의 도를 이루느니라."

모든 부처님은 세상을 구원하시는 분 (여래신력품)

이 때에, 땅으로부터 솟아 나오신 수많은 세계의 보살께서 부처님 앞에 한마음으로 합장하시고 높으신 얼굴을 우러러 바라다 뵈오며, 아뢰어 말씀하시되, "세존이시여, 저희들이 부처님께서 멸하신 뒤에, 세존의 분신께서 계시는 바 국토의 멸도하신 곳에서 마땅히 널리 이 경을 설하오리다. 까닭은 무엇인가 하오면, 저희들도 또한 스스로 이 참되고 깨끗한 큰 법을 얻고 받아서 가지고 읽고 외우며 풀어서 말하고 써서 베끼며 그리고는 공양하고자 하옵기 때문이옵나이다."

이 때 세존께서 헤아릴 수 없는 옛적부터 사바세계에 머무는 보살마하살과, 그리고 모든 출가수행자, 제가수행자 및 일체 사부대중 앞에서, 큰 신력을 나타내시어 넓고 긴 혀를 나타내시되, 위로는 범천 세상에 이르시며, 일체의 털구멍에서 헤아릴 수 없고 수없는 색깔의 빛을 놓으시어 시방세계를 모두 다 두루 비추시니, 많은 보배나무 아래 사자자리 위의 모든 부처님께서도 또한 다시 이와 같이 넓고 긴 혀를 내시며, 헤아릴 수 없는 빛을 놓으시었소이다.

석가모니 부처님과 그리고 또 보배나무 아래의 모든 부처님께서 신력을 나타내신 때를 백천 해나 채우시고, 그러한 뒤에 다시 혀의 형상을 거두시고, 한 때에 큰 기침을 하시며, 함께 같이 손가락을 튀기시니, 이 두 음성이 두루 시방의 모든 부처님 세계에 이르러, 땅은 모두 여섯 가지로 진동하여 움직였소이다.

그 가운데 일체 사부대중들이, 부처님의 신력의 까닭으로써 모두 이 사바세계에 헤아릴 수 없이 많은 보배나무 아래 사자자리 위의 모든 부처님을 뵈오며, 그리고 또 석가모니 부처님께서 다보여래와 함께 보탑 가운데에 계시어 사자자리에 앉으셨음을 뵈오며, 또 헤아릴 수 없고 가없는 백천만억의 보살마하살과 그리고 또 모든 사중이 석가모니부처님을 공손히 공경하며 에워 둘러싼 것을 보았소이다. 이미 이것을 보기를 마치고는 모두 크게 기뻐하고 즐거워하며 일찍이 있지 아니한 것을 얻었소이다.

곧 때에 모든 하늘이 허공 가운데에서 높은 소리로 외쳐서 말하되, 〈이 헤아릴 수 없고 가없는 백천만억 아승지 세계를 지나서 나라가 있으니, 이름은 사바이며, 이 가운데 부처님께서 계시니, 이름은 석가모니이시라. 지금 모든 보살마하살을 위하시어 대승경을 설하시니, 이름은 묘법연화이라, 보살을 가르치는 법이며, 부처님께서 생각하시어 두호하시는 바이시니, 너희들은 마땅히 깊이 마음으로 따라 기뻐하고 또한 마땅히 석가모니 부처님께 인사의 절을 하고 공양할지니라.〉 하거늘, 그 모든 중생이 허공 가운데의 소리를 듣기를 마치고는, 사바세계를 향하여 합장하고 이와 같은 말을 하되, 〈나무 석가모니불, 나무 석가모니불〉 하고, 가지가지의 꽃과 향과 영락과, 부처님과 보살의 위엄과 덕을 표시하는 장엄도구인 깃발과 천개와 그리고 또 모든 몸을 아름답게 하는 데 갖추는 것인 진귀한 보배와 묘한 물건으로써 모두 함께 멀리 사바세계에 흩으니, 흩은 바의 모든 물건이 시방으로부터 오되, 비유하건대, 구름의 모임과 같은 지라,

변하여 보배휘장을 이루어서 모든 부처님의 위를 덮으니, 때에 시방세계는 통달하여 걸림이 없어서 한 부처님의 나라와 같았소이다.

이 때 부처님께서 상행들의 보살 대중에게 이르시되, "모든 부처님의 신력은 이와 같이 헤아릴 수 없고 가없으며, 가히 생각으로 논의하지 못하느니라. 만약 내가 이 신력으로써, 헤아릴 수 없고 가없는 백천만억 아승지 겁에서 누누이 부탁하기 위한 까닭으로, 이 경의 공덕을 설할 지라도 오히려 능히 다하지를 못하느니라.

요긴한 것으로써 이를 말할진대, <u>여래의 일체의 있는 바의 법과 여래의 일체의 마음대로 되는 신비스러운 힘과 여래의 일체의 비밀 되고 요긴한 곳집과 여래의 일체의 심히 깊은 일을 모두 이 경에서 펴서 보이고 나타내어서 말하였느니라.</u>

이러한 까닭으로 너희들은 여래가 멸한 뒤에, 응당히 한마음으로 받아서 가지고 읽고 외우며 풀어서 말하고 써서 베끼며, 설함과 같이 닦아 행할지니라.

만약 어떤 이가 있는바 국토에서, 받아서 가지고 읽고 외우며 풀어서 말하고 써서 베끼며, 설함과 같이 닦아 행하여, 만약 경권이 머무는 바의 곳이면, 만약 동산 가운데거나, 만약 수풀 가운데거나, 만약 나무 아래거나, 만약 승방이거나, 만약 흰옷 입은 이의 집이거나, 만약 궁궐에 있거나, 만약 산골이나 빈들이라도, 이 가운데에는 모두 응당히 탑을 일으켜서 공양을 할지니라. 까닭은 무엇인가 하면, 마땅히 알지니, 이곳은 곧바로 도량이기 때문이니라.

모든 부처님께서는 여기에서 위없이 높고 바르며 크고도 넓으며 평등한 깨달음을 얻으시며, 모든 부처님께서는 여기에서 법륜을 굴리시며, 모든 부처님께서는 여기에서 이에 열반에 옮기시느니라."

그 때 세존께서 거듭 이 뜻을 펴시고자 하시어 이에 게송으로 설하시어 말씀하시되,
<u>"모든 부처님께서는 세상을 구원하시는 분이시니,
큰 신통에 머무시어 중생을 기쁘게 하기 위한 까닭으로
헤아릴 수 없는 신력을 나타내시되,</u>
혀의 형상은 범천까지 이르시고,
몸에서는 수없는 빛을 놓으시느니라.
부처님의 도를 구하는 자를 위하여

이렇게 드물게 있는 일을 나타내시느니라.
 모든 부처님의 큰 기침 소리와
 그리고 또 손가락을 튀기시는 소리가
 두루 시방 나라에 들리니,
 땅은 모두 여섯 가지로 움직였느니라.
 부처님께서 멸도하신 뒤에
 능히 이 경을 가진 까닭으로써,
 모든 부처님께서 모두 기뻐하시고 즐거워하시어
 헤아릴 수 없는 신력을 나타내시느니라.
 이 경을 누누이 부탁하신
 까닭으로 받아가진 자를
 아름답다고 찬탄하되,
 저 헤아릴 수 없는 겁 가운데에서도
 오히려 그러므로 능히 다하지 못하느니라.
 이 사람의 공덕은 가도 없고 마침도 있음이 없으니,
 시방의 허공과 같아서 가히 가와 끝을 얻지 못하느니라.
 능히 이 경을 가진 자는 곧 이미 나를 본 것이 되며,
 또한 다보부처님과 그리고 또 모든 분신을 뵈온 것이며,
 또 내가 오늘날 가르쳐 교화한 모든 보살을 본 것이니라.
 능히 이 경을 가진 자는
 나와 그리고 또 분신과
 멸도하신 다보 부처님과
 일체로 하여금 모두
 기쁘고 즐겁게 하며
 시방에 나타나 계시는
 부처님과 아울러
 지난 예전과 미래에도
 또한 뵈옵고, 공양하며,

기쁘고 즐거움을 얻게 한 것이니라.
모든 부처님께서
도량에 앉으시어 얻으신 바의
비밀 되고 요긴한 법을
이 경을 능히 가진 자는
오래지 않아 또한
마땅히 얻느니라.
능히 이 경을 가진 자는
모든 법의 뜻과 이름하는
글자와 그리고 또 말씀을
하고자 하는 대로 설함이
다하거나 마침이 없으되
바람이 허공 가운데서
일체 막히거나 걸릴 것이 없는 것과 같으니라.
여래가 멸한 뒤에
부처님이 말한 바의
경의 인연과 그리고 또
차례 차례를 알아서 뜻을 따라
실상과 같이 설하되
해와 달의 밝은 빛이
능히 모든 깊숙한 어두움을 없애는 것과 같으니라.
이 사람이 세간에서 행하여
능히 중생의 어둠을 멸하고
헤아릴 수 없는 보살을 가르쳐서 필경에
일승에 머무르게 하느니라.
이런 까닭으로 지혜 있는 자는
이 공덕의 이익을 듣고
내가 멸도한 뒤에

응당 이 경을 받아서 가질지니라.
이런 사람은 부처님의 도에
결정코 의심은 있을 수 없느니라."

너희들에게 부탁하노니 법화를 널리 펴라 (촉루품)

그때에 석가모니 부처님께서 법자리로부터 일어나시어 큰 신력을 나타내시며, 오른손으로써 헤아릴 수 없는 보살마하살의 이마를 어루만지시고, 그리고는 이런 말씀을 하시되, "내가 헤아릴 수 없는 백천만억 아승지 겁에, 이 얻기 어려운 아뇩다라삼먁삼보리의 법을 닦고 익혀서 이제 너희들에게 청하여 부탁하노니, 너희들은 응당 마땅히 한마음으로 이 법을 펴져 나가게 펴서, 널리 더욱 이익 되게 할지니라."

이와 같이 세 번이나 모든 보살마하살의 이마를 어루만지시고, 이런 말씀을 하시되, "내가 헤아릴 수 없는 백천만억 아승지겁에 이 얻기 어려운 완전한 깨달음의 법을 닦고 익혀서, 지금 너희들에게 청하여 부탁하노니, 너희들은 마땅히 받아서 가지고 읽고 외워서 널리 이 법을 펴서 일체 중생으로 하여금 널리 듣게 하여 앎을 얻게 할지니라.

까닭은 무엇인가 하면, 여래는 대자비가 있어서 모든 것에 아끼고 인색함이 없으며, 또한 두려울 바도 없으며, 능히 중생에게 부처님의 사리에 밝은 지혜와 여래의 사리에 밝은 지혜와 자연의 사리에 밝은 지혜를 주노니, 여래는 바로 일체 중생에게 크게 베푸는 주인이니라. 너희들은 또한 응당 여래의 법을 따라 배우되, 아끼고 인색함을 내지 말지니라.

미래 세상에 만약 선남자 선여인이 있어, 여래의 사리에 밝은 지혜를 믿는 자에게는 마땅히 이 법화경을 설명하고 말하여 하여금 듣고 앎을 얻게 하여야 하리니, 그 사람으로 하여금 부처님의 지혜를 얻게 하기 위한 까닭이니라.

만약 중생이 있어 믿어서 받지 않는 자에게는 마땅히 여래의 나머지의 깊은 법 가운데에서 이롭고 기쁜 것을 가르쳐 보일지니라.

너희들이 만약 능히 이와 같이 하면, 곧 이미 모든 부처님의 은혜를 갚음이 되느니라."

때에 모든 보살마하살께서 부처님의 이 말씀하시는 것을 듣기를 마치시고는, 모두 큰 기쁨과 즐거움이 두루 그 몸에 가득 차서 더욱 공손히 공경을 더하여, 몸을 굽히고 머리를 숙이며, 부처님을 향하여 합장하시고, 함께 소리를 내어 말씀하시되, "세존께서 타이르시는 것과 같이 마땅히 갖추어 받들어 행하오리다. 오직 그러하오니, 세존이시여, 원하옵건대, 염려를 두시지 마시옵소서."

모든 보살마하살의 많은 이께서는 이와 같이 세 번이나 반복하시어 함께 소리를 내어 말씀하시되, "세존께서 거듭 타이르시는 것과 같이 마땅히 갖추어 받들어 행하오리다. 오직 그러하오니, 세존이시여, 원하옵건대 염려를 두시지 마시옵소서."

이 때 석가모니부처님께서, 시방에서 오신 모든 분신 부처님으로 하여금 각각 본래의 국토로 돌아가시게 하시려고, 이러한 말씀을 하시되, "모든 부처님께서는 각각 편안하신 곳으로 따르시옵고, 다보부처님 탑께옵서도 돌아가시어 가히 옛과 같이 하시옵소서."

이렇게 말씀을 설하실 때에 시방의 헤아릴 수 없는 분신의 모든 부처님이신 보배나무 아래 사자자리 위에 앉으신 분과, 그리고 또 다보부처님과, 아울러 상행들의 가없는 아승지 보살의 대중과, 사리불들의 성문 사중과, 그리고 또 일체 세간의 하늘과 사람과 아수라 들은, 부처님께서 말씀하시는 바를 듣자옵고, 모두 크게 기뻐하고 즐거워하셨소이다.

소신공양, 베품 가운데 가장 존귀하고 진실한 베품 (약왕보살 본사품)

이때 수왕화보살께서 부처님께 말씀하시되, "세존이시여, 약왕보살은 어찌하여 사바세계에서 노니나이까. 세존이시여, 이 약왕보살은 얼마만한 백천만억 나유타의 어려운 행과 괴로운 행이 있었나이까. 잘하시옵는 세존이시여, 원하옵건대, 조금만 풀어서 말씀하시옵소서.

모든 하늘과 용과 신과 야차와 건달바와 아수라와 가루라와 긴나라와 마후라가와 인비인들이며, 또 다른 국토에서 온 모든 보살과 성문의 많은 이가 들으면 모두 기뻐하고 즐거워하오리다." 하셨소이다.

이때 부처님께서 수왕화보살에게 이르시되, "옛 옛 지나간 예전의 헤아릴 수 없는 항하사 겁에 부처님께서 계셨으니, 호는 일월정명덕 여래 응공 정변지 명행족 선서 세간해 무상사 조어장부 천인사 불 세존이셨느니라.

그 부처님께서는 팔십억의 큰 보살마하살과 칠십이 항하사의 큰 성문의 많은 이가 있었으며, 부처님의 수명은 사만 이천 겁이요, 보살의 수명도 또한 같았느니라.

그 나라에는 여인과 지옥과 아귀와 축생과 아수라들과 그리고 또 모든 어려운 것은 있음이 없었으며, 땅이 평탄하기는 손바닥과 같고 유리로 이룬 바이며, 보배나무로 꾸미고 치장하였고 보배휘장으로 위를 덮었으며, 보배꽃번을 드리우고 보배병과 향로는 나라 경계의 둘레에 두루 하였고, 일곱 가지 보배로 된 정자를 만들되, 나무 하나에 정자가 하나이며, 그 나무와 정자의 거리는 다 하나의 화살이 가는 길이었느니라. 이 모든 보배 나무에는 보살과 성문이 있으되 그 아래 앉았으며, 모든 보배정자 위에는 각각 백억의 모든 하늘이 있어, 하늘의 재주와 음악을 지어서 부처님을 찬탄하는 노래를 하여서 대단히 공양이 되게 하였느니라.

그 때 부처님께서 일체중생희견보살과 많은 보살과 모든 성문을 위하여 법화경을 설하였느니라.

이 일체중생희견보살이 즐거이 괴로운 행을 익혀서, 일월정명덕 부처님의 법 가운데에서 정진하고 거닐면서 한마음으로 부처님을 구하기를, 만 이천 해를 채워 마치고는 현일체색신삼매를 얻었느니라. 이 삼매를 얻고는 마음이 크게 기쁘고 즐거워서 곧 생각을 지어서 말하되,〈내가 현일체색신삼매를 얻은 것은 모두 바로 법화경을 얻어 들은 힘이니, 내가 이제 마땅히 일월정명덕 부처님과 그리고 또 법화경에 공양하리라〉하고, 곧 때에 이 삼매에 드니, 허공 가운데에서 하늘꽃과 전단을 비 오듯이 하여 허공 가운데에 가득하게 하여 구름과 같이 내리며, 또 해차안전단향을 비 오듯이 하니, 이 향은 육수이나, 가치는 사바세계만한 것으로써 부처님께 공양하였느니라.

이러한 공양을 하여 마치고 삼매로부터 일어나서 스스로 생각하여 말하되,〈내가 비록 신력으로써 부처님께 공양을 하였으나, 몸으로써 공양을 하는 것만 같지는 못하리라〉하고, 곧 모든 향인 전단과 훈육과 도루 바와 필력가와 침수와 교향을 먹고 또 첨복과 모든 꽃의 향기름을 마시되, 천이백 해를 채워 마치고는, 향기름을 몸에 바르고, 일월정명덕 부처님 앞에서 하늘의 보배옷으로써 스스로 몸에 감고, 모든 향기름을 붓고는 신통력과 원으로써 스스로 몸을 불사르니, 밝은 빛이 두루 팔십억 항하사의 세계를 비추었느니라.

그 가운데의 모든 부처님께서 같은 때에 칭찬하시어 말씀하시되,〈착하고 착하도다. 착한 남자여, 이것이 진실한 정진이며, 이것을 이름하여 여래에게 진실한 법공양이라 하느니라.

만약 꽃과 향과 영락과 사르는 향과 가루향과 바르는 향과 하늘의 비단과 깃발과 천개와 해차안전단향인, 이와 같은 것들의 모든 물건으로 공양을 할지라도 능히 미치지 못할 것이며, 가령 나라와 성과 아내와 자식을 베풀어 줄지라도 또한 미치지 못할 바이니라.

선남자여, 이것을 이름하여 제일의 베풂이라 하며, 모든 베풂 가운데에서 가장 존귀하고 가장 위이니, 법으로써 모든 여래에게 공양한 까닭이니라〉이런 말씀을 하시기를 마치고는 각각 묵묵하셨느니라. 그 몸을 천이백 해를 불태웠으며, 이렇게 지낸 뒤에야 그 몸이 이에 다하였느니라.

일체중생희견보살이 이와 같이 법공양을 하여 마치고, 명을 마친 뒤에 다시 일월정명덕 부처님 나라 가운데 나되, 정덕왕의 집에 가부좌를 맺고 홀연히 화하여 나서, 곧 그 아버지를 위하여 게송으로 설하여 말하되,

대왕께서는 지금 마땅히 아시옵소서.
제가 저 곳에서 거닐면서 곧 때에
일체 모든 몸을 나타내는 삼마를 얻고
부지런히 크게 정진을 행하여
사랑하는 바의 몸을 버려서 서존께 공양하는 것은
위없는 지혜를 구하기 위함이옵니다.

이 게송을 설하여 마치고 그리고는 아버님께 아뢰어 말을 하되,〈일월정명덕 부처님께서 지금까지 옛대로 나타나 계시거니와, 제가 먼저 부처님께 공양하여 마치고는, 일체 중생의 말을 이해하는 다라니를 얻었으며, 다시 이 법화경의 팔백천만억 나유타 견가라 빈바라 아촉바 들의 게송을 들었사오니, 대왕이시여, 제가 지금 마땅히 돌아가서 이 부처님께 공양하려 하나이다〉아뢰기를 마치고 곧 일곱 가지 보배로 된 좌대에 앉아서 위로 허공에 오르니, 높이는 칠다라수이었느니라.

부처님의 거처에 가서 이르러 머리와 얼굴로 발에 절을 하고, 열손가락과 손톱을 합하고 게송으로써 부처님을 찬탄하되,

얼굴 모습은 심히 기이하시고 묘하시며,

밝은 빛이 시방에 비치시옵니다.

제가 마침 일찍이 공양하였더니

지금 다시 돌아와서 친히 뵈옵나이다.

이때 일체중생희견보살은 이 게송을 설하여 마치고는 부처님께 아뢰어 말하되,〈세존이시여, 세존께서는 여전히 옛대로 세상에 계시나이까〉

이때 일월정명덕부처님께서 일체중생희견보살에게 이르시되,〈선남자여, 내가 열반할 때가 이르렀고, 멸하여 다할 때가 이르렀으니, 너는 가히 평상자리를 편안히 펼지니라. 나는 오늘밤에 마땅히 열반에 들겠노라.〉또 일체중생희견보살에게 타이르시되,〈선남자여, 내가 부처님 법을 너에게 누누이 부탁하며, 그리고 또 모든 보살과 큰 제자와, 아울러 완전한 깨달음의 법과 또한 삼천대천의 일곱 가지 보배로 된 세계의 모든 보배나무와 보배좌대와, 그리고 또 넉넉히 하고 시중드는 모든 하늘을, 다 너에게 부탁하노라. 내가 멸도한 뒤에 있는바 사리도 또한 너에게 청하여 부탁하노니, 마땅히 펴져 나가게 펴서 널리 공양을 베풀되, 응당히 몇 천의 탑을 일으킬지니라.〉

이와 같이 하여 일월정명덕부처님께서 일체중생희견보살에게 타이르시기를 마치시고는 밤의 뒷부분에 열반에 드셨느니라.

그 때에 일체중생희견보살이 부처님께서 멸도하심을 보고 슬픔을 느끼며 한을 하고 뇌로워하며, 부처님을 그리워하고 사모하여 곧 해차안전단향을 쌓고 부처님 몸에 공양하고, 그리고는 불을 붙이고, 불이 꺼지기를 마친 뒤에 사리를 거두어들이어 팔만사천보배병을 만들어서 팔만사천의 탑을 일으키되, 높이는 삼세계이며 표찰로 꾸며서 치장하고 모든 번과 천개를 드리우며 많은 보배풍

경을 달았더니라.

이 때 일체중생희견보살이 다시 스스로 생각으로 말하되, 〈내가 비록 이렇게 공양을 하였으나 마음에 오히려 흡족하지 못하니, 내가 지금 마땅히 다시 사리에 공양을 하리라〉하고는 문득 모든 보살과 큰 제자와 하늘과 용과 야차들의 일체 대중에게 말하되, 〈여러분은 마땅히 한마음으로 생각하소서. 내가 지금 일월정명덕 부처님 사리에 공양하리라〉

이렇게 말을 하기를 마치고 곧 팔만사천 탑 앞에서 백가지 복으로 꾸미고 치장한 팔을 태우되, 칠만 이천 해를 이에 공양하여, 성문을 구하는 수없는 많은 이와 헤아릴 수 없는 아승지의 사람으로 하여금 완전한 깨달음의 마음을 일으키게 하고, 모두로 하여금 현일체색신삼매에 머묾을 얻게 하였느니라.

그 때에 모든 보살과 하늘과 사람과 아수라 들이 그 팔이 없음을 보고, 근심하고 괴로워하며 슬퍼하고 불쌍히 여겨서 이런 말을 하되, 〈이 일체중생희견보살께서는 바로 저희들의 스승으로 저희를 가르쳐서 교화하시는 분이시거늘, 그러나 지금 팔을 태우시고 몸을 흡족하게 갖추시지 못하시구나〉하니, 때에 일체중생희견보살이 대중가운데에서 이러한 맹세를 세워서 말을 하되, 〈내가 양팔을 버렸으니, 반드시 마땅히 부처님의 금빛의 몸을 얻을 것이로되, 만약 사실이고 헛되지 아니하면, 나의 양팔이 도로 다시 옛과 같이 되게 하소서〉 이런 맹세하기를 마치자 자연히 도로 회복하였으니, 이 보살은 복과 덕과 사리에 밝은 지혜가 순박하고 두터움이 극진한데까지 이르럼을 말미암은 까닭이니라.

이러할 때를 맞이하여 삼천대천세계는 여섯 가지로 진동하여 움직이고 하늘에서는 보배꽃이 비 오듯이 하며, 일체 사람과 하늘은 일찍이 있지 아니한 것을 얻었느니라."

부처님께서 수왕화보살에게 이르시되, "너희 뜻에는 어떠하느냐. 일체중생희견보살이 어찌 다른 사람이겠느냐. 지금의 약왕보살이 그이니라. 그가 몸을 버려서 베풀어 준 것은 이와 같이 헤아릴 수 없는 백천만억나유타 수이었느니라.

수왕화여, 만약 마음을 일으킴이 있어 완전한 깨달음을 얻고자 하는 자이면, 능히 손가락이나 발가락 하나라도 태움에 이르러 부처님 탑에 공양하면, 나라와 성과 아내와 자식과 그리고 또 삼천대천국토의 산과 수풀과 큰 강과 못과 모든 진귀한 보배물건으로 공양을 하는 것보다 나으리라.

만약 다시 어떤 사람이 일곱 가지 보배로써 삼천대천세계에 가득하게 하여, 부처님과 큰 보살과 벽지불과 아라한에게 공양을 할지라도, 이 사람이 얻은 바의 공덕은 이 법화경의 네구절의 한 게송에 이르러서 받아서 가지는 것만 같지 못하니, 그 복이 가장 많으니라.

수왕화여, 비유하건대, 일체 흐르는 내와 강과 큰 강인 모든 물 가운데에서 바다가 제일이 되는 것과 같이, 이 법화경도 이와 같아서, 모든 여래께서 설하신 바의 경 가운데에서 가장 깊고 큰 것이 되느니라.

또 토산과 흑 산과 소철위산과 대철위산과 그리고 또 십보산인 많은 산 가운데에서 수미산이 제일이 되는 것과 같이, 이 법화경도 이와 같아서, 모든 경 가운데에서 가장 위가 되느니라.

또 많은 별 가운데에서 월천자가 가장 제일이 되는 것과 같이, 이 법화경도 이와 같아서, 천만 억 가지의 모든 경의 법 가운데에서 가장 밝게 비침이 되느니라.

또 일천자가 능히 모든 어두운 것을 없애는 것과 같이 이 경도 이와 같아서 능히 일체의 좋지 못한 어두움을 부수느니라.

또 모든 작은 왕 가운데에서 전륜성왕이 가장 제일이 되는 것과 같이, 이 경도 이와 같아서 많은 경 가운데에서 가장 그 존귀함이 되느니라.

또 제석이 삼십삼천 가운데에서 왕인 것과 같이, 이 경도 이와

<u>같아서, 모든 경 가운데 왕이니라.</u>

 또 대범천왕이 일체 중생의 아버지인 것과 같이, 이 경도 이와 같아서, 일체 어질고 성스러운 이와, 배우는 이와 배울 것이 없는 이와 그리고 또 보살의 마음을 일으킨 자의 아버지이니라.

 또 일체 범부인 사람 가운데에서 수다원과 사다함과 아나함과 아라한과 벽지불이 제일이 되는 것과 같이, 이 경도 이와 같아서 일체 여래께서 설하신 바와, 만약 보살이 설한 바와, 만약 성문이 설한 바인 모든 경의 법 가운데에서 가장 제일이 되느니라.

 능히 이 경전을 받아 가지는 자가 있으면, 또한 다시 이와 같아서, 일체 중생 가운데에서 제일이 되느니라. 일체 성문과 벽지불 가운데에서 보살이 제일이 되듯이, 이 경도 또한 다시 이와 같아서 일체 모든 경의 법 가운데에서 가장 제일이 되느니라. 부처님께서 모든 법의 왕이 되시는 것과 같이, 이 경도 이와 같아서 모든 경 가운데 왕이니라.

 <u>수왕화여, 이 경은 능히 일체 중생을 구원하는 것이며, 이 경은 능히 일체 중생으로 하여금 모든 괴로움과 뇌로움을 떠나게 하며 이 경은 능히 일체 중생을 크게 넉넉히 이익 되게 하여 그 원을 가득 채우게 하느니라.</u>

 맑고 서늘한 못이 능히 일체 모든 목마른 자를 채워줌과 같으며, 추운 자가 불을 얻음과 같으며, 벌거벗은 자가 옷을 얻음과 같으며, 장사하는 사람이 주인을 얻음과 같으며, 자식이 어머니를 얻음과 같으며, 나루에서 배를 얻음과 같으며, 병을 앓음에 의원을 얻음과 같으며, 어두운데 등불을 얻음과 같으며, 가난한 데에 보배를 얻음과 같으며, 백성이 임금을 얻음과 같으며, 장사하는 사람이 손님의 바다를 얻음과 같으며, 횃불이 어둠을 없애는 것과 같이, 이 법화경도 또한 다시 이와 같아서 능히 중생으로 하여금 일체 괴로운 것과 일체 병의 아픔을 떠나게 하고 능히 일체의 나고 죽음의 묶임을 풀게 하느니라.

만약 사람이 이 법화경을 얻어 듣고 만약 스스로 쓰거나, 만약 사람을 시켜서 쓰게 하면, 얻는 바의 공덕은 부처님의 사리에 밝은 지혜로써 많고 적은 것을 셈 놓아 헤아려도 그 가를 얻지 못하느니라.

만약 이 경권을 쓰고, 꽃과 향과 영락과, 사르는 향과 가루향과 바르는 향과, 부처님과 보살의 위엄과 덕을 표시하는 장엄도구인 깃발과 천개와 의복과, 가지가지의 등인 차조기 등과 기름등과 모든 향기름등과 첨복의 기름등과 수만나 기름등과 바라라 기름등과 바리사가 기름등과 나바마리 기름등으로 공양하면, 얻는 바의 공덕은 또한 다시 헤아릴 수 없느니라.

수왕화여, 만약 어떤 사람이 이 약왕보살 본사품을 듣는다면 또한 헤아릴 수 없고 가없는 공덕을 얻느니라.

만약 어떤 여인이 이 약왕보살 본사품을 듣고 능히 받아서 가지면, 이 여자의 몸을 다하고는 뒤에는 다시 받지 아니하느니라.

만약 여래가 멸한 뒤의 후오백세 가운데에서, 만약 어떤 여인이 이 경전을 듣고 설함과 같이 닦고 행하면, 여기에서 명을 마치고는 곧 안락세계에 가서, 아미타 부처님을 큰 보살의 많은 이가 에워 둘러싸서 머무는 곳의, 연꽃 가운데 보배자리 위에 나느니라. 다시는 탐냄과 욕심의 번뇌로운 바를 당하지 아니하며, 또한 다시 교만하고 업신여기며 미워하고 시기하며 모든 수치의 번뇌로운 바를 당하지 아니하고, 보살의 신통과, '나지도 없어지지도 않는 참된 법의 본바탕을 깨달아 알고 편안히 머물러 움직이지 않음'을 얻나니, 이 머물러 움직이지 않음을 얻고는 눈 뿌리가 맑고 깨끗하여, 이 맑고 깨끗한 눈 뿌리로써 칠백만 이천억 나유타 항하사들의 모든 부처님 여래를 뵈옵느니라.

이 때에 모든 부처님께서 멀리서 함께 칭찬하시어 말씀하시되, 〈착하고 착하도다. 선남자여, 너는 능히 석가모니 부처님의 법 가운데에서, 이 경을 받아서 가지고 읽고 외우며 깊이 생각하고, 다른 사람을 위하여 설하였느니, 얻은 바의 복과 덕은 헤아릴 수 없고 가없어서, 불이 능히 태우지 못하고, 물도 능히 빠지게 하지 못할 것이니, 너의 공덕은 일천부처님께서 함께 설하시어도 능히 다하지 못하느니라.

너는 지금 이미 능히 모든 마적을 멸망시키고, 나고 죽는 것의 군사를 무너뜨리고, 모든 나머지 원한의 적을 모두 다 꺾어 없애었느니라.

선남자여, 백천의 모든 부처님께서 신통의 힘으로써 함께 너를 지키고 두호하나니, 일체 세간의 하늘과 사람 가운데에서 너와 같은 자는 없느니라. 오직 여래를 제외하고는 그 모든 성문이나 벽지불이며, 이에 보살의 사리에 밝은 지혜와 선정에 이르기까지라도, 너와 더불어 견줄 자는 있을 수 없느니라.〉하시느니라.

수왕화여, 이 보살이 이와 같은 공덕과 사리에 밝은 지혜의 힘을 성취하였느니라.

만약 어떤 사람이 이 약왕보살본사품을 듣고 능히 따라서 기뻐하고 좋다고 찬탄하면, 이 사람은 지금 세상에서 입 가운데에서 항상 푸른 연꽃의 향기가 나오고, 몸의 털구멍 중간에서 항상 우두전단의 향기가 나오나니, 얻는 바의 공덕은 위에 말한 바와 같으니라.

이런 까닭으로 수왕화여, 이 약왕보살 본사품을 너에게 누누이 부탁하노니, 내가 멸도한 뒤의 후오백세가운데에서, 널리 베풀어서 퍼져 나가게 하여, 염부제에서 하여금 끊어지고 끊어져서 악한 마와 마의 백성과 모든 하늘과 용과 야차와 구반다들이 그 편의를 얻음이 없게 할지니라.

수왕화여, 너는 마땅히 신통의 힘으로써 이 경을 지키고 두호할지니라. 까닭은 무엇인가 하면, 이 경은 곧 염부제 사람의 병에 좋은 약이 되느니라. 만약 사람이 병이 있어 이 경을 얻어들으면, 병이 곧 사라져 없어지고 늙지도 않고 죽지도 아니하느니라.

수왕화여, 네가 만약 이 경을 받아서 가지고 있는 자를 보거든, 응당히 푸른 연꽃과 가득히 담은 가루향으로써 그 위에 흩어 받들고, 흩기를 마치고는 이런 생각으로 말을 하되,〈이 사람은 오래지 않아서 마땅히 반드시 풀을 사용하여 도량에 앉아서 모든 마의 군사를 깨뜨리고 ,마땅히 법의 소라를 불며, 큰 법의 북을 쳐서, 일체 중생을 늙고 병들며 죽는 바다를 건네게 하여 벗어나게 하리라〉할지니라.

 이런 까닭으로 부처님의 도를 구하는 자는 이 경전을 받아서 가지고 있는 사람을 보거든 응당 마땅히 이와 같이 공손히 공경하는 마음을 내어야 하느니라〉하셨소이다.

 이 약왕보살본사품을 말씀하실 때에. 팔만사천보살께서는 일체중생의 말을 이해하는 다라니를 얻으셨소이다.

 다보여래께서는 보탑가운데에서 수왕화보살을 칭찬하시어 말씀하시되,〈착하고 착하도다. 수왕화여, 너는 가히 생각으로 논의하지 못할 공덕을 성취하여, 이에 능히 석가모니 부처님께 이와 같은 일을 여쭈어서 헤아릴 수 없는 일체중생을 이익 되게 하였구나〉하셨소이다.

진리의 분신들 (묘음보살품)

이 때에 석가모니부처님께서 대인형상인 살로된 상투에서 밝은 빛을 놓으시며, 눈썹 사이의 흰털의 모습에서 빛을 놓으시어, 두루 동방으로 백팔만억 나유타 항하사들의 모든 부처님 세계를 비추셨소이다.

이 숫자를 지나기를 마치고 세계가 있었으니, 이름은 정광장엄이요, 그 나라에 부처님께서 겨시니, 호는 정화수왕지 여래 응공 정변지 명행족 선서 세간해 무상사 조어장부 천인사 불 세존이시라. 헤아릴 수 없고 가도 없는 보살 대중에게 공손히 공경되시며 둘러싸이시어 법을 설하시니, 석사모니 부처님의 흰털의 밝은 빛이 그 나라까지 두루 비추셨소이다.

이 때에 일체의 정광장엄 나라 가운데에 한 보살께서 계셨으니, 이름은 가로되 묘음이었소이다. 이미 많은 덕의 근본을 심으시어 헤아릴 수 없는 모든 부처님께 공양하시고 친하고 가까이 하시어, 심히 깊고 사리에 밝은 지혜를 다 성취하시고, 묘당상삼매와 법화삼매와 정덕삼매와 수왕희삼매와 무연삼매와 지인삼매와 일체 중생의 말을 이해하는 삼매와 온갖 공덕을 모으는 삼매와 청정삼매와 신통유희삼매와 혜거삼매와 장엄왕 삼매와 정광명삼매와 정장삼매와 불공삼매와 일선삼매를 얻으셨으며 이와 같은 것들의 백천만억 항하사들의 모든 큰 삼매를 얻으셨더이다.

석가모니 부처님의 빛이 그 몸을 비추시거늘, 곧 정화수왕지 부처님께 아뢰어 말씀드리되, "세존이시여, 제가 마땅히 사바세계를 향하여 나아가서, 석가모니부처님께 인사의 절을 하고 친하고 가까이 하여 공양하고, 문수사리법왕자보살과 약왕보살과 용시보살과 수왕화보살과 상행의보살과 장엄왕보살과 약상보살을 뵈올까 하나이다."

이 때에 정화수왕지 부처님께서 묘음보살에게 이르시되, "너는 저 나라를 가볍게 여겨서 낮고 졸열하다는 생각을 내지 말지니라. 선남자여, 저 사바세계는 높고 낮아서 평탄하지 못하며, 흙과 돌로 된 모든 산에는 더럽고 나쁜 것이 가득하고, 부처님의 몸은 보잘 것 없이 작으며, 모든 보살의 많은 이도 그 모양이 또한 작으니라. 그러나 너의 몸은 사만 이천 유순이요, 나의 몸은 육백팔십만 유순이라, 너의 몸이 제일 단정하고 발라서 백천만 복의 밝은 빛이 뛰어나게 묘하니, 이런 까닭으로 네가 가서 저 나라를 가벼이 여겨, 만약 부처님과 보살과 국토를 낮고 졸열하다는 생각을 내지 말지니라."

묘음보살께서 그 부처님께 아뢰어 말씀드리되, "세존이시여, 제가 지금 사바세계에 나아가는 것은 모두 바로 여래의 힘이시오며, 여래의 신통으로 즐겁게 노니는 것이오며, 여래의 공덕과 사리에 밝은 지혜로 꾸미고 치장함이옵니다."

이에 묘음보살께서 자리로부터 일어나지 아니하시고, 몸을 움직이거나 흔들지도 아니하시며, 그리고는 삼매에 드시니, 삼매의 힘으로써 기사굴산의 법자리에서 멀리 떨어지지 않은 곳에 가시어, 팔만 사천의 많은 보배연꽃을 변화로 만드시되, 염부단금으로 줄기를 하고, 흰 은으로 잎사귀를 하며, 금강으로 꽃술을 하고, 견숙가보로써 그 좌대를 하셨더이다.

이 때에 문수사리법왕자께서 이 연꽃을 보시고 부처님께 아뢰어 말씀하시되, "세존이시여, 이는 어떠한 인연으로 먼저 이러한 상서가 나타났나이까. 몇 천만 연꽃이 있는데, 염부단금으로 줄기를 하고, 흰 은으로 잎사귀를 하며, 금강으로 꽃술을 하고, 견숙가보로써 그 좌대를 하였나이까."

이 때에 석가모니 부처님께서 문수사리에게 이르시되, "이는 묘음보살마하살이 정화수왕지 부처님의 나라로부터 팔만 사천 보살에게 더불어 에워싸이어 와서, 이 사바세계에 이르러서 나에게 공양하고 친하고 가까이하여 인사의 절을 하고자 함이며, 또한 법화경을 듣고 공양하고자 함이니라."

문수사리께서 부처님께 아뢰어 말씀드리되, "세존이시여, 이 보살은 어떠한 착한 근본을 심었으며, 어떠한 공덕을 닦았기에 능히 이러한 큰 신통의 힘이 있으며, 어떤 삼매를 행하나이까. 원하옵건대, 저희들을 위하여 이 삼매의 이름자를 설하여 주시옵소서. 저희들도 또한 이를 부지런히 닦고 행하고자 하나이다. 이 삼매를 행하여야 이에 능히 이 보살의 색과 용모의 크고 작음과, 위엄 있는 거동의 나아가고 머무름을 볼 수 있사오리다.

오직 원하옵건대, 세존이시여, 신통의 힘으로써 그 보살이 오는 것을 저희로 하여금 봄을 얻도록 하여 주시옵소서."

이 때에 석가모니부처님께서 문수사리에게 이르시되, "이 멸도하신지 오래이신 다보여래께서 마땅히 너희들을 위하여 그 형상이 나타나게 하시리라."

때에 다보부처님께서 그 보살에게 이르시되, "선남자여, 오너라. 문수사리법왕자가 너의 몸을 보고자 하느니라."

때에 묘음보살께서 그 나라에서 사라져 팔만사천보살과 더불어 같이 떠나오시니, 지나는 바의 모든 나라는 여섯 가지로 진동하여 움직이고, 모두 다 일곱 가지 보배로 된 연꽃이 비 오듯이 하며, 백천가지 하늘의 풍악은 치지 아니하여도 저절로 울리더이다.

이 보살의 눈은 넓고 큰 푸른 연꽃잎과 같으며, 바로 하여금 백천만개의 달을 섞어서 합할지라도, 그 얼굴 모양의 단정하고 바름은 다시 이보다 우월하였더이다. 몸은 진금빛이고, 헤아릴 수 없는 백천의 공덕으로 꾸미어 치장하고, 위엄과 덕은 불이 활활 붙은 만큼 성하며 밝은 빛이 밝게 비치어 빛나며, 모든 형상을 흡족하게 갖추었으되, 나라연의 굳세고 단단한 몸과 같더이다.

일곱 가지 보배로 된 좌대에 들어가시어 높이 허공에 오르시니, 땅에서 떨어지기는 칠다라수나 되며, 모든 보살의 많은 이께서 공손히 공경하며, 에워 둘러싸여 이 사바세계의 기사굴산에 오시어 이르셨더이다.

이르시기를 마치고는 일곱 가지 보배로 된 좌대에 내리시어, 가치가 백천이나 되는 영락을 가지고서 석가모니 부처님의 거처에 이르러서, 머리와 얼굴로 발에 절하시고 영락을 받들어 올리시고는 부처님께 아뢰어 말씀드리되, "세존이시여, 정화수왕지 부처님께서 세존께 문안을 여쭈시되, 〈병환이 적으시며, 뇌로움도 적으시며, 기거하심에는 가볍고 편리하시며, 편안하시고 즐거운 행을 하십니까, 아니하십니까. 사대는 고르고 알맞으시오니까. 아니시오니까. 세상일을 가히 참으실 만 하시오니까, 아니시오니까. 중생은 쉽게 제도되나이까, 아니 되나이까. 탐하는 것과 욕심과 성내는 것과 분내는 것이며, 어리석고 바보스러움과, 시새움 질하는 것과 미워하는 것과 아낌과 거만함이 많음은 없나이까. 않으나이까. 아버지와 어머니께 효도하지 아니함은 없으며, 사문을 공경하지 않으며, 삿되게 보나이까, 않으나이까. 착한 마음을 하나이까, 아니 하나이까. 다섯 가지 정에 끌리나이까. 않으나이까. 세존이시여, 중생이 능히 모든 마와 원수를 항복 받으나이까. 않으나이까. 멸도하신지 오래이신 다보여래께서는 일곱 가지 보배로 된 탑 가운데에 계시면서 오셔서 법을 들으시나이까. 않으시나이까.〉하셨사옵나이다.

또 다보여래께도 문안을 여쭈시되,〈편안하게 의지하시오며, 뇌로움도 적으시며, 참고 견디시어 오래 머무시겠나이까. 않으시겠나이까〉하셨나이다. 세존이시여, 제가 이제 다보 부처님의 몸을 뵈옵고자 하오니, 오직 원하옵건대, 세존께서는 저에게 보이시어 뵈옵게 하여 주시옵소서."

이때 석가모니부처님께서 다보부처님께 말씀하시되, "이 묘음보살이 서로 뵈옴을 얻고자 하나이다." 하셨더이다.

때에 다보부처님께서 묘음에게 일러서 말씀하시되, "착하고 착하도다. 네가 능히 석가모니부처님께 공양하고 그리고 또 법화경을 듣고 아울러 문수사리들을 보기 위하여 일부러 여기까지 와서 이르렀구나." 하셨소이다.

그 때에 화덕보살께서 부처님께 아뢰어 말씀드리되, "세존이시여, 이 묘음보살은 어떠한 착한 근본을 심었으며, 어떠한 공덕을 닦았기에 이러한 신력이 있사옵니까."

부처님께서 화덕보살에게 이르시되, "지난 예전에 부처님께서 계셨으니, 이름은 운뢰음왕 다타아가도 아라하 삼먁삼불타 이시며, 나라의 이름은 현일체세간이요, 겁의 이름은 희견이더니라. 묘음보살이 만이천해를 십만 가지 재주와 음악으로 운뢰음왕부처님께 공양하고 아울러 일곱 가지 보배로 된 팔만사천개의 바릇대를 받들어 올렸으니, 이러한 인연의 과보로써 지금 정화수왕지 부처님 나라에 나서 이러한 신력이 있느니라.

화덕이여, 너의 뜻에는 어떠하느냐. 그 때에 운뢰음왕 부처님의 거처에서 묘음보살로서, 재주와 음악으로 공양하고 보배그릇을 받들어 올린 자가 어찌 다른 사람이겠느냐. 지금의 이 묘음보살마하살이 그이니라.

화덕이여, 이 묘음보살이 이미 일찍이 헤아릴 수 없는 모든 부처님께 공양하고 친하고 가까이하여 오래 덕의 근본을 심었으며 또 항하사들의 백천만억 나유타 부처님을 만났느니라.

화덕이여, 너는 다만 묘음보살의 그 몸이 여기에 있는 것만 보지마는, 그러나 이보살은 가지가지의 몸을 나타내어 곳곳마다 모든 중생을 위하여 이 경전을 설하느니라.

혹은 범왕의 몸으로 나타내며, 혹은 제석의 몸으로 나타내며 혹은 자재천의 몸으로 나타내며 혹은 대자재천의 몸으로 나타내며 혹은 하늘대장군의 몸으로 나타내며 혹은 비사문천왕의 몸으로 나타내며 혹은 전륜성왕의 몸으르 나타내며 혹은 모든 작은 왕의 몸으로 나타내며 혹은 장자의 돔으로 나타내며 혹은 거사의 몸으로 나타내며 혹은 재관의 몸으로 나타내며 혹은 바라문의 몸으로 나타내며 혹은 비구 비구니와 우바새 우바이의 몸으로 나타내며 혹은 장자와 거사의 부녀의 몸으로 나타내며 혹은 재관의 부녀의 몸으로 나타내며 혹은 바라문의 부녀의 몸으로 나타내며 혹은 사내아이와 계집아이의 몸으로 나타내며 혹은 하늘과 용과 야차와 건달바와 아수라와 가르라와 긴나라와 마후라가와 인비인들의 몸으로 나타내어서 이에 이 경을 설하여 모든 지옥 아귀 축생과 그리고 또 많은 어려운 곳에 있는 것을 모두 능히 구제하며, 이에 왕의 후궁에서 변하여 여자의 몸이 되는 데 이르기까지 이 경을 설하느니라.

화덕이여, 이 묘음보살은 능히 사바세계의 모든 중생을 구원하고 두호하는 자이니라. 이 묘음보살은 이와 같이 가지가지의 변화로 몸을 나타내어서 이 사바국토에 있으면서, 모든 중생을 위하여 이 경전을 설하되, 신통변화와 사리에 밝은 지혜는 줄거나 감하는 바가 없느니라.

이 보살이 약간의 사리에 밝은 지혜로써 밝게 사바세계를 비추어서 일체 중생으로 하여금 각각 아는 것을 얻게 하며, 시방의 항하사 세계 가운데에서도 또한 다시 이와 같으니라.

만약 응당 성문의 형상으로써 제도됨을 얻을 자에게는 성문의 형상을 나타내어서 이에 위하여 법을 설하며, 응당 벽지불의 형상으로써 제도됨을 얻을 자에게는 벽지불의 형상을 나타내어서 이에 위하여 법을 설하며 응당 보살의 형상으로써 제도됨을 얻을 자에게는 보살의 형상을 나타내어서 이에 의하여 법을 설하며 응당 부처님의 형상으로써 제도됨을 얻을 자에게는 곧 부처님의 형상을 나타내어서 이에 위하여 법을 설하느니라. 이와 같이 가지가지로 응당 제도할 바를 따라서 이에 위하여 형상을 나타내며, 내지는 응당 멸도로써 제도됨을 얻을 자에게는 멸도를 나타내어 보이느니라. 화덕이여, 묘음보살마하살이 큰 신통과 사리에 밝은 지혜의 힘을 성취한 그 일은 이와 같으니라."

그 때에 화덕보살께서 부처님께 아뢰어 말씀드리되, "세존이시여, 이 묘음보살은 깊이 착한 근본을 심었나이다. 세존이시여, 이 보살이 어떠한 삼매에 머물렀기에, 이에 능히 이와 같이 있는 곳에서 변화를 나타내어, 중생을 제도하여 벗어나게 하나이까."

부처님께서 화덕보살에게 이르시되, "선남자여, 그 삼매의 이름은 현일체 색신이니라. 묘음보살이 이 삼매가운데에 머물러서, 능히 이와 같이 헤아릴 수 없는 중생을 넉넉히 이익 되게 하느니라."

이 묘음보살품을 설하실 때에, 묘음보살과 더불어 온 자인 팔만사천사람이 모두 현일체색신삼매를 얻었고, 이 사바세계의 헤아릴 수 없는 보살께서도 또한 이 삼매와 그리고 또 다라니를 얻으셨더이다.

이 때에 묘음보살께서 석가므니부처님과 그리고 또 다보 부처님 탑에 공양하시기를 마치시고 본래국토로 도로 돌아가시니, 지나는 바의 모든 나라는 여섯 가지로 진동하여 움직이고, 보배연꽃이 비 오듯 하며 백천만억의 가지가지 재주와 음악을 지었소이다.

이미 본래 나라에 이르러서는, 팔만사천보살에게 더불어 둘러 싸이어 정화수왕지 부처님의 거처에 이르러서, 부처님께 아뢰어 말씀드리되, "세존이시여 제가 사바세계에 이르러서 중생을 넉넉히 이익 되게 하였으며, 석가모니부처님을 뵈옵고 그리고 또 다보 부처님 탑을 뵈옵고는 인사의 절을 하고 공양하였으며, 또 문수사리법왕자보살을 보았고 그리고 또 약왕보살과 득근정진력보살과 용시보살들을 보았으며 또한 이 팔만사천보살로 하여금 현일체색신삼매를 얻게 하였나이다."

이 묘음보살의 오고 간 품을 말씀하실 때에, 사만 이천의 천자는 '나지도 없어지지도 않는 참된 법의 본바탕을 깨달아 알고 편안히 머물러 움직이지 않음'을 얻었고, 화덕보살께서는 법화삼매를 얻으셨더이다.

진리의 분신들 (관세음보살 보문품)

이 때에 무진의보살께서 곧 자리로부터 일어나셔서 웃옷을 벗어 한쪽으로 하시어 오른쪽 어깨를 드러내시고, 부처님을 향하여 합장하시고 이에 이런 말씀을 하시되, "세존이시여, 관세음보살은 어떠한 인연으로써 이름을 관세음이라고 하나이까." 하시니, 부처님께서 무진의 보살에게 이르시되, "착한 남자여, 만약 헤아릴 수 없는 백천만억 중생이 있어, 모든 괴로움과 뇌로움을 받을지라도, 이 관세음보살을 듣고 한마음으로 이름을 부르면 관세음보살이 곧 때에 그 음성을 관하여 모두 풀리어 벗어남을 얻게 하느니라.

만약 관세음보살의 이름을 가지고 있는 자는 설령 큰 불에 들어갈 지라도 불이 능히 태우지 못하나니, 이 보살의 위엄과 신비스러운 힘으로 말미암은 까닭이며, 만약 큰물에 빠지는 바가 될지라도 그 명호를 부르면 곧 얕은 곳을 얻으며, 만약 백천만억 중생이 있어, 금은유리 차거마노 산호 호박 진주들의 보배를 구하기 위하여 큰 바다에 들어가는데, 가령 검은 바람이 그 배에 불어서 나찰 귀신의 나라에 빠져서 떨어지게 될지라도, 그 가운데에 만약 한 사람이라도 관세음보살의 이름을 부르는 자가 있으면, 이 모든 사람들이 모두 나찰의 어려움에서 풀리어 벗어남을 얻느니라. 이러한 인연으로써 이름을 관세음이라고 하느니라.

만약 다시 어떤 사람이 해 입음을 당함에 다다라서 관세음보살의 이름을 부르면, 저네가 잡은 바의 칼과 막대기가 곧 조각조각 부러져서 이에 풀리어 벗어남을 얻느니라.

만약 삼천대천국토 가운데 가득 찬 야차와 나찰이 와서 사람을 뇌롭게 하고자 할지라도, 그 관세음보살의 이름을 부르는 것을 들으면, 이 모든 악한 귀신이 오히려 악한 눈으로써도 능히 보지 못할진대, 하물며 다시 해를 가하겠느냐.

 설령 다시 어떤 사람이 만약 죄가 있거나, 만약 죄가 없거나, 수갑과 형틀과 칼과 쇠사슬로 그 몸을 묶어서 단속할지라도, 관세음보살의 이름을 부르는 자이면, 모두 다 끊어지고 부서져서 곧 풀리어 벗어남을 얻느니라. 만약 삼천대천국토에 원한의 도적이 가득 찬 가운데, 한 장사의 우두머리가 있어 모든 장사하는 사람을 거느리고 중한 보배를 싸서 가지고 험한 길을 지나감에 , 그 가운데 한 사람이라도 이렇게 외쳐 말을 하되, 〈모든 착한 남자여, 든든히 여겨 두려워하거나 무서워하지 말지니라. 당신들은 응당 마땅히 한마음으로 관세음보살의 명호를 부를지니라. 이 보살께서 능히 두려움이 없는 것으로써 중생에게 베풀어주시나니, 너희들이 만약 이름을 부르는 자이면, 이 원한의 도적에게서 마땅히 풀리어 벗어남을 얻을 것이니라〉하니, 많은 장사하는 사람이 듣고는 함께 소리를 내어 말을 하되, 〈나무 관세음보살〉이라고 하면, 그 이름을 부른 까닭으로 곧 풀리어 벗어남을 얻느니라. 무진의여, 관세음보살마하살의 위엄과 신비스러운 힘의 높고도 큼이 이와 같으니라.

 만약 어떤 중생이 음탕한 욕심이 많을지라도 항상 관세음보살을 생각하고 공손히 공경하면 곧 욕심이 떠남을 얻으며, 만약 성냄과 분 냄이 많을지라도 항상 관세음보살을 생각하고 공손히 공경하면 곧 성내는 것이 떠남을 얻으며, 만약 어리석고 미련함이 많을지라도 항상 관세음보살을 생각하고 공손히 공경하면 곧 어리석음이 떠남을 얻느니라.

 무진의여, 관세음보살은 이와 같은 것들의 큰 위엄과 신비스러운 힘이 있어 넉넉히 이익되게하는 바가 많으니, 이러한 까닭으로 중생은 항상 응당히 마음으로 생각할지니라.

 만약 어떤 여인이 가령 아들을 구하고자 하여 관세음보살에게 인사의 절을 하고 공양하면 곧 복과 덕과 사리에 밝은 지혜로운 아들을 낳고, 가령 딸을 구하고자 하면 곧 단정하고 바르며 모양이 있는 딸을 낳되, 지난 세상에 덕의 근본을 심었으므로 많은 사람이 사랑하고 공경하느니라.

무진의여 관세음보살은 이와 같은 힘이 있느니라.

만약 어떤 중생이 관세음보살에게 공손히 공경하며 인사의 절을 하면, 복을 헛되게 버리지 아니하느니라. 이런 까닭으로 중생은 모두 응당히 관세음보살의 명호를 받아서 가져야 하느니라.

무진의여, 만약 어떤 사람이 육십이억 항하사 보살의 이름자를 받아서 가지고, 다시 형상이 다하도록 음식과 의복과 눕는데 갖추는 것과 의약으로 공양하면, 너의 뜻에는 어떠하느냐. 이 선남자 선여인의 공덕이 많겠느냐. 않겠느냐."

무진의께서 말씀하오되, "심히 많으나이다. 세존이시여."

부처님께서 말씀하시되, "만약 다시 어떤 사람이 관세음보살의 명호를 받아서 가지고 이에 한 때라도 인사의 절을 하고 공양하는 데 이르러면, 이 두 사람의 복이 확실히 같아 다름이 없으니, 백천만억겁에도 가히 다하여 마치지 아니하리라. 무진의여, 관세음보살의 명호를 받아서 가지면 이와 같은 헤아릴 수도 없고 가도 없는 복과 덕의 이익을 얻느니라."

무진의보살께서 부처님께 아뢰어 말씀드리되, "세존이시여, 관세음보살은 어떻게 하여서 이 사바세계에 노닐며, 어떻게 하여서 중생을 위하여 법을 설하며, 방편의 힘의 그 일은 어떠하나이까."

부처님께서 무진의보살에게 이르시되, "선남자여, 만약 어떤 국토의 중생이 응당히 부처님의 몸으로써 제도됨을 얻을 자에게는 관세음보살이 곧 부처님의 몸으로 나타내어 이에 위하여 법을 설하며, 응당히 벽지불의 몸으로써 제도됨을 얻을 자에게는 곧 벽지불의 몸으로 나타내어 법을 설하며, 응당히 성문의 몸으로써 제도됨을 얻을 자에게는 곧 성문의 몸으로 나타내어 법을 설하며

응당히 범왕의 몸으로써 제도됨을 얻을 자에게는
곧 범왕의 몸으로 나타내어 법을 설하며
응당히 제석의 몸으로써 제도됨을 얻을 자에게는
곧 제석의 몸으로 나타내어 법을 설하며
응당히 자재천의 몸으로써 제도됨을 얻을 자에게는
곧 자재천의 몸으로 나타내어 법을 설하며
응당히 대자재천의 몸으로써 제도됨을 얻을 자에게는
곧 대자재천의 몸으로 나타내어 법을 설하며
응당히 하늘대장군의 몸으로써 제도됨을 얻을 자에게는
곧 하늘대장군의 몸으로 나타내어 법을 설하며
응당히 비사문의 몸으로써 제도됨을 얻을 자에게는
곧 비사문의 몸으로 나타내어 법을 설하며
응당히 작은 왕의 몸으로써 제도됨을 얻을 자에게는
곧 작은 왕의 몸으로 나타내어 법을 설하며
응당히 장자의 몸으로써 제도됨을 얻을 자에게는
곧 장자의 몸으로 나타내어 법을 설하며
응당히 거사의 몸으로써 제도됨을 얻을 자에게는
곧 거사의 몸으로 나타내어 법을 설하며
응당히 재관의 몸으로써 제도됨을 얻을 자에게는
곧 재관의 몸으로 나타내어 법을 설하며
응당히 바라문의 몸으로써 제도됨을 얻을 자에게는
곧 바라문의 몸으로 나타내어 법을 설하며
응당히 비구 비구니와 우바새 우바이의 몸으로써
제도됨을 얻을 자에게는
곧 비구비구니, 우바새 우바이의 몸으로 나타내어 법을 설하며,
응당히 장자나 거사나 재관이나 바라문의 부녀의 몸으로써
제도됨을 얻을 자에게는 곧 부녀의 몸으로 나타내어
법을 설하며,

응당히 사내아이와 계집아이의 몸으로써 제도됨을 얻을 자에게는 곧 사내아이와 계집아이의 몸으로 나타내어
법을 설하며
응당히
하늘과 용과 야차와 건달바와 아수라와 가루라와 긴나라와 마후라가와 인비인들의 몸으로써 제도됨을 얻을 자에게는
곧 모두 이를 나타내어 법을 설하며
응당히 집금강신으로써 제도됨을 얻을 자에게는
곧 집금강신으로 나타내어 법을 설하느니라.

무진의여, 이 관세음보살은 이와 같은 공덕을 성취하여, 가지가지의 형상으로써 모든 국토에 노닐면서 중생을 제도하여 벗어나게 하느니라. 이러한 까닭으로 너희들은 응당 마땅히 한마음으로 관세음보살에게 공양할지니라.

이 관세음보살마하살은, 두렵고 무서우며 위급한 어려움 가운데에서 능히 두려움이 없는 것을 베푸느니라. 이런 까닭으로 이 사바세계에서는 모두 명칭을 두려움이 없는 것을 베푸는 자라 부르느니라."

무진의보살께서 부처님께 아뢰어 말씀하시되, "세존이시여, 제가 지금 마땅히 관세음보살께 공양하오리다." 하시고, 곧 목에서 많은 보배구슬의 영락을 주시니, 가치가 백천양금인데, 드리려고 이런 말씀을 하시되, 〈어지신 분께서는 이 법으로 베푸는 진귀한 보배영락을 받아주시옵소서〉 하셨소이다.

때에 관세음보살께서 기꺼이 이를 받지 아니하시거늘, 무진의께서 다시 관세음보살께 아뢰어 말씀하시되, "어지신 분께서는 저희들을 불쌍히 여기시는 까닭으로 이 영락을 받아주시옵소서." 하셨소이다.

그 때에 부처님께서 관세음보살이게 이르시되, "마땅히 이 무진의보살과 그리고 사중과 하늘과 용과 야차와 건달바와 아수라와

가루라와 긴나라와 마후라가와 인비인 들을 불쌍히 여기는 까닭으로 이 영락을 받을지니라." 하시니, 곧 때에 관세음보살께서는 모든 사중과 그리고 하늘과 용과 인비인 들을 불쌍히 여기시고, 그 영락을 받으시어 나누어 두 몫을 만드시어, 나눈 하나는 석가모니 부처님께 바치시고, 나눈 하나는 다보 부처님 탑에 바치셨소이다.

 무진의여, 관세음보살은 이와 같이 마음대로 되는 신력이 있어서 사바세계에 노니느니라."

 그 때에 무진의보살께서 게송으로써 여쭈어 가라사대,
 "묘한 형상을 갖추신 세존이시여,
 제가 이제 거듭 저것을 묻겠나이다.
 부처님의 아들이 어떠한 인연으로
 이름을 관세음이라 하나이까."

 묘한 형상을 흡족하게 갖추신 세존께옵서 게송으로 무진의에게 대답하시되,
 "그대는 잘 들을 지니라.
 관음의 행이 모든 방위의 곳에서 잘 응함이라.
 넓고 크게 맹세한 것은 깊이가 바다와 같아서,
 생각으로 논하지 못하는 겁을 지나도록
 많은 천억의 부처님을 모시고
 맑고 깨끗한 원을 일으켰느니라.
 내가 너를 위하여 간략하게 말하노니,
 이름을 듣거나 몸을 보고
 마음으로 생각하여 헛되이 지나지를 아니하면
 능히 괴로움이 있는 것은 소멸하느니라.
 가령 하여금 해하려는 뜻을 일으켜서
 큰 불구덩이에 밀어 떨어지게 되더라도

저 관음을 생각하는 힘으로 불구덩이가 변하여 못을 이루며
혹은 큰 바다에 빠져서 떠내려가
용과 고기와 모든 귀신의 재앙에서도
저 관음을 생각하는 힘으로
파도와 물결에 능히 빠지게 하지 않으며
혹은 수미봉에 있는데
사람이 밀어서 떨어지는 바가 될지라도
저 관음을 생각하는 힘으로 해와 같이 허공에 머무르며
혹은 악한 사람에게 쫓김을 당하여
금강산에서 빠져 떨어지게 될지라도
저 관음을 생각하는 힘으로
능히 털끝 하나도 상하지 아니하며
혹은 원한의 적이 둘러싸고
각각 칼을 잡고 해를 가하려는 것을 만날지라도
저 관음을 생각하는 힘으로
다 곧 사랑하는 마음을 일으키며
혹은 왕의 난리로 괴로움을 만나서
형벌을 당하여 목숨이 마치고자 할지라도
저 관음을 생각하는 힘으로
칼이 곧 조각조각으로 부러지며
혹은 옥에 가둬서 칼을 씌우고 쇠고랑을 채우고
손발을 수갑과 형틀에 묶을 지라도,
저 관음을 생각하는 힘으로
확 풀리어 벗어남을 얻으며
저주하는 것과 모든 독약으로
몸을 헤치고자 하는 바의 것이라도
저 관음을 생각하는 힘으로
본인에게로 돌아가서 붙으며

혹은 악한 나찰과 독한용과 모든 귀신들을 만날지라도
저 관음을 생각하는 힘으로 때에 다 감히 해치지를 못하며
만약 악한 짐승이 에워 둘러싸서
날카로운 이빨과 발톱으로 가히 무섭게 할지라도
저 관음을 생각하는 힘으로
빨리 가없는 방위로 달아나며
까치독사와 독사와 그리고 살무사와 전갈이
독한 기운의 연기와 불을 피울지라도
저 관음을 생각하는 힘으로
소리를 쫓아 스스로 돌아갈 것이며
구름에서 천둥이 치며 번개가 번쩍이고
우박이 내리고 큰비가 쏟아질지라도
저 관음을 생각하는 힘으로
응당 때에 사라져 흩어짐을 얻으며
중생이 곤란과 재액을 입고
헤아릴 수도 없는 괴로움이 몸에 닥칠지라도
관음의 묘한 지혜의 힘이
능히 세간의 괴로움을 구원하느니라.
신통의 힘을 흡족하게 갖추고 지혜의 방편을 널리 닦아서,
시방의 모든 국토에 몸을 나타내지 아니하는 세계가 없으며,
가지가지 모든 악하게 나아감인 지옥과 아귀와 축생과
나고 늙고 병들고 죽음의 괴로움을 점점 다 없애느니라.
참되게 관하고, 맑고 깨끗하게 관하며
넓고 큰 사리에 밝은 지혜로 관하며
불쌍하게도 관하고, 사랑스럽게도 관하나니
항상 원하고 항상 우러러 볼지니라.
때 없이 맑고 깨끗한 빛인 지혜의 해가
모든 어두움을 깨뜨리고

능히 바람과 불의 재앙을 굴복시키고
널리 밝게 세간을 비추느니라.
슬픔을 몸으로 하여 죄악을 저지르지 못하도록 우레가 진동하며
사랑하는 뜻은 묘한 큰 구름이 되어 감로의 법비로써 적시어서
번뇌의 불꽃을 꺼서 없애느니라.
다투어서 송사하며 처리하는 관청의 곳이나
두렵고 무서운 군사의 진지가운데에서도
저 관음을 생각하는 힘으로
모든 원수가 다 물러나 흩어지느니라.
묘한 소리인 관세음은 청정의 소리요
바다의 조수 소리인지라,
저 세간의 소리보다 뛰어나니,
이런 까닭으로 모름지기 항상 생각하여서
생각 생각에 의심을 내지 말지니라.
관세음은 맑고 거룩한지라.
괴로움과 뇌로움과 죽음의 위쾌로움에서
능히 믿고 의지함이 되느니라.
일체의 공덕을 갖추고 사랑스러운 눈으로 중생을 보며,
복무더기의 바다는 헤아릴 수 없나니,
이런 까닭으로 응당 이마로 절할 지니라."

이때 지지보살께서 곧 자리로부터 일어나시어 부처님 앞에 아뢰어 말씀하시되, "세존이시여, 만약 어떤 중생으로서 이 관세음보살품의 마음대로 되는 업과, 넓은 문으로 나타내어 보이시는 신통의 힘을 듣는 자는, 마땅히 이 사람의 공덕은 적지 않음을 알겠사옵니다." 하셨소이다.

부처님께서 이 보문품을 설하실 때에 , 많은 이 가운데 팔만사천 중생은 모두 등급을 같이할 수 없는 완전한 깨달음의 마음을 일으

켰소이다.

해설—모든 사찰의 법회나 혹은 법당에서 불자들께서 관세음보살님을 부르는 것은 흔히 볼 수 있는 일반적인 모습입니다. 석가모니부처님의 묘법연화경 설법에서 관세음보살님의 인연에 대해서 설하신 바이므로, 관세음보살님의 명호를 부를 때에는 먼저 나무묘법연화경, 나무석가모니불 이라고 부르거나 생각을 하는 것이 바람직할 것입니다. 관세음보살님에 대한 부처님의 말씀이 바로 석가모니부처님의 묘법연화경의 설법에서 이루어졌기 때문입니다.
본 관세음보살보문품은 첫째, 일체중생 구원, 자비, 사랑의 가르침이 있는 대승의 가르침입니다.
수행자 개인의 마음에 관한 공부가 아니며, 세상의 이치나 존재론(무아법, 인연법,공사상,연기법 등)이 아니며, 응당 이러이러하게 행위를 해야 한다는 당위론의 가르침으로서 부처님법의 체계에서 상위의 근본법이라고 생각합니다. 둘째, 일체 중생을 구원함에 있어서 타력신앙을 인정하는 부분입니다. 즉 중생의 근기가 천차만별이므로 수많은 중생들은 오욕락에 빠져있고 스스로 날카롭고 밝은 지혜가 갖추어진 바가 아니므로, 자력에 의한 구원만이 진리라고 할 수 없으며, 타력에 의한 구원도 부처님법과 상호모순 충돌되는 것이 아니라, 양립가능하고 진실 된 가르침이다 는 것은 앞서 에서 이미 해설하였습니다.
셋째, 관세음보살님은 우리의 앞에 다양한 모양으로 출현하신다고 합니다.
중생의 근기가 천차만별이므로 중생의 개별적인 근기에 맞추어서 각자의 눈높이에 맞추어서 출현하시고 구원하십니다. 그러므로 세상에 존재하는 모든 모양과 말씀과 법에 대해서 존중과 상호인정의 자세가 필요합니다.

법화를 지키고 보호하겠습니다 (다라니품)

이 때에 약왕보살께서 곧 자리로부터 일어나시어 웃옷을 벗어서 한 쪽으로 하시어 오른쪽 어깨를 드러내시고, 부처님을 향하여 합장하시고 부처님께 아뢰어 말씀드리되, "세존이시여, 만약 선남자 선여인으로 능히 법화경을 받아 가지는 자가 있어서, 만약 읽고 외워서 통리하거나, 만약 경권을 써서 베끼면, 얼마만한 바의 복을 얻사옵니까." 하시니, 부처님께서 약왕에게 이르시되, "만약 어떤 선남자 선여인이 팔백만억 나유타 항하사들의 모든 부처님께 공양하면, 너의 뜻에는 어떠하겠느냐. 그 얻은 바의 복이 어찌 많다 하지 않겠느냐."

"심히 많사옵니다. 세존이시여."

부처님께서 말씀하시되, "만약 선남자 선여인이 이 경의 네구절의 한 게송을 받아 가짐에 이르러서, 읽고 외우며 뜻을 알고 설함과 같이 닦아 행하면 공덕은 심히 많으니라."

이 때에 약왕보살께서 부처님께 아뢰어 말씀하시되, "세존이시여, 제가 지금 마땅히 법을 설하는 자에게 다라니주를 주어서 지키고 두호하오리다." 하시고, 곧 주를 설하시어 가라사대,

(다라니주 생략함)

"세존이시여, 이 다라니 신주는 육십이억 항하사들의 모든 부처님께서 설하신 바이시니, 만약 이 법사를 침노하고 헐뜯는 자가 있으면, 곧 이 모든 부처님을 침노하고 헐뜯은 것이 되옵니다."

때에 석가모니 부처님께서 약왕보살을 칭찬하시어 말씀하시되, "착하고 착하도다, 약왕이여, 너는 이 법사를 불쌍히 생각하여 호위하고 보호하는 까닭으로 이 다라니를 설하니, 모든 중생을 넉넉히 이익 되게 하는 바가 많으리라." 하셨소이다.

이 때에 용시보살께서 부처님께 아뢰어 말씀하시되, "세존이시여, 저도 또한 법화경을 읽고 외우며 받아서 가지는 자를 호위하며 보호하기 위하여 다라니를 설하오리다. 만약 이 법사가 이 다라니를 얻으면, 만약 야차며, 나찰이며, 부단나와, 구반다와, 아귀들이 엿보아 그의 잘못을 구할지라도, 능히 편리를 얻을 수 없게 하오리다." 하시고, 곧 부처님 앞에서 이에 주를 설하시어 가라사대,
(다라니주 생략함)

"세존이시여, 이 다라니 신주는 항하사들의 모든 부처님께서 설하신 바이시오며, 또한 모두 따라서 기뻐하신 것이오니, 만약 이 법사를 침노하고 헐뜯는 자가 있으면, 곧 이 모든 부처님을 침노하고 헐뜯은 것이 되옵니다."

이 때에 비사문천왕인 세상을 지키는 자가 부처님께 아뢰어 말하되, "세존이시여, 저도 또한 중생을 불쌍히 생각하여 이 법사를 호위하고 보호하기 위한 까닭으로 이 다라니를 설하오리다." 하고 곧 주를 설하여 가로되,
(다라니주 생략함)

"세존이시여, 이 신주로써 법사를 호위하여 보호하고, 저도 또한 스스로 마땅히 이 경을 가진 자를 호위하고 보호하여, 백유순 안으로 하여금 모든 쇠약함과 병듦이 없게 하오리다."

이 때에 지국천왕이 이 모임가운데 있으면서, 천만 억 나유타 건달바의 무리에게 더불어 공손히 공경되어 에워 둘러싸이어, 부처님 거처의 앞으로 나아가서, 합장하고 부처님께 아뢰어 말하되, "세존이시여, 저도 또한 다라니 신주로써 법화경을 가지는 자를 호위하고 보호하오리다." 하고 곧 주를 설하여 가로되,
(다라니주 생략함)

"세존이시여, 이 다라니 신주는 사십이 억의 모든 부처님께서 설하신 바이시니, 만약 이 법사를 침노하고 헐뜯는 자가 있으면 곧 이 모든 부처님을 침노 하고 헐뜯는 것이 되옵니다."

이 때에 나찰녀들이 있으니, 첫째 이름은 남바요, 둘째 이름은 비남바요, 셋째 이름은 곡치요, 넷째 이름은 화차요 다섯째 이름은 흑치요, 여섯째 이름은 다발이요 일곱째 이름은 무염족이요, 여덟째 이름은 지영락이요 아홉째 이름은 고제요, 열째 이름은 탈일체중생정기이었소이다.

이 십나찰녀가 귀자모와 더불고 아울러 그 아들과 거느린 무리와 함께 부처님거처에 나아가서, 같은 소리로 부처님께 아뢰어 말씀드리되, "세존이시여, 저희들도 또한 법화경을 읽고 외우며 받아서 가지는 자를 호위하고 보호하여, 그 쇠약함과 병듦을 없애 주고자 하나이다. 만약 엿보아 법사의 잘못을 구하는 자가 있으면 편리를 얻지 못하게 하오리다." 하고, 곧 부처님 앞에서 주를 설하여 가로되,

(다라니주 생략함)

"차라리 저의 머리 위에 오르게 할지언정 법사를 뇌롭게 하는 것을 없애오리다. 만약 야차와, 나찰이나, 아귀나, 부단나나, 길자나, 비타라나, 건타나, 오마륵가나, 아빌마라나, 야차길자나, 인길자나, 열병으로, 만약 하루나, 이틀이나, 사흘이나, 나흘이나, 이에 이레에 이르는 것이거나, 만약 항상의 열병이거나, 만약 남자 형상이나, 여자 형상이나, 사내아이의 형상이나, 계집아이 형상이 꿈 가운데 이를지라도, 또한 다시 뇌롭게 하는 것을 없애오리다." 하고 곧 부처님 앞에서 게송으로 설하여 말씀드리되,

"만약 제 주문을 따르지 않고
법을 설하시는 자를 뇌롭게 하고, 어지럽게 하는 자는
머리를 깨어서 일곱으로 조각을 내어

아리수 가지와 같이 하리며
 부모를 죽인 죄와 같이 하고
 또한 기름 짤 때의 허물과
 말과 저울로 사람에게 거짓말하거나 속이는 것과
 조달이가 승가를 깨뜨린 죄와 같이 하리니,
 이 법사를 범하는 자는
 마땅히 이와 같은 벌 내림을 얻으리 이다."

 모든 나찰녀가 이 게송을 설하여 마치고는 부처님께 아뢰어 말씀드리되, "세존이시여, 저희들도 또한 마땅히 몸으로 스스로, 이 경을 받아서 가지고 읽고 외우며 닦아 행하는 자를 호위하여 보호하고, 편안하게 의지함을 얻게 하며, 모든 쇠약함과 병듦을 떠나게 하고, 모든 독약이 사라지게 하오리다."
 부처님께서 모든 나찰녀에게 이르시되, "착하고 착하도다. 너희들이 다만 능히 법화의 이름만 받아서 가지는 자를 호위하고 보호하여도 복은 가히 헤아리지 못하거늘, 어찌 하물며 흡족하게 갖추어 받아서 가지고 경권에 공양하되, 꽃과 향과 영락과 가루향과 바르는 향과 사르는 향과, 부처님과 보살의 위엄과 덕을 표시하는 장엄도구인 깃발과 천개와 재주와 음악과, 가지가지의 등불을 켜되, 차조기등과 기름등과 모든 향기름등과 소마나꽃기름의 등과 첨복꽃기름의 등과 바사가꽃기름의 등과 우발라꽃기름의 등인, 이와 같은 것들의 백천가지로 공양하는 자를 호위하고 보호함이랴. 고제여, 너희들과 거느린 무리는 응당 마땅히 이와 같은 법사를 호위하여 보호할지니라."
 이 다라니품을 말씀하실 때에 육만 팔천 사람은 나지도 없어지지도 않는 참된 법의 본바탕을 깨달아 알고 편안히 머물러 움직이지 않음을 얻었소이다.

부처님 만남은 우담바라꽃 같고, 한눈 거북이가 물위에 떠있는 나무의 구멍을 만나는 것과 같다 (묘장엄왕 본사품)

이 때에 부처님께서 모든 대중에게 이르시되, "예전 지나간 옛 세상인, 헤아릴 수도 없고 가도 없으며 가히 생각으로 논의하지도 못할 아승지겁을 지나서 부처님께서 계셨으니, 이름은 운뢰음수왕화지 다타아가도 아라하 삼먁삼불타이시며, 나라의 이름은 광명장엄이고, 겁의 이름은 희견이었느니라.

그 부처님법 가운데에 왕이 있었으니, 이름은 묘장엄이며, 그 왕의 부인의 이름은 가로되 정덕이고, 두 아들을 두었으니, 첫째 이름은 정장이고, 둘째 이름은 정안이었느니라.

이 두 아들은 큰 신력과 복과 덕과 사리에 밝은 지혜가 있었으며, 오래 보살이 행할 바의 도를 닦았으니, 이른바 베풀어 줌으로써 나고 멸하는 이쪽에서 나고 멸함이 없는 저쪽에 이르름과, 계를 가짐으로써 나고 멸하는 이쪽에서 나고 멸함이 없는 저쪽에 이르름과, 욕되는 것을 참음으로써 나고 멸하는 이쪽에서 나고 멸함이 없는 저쪽에 이르름과, 몸과 마음이 용맹하여 쉬지 아니함으로써 나고 멸하는 이쪽에서 나고 멸함이 없는 저쪽에 이르름과, 마음을 한곳에 모아 고요한 경지에 듦으로써 나고 멸하는 이쪽에서 나고 멸함이 없는 저쪽에 이르름과, 실상을 비쳐보는 사리에 밝은 지혜로써 나고 멸하는 이쪽에서 나고 멸함이 없는 저쪽에 이르름과 방편으로써 나고 멸하는 이쪽에서 나고 멸함이 없는 저쪽에 이르름과, 자비희사와 이에 삼십칠품의 도를 돕는 법에 이르기까지 모두 다 밝게 알아 통달하였느니라.

또 보살의 정삼매와 일성수삼매와 정광삼매와 정색삼매와 정조명삼매와 장장엄삼매와 대위덕장삼매를 얻었으며, 이런 삼매에서 또한 다 통달하였느니라.

그때 그 부처님께서 묘장엄왕을 인도하고자 하시며 중생을 불쌍히 생각하신 까닭으로 이 법화경을 설하였느니라.

때에 정장과 정안 두 아들은 그 어머님의 거처에 이르러서, 열 손가락과 손톱과 손바닥을 합하고 아뢰어 말씀드리되,〈원하옵건대, 어머님께서는 운뢰음수왕화지 부처님의 거처에 향하여 나아가소서. 저희들도 또한 마땅히 모시고 따라가서 친히 뵈옵고, 공양드리고 인사의 절을 하오리다. 까닭은 무엇인가 하오면, 이 부처님께서는 일체 하늘과 사람의 많은 이 가운데에서 법화경을 설하시오니, 마땅히 응당 들음을 받으시옵소서〉라고 하니, 어머니가 아들에게 일러서 말하되,〈너희의 아버님께서는 외도를 믿고 받아서 바라문 법에 깊이 착을 하시니, 너희들은 응당히 가서 아버님께 아뢰어서 더불어 같이 가도록 하여라〉

정장과 정안이 열손가락과 손톱과 손바닥을 합하여 어머님께 아뢰되,〈저희들은 바로 법왕의 아들이거늘 ,그러나 이러한 삿되게 보는 집에 태어났나이까〉

어머니가 아들에게 일러 말하되,〈너희들은 마땅히 너의 아버님을 근심스럽게 생각하여 신통변화를 나타낼지니라. 만약 잘 보시게 되면 마음이 반드시 맑고 깨끗해져서, 혹은 우리들이 부처님의 거처에 가서 이르럼을 허락하시리라〉하였느니라.

두 아들은 그 아버지를 생각하는 까닭으로 허공으로 칠 다라수 높이에 솟아올라 있으면서 가지가지의 신통변화를 나타내되, 허공 가운데에서 다니고 머물고 앉고 누우며, 몸 위에 물을 나오게 하고, 몸 아래로 불을 나오게 하며, 몸 아래로 물이 나오게 하고, 몸 위에 불이 나오게 하며, 혹은 큰 몸을 나타내어 허공 가운데에 가득하게 하였다가, 다시 작게도 나타내고, 작았다가 다시 크게도 나타내며, 허공 가운데에서 사라졌다가 홀연히 땅에 있으며, 땅에 들어가기를 물과 같이 하고, 물을 밟기를 땅과 같이 하는, 이와 같은 것들의 가지가지 신통변화를 나타내어서, 그 아버지인 왕으로 하여금 마음을 깨끗하게 하여 믿고 이해하도록 하였느니라.

아버지는 아들의 이와 같은 신력을 보고, 마음이 크게 기쁘고 즐거워서 일찍이 있지 아니한 것을 얻고서, 합장하고 아들을 향하여 말을 하되, 〈너희들의 스승은 바로 누구시며, 누구의 제자이냐〉

두 아들은 아뢰어 말씀을 드리되, 〈대왕이시여, 저 운뢰음수왕화지 부처님께서 지금 일곱 가지 보배로 된 보리수 아래의 법자리 위에 앉아계시어, 일체 세간의 하늘과 사람의 많은 이 가운데에서 널리 법화경을 설하시오니, 이 분이 저희들의 스승이요, 저희는 바로 제자이옵니다〉

아버지가 아들에게 일러 말하되,〈나도 이제 너희들의 스승을 뵈옵고자 하니, 가히 함께 같이 가도록 하자〉하였느니라.

두 아들은 공중으로부터 내려와서, 그 어머니의 거처에 이르러서 합장하고 어머니께 아뢰되,〈부왕께서 이제 이미 믿고 이해하시어 맡아서 견딜만한, 완전한 깨달음의 마음을 일으켰나이다. 저희들은 아버님을 위하여 이미 부쳐님의 일을 하였사오니, 원하옵건대, 어머님께서는 생각하시고 그 부처님의 거처에서 출가하여 도를 닦을 것을 허락하여 주시옵소서〉하였느니라.

그 때에 두 아들은 거듭 그 뜻을 펴고자 하여 게송으로써 어머니께 아뢰되,

원하옵건대, 어머님께서는 저희들을 놓아주시어
출가하여 사문이 되게 하여 주시옵소서
모든 부처님께서는 심히 만나 뵙기 어렵사오니
저희들은 부처님을 따라 배우겠나이다.
우담발꽃과 같아서 부처님을 만나 뵈옵기는
다시 이보다도 어렵사오며
모든 어려움을 벗어나는 것도 또한 어렵나이다.
원하옵건대, 저희가 출가함을 들어주시옵소서.

어머니가 곧 일러 말하되,〈너희가 출가함을 들어주나니, 까닭은 무엇인가 하면, 부처님을 만나 뵙기가 어려운 까닭이니라〉하였느니라.

두 아들은 부모님께 아뢰어 말하되,〈좋으신 부모님이시여, 원하옵건대, 때에 운뢰음수왕화지 부처님의 거처로 향하여 나아가셔서, 친하고 가까이 하시어 공양하시옵소서. 까닭은 무엇인가 하오면, 부처님의 만남을 얻기가 어려운 것은 우담발라꽃과 같으오며, 또한 한눈의 거북이가 떠있는 나무의 구멍을 만나는 것과 같사옵니다. 그러나 저희들은 지난 세상의 복이 깊고 두터워서, 나면서 부처님의 법을 만났습니다. 이런 까닭으로 부모님께서는 마땅히 저희들을 들어주시와 출가함을 얻도록 하시옵소서. 까닭은 무엇인가 하오면, 모든 부처님을 만나 뵈옵기가 어렵거니와, 때도 또한 마주치기가 어렵나이다〉

그 때에 묘장엄왕의 후궁의 팔만 사천 사람이 모두 다 이 법화경을 받아서 가지고 맡아서 견디며, 정안보살은 법화삼매에 이미 오래 통달하였으며, 정장보살은 이미 헤아릴 수 없는 백천만억 겁에, 모든 악하게 나아감을 떠나는 삼매에 통달하였으니, 일체 중생으로 하여금 모든 악하게 나아감에서 떠나게 하고자 하는 까닭이며, 그 왕의 부인은 모든 부처님을 모이시게 하는 삼매를 얻어서 모든 부처님의 비밀히 몰래하는 곳집을 알았느니라.

두 아들은 이와 같은 방편의 힘으로써 그 아버지를 잘 교화하여, 마음으로 하여금 믿고 이해하게 하고, 부처님의 법을 좋아하고 즐기게 하였느니라.

그러므로 묘장엄왕은 뭇 신하와 거느린 무리와 더불어 하고, 정덕 부인은 후궁의 궁녀와 거느린 무리와 더불어 하며, 그 왕의 두 아들은 사만 이천 사람과 더불어 하여, 한 때에 함께 부처님의 거처에 나아가 이르기를 마치고는, 머리와 얼굴로 발에 절하고, 부처님을 세 번 둘러서 돌고는 물러나 한쪽에 머물렀느니라.

이때 그 부처님께서는 왕을 위하여 법을 설하시어 이롭고 기쁜 것을 가르쳐 보이시니, 왕은 크게 기뻐하고 즐거워하였느니라.

 이 때에 묘장엄왕과 그리고 부인이 가치가 백천이나 되는 목의 진주 영락을 풀어 부처님 위에 흩으니, 허공 가운데서 변하여 네 기둥의 보배 좌대를 이루었고, 좌대 가운데는 큰 보배 평상이 있으며, 백천만의 하늘옷이 펼쳐 있고, 그 위에 부처님께서 가부좌를 맺고 계시면서 크게 밝은 빛을 놓으셨느니라.

 이 때에 묘장엄왕이 이런 생각을 하되,〈부처님의 몸은 드물게 계시어 단정하시고도 엄숙하시며 뛰어나게 달라서 ,제일 미묘하신 용모를 성취하셨구나〉하였느니라.

 때에 운뢰음수왕화지 부처님께서 사중에게 일러 말씀하시되,〈너희들은 이 묘장엄왕이 내 앞에서 합장하고 서 있는 것을 보느냐. 않느냐. 이 왕이 내 법 가운데에서 비구가 되어, 부처님을 도우는 도법을 성실하고 부지런히 닦고 익혀서 마땅히 부처님 지음을 얻나니, 호는 사라수왕이고, 나라의 이름은 대광이며, 겁의 이름은 대고왕이니라. 그 사라수왕 부처님께서는 헤아릴 수 없는 보살의 많은 이와 그리고 또 헤아릴 수 없는 성문이 있을 것이며, 그 나라는 평탄하고 바르며, 공덕은 이와 같으니라.〉하셨느니라.

 그 왕이 곧 때에 나라를 아우에게 부탁하고, 부인과 두 아들과 더불어 아울러 모든 거느린 무리가, 부처님 법 가운데에서 출가하여 도를 닦았느니라.

 왕이 출가하고는 팔만 사천 해를 항상 부지런히 정진하여 묘법화경을 닦고 행하였나니, 이렇게 이미 지난 뒤에 일체정공덕장엄삼매를 얻고서, 곧 높이가 칠다라수인 허공으로 올라서 부처님께 아뢰어 말씀드리되,〈세존이시여, 이 저의 두 아들은 이미 부처님의 일을 지어, 신통변화로써 저의 삿된 마음을 돌려서 부처님 법 가운데서 편안히 머무름을 얻게 하고, 세존 뵈옴을 얻게 하였사오니, 이 두 아들이란 자는 바로 저의 선지식이옵니다. 지나간 세상의 착한 근본을 일으켜 일어나게 하여, 저에게 넉넉히 이익 되게 하고자 하기 위한 까닭으로 저의 집에 와서 태어났는가 하옵니다〉하였느니라.

이 때에 운뢰음수왕화지 부처님께서 묘장엄왕에게 일러 말씀하시되,〈그와 같고 , 그와 같으니라. 네가 말한 바와 같도다. 만약 선남자 선여인이 착한 근본을 심은 까닭으로 세세에 선지식을 얻거늘, 그 선지식이 능히 부처님의 일을 하여서 이롭고 기쁜 것을 가르쳐 보이어, 완전한 깨달음에 들어가게 하느니라.

대왕이여, 마땅히 알지니라. <u>선지식이란 자는 바로 큰 인연이니, 이른바 교화하고 인도하여 부처님 뵈옴을 얻게 하고, 완전한 깨달음의 마음을 일으키게 하느니라.</u>

대왕이여, 그대는 이 두 아들을 보느냐. 않느냐. 이 두 아들은 이미 일찍이 육십오백천만억 나유타 항하사의 모든 부처님께 공양하고, 친하고 가까이 하여 공손히 공경하였으며, 모든 부처님의 거처에서 법화경을 받아서 가지고, 삿되게 보는 중생을 불쌍히 생각하여 바르게 보는 것에 머물게 하였느니라〉하셨느니라.

묘장엄왕이 곧 허공 가운데로부터 내려와서 부처님께 아뢰어 말씀드리되,〈세존이시여, 여래께서는 심히 드물게 계시어 공덕과 사리에 밝은 지혜의 까닭으로써, 이마 위의 살로 된 상투에서 밝은 빛을 밝게 비추시며, 그 눈은 길고 넓으시며 감청 빛이시고, 눈썹 사이의 털의 형상은 희기가 흰 마노의 달과 같으시오며, 치아는 희시고 가지런하시며, 빽빽하시어 항상 밝은 빛이 있으시며, 입술 빛은 붉고 좋으심이 빈바의 과일과 같으나이다〉하였느니라.

이 때에 묘장엄왕은 부처님의 이와 같은 것들의 헤아릴 수 없는 공덕을 찬탄하여 마치고는, 여래 앞에서 한마음으로 합장하고 다시 부처님께 아뢰어 말씀드리되,〈세존이시여, 일찍이 있지 아니함이로소이다. 여래의 법으로, 가히 생각으로 논의하지 못할 미묘한 공덕을 흡족하게 갖춤을 성취하였으므로, 가르치심의 계로써 행하는 바는 편안하게 의지하여 시읠하며 좋사옵니다.

저는 오늘날부터 다시는 스스로의 마음을 따라서 행하지 아니하고, 삿되게 보는 것과 교만함과 거만함과 성냄과 분내는 모든 악한 마음을 내지 아니하오리다〉 이런 말을 설하기를 마치고는 부처님께 절하고 나갔느니라〉

부처님께서 대중에게 이르시되,〈뜻에는 어떠하느냐. 묘장엄왕이 어찌 다른 사람이겠느냐. 지금의 화덕보살이 그이고, 그 정덕부인은 지금 부처님 앞의 광조장엄상보살이 그이니라. 묘장엄왕과 그밖에 또 모든 거느린 무리를 슬피 불쌍히 여기는 까닭으로, 그 가운데 태어났던 그 두 아들이란 자는, 지금의 약왕보살과 약상보살이 그이니라.

이 약왕과 약상보살이 이와 같은 모든 큰 공덕을 성취하기를 마치고는, 헤아릴 수없는 백천만억 모든 부처님의 거처에서 많은 덕의 근본을 심어서, 가히 생각으로 논의하지도 못할 모든 착한 공덕을 성취하였느니라. 만약 이 두보살의 이름자를 아는 사람이 있으면, 일체 세간과 모든 하늘과 인민이 또한 응당 인사의 절을 할 것이니라."

부처님께서 이 묘장엄왕 본사품을 말씀하실 때에, 팔만사천사람이 미진을 멀리하고 때를 떠나, 모든 법 가운데서 깨끗한 법의 눈을 얻었소이다.

네 가지 법을 성취해야 법화를 얻으리라 (보현보살 권발품)

이 때 보현보살께서는 마음대로 되는 신통의 힘과 위엄과 덕과 이름이 나서 들림으로써, 헤아릴 수 없고 가도 없는 가히 일컫지도 못할 수의 큰 보살과 더불어 동방으로부터 오시니, 지나는 모든 나라는 널리 모두 진동하여 움직이고, 보배연꽃이 비 오듯이 하며, 헤아릴 수 없는 백천만억의 재주와 음악을 지었더이다.

또 수많은 모든 하늘과 용과 야차와 건달바와 아수라와 가루라와 긴나라와 마후라가와 인비인 들의 대중에게 둘러싸이시어, 각각 위엄과 덕과 신통의 힘을 나타내시며 사바세계의 기사굴산 중에 이르러서는, 머리와 얼굴로 석가모니부처님께 절을 하옵고, 오른쪽으로 일곱 번을 둘러서 돌고는 부처님께 아뢰어 말씀하시되,
"세존이시여, 제가 저 보위덕상왕 부처님 나라에서 멀리 이 사바세계에 법화경을 설하시는 것을 듣자옵고, 헤아릴 수 없는 모든 보살과 더불어 와서 들음을 받으려고 하옵나이다. 오직 원하옵건대, 세존이시여, 마땅히 설하여 주시옵소서. 만약 선남자, 선여인이 여래께옵서 멸하신 뒤에 어떻게 하여야 능히 이 법화경을 얻겠사옵나이까."

부처님께서 보현보살에게 이르시되, "만약 선남자, 선여인이 네 가지의 법을 성취하여야, 여래가 멸한 뒤에 마땅히 이 법화경을 얻느니라.

첫째는 모든 부처님께옵서 생각하시어 두호하심이 됨이요.
둘째는 많은 덕의 근본을 심음이요.
셋째는 바른 것의 정해진 것이 쌓임에 듦이요.
넷째는 일체 중생을 구원할 마음을 일으킴이니라.

선남자, 선여인이 이와 같은 네 가지의 법을 성취하여야, 여래가

멸한 뒤에 반드시 이 경을 얻느니라." 하셨소이다.

그 때에 보현보살께서 부처님께 아뢰어 말씀드리되, "세존이시여, 후오백세의 흐리고 악한 세상 가운데서, 이 경전을 받아서 가지는 그러한 자가 있으면, 제가 마땅히 지키고 두호하여 그의 쇠약함과 병듦을 없애며, 편안하게 의지함을 얻게 하고, 그 편리를 엿보아 구하여 얻는 자가 없게 할 것이되, 만약 마와, 마의 아들이나, 마의 딸이나, 마의 백성이나, 마가 붙은 바가 된 자나, 야차나, 나찰이나, 구반다나, 비사사나, 길자나, 부단나, 위타라 들의 사람을 뇌롭게 하는 모든 자에게 모두 편리를 얻지 못하게 하오리다.

이 사람이 만약 다니거나, 서서, 이 경을 읽고 외우면, 제가 그 때에 어금니 여섯 개의 흰코끼리 왕을 타고, 큰 보살들과 더불어 그곳에 나아가서, 그리고는 스스로 몸을 나타내어 공양하고, 지키고 두호하여 그 마음을 편안히 위로하고, 또한 법화경을 공양하기 위한 까닭으로, 이 사람이 만약 앉아서 이 경을 깊이 생각하면, 이 때에 제가 다시 흰코끼리왕을 타고 그 사람 앞에 나타나며, 그 사람이 만약 법화경의 한 구절이나 한 게송을 잊거나 잃어버린 바가 있으면, 제가 마땅히 이를 가르쳐서 함께 더불어 읽고 외워서 재빨리 통리케 하오리다.

이 때에 법화경을 받아서 가지고 읽고 외우는 자가 저의 몸 봄을 얻으면, 심히 크게 기쁘고 즐거워서 더욱 다시 정진하며, 저를 본 까닭으로써 곧 삼매와 다라니를 얻으오니, 이름이 선다라니며, 백천만억 선다라니며, 법음방편다라니인 이와 같은 것들의 다라니를 얻으오리다.

세존이시여, 만약 뒷세상의 후오백세의 흐리고 악한 세상 가운데에 비구 비구니와 우바새 우바이의 구하고 찾는 자와, 받아서 가지는 자와, 읽고 외우는 자와, 써서 베끼는 자가 이 법화경을 닦고 익히고자 하면, 삼칠일 사이에 응당 한마음으로 정진하여 삼칠일을 채워서 마치면, 제가 마땅히 어금니 여섯 개의 흰 코끼리를 타고, 헤아릴 수 없는 보살에게 더불어 스스로 에워 둘러싸여, 일체 중생이 보고 기뻐할 바의 몸으로서, 그 사람의 앞에 나타나서 법을 설하여 이롭고 기쁜 것을 가르쳐 보이겠사옵나이다.

또한 그 다라니주를 주리니, 이 다라니를 얻은 까닭으로 사람 아닌 것이 능히 깨뜨리고 무너지게 할 자가 있음이 없으며, 또한 여인에게 미혹하여 어지러울 바가 되지 아니하고, 저의 몸도 또한 스스로 항상 이 사람을 두호하겠나이다. 오직 원하옵건대, 세존이시여, 제가 이 다라니주를 설하는 것을 허락하시옵소서." 하시고, 곧 부처님 앞에서 주를 설하시어 가라사대,

(다라니주 생략함)

"세존이시여, 만약 어떤 보살이든지 이 다라니를 얻어듣는 자는 마땅히 보현의 신통의 힘인 줄을 아시옵소서.

만약 법화경을 염부제에 행하여 받아 가지는 자가 있으면 응당히 이런 생각을 하되,〈모두 이것은 보현의 위신의 힘이다〉라고 하여야 할 것입니다.

만약 어떤 이가 받아서 가지고 읽고 외우며 바르게 기억하고 생각하며, 그 옳은 뜻을 이해하고 설함과 같이 닦고 행하면, 마땅히 아시옵소서. 이 사람은 보현의 행을 행하여 헤아릴 수 없고 가없는 모든 부처님의 거처에서 깊게 착한 근본을 심은 것이오니, 모든 여래께서 손으로 그 머리를 어루만지심이 된 것이옵니다.

만약 다만 써서 베끼기만 하여도, 이 사람은 명을 마치면 마땅히 도리천상에 나오나니, 이 때에 팔만사천 천녀가 많은 재주와 음악을 지으며 와서 그를 맞이하거늘, 그 사람은 곧 일곱 가지 보배로 된 관을 쓰고, 군여 가운데서 재미있게 놀고 기분이 좋아서 즐거운데, 어찌 하물며 받아서 가지고 읽고 외우며 바르게 기억하고 생각하며 그 옳은 뜻을 이해하고 설함과 같이 닦고 행함이

오리까.

 만약 어떤 사람이 받아서 가지고 읽고 외우며 그 옳은 뜻을 이해하면, 이 사람이 명을 마치면, 천부처님께옵서 위하여 손을 주시어 두렵고 겁나지 않게 하시며, 악취에 떨어지지 않게 하시고, 곧 도솔천상의 미륵보살의 거처에 가게 하시리다. 미륵보살은 서른두 가지의 형상을 가지며, 큰 보살 많은 이에게 함께 에워 둘러싸인 바이며, 백천만억 하늘여자의 거느린 무리가 있는데, 이에 가운데에서 나게 되오리다.

 이와 같은 것들의 공덕과 이익이 있음이 오니, 이런 까닭으로 지혜로운 자는 응당 마땅히 한마음으로 자기가 쓰며, 만약 사람을 시켜서 쓰게 하며, 받아서 가지고 읽고 외우며, 바르게 기억하고 생각하며, 설함과 같이 닦고 행해야 하옵나이다. 세존이시여, 제가 이제 신통의 힘의 까닭으로써 이 경을 지키고 두호하며, 여래께옵서 멸하신 뒤에 염부제 안에서 널리 펴서 퍼져 나가게 하여, 끊어지고 끊어지지 않게 하오리다."

 이 때에 석가모니 부처님께서 칭찬하시어 말씀하시되, "착하고 착하도다. 보현이여, 네가 능히 이 경을 두호하고 도와서, 많은 곳에 중생으로 하여금 편안하게 하고, 즐겁게 하고, 이익 되게 하였나니, 너는 이미 가히 생각으로 논의하지 못할 공덕과 깊고도 큰 자비를 성취하여, 오래되고 먼데로부터 오면서 완전한 깨달음의 뜻을 일으키고, 이 신통의 원을 지어서 이 경을 지키고 두호하노니, 나도 마땅히 신통의 힘으르써 능히 보현보살의 이름을 받아 가지는 자를 지키고 두호하리라.

 보현이여, 만약 이 법화경을 받아서 가지고 읽고 외우며, 바르게 기억하고 생각하며, 닦고 익히며, 써서 베끼는 자가 있으면 마땅히 알지니라. 이 사람은 곧 석가모니부처님을 봄이며 부처님의 입으로부터 이 경전을 듣는 것과 같으리라

 마땅히 알지니라. 이 사람은 석가모니 부처님께 공양함이며 마땅

히 알지니라. 이 사람은 부처님이 착하다고 칭찬함이며, 마땅히 알지니라, 이 사람은 석가모니 부처님이 손으로 그의 머리를 어루만져 줌이 됨이며 마땅히 알지니라, 이 사람은 석가모니부처님이 옷으로 덮어주는 바가 되느니라.

이와 같은 사람은 다시 세상의 즐거움에 탐하여 착을 하지 아니하며 외도의 경서와 수필을 좋아하지 아니하며, 또한 다시 그 사람과 모든 악한 자인, 만약 백성이나, 만약 돼지, 양, 닭, 개를 기르는 자며, 만약 사냥하는 자며, 만약 여색을 팔고 사는 자를 친하고 가까이 하기를 기뻐하지 아니하며, 이 사람은 마음과 뜻과 바탕이 곧아서 ,바른 기억과 생각이 있으며, 복과 덕의 힘이 있느니라. 이 사람은 탐내고 성내고 어리석음으로 뇌로운 바가 되지 아니하며, 또한 미워하고 투기함과, 내라하고 교만하여 남을 업신여김과 삿된 오만과 깨닫지 못하고서도 깨달은 체하는 거만함으로 뇌로워하는 바가 되지 아니하느니라. 이 사람은 욕심이 적고 흡족함을 알아서 능히 보현의 행을 닦느니라.

보현이여, 만약 여래가 멸한 뒤 후오백세에, 만약 어떤 사람이 법화경을 받아서 가지고 읽고 외우는 자를 보거든, 응당히 이런 생각을 하되,〈이 사람은 오래지 아니하여서 마땅히 도량에 나아가서 모든 마의 무리를 깨뜨리고, 완전한 깨달음을 얻어서, 법의 바퀴를 굴리며, 법북을 치며, 법소라를 불며, 법비를 비 오듯이 하며, 마땅히 하늘과 사람의 대중 가운데서 사자법자리 위에 앉으리라〉 할지니라.

보현이여, 만약 뒷세상에서 이 경전을 받아서 가지고 읽고 외우는 자는, 이 사람은 다시 의복과 눕는데 갖추는 것과 음식과 재물로 살아가는 재화에 탐하고 착을 하지 아니하여도, 원하는 것이 헛되지 아니하며, 또한 지금 세상에서 그 복의 보를 얻느니라.

만약 어떤 사람이 가벼이 여겨 헐뜯는 말을 하되,〈너는 미친 사람일 뿐이니라.헛되이 이런 행을 짓나니, 마침내 얻을 바가 없느니라〉고 하면, 이와 같은 죄의 보는 마땅히 세세에 눈이 없느니라.

　만약 공양하고 찬탄하는 자가 있으면, 마땅히 지금 세상에서 과보가 나타남을 얻고, 만약 다시 이 경을 받아서 가지는 자를 보고 그의 나쁜 허물을 내되, 만약 사실이거나, 만약 사실이 아니거나, 이 사람은 지금 세상에서 백문둥병을 얻고, 만약 가볍게 여겨 웃는 자가 있으면, 마땅히 세세에 어금니와 이가 성글고 빠지며, 입술은 추하고 코가 납작하며, 손과 다리가 뒤틀리어 꾸부러지고, 눈과 눈동자는 모퉁이로 흘끔흘끔하게 보며, 신체에는 더러운 냄새가 나고 나쁜 부스럼으로 피그름이 나오며, 배에는 물이 차고 숨이 가쁨과 모든 악한 중병을 하느니라. 이러한 까닭으로 보현이여, 만약 이 경전을 받아서 가지는 자를 보거든 마땅히 일어나 멀리서 맞이하되, 마땅히 부처님을 공경하는 것과 같이 할지니라."

　이 보현 권발품을 말씀하실 때에, 항하사들의 헤아릴 수 없고 가없는 보살께서는, 백천만억 막힘없이 법에 들어오게 하는 것이 마음대로 되어 법을 설하는 다라니를 얻으셨고, 삼천대천세계 미진들의 모든 보살께서는 보현의 도를 갖추셨소이다.

　부처님께서 이 경을 설하실 때에, 보현 들의 모든 보살과 사리불 들의 모든 성문과 그리고 모든 하늘과 용과 인비인들의 일체 큰 모임은 모두 크게 기뻐하고 즐거워하며, 부처님의 말씀을 받아서 가지고 ,절을 하고 그리고는 물러갔소이다.

셋

법화를 부지런히 읽으면, 죄업은 이슬처럼 사라지리라
(불설관보현보살행법경)

이와 같이 저는 들었사오니, 한 때에 부처님께서 비사리국 대림정사 중각강당에 계시사 모든 비구에게 이르시되, "삼개월이 물러난 뒤에 나는 마땅히 열반에 옮기리라." 하시니, 존자 아난께서 곧 자리로부터 일어나서 의복을 가지런하게 하시고, 손길을 잡아 합장하시고 부처님을 세 번 둘러서 돌고는 부처님께 절을 하시고, 무릎을 꿇어 땅에 대고 몸은 곧게 세워서 합장하시고 여래를 관하여 살피되, 눈을 잠깐도 놓치지 아니하셨소이다.

장로 마하가섭과 미륵보살마하살께서 또한 자리로부터 일어나서 합장하시어 절을 하시고, 높으신 얼굴을 우러러 뵈옵나니, 때에 삼 대사께서는 입은 달라도 소리를 같이 하여 부처님께 아뢰어 말씀하오되, "세존이시여, 여래께옵서 멸하신 뒤에, 어떻게 하여야 중생은 보살의 마음을 일어나게 하며, 대승의 방등경전을 닦고 행하며, 바른 생각으로 일실의 경계를 깊이 생각하오리까.

어떻게 하여야 위없는 깨달음의 마음을 잃지 않겠나이까.

또 어떻게 하여야 마땅히 번뇌를 끊지 않고, 다섯 가지 욕심에서 떠나지 않고도, 모든 뿌리를 맑게 함을 얻으며, 모든 죄를 멸하여 없애며, 부모가 낳은 바의 맑고 깨끗하며 항상 있는 눈으로 다섯 가지 욕심을 끊지 않고도 모든 가린 것 밖의 일을 봄을 얻사오리까."

부처님께서 아난에게 이르시되, "자세히 듣고 자세히 들어서 이를 잘 생각하고 생각할지니라. 여래가 예전에 기사굴산과 나머지의 곳에 머물고 있으면서 이미 널리 일실의 도를 분별하였으나, 지금 이곳에서 미래 세상의 모든 중생들이 대승의 위없는 법을 행하고자 하는 자와, 보현행을 배우고 보현행을 하고자 하는 자를 위하여, 내가 지금 마땅히 그 기억하고 생각할 법을 말하리라.

만약 보현을 보거나 보지 못한 자는 죄의 수량을 물리쳐 버릴 것을 지금 너희들을 위하여 마땅히 널리 분별하리라.

아난이여, 보현보살은 동방의 정묘국토에서 났으며, 그 국토의 형상을 법화경 가운데에서 이미 널리 분별하였으나, 내가 지금 여기에서 간략히 풀어서 말하리라.

아난이여, 만약 비구 비구니와 우바새 우바이와, 하늘과 용의 팔부와 일체 중생의, 대승경을 외우는 자와, 대승을 닦아 행하는 자와, 대승의 뜻을 일으키는 자와 ,보현보살의 색신 보기를 즐겨 하는 자와 , 다보부처님탑 보기를 즐겨하는 자와, 석가모니부처님과 몸을 나누신 모든 부처님 보기를 즐겨하는 자와, 여섯 뿌리의 맑고 깨끗함을 얻기를 즐겨하는 자는 마땅히 이러한 관을 배울지니라.

이 관의 공덕으로 모든 가려지고 막힌 것을 제거하고 으뜸가는 묘한 빛을 보리니, 삼매에 들지 못하였을지라도 다만 외우고 가지는 까닭으로, 마음을 오로지 닦고 익혀서 마음과 마음이 서로 차례로 대승에서 떠나지 않음이 하루에서 삼칠일에 이르면 보현을 봄을 얻으며, 다시 무거운 것이 있는 자는 한 번 태어남에 봄을 얻으며, 다시 무거운 것이 있는 자는 두 번 태어남에 봄을 얻으며, 다시 무거운 것이 있는 자는 세 번 태어남에 봄을 얻나니, 이와 같이 가지가지로 업보가 같지 아니함이니, 이런 까닭으로 다르게 설하느니라.

보현보살은 몸의 분량이 가없으며, 음성도 가없으며, 색상도 가없으며, 이 나라에 오고자 하던 스스로 마음대로 되는 신통에 들어 몸을 줄여서 작게 하며, 옅부제의 사람은 세 가지 가린 것이 무거운 까닭으로, 사리에 밝은 지혜의 힘으로써 화하여 흰 코끼리를 탓느니라. 그 코끼리는 여섯의 어금니에 일곱의 다리로 땅을 버티고 , 그 일곱의 다리 밑에는 일곱 연꽃이 났나니, 코끼리의 빛은 곱고 희며, 흰 가운데서도 으뜸가는 것이며, 파리와 설산도 견줌을 얻지 못하리라. 코끼리 몸의 길이는 사백오십 유순이요, 높이는 사백유순이며, 여섯 어금니 끝에는 여섯 개의 목욕하는 못이 있고, 하나하나의 목욕하는 못 가운데에는 열네 개의 연꽃이 났는데, 못과 더불어 바르고 같으며, 그 꽃이 널리 피어 하늘의 나무왕과 같음이라.

하나하나의 꽃 위에는 한 옥녀가 있으니, 얼굴빛은 붉은 지라 천녀보다도 더욱 빛나고 있으며, 손 가운데는 자연히 다섯 개의 공후가 화하고, 하나하나의 공후에는 오백의 악기로써 권속을 삼고 있으며, 오백의 나는 새가 있으되, 물오리와 기러기와 숫원앙새와 암원앙새가 모두 보배의 빛으로 꽃과 잎사귀 사이에서 나오느니라.

코끼리의 코에 꽃이 있는데, 그 줄기는 비유하면 붉은 진주 빛과 같으며, 그 꽃은 금빛이라, 머금고서 피지 않았나니, 이러한 일을 보기를 마치고는 다시 또 참회하고, 지극한 마음으로 살펴서 관하고, 대승을 생각하고 생각하되 마음에 쉬거나 폐하지 아니하면, 곧 꽃이 피는 것을 보나니 금색에 금빛이니라.

그 연꽃집은, 바로 견숙가보배와 묘한 범마니로써 꽃다발이 되고, 금강의 보배구슬로써 꽃 아래 수염이 되고, 화하신 부처님께옵서 연꽃집에 앉아계심을 보며, 많고 많은 보살이 연꽃 아랫수염에 앉았으며, 화하신 부처님의 눈썹 사이에서는 또한 금빛이 나와서 코끼리의 코 가운데 들어가며, 코끼리 코로 좇아 나와서는 코끼리의 눈 가운데로 들어가고, 코끼리의 눈으로 좇아 나와서는 코끼리의 귀 가운데로 들어가고, 코끼리의 귀로 좇아 나와서는 코끼리의 이마 위를 비추고 변화하여 금집을 짓느니라.

그 코끼리의 머리 위에는 셋의 화한 사람이 있는데, 하나는 금륜을 잡고, 하나는 마니보배를 가졌으며, 하나는 금강저를 잡았음이라. 금강저를 들어서 코끼리를 적용하면 코끼리는 곧 능히 가되, 다리는 땅을 밟지 아니하고 허공을 밟아서 그리고는 놀되, 땅에서 떨어지기가 일곱 자이며, 땅에는 찍힌 문채가 있고, 찍힌 문채 가운데에는 일천의 바퀴살과 속바퀴와 덧바퀴가 모두 다 흡족하게 갖추어 있으며, 하나하나의 덧바퀴 사이에는 하나의 큰 연꽃이 나고, 이 연꽃 위에는 한 코끼리가 화하여 나오되, 또한 일곱의 다리가 있어 큰 코끼리를 따라 가나니, 발을 들고 발을 내림에 칠천의 코끼리를 낳아서 권속으로써 삼고, 큰 코끼리를 좇아 따르느니라.

코끼리의 코는 붉은 연꽃 빛이며, 위에는 화한 부처님께서 계시어 눈썹사이로 빛을 놓으시니 그 빛은 금빛이라, 앞과 같이 코끼리의 코 가운데로 들어가고, 코끼리의 코 가운데서 나와서, 코끼리의 눈 가운데로 들어가며, 코끼리의 눈으로 좇아 나와서는 돌아와서 코끼리의 귀로 들어가며, 코끼리의 귀로 좇아 나와서는 코끼리의 목 위에 이르며, 점점 올라가서 코끼리의 등에 이르러 화하여 금안장을 이루었는데, 일곱 가지 보배로 틀을 하여 갖추었으며, 안장의 네 면에는 일곱 가지 보배로 된 기둥이 있고, 많은 보배로 틀을 하여 꾸며서 보배의 집을 이루었으며, 집 가운데에는 일곱 가지 보배로 된 하나의 연꽃이 있으니, 그 연꽃 아랫수염은 백가지 보배로써 한 가지로 이루었으며, 그 연꽃 집은 바로 큰 마니라, 한 보살이 가부좌를 맺고 있으니, 이름은 바로되 보현이라 하느니라.

몸은 백옥색이요, 오십 가지토 빛나고, 오십 가지로 빛나는 색으로 목덜미의 빛이 되고, 몸의 모든 털구멍에서는 금빛이 흘러나오며, 그 금빛 끝에는 헤아릴 수 없는 화하신 부처님이시고, 모든 화한 보살로써 권속을 삼았나니, 조용하고 침착하게 서서히 걸으며, 큰 보배꽃을 비 오듯이 하여 행자 앞에 이르러 그 코끼리가 입을 여니, 코끼리 어금니 위 모든 못에서 옥녀가 북을 쳐서 음악을 연주하고, 줄 풍류의 악기를 타고 노래하며 그 소리가 미묘하여 대승의 일실의 도를 찬탄하느니라.

행자는 보기를 마치고 기쁘고 즐거워서 공경히 절하고, 다시 또 심히 깊은 경전을 읽고 외우며, 두루 시방의 헤아릴 수 없는 모든 부처님께 절하고, 다보부처님의 탑과 그리고 또 석가모니부처님께 절하고 아울러 보현과 모든 큰 보살에게 절하고, 이런 맹세의 말을 일으키되 〈만약 제가 지난 세상 복으로 응당히 보현을 뵈오리니, 원하옵건대, 높으신 분인 변길 이시여, 저에게 색의 몸을 보이시옵소서〉

이렇게 원을 지어 마치고는 밤낮 여섯때에, 시방의 부처님께 절하고, 참회의 법을 행하며, 대승경을 외우고, 대승경을 읽으며 대승의 뜻을 생각하고, 대승의 일을 생각하며 대승을 가진 자를 공손히 공경하며 공양하고 일체의 사람을 보되 오히려 부처님을 생각하는 것과 같이 하고 모든 중생을 부모님을 생각하는 것과 같이 할지니라.

이러한 생각을 하여 마치면 보현보살은 곧 눈썹사이에서 큰 사람 형상인 흰 터럭에서 밝은 빛을 놓느니라. 이 빛이 나타날 때, 보현보살의 몸의 형상은 단정하고 엄숙하며, 자주 빛의 금산과 같고, 단정하고 바르며 미묘하여 서른두 가지 형상이 모두 다 갖추어져 있으며, 몸의 모든 털구멍에서는 크게 밝은 빛을 놓아서 그 큰 코끼리를 비추어 금색을 짓게 하며, 일체의 화한 코끼리도 금색으로 이루며, 모든 화한 보살도 금빛을 이루느니라. 그 금색의 빛이 동방으로 헤아릴 수 없는 세계를 비추니, 모두 한가지로 금색이라, 남서 북방과 네모퉁이와 위아래로 이와 같으니라.

그 때 시방에 하나하나의 방면마다 한 보살이 있는데, 여섯 어금니를 한 하얀 코끼리의 왕을 탔으니, 또한 보현과 같아서 견주어 다름은 있을 수 없으며, 이와 같이 시방의 헤아릴 수 없고 가없는, 가운데 가득한 화한 코끼리도 보현보살의 신통의 힘인 까닭으로 경을 가진 자로 하여금 모두 다 봄을 얻게 하느니라.

이 때 행자는 모든 보살을 뵈옵고 몸과 마음이 기쁘고 즐거워서 그를 위하여 절을 하고 아뢰어 말하되, 〈크게 사랑하시고 크게 슬피 여기시는 분이시여, 저를 불쌍히 여기시는 까닭으로 저를 위하여 법을 설하시옵소서 〉 이 말을 말할 때에 모든 보살들이 입은 달라도 소리를 같이 하여 각각 맑고 깨끗한 대승경의 법을 설하고, 모든 게송으로 칭송을 지어 행자를 칭찬하고 감탄하나니, 이것을 이름하여 처음으로 보현보살을 관하는 가장 처음의 경계라 하느니라.

그 때에 행자는 이 일을 보기를 마치고 마음으로 대승을 생각하여 밤낮으로 버리지 아니하면, 잠자거나 조는 가운데 꿈에 보현이 그를 위하여 법을 설하는 것을 볼 것이니, 마치 깨었을 때와 다름이 없나니, 그의 마음을 편안하게 위로하고 이에 이런 말을 하되,〈네가 외우고 가지는 바는 이 구절을 잊거나 잃어 버렸으며 ,이 게송을 잊거나 잃어버렸느니라〉

이 때 행자는 보현보살이 설한 바를 듣고 옳은 뜻을 깊이 이해하며, 기억하여 가지고 잊어버리지 아니하며, 나날이 이와 같이 하여 그 마음이 점점 편안하여 지나니, 보현보살이 그를 가르쳐서 시방의 모든 부처님을 기억하게 하고 생각하게 하리라.

보현의 가르침을 따라 바른 마음 바른 뜻을 하니 점점 마음의 눈으로써 동방의 부처님을 뵈옵게 되나니, 몸이 황금색이고 단정하시며 엄숙하시고 미묘하심이라.

한 부처님을 뵈옵기를 마치고는 다시 한 부처님을 뵈오며 ,이와 같이 하여 점점 두루 동방의 일체 모든 부처님을 뵈옵고, 마음과 생각이 좋아진 까닭으로 두루 시방의 일체 모든 부처님을 뵈옵느니라.

모든 부처님 뵈옵기를 마치고는 기쁘고 즐거운 마음을 내어 이에 이런 말을 하되,〈대승을 인한 까닭으로 대사를 뵈옴을 얻고 ,대사의 힘을 인한 까닭으로 모든 부처님을 뵈옴을 얻었사오나, 비록 모든 부처님을 뵈올 지라도 오히려 밝게 깨닫지도 못하였사오니, 눈을 감으면 곧 보이고, 눈을 뜨면 곧 잃어지나이다〉

이 말을 하여 마치고 다섯 몸풍이를 땅에 던져 두루 시방의 부처님께 절하고, 모든 부처님께 절하기를 마치고는 무릎을 꿇어 땅에 대고 몸은 곧게 세워서 합장하고 이에 이런 말을 할지니라.

〈모든 부처님 세존께서는 열 가지 힘과, 두려움이 없으신 것과, 열여덟 가지 같지 않으신 법과 , 크게 사랑하시고 크게 슬피 여기시는 것과 , 삼염처로, 항상 세간에 계시어 빛 가운데에서 으뜸가는 빛이 시온데, 저는 어떤 죄가 있어서 이에 뵈옴을 얻지 못하나이까〉

이런 말을 하기를 마치고는 다시 또 참회하고 참회하여 맑고 깨끗하게 하기를 마치고는, 보현보살이 다시 또 앞에 나타나서 , 다니고 머무르고 앉고 누움에 그 곁을 떠나지 아니하고 , 이에 꿈속에 이르기 까지도 항상 위하여 법을 말하리니, 이 사람이 깨기를 마치고 법의 기쁨과 즐거움을 얻느니라.

이와 같이 하여 밤낮 삼칠일을 지나고 그렇게 한 뒤에는 바야흐로 '막힘없이 법에 들어오게 하는 것이 마음대로 되어 법을 설하는 다라니'를 얻으며, 다라니를 얻는 까닭으로 모든 부처님과 보살이 말씀하신 바의 묘법을 기억하여 가지고 잃지 아니하며 또한 항상 꿈에 과거의 일곱 부처님을 뵈옵되, 오직 석가모니부처님께서만이 그를 위하여 법을 설하시고 이 모든 세존께서는 각각 대승경전을 칭찬하시느니라.

그때에 행자는 다시 또 참회하고 두루 시방의 부처님께 절하고, 시방의 부처님께 절하여 마치고는 보현보살이 그 사람 앞에 머물면서 가르치되, 지난 세상에 일체의 업의 인연을 말하고, 어둡고 악한 일체의 죄의 일을 쏟아서 드러내게 함이라, 모든 세존을 향하여 스스로 입으로 쏟아 드러내되 이미 쏟아서 드러내기를 마치고는, 이어서 때에 곧 '모든 부처님께서 앞에 나타나시는 삼매'를 얻으리라. 이 삼매를 얻기를 마치면, 동방의 아촉부처님과 묘희국을 보되 밝게 깨달아 분명하리니, 이와 같이 시방의 모든 부처님과 좋고 묘한 국토를 보되 밝게 깨달아 분명하리니라.

이미 시방의 부처님을 뵈옵기를 마치면, 꿈에 코끼리 머리위에 한 금강의 사람이 있어 금강저로써 두루 여섯 뿌리에 겨누나니, 여섯 뿌리에 겨누기를 마치면 보현보살이 행자를 위하여 여섯 뿌리가 맑고 깨끗해지는 참회의 법을 설할 것이니라.

 이와 같이 참회하되, 하루에서 칠일에 이르면, 모든 부처님께서 앞에 나타나시는 삼매의 힘의 까닭으로써, 보현보살이 법을 설함으로 장엄한 힘의 까닭으로써 , 귀는 점점 가린 것 밖의 소리를 들으며, 눈은 점점 가린 것 밖의 일을 보며, 코는 점점 가린 것 밖의 향기를 맡으며, 널리 말하는 것이 묘법화경과 같으니라.

 이러한 여섯 뿌리가 맑고 깨끗함을 얻기를 마치면 몸과 마음이 기쁘고 즐거워서 모든 악한 형상이 없으며 ,마음이 이 법으로 온전하여져서 법과 더불어 서로 응하여 ,다시 또 백천만억의 '막힘없이 법에 들어오게 하는 것이 마음대로 되어 법을 설하는 다라니' 를 얻고 ,다시 또 널리 백천만억의 헤아릴 수 없는 모든 부처님을 뵈옵느니라.

 이 모든 세존께서 각각 오른손을 펴시어 행자의 머리를 어루만지시고 이에 이런 말씀을 하시되,〈착하고 착하도다, 대승을 행하는 자여, 대장엄의 마음을 일으키는 자여, 대승을 생각하는 자여, 우리들이 옛날 깨달음의 마음을 일으켰을 때에도 모두 또한 너와 같았나니, 간절하게도 잃지 말지니라.

 우리들이 먼저 세상에 대승을 행한 까닭으로 지금 맑고 깨끗한 정변지의 몸을 이루었나니, 너드 지금 또한 마땅히 부지런히 닦아 게을리 하지 말지니라.

 이 대승경전은 모든 부처님의 보배 곳집이며 시방삼세 모든 부처님의 안목이며 삼세의 모든 여래께서 출생하시는 종자이니 이 경을 가지는 자는 곧 부처님의 돔을 가짐이며 곧 부처님의 일을 행함이니라.

 마땅히 알지니라. 이 사람은 곧 바로 모든 부처님께서 심부름시키신 바이며 모든 부처님 세존의 옷으로 덮은 바이며 모든 부처님 여래의 진실한 법의 아들이니라. 너는 대승을 행하여 법의 종자가 끊어지지 않게 하며 너는 지금 동방의 모든 부처님을 살펴서 관할 지니라."

> 해설—이 대승경전, 묘법화경이야 말로 부처님법의 위계질서에서 최상위의 법이며, 부처님께서 사바세계에 출현하신 궁극의 목적은 묘법화경의 설법을 위하심입니다. 묘법화경을 가지는 자는 부처님의 몸을 가짐이며, 부처님의 일을 행하는 것이며 부처님의 사자, 심부름꾼으로서 부처님의 가피를 받는 자입니다.

이 말씀을 설하실 때에, 행자는 곧 동방의 일체의 헤아릴 수 없는 세계를 보나니, 땅은 평탄하여 손바닥과 같아서 모든 흙더미와 나지막한 산과 작은 언덕과 큰 언덕과 굴싸리와 가시나무가 없으며, 유리로 땅이 되고 황금으로 곁을 간살 하였나니, 시방세계도 또한 이와 같으니라.

이렇게 땅을 보기를 마치고는 곧 보배나무를 보니 보배나무는 높고도 묘하며 오천유순이라. 그 나무에서는 항상 황금과 흰 은이 나오고 일곱 가지 보배로 장엄함이라. 나무 아래는 자연히 보배의 사자자리가 있나니, 그 사자자리는 높이가 이십 유순이며, 자리 위에서는 또한 백가지 보배의 밝은 빛이 나오느니라. 모든 나무와 그리고 또 나머지 보배의 자리도 이와 같으며, 하나하나의 보배 자리에는 모두 자연히 오백의 흰 코끼리가 있으되, 코끼리 위에는 모두 보현보살이 있느니라.

이 때에 행자는 모든 보현에게 절하고 이에 이런 말을 할지니라.〈저는 어떠한 죄가 있어서 보배의 땅과 보배의 자리와 보배나무만이 보이고, 모든 부처님을 뵈옵지 못하나이까〉

이런 말을 하기를 마치고 나면 하나하나의 자리 위에 한 분 세존께서 계시는데, 단정하시고 엄숙하시고 미묘하시고 이에 보배자리에 앉으셨나니 ,모든 부처님을 뵈옵기를 마치고는 마음으로 크게 기뻐하고 즐거워하여 대승경전을 외우고 익힐지니라.

　대승의 힘인 까닭으로 하늘 가운데서 소리가 있어 이에 찬탄하여 말을 하되, 〈착하고 착하도다, 착한 남자여 ,네가 대승을 행하는 공덕의 인연으로 능히 모든 부처님을 뵈옴이라. 이제 비록 모든 부처님 세존 뵈옴을 얻었으나, 그러나 석가모니 부처님과 몸을 나누신 모든 부처님과 다보부처님 탑을 능히 뵈옵지 못하였느니라〉하리니, 하늘 가운데의 소리를 듣기를 마치고는 다시 부지런히 대승경전을 외우고 익힐지니라.

　대승 방등경을 외우는 까닭으로써 곧 꿈 가운데 석가모니부처님께서 모든 대중과 더불어 기사굴산에 계시사, 법화경을 설하시어 한 가지 실상의 뜻을 설하심을 뵈오리라. 꿈깨기를 마치고는 참회하고, 목마르게 우러러 뵈옵고자 하면, 무릎을 꿇어 땅에 대고 몸은 곧게 세워서 합장하고 기사글산을 향하여 이에 이런 말을 할지니라.

〈여래 세웅께서는 항상 세간에 계시오니, 저를 불쌍히 생각하시는 까닭으로 저를 위하여 몸을 나타내시옵소서〉

　이 말을 하기를 마치고 기사굴산을 보니, 일곱 가지 보배로 장엄되었으며, 수없는 비구와 성문대중과 보배나무가 길에 줄지었으며, 보배땅은 평탄하고 바르며 ,다시 묘한 보배의 사자자리를 폈는데, 석가모니부처님께서 눈썹사이로 빛을 놓으시니, 그 빛이 시방세계를 두루 비추어 , 다시 시방의 헤아릴 수 없는 세계를 지나서 , 이 빛이 이르는 곳마다 시방에 몸을 나누신 석가모니부처님께서 구름같이 모이시어, 널리 말씀하시는 것이 묘법화경과 같으시니라.

　하나하나의 몸을 나누신 부처님의 몸은 자주빛의 금빛이시고, 몸의 분량은 가이없으시며,사자자리에 앉으셨나니, 백억의 헤아릴 수 없는 모든 보살로써 권속을 삼았으며, 하나하나의 보살은 행이 보현과 같음이라. 이와 같이 시방의 헤아릴 수 없는 모든 부처님과 보살 권속도 또한 다시 이와 같으니라.

대중이 모이기를 마치고 석가모니부처님을 뵈오니, 온몸의 털구멍에서 금색 빛을 놓으시며, 하나하나의 빛 가운데서는 백억의 화하신 부처님께서 계시며, 모든 몸을 나누신 부처님께서 큰 사람의 형상인 눈썹사이의 흰털에서 빛을 놓으시니, 그 빛이 석가모니 부처님의 이마에 흘러드느니라. 이러한 형상을 뵈올 때에 몸을 나누신 모든 부처님께서도 일체의 털구멍으로 금색 빛을 나오시게 하시어, 하나하나의 빛 가운데 다시 항하사 미진수의 화하신 부처님께서 계시느니라.

이때에 보현보살이 다시 큰 사람의 형상인 눈썹 사이로 빛을 놓아 행자의 마음에 들어가게 하나니, 이에 마음에 들어가기를 마치면, 행자는 스스로 지난 예전에 수없는 백천의 부처님거처에서 대승경전을 받아서 가지고 읽고 외운 것을 기억하고, 스스로 옛 몸을 보되, 밝게 깨달아 분명함이 숙명통과 같아서 견주어 다름은 없음이 없으며, 활연히 크게 깨쳐서 '막힘없이 법에 들어오게 하는 것이 마음대로 되어 법을 설하는 다라니'와 백천만억의 모든 다라니문을 얻느니라.

삼매로부터 일어나서는 몸을 나누신 일체 모든 부처님께서 많은 보배나무 아래 사자자리에 앉아계심을 눈앞에서 뵈오며, 다시 유리로 된 땅에 묘한 연꽃 숲이 아래 방위로부터 하늘 가운데로 솟아서 나오며, 하나하나의 꽃 사이에 미진수의 보살이 가부좌를 맺고 있음을 보며, 또한 보현의 몸을 나눈 보살이 저 대중 가운데 있어 대승을 찬탄하는 것을 보느니라.

때에 모든 보살이 입은 달라도 소리는 같이 하여, 행자를 가르쳐서 여섯 뿌리를 맑고 깨끗하게 하나니, 혹은 설하여 말함이 있으되, 〈너는 마땅히 부처님을 염할지니라〉

혹은 설하여 말함이 있으되, 〈너는 마땅히 법을 염할지니라〉

혹은 설하여 말함이 있으되, 〈너는 마땅히 계를 염할지니라〉

혹은 설하여 말함이 있으되 〈너는 마땅히 베푸는 것을 염할지니라〉 혹은 설하여 말함이 있으되, 〈너는 마땅히 하늘을 염할지니라〉 이와 같은 여섯 가지의 법은 이것이 깨달음의 마음이며, 보살을 낳는 법이니라. 너는 지금 응당 마땅히 모든 부처님 앞에서 먼저의 죄를 쏟아서 드러내고 지극한 정성으로 참회할지니라.

헤아릴 수 없는 세상에서 눈 뿌리의 인연으로 모든 색을 탐하여 착을 하였으며, 색에 착을 한 까닭으로써 모든 미진을 탐내고 사랑하였으며, 미진을 사랑한 까닭으로써 여인의 몸을 받아서, 세세에 나는 곳마다 모든 색에 미혹되고 착을 하여 , 색이 너의 눈을 무너뜨리게 하여서 은혜와 사랑의 노예가 되며, 색이 너로 하여금 심부름시켜서 삼계를 겪어 다니게 하나니, 이 피곤하게 심부름시킴에 눈이 어두워져 보는 바가 없느니라.

지금 대승의 방등경전을 외우나니, 이 경 가운데서 시방의 모든 부처님의 색신이 멸하지 아니한다고 말씀하심이라, 너는 이제 얻어 보고 살폈으니 진실로 그러하지 않느냐.

눈 뿌리가 좋지 못하여 너를 많이 상하고 해쳤나니, 나의 말을 따르고 좇아서 모든 부처님과 석가모니 부처님께 돌아가 향하여 너의 눈 뿌리에 있는 바의 죄와 허물을 말하라.

〈모든 부처님과 보살의 밝은 지혜의 법의 물로써 원하옵건대, 씻어서 없애주시사 맑고 깨끗한 것을 얻게 하여 주옵소서〉

이런 말을 하기를 마치고는 시방의 부처님께 두루 절하고 , 석가모니부처님과 대승경전을 향하여 다시 이런 말을 말하여라.

〈제가 지금 참회하는 바이오니, 눈 뿌리에 무거운 죄의 가린 것과 더러운 것과 흐린 것이 가리어 장님이 되어서 보는 바가 없사옵니다. 원하옵건대, 부처님께서는 크신 사랑으로 가엽고 불쌍히 여기시어 덮어 감싸주시고 두호하여 주시옵소서.

보현보살께서 큰 법의 배를 타고 널리 일체 시방의 헤아릴 수 없는 모든 보살을 동무하시어 건네어 주시니 ,오직 원하옵건대 사랑으로 불쌍히 여기사 ,제가 눈 뿌리가 좋지 못하여 악한 업이 법을 가린 것의 허물을 뉘우치는 것을 들어주옵소서〉

이와 같이 세 번 말하고 다섯 몸뚱이를 땅에 던지고, 대승을 바로 생각하여 마음에서 잊어버리거나 버리지 말지니라. 이 이름이 눈 뿌리의 죄를 참회하는 법이니라.

모든 부처님의 이름을 일컫고, 향을 사르고 꽃을 흩어서, 대승의 뜻을 일으키고, 비단의 번과 일산을 달고 , 눈의 허물과 병든 것을 말하여 죄를 참회하는 자는, 이 사람은 현세에서 석가모니부처님을 뵈오며, 몸을 나누신 헤아릴 수 없는 모든 부처님을 뵈옵고, 아승지 겁에 악도에 떨어지지 아니하나니, 대승의 힘인 까닭이며, 대승을 원하는 까닭이라, 항상 일체의 다라니보살과 더불어 권속이 되느니라.

이런 생각을 하는 것을 바로 바른 생각이라 하며, 만약 다르게 생각을 하는 것은 이름하여 삿된 생각이라고 하는 것이니라. 이 이름이 눈 뿌리의 처음 경계의 형상이라 하느니라.

눈 뿌리를 맑게 하여 마치고 다시 또 대승경전을 외우고 읽으며, 밤낮으로 여섯때에 ,무릎을 꿇어 땅에 대고 몸은 곧게 세워서 참회하고 ,이에 이런 말을 하되, 〈저는 지금 어찌하여 다만 석가모니 부처님과 몸을 나누신 모든 부처님만을 뵈옵고, 다보부처님 탑의 온몸의 사리는 뵈옵지 못하나이까. 다보부처님의 탑은 항상 계시어 멸하시지 아니하거늘, 저의 눈이 흐리고 악하니 이런 까닭으로 뵈옵지 못하나이다〉 이런 말을 하여 마치고 다시 또 참회할지니라.

칠일을 지나 마치면 다보부처님의 탑이 땅으로부터 솟아 나오리니 ,석가모니부처님께서 곧 오른손으로써 그 탑의 문을 여시면, 다보부처님께서 보현색신삼매에 들어있으심을 뵈오며, 하나하나의 털구멍에서 항하사 미진수의 밝은 빛이 흘러나오고 ,하나하나의 밝은 빛에 백천만억의 화하신 부처님께서 계시나니, 이 형상이 나타났을 때, 행자는 기쁘고 즐거워서 게송으로써 찬탄하며 탑을 돌되, 일곱 번 돌기를 채워 마치면 다보여래께서는 큰 음성을 내시어 칭찬하시어 말씀하시되,〈법의 아들이여, 너는 지금 진실로 능히 대승을 행하고 보현을 따르고 아서 눈 뿌리를 참회하였나니, 이런 인연으로써 내가 너의 곳에 이르러서 너를 위하여 증명하리라〉이 말씀을 설하시기를 마치시고 찬탄하시어 말씀하시되,〈잘하시고 잘하시옵니다. 석가모니부처님께서 능히 큰 법을 말씀하시고, 큰 법비를 비 오듯이 하시어, 흐리고 악한 모든 중생들을 성취시켜 주셨나이다〉

 이 때에 행자는 다보부처님 탑을 뵙기를 마치고 ,다시 보현보살의 곳에 이르러서 합장하고 공경히 절하고 사뢰어 말하되,〈큰 스승이시여, 저에게 허물을 참회하는 것을 가르쳐 주시옵소서〉

 보현이 다시 말하되〈너는 많은 겁에 귀뿌리의 인연으로 바깥소리에 따르고 좇아서 ,묘한 소리를 들을 때는 마음이 미혹하여 착을 내고, 악한 소리를 들을 때는 백여덟 가지 번뇌의 도적의 해를 일으켰느니라.

 이와 같이 악한 귀의 갚음으로 악한 일을 얻고, 항상 악한 소리를 듣고 모든 인연 끌어당김을 내며, 뒤집혀 거꾸로 되어 듣는 까닭으로 마땅히 악도와 변두리 땅과 삿된 견해의 ,법을 듣지 못하는 곳에 떨어지느니라.

 너는 오늘 대승의 공덕의 바다 곳집을 외우고 가졌으니, 이런 인연의 까닭으로써 시방의 부처님을 뵈옵고 ,다보 부처님의 탑이 나타나시어 너를 위하여 증명하여 주시니, 너는 응당 스스로 마땅히 자기의 나쁜 허물을 말하여 모든 죄를 참회할지니라〉

 이 때에 행자는 이 말을 듣기를 마치고 , 또 다시 합장하고 다섯 몸뚱이를 땅에 던져서 이에 이른 말을 할지니라.

〈정변지 세존이시여, 나타나시어 저를 위하여 방등경전을 증명하시옵소서. 자비가 위주가 되시거늘 오직 원하옵건대, 저를 관하시고 제가 말하는 바를 들어주시옵소서.

저는 많은 겁으로부터 이에 지금의 몸에 이르기까지 ,귀뿌리의 인연으로 소리를 듣고 미혹하여 착을 함이 , 아교에 풀잎이 붙는 것과 같사옵고 ,모든 악한 것을 들을 때는 번뇌의 독이 일어나고 ,곳곳마다 미혹하고 착을 하여 잠시도 머무를 때가 없으며, 이 구멍이 소리에 연루되어 저의 혼과 앎을 피곤하게 하고 ,삼도에 떨어져서 잃게 함이니, 이제 비로소 알아 깨닫고 , 모든 세존께 향하여 쏟아서 드러내어 참회하옵나이다〉

이미 참회하기를 마치면 다보부처님께서 크게 밝으신 빛을 놓으심을 뵈올 것이니, 그 빛은 금색으로 동방과 시방세계를 두루 비추시니 헤아릴 수 없는 모든 부처님의 몸은 진금색인데, 동방 하늘 가운데에서 이런 노래를 지어 말하되,〈이 부처님 세존의 호는 가로되 선덕이시며 ,또한 몸을 나누신 수없는 모든 부처님께서 보배나무 아래 사자자리 위에 가부좌를 맺고 앉아 계시옵구나〉

이 모든 세존께서는 일체가 모두 보현색신삼매에 드시고 , 모두 이런 말씀을 하시되,〈착하고 착하도다. 착한 남자여, 네가 지금 대승경전을 읽고 외우나니, 네가 외우는 바의 것은 바로 부처님의 경계이니라〉

이러한 말씀을 설하시기를 마치면 보현보살이 다시 또 위하여 참회의 법을 말하되,〈너는 앞세상에 헤아릴 수 없는 겁 가운데 향기를 탐낸 까닭으로써 모든 앎을 분별하여 곳곳마다 탐하고 착을 하여 나고 죽음에 떨어졌고 떨어지나니, 너는 지금 응당 마땅히 대승의 인을 관할지니라. 대승의 인이란 것은 모든 법의 실상이니라〉

이 말을 듣기를 마치고 다섯 몸뚱이를 땅에 던져 다시 또 참회하며, 이미 참회하기를 마치면 마땅히 이런 말을 할지니라.

〈나무 석가모니불 나무 다보불탑, 나무 시방 석가모니 분신의 모든 부처님〉이런 말을 하기를 마치고는, 시방 부처님께 두루 절하고, 〈나무 동방 선덕불 그리고 또 몸을 나누신 모든 부처님〉하고, 눈으로 뵈옵는 바와 같이 하나하나 마음으로 절하고 향과 꽃을 공양하며, 공양하기를 다하여 마치고는 무릎을 꿇어 땅에 대고 몸은 곧게 세워서 합장하고 , 가지가지의 게송으로써 모든 부처님을 찬탄하며 , 이미 찬탄하기를 마치고는 열 가지의 악업을 말하며 모든 죄를 참회할지니라.

이미 참회하기를 마치고는 이에 이런 말을 하되, 〈제가 먼저 세상에 헤아릴 수 없는 겁의 때에 , 향기와 맛과 닿음을 탐하여 많은 악을 만들고 지었사오며, 이런 인연으로써 헤아릴 수 없는 세상을 오면서 항상 지옥과 아귀와 축생과 변두리 땅과 삿된 견해의 , 모든 좋지 못한 몸을 받았으며 , 이와 같은 악업을 오늘 쏟아서 드러내며 , 모든 부처님이신 정법의 왕께 돌아가서 향하여 죄를 말하여 참회하옵나이다〉

이미 참회하기를 마치고는 몸과 마음을 게을리 하지 말고 다시 또 대승경전을 읽고 외울지니라.

대승의 힘인 까닭으로 하늘 가운데에서 소리가 있어 일러 말하되, 〈법의 아들이여, 너는 지금 응당 마땅히 시방의 부처님을 향하여 대승을 찬탄하여 말하고 , 모든 부처님 앞에서 스스로 자기의 허물을 말할지니라. 모든 부처님 여래께서는 바로 너를 사랑하는 아버지이시니, 너는 마땅히 스스로 혀뿌리가 지은 바의 좋지 못한 악업을 말할지니라.

이 혀뿌리란 것은 악업의 형상인 거짓말과 교묘하게 꾸민 말과 악한 말과 두 가지의 말과 헐뜯어 비방하는 것과 망령된 말을 나타내고 , 삿된 견해를 찬탄하며 , 이로움이 없는 말을 말하였느니라. 이와 같은 많고 많은 모든 잡가지의 악업으로 만나서 싸우고 무너뜨리고 어지럽게 하며 , 법을 법이 아니라고 말하였나니, 이와 같은 많은 죄를 지금 다 참회할지니라〉

모든 세웅 앞에서 이런 말을 짓기를 마치고 , 다섯 몸뚱이를 땅에 던져 시방의 부처님께 두루 절하고 , 합장하고서 두 무릎을 꿇어 땅에 대고 허벅다리와 윗몸은 곧게 세우고 , 마땅히 이런 말을 할지니라.

〈이 혀의 허물과 재앙은 헤아릴 수 없고 가없으며, 모든 악업의 바늘은 혀뿌리로 좇아 나왔으며, 바른 법륜을 끊는 것도 이 혀로 좇아 일어남이 오니, 이와 같이 악한 혀는 공덕의 종자를 끊으며, 옳음이 아닌 것 중에서 바른 것이라고 굳세게 많이 말하며 삿된 견해를 찬탄하는 것은 , 불에다 땔나무를 더하는 것과 같사옵고 , 중생을 상하게 하고 해침이 오히려 위험스러운 불과 같으오니, 독한 것을 먹은 자가 부스럼과 혹이 없이 죽는 것과 같사오며, 이와 같은 죄 갚음은 악하고 삿되고 착하지 못하여, 마땅히 백겁 , 천겁을 악도에 떨어지오며 , 망령된 말을 한 까닭으로써 큰 지옥에 떨어지리니, 저는 지금 돌아가 향하여 〈나무 모든 부처님〉하고 검측스러운 것과 나쁜 것을 쏟아서 드러내나이다〉

이런 생각을 할 때에 하늘 가운데 소리가 있으되, 〈남방에 부처님께서 계시니, 이름은 전단덕이시고, 저 부처님께서도 또한 헤아릴 수 없는 , 몸을 나누신 분이 계시니, 일체의 모든 부처님께서 모두 대승을 말씀하시어 죄와 악을 없애고 멸하게 하시나니, 이와 같이 많은 죄를 이제 시방의 헤아릴 수 없는 모든 부처님과 크게 슬피 여기시는 세존을 향하여 , 검측스러운 것과 나쁜 것을 쏟아 드러내어 정성껏 마음으로 참회할지니라〉 이 말을 설하여 마치고는 다섯 몸뚱이를 땅에 던지고 다시 모든 부처님께 절할지니라.

이 때에 모든 부처님께서 다시 밝은 빛을 놓으시니 , 행자의 몸을 비추어 그 몸과 마음으로 하여금 자연히 기쁘고 즐겁게 하고 큰 자비를 일으키어 널리 일체를 생각하게 하시느니라. 이 때 모든 부처님께서 행자를 위하사, 널리 크게 〈사랑하는 것과 슬피 여기는 것과 기쁘게 하는 것과 버리는 것의 법을 말씀하시며, 또한 사랑스러운 말을 가르치시고, 여섯 가지의 화합하고 공경하는 것을 닦게 하시리라.

이 때에 행자는 이 가르침의 신칙하심을 듣고, 마음이 크게 기쁘고 즐거워서 다시 또 외우고 익히되, 마침내 게으르지도 쉬지도 아니하면, 하늘 가운데서 다시 미묘한 음성이 있어 이와 같은 말을 하나니, 〈너는 지금 응당 마땅히 몸과 마음을 참회할지니라. 몸이란 것은 살생하며 도둑질하고 음란하며, 마음이란 것은 모든 착하지 못한 것을 생각하나니, 열 가지 악과 다섯 가지의 무간의 업을 지어서, 오히려 원숭이와 같고, 끈끈이와 아교와도 같이 곳곳마다 탐하고 착을 하여, 두루 일체의 여섯 정의 뿌리 속에 이르며, 이 여섯 뿌리 업의 가지와 곁가지와 꽃과 잎이 다 삼계의 이십오유인 일체가 나는 곳에 가득하리라.

또한 능히 밝음이 없는 것과 늙는 것과 죽는 것의 열두 가지의 괴로운 일이 더 심하여져서, 여덟 가지 삿된 것과 여덟 가지 어려운 것을 겪어 지내지 않음이 없나니, 너는 지금 응당 마땅히 이와 같은 악과 좋지 못한 업을 참회할지니라〉

이 때에 행자는 이 말을 듣기를 마치고 하늘 가운데의 소리에 묻기를, 〈저는 지금 어느 곳에서 참회의 법을 행하오리까〉 하면, 때에 하늘 가운데에서 소리를 하여 곧 이런 말을 설하기를, 〈석가모니부처님께서는 비로자나로 일체의 곳에 두루 하심이라 이름하시나니, 그 부처님께서 머무시는 곳을 이름하여 상적광이라 하는데, 항상함 바라밀의 몰아 잡아 이룬 바의 곳이며, 나 바라밀의 편안함에서 세워진 바의 곳이며, 깨끗함 바라밀의 형상이 있는 것이 멸한 곳이며, 즐거움 바라밀의 몸과 마음이 서로 머물지 않는 곳이며, 있는 것과 없는 것의 모든 법의 형상을 보지 않는 곳이며, 고요히 풀리어 벗어나는 것과, 내지 반야바라밀과 같으니라. 이것은 색이 항상 법에 머무는 까닭이니라. 이와 같이 응당 마땅히 시방의 부처님을 관할지니라〉

때에 시방의 부처님께서 각각 오른손을 펴시어 행자의 머리를 어루만지시고 이와 같은 말씀을 하시되, 〈착하고 착하도다. 착한 남자여, 네가 지금 대승경을 외우고 읽는 까닭으로 시방의 모든 부처님께서 참회의 법을 설하시느니라.

보살의 행할 바는 , 중생의 몸과 마음을 미혹의 경계에 동여매는 번뇌와 중생을 이끌고 따라다니며 마구 몰아대어 부리는 번뇌를 끊지 아니하고 중생의 몸과 마음을 이끌어 미혹의 세계로 마구 몰아대어 끌어넣고 부리는 번뇌의 바다에 머무르지도 않으며, 마음을 관함에 마음이 없으나 뒤집혀 거꾸로 됨으로 좇아 생각이 일어나며, 이와 같은 생각의 마음은 망령된 것으로 좇아 생각이 일어남이라.

하늘 가운데의 바람이 의지하여 머물러 사는 곳이 없는 것과 같으니, 이와 같이 법의 형상은 나지도 않고 멸하지도 아니하느니라.

어떠한 것이 바로 죄며, 어떠한 것이 바로 복이겠느냐.

나의 마음이 스스로 공하니, 죄와 복도 주인이 없으며, 일체의 모든 법도 이와 같아서 , 머무름도 없고 무너짐도 없으니라〉

이와 같이 참회하면, 마음을 관함에 마음도 없고 , 법도 법가운데 머무르지 아니하나니, 모든 법은 풀리어 벗어난 것이며 , 멸함이라는 이치이며, 고요하고 조용함이니, 이와 같이 생각하는 것을 이름하여 큰 참회라 하느니라. 이름하여 장엄참회라하며, 이름하여 죄 없는 형상의 참회라 하며, 이름하여 심식을 파괴하는 참회라 하느니라. 이런 참회를 행하는 자는 몸과 마음이 맑고 깨끗하여 , 법가운데 머무르지 아니함이 오히려 흐르는 물과 같아서 , 생각과 생각하는 가운데 보현보살과 시방의 부처님 뵈옴을 얻느니라.

때에 모든 세존께서는 크게 슬피 여기심의 밝은 빛으로써 행자를 위하여 형상이 없는 법을 말씀하시니 , 행자는 제일의 뜻의 공을 말씀하심을 들으며, 행자가 듣기를 마치고는 마음에 놀라거나 두려워하지도 아니하고, 때에 응하여 곧 보살의 바른 위치에 드느니라."

부처님께서 아난에게 이르시되, "이와 같이 행하는 것을 이름하여 참회라고 하나니, 이 참회란 것은 시방의 모든 부처님과 모든 큰 보살이 참회하였던 바의 법이니라."

부처님께서 아난에게 이르시되, "부처님이 멸도한 후에, 부처님의 모든 제자가 만약 악하여 착하지 못한 업을 참회함이 있으면 다만 마땅히 대승경전을 읽고 외울지니라. 이 방등경은 바로 모든 부처님의 눈이며 모든 부처님께서는 이로 인하여 다섯 가지 눈 갖추심을 얻으셨느니라.

부처님의 세 가지 종류의 몸은 방등으로부터 났느니라.

이 큰 법도장은 열반의 바다를 찍나니 이와 같은 바다 가운데서 능히 세 가지 종류의 부처님의 맑고 깨끗한 몸이 났나니, 이 세 가지 종류의 몸은 인간과 하늘의 복밭이라. 응공 가운데 으뜸이니라.

그 어떤 이가 대 방등경전을 외우고 읽으면 마땅히 알지니라.

이 사람은 부처님의 공덕을 갖추고 모든 악은 영원히 멸하고 부처님의 지혜로 좇아 나느니라."

이 때에 세존께서 이에 게송으로 설하시어 말씀하시되,
"만약 눈 뿌리에 악이 있어 업장의 눈이 맑지 않거든,
다만 마땅히 대승을 외우고
제일의 뜻을 생각하고 생각할지니라.
이름이 눈의 참회라 하며
모든 착하지 못한 업이 다하느니라.
귀뿌리가 어지러운 소리를 듣고
화합의 뜻을 무너뜨려서 어지럽게 하니,

이로 말미암아 미치광이의 어지러움이 일어나고
오히려 어리석은 원숭이와 같나니,
다만 마땅히 대승을 외우고
법이 공하여 형상이 없음을 관할지면
일체의 악은 영원히 다하고
하늘 귀로 시방을 듣느니라.
코뿌리는 모든 향기에 착을 하여 물들음에 따라서
모든 닿음이 일어나니,
이와 같이 경망하고 미혹한 코는 물들음에 따라서
모든 미진을 낳게 되나니,
만약 대승경을 외우고 법을 관하되
진실의 끝과 같이 하면,
모든 악업을 영원히 떠나고
뒷세상에는 다시 나지 아니하느니라.
혀뿌리는 다섯 가지의 악한 말과
착하지 못한 업을 일으키는 것이니라.
만약 스스로 부드럽고 순하게 하고자 하면
응당 부지런히 사랑하는 마음을 닦아서
법의 진실하고 고요한 뜻을 생각하여
모든 분별하는 형상이 없게 할지니라.
마음의 뿌리는 원숭이와 같아서
잠시도 머무는 때가 있음이 없나니,
만약 조복하여 굴복시키고자 하는 자는
마땅히 부지런히 대승을 외우고
부처님의 크게 깨달으신 몸에
이룬 바의 힘과 두려움 없음을 염할지니라.
몸은 기관의 주인이 되어
미진이 바람을 따라 구르는 것과 같이

여섯 도적 가운데에서 즐겁게 놀되
자재하여 거리끼거나 걸림이 없나니
만약 이 악한 것을 멸하고
모든 미진의 괴로움을 영원히 떠나서 ,
항상 열반의 성에 살면서 편안하고 즐겁고
마음이 고요하고 편안히 하고자 하면,
마땅히 대승경을 외우고,
모든 보살은 어머니라고 염할지니라.
헤아릴 수 없는 뛰어난 방편은
실상을 생각하는 것으로 좇아 얻나니,
이와 같은 것들의 여섯 가지의 법을 이름하여
여섯 정의 뿌리라 하느니라.
일체 업장의 바다는 모두 망령된 생각으로 좇아 나느니,
만약 참회하고자 하는 자는
단정히 앉아서 실상을 염할지니라.
모든 죄는 서리와 이슬 같아서
지혜의 해로 능히 녹여 없애나니,
이런 까닭으로 응당 지극한 마음으로
여섯 정의 뿌리를 참회할지니라."

 이 게송을 설하시어 마치시고는 부처님께서 아난에게 이르시되,
"너는 지금 이렇게 여섯 뿌리를 참회하고 보현보살을 관하는 법을 가지고 , 널리 시방의 모든 하늘과 세상 사람을 위하여 널리 분별하여 설할지니라.
 부처님이 멸도한 뒤에 부처님의 모든 제자가 만약 방등경전을 받아서 가지고 읽고 외우며 풀어서 말함이 있으면, 응당 조용한 곳이나, 만약 무덤 사이거나, 만약 수풀이나, 나무 밑에나, 만약 아련야의 곳에 있으면서 ,방등을 읽고 외우며 대승의 뜻을 생각할

지니라. 생각하는 힘이 강한 까닭으로, 나의 몸과 다보 부처님의 탑과, 시방의 몸을 나눈 헤아릴 수 없는 모든 부처님과 보현보살과 문수사리보살과 약왕보살과 약상보살을 뵈옴을 얻게 되리니, 법을 공손히 공경하는 까닭으로 모든 묘한 꽃을 가지고 하늘 가운데 머물러 서서, 법을 가지고 행하는 자를 찬탄하고 공손히 공경하리니, 다만 대승 방등경을 외우는 까닭으로 모든 부처님과 보살이 이 법을 가지는 자를 밤낮으로 공양하느니라."

부처님께서 아난에게 이르시되, " 나와 더불어 현겁의 모든 보살들과 시방의 모든 부처님께서는 대승의 진실한 실상의 뜻을 생각함으로 말미암은 까닭으로 백만억 겁에 아승지 수의 나고 죽음의 죄를 물리쳐 버렸나니, 이 가장 묘한 참회법을 인한 까닭으로 지금 시방에서 각각 부처님 됨을 얻었느니라.

만약 완전한 깨달음을 빨리 이루고자 하는 자와, 만약 현재의 몸으로서 시방의 부처님과 보현보살을 보고자 하거든, 마땅히 깨끗이 씻어 목욕하고 깨끗하고 정결한 옷을 입고 많은 이름난 향을 사르고, 비고 한가한 곳에 있으면서 응당 마땅히 대승경전을 읽고 외우며, 대승의 뜻을 생각할지니라."

부처님께서 아난에게 이르시되, "만약 어떤 중생이 보현보살을 관하고자 하는 자는 마땅히 이런 관을 할지니라. 이러한 관을 하는 것을 이 이름이 바른 관이라 하고, 만약 달리 관하는 것은 이 이름이 삿된 관이니라. 부처님이 멸도한 뒤에 부처님의 모든 제자가 부처님의 말씀을 따르고 좇아서 참회를 행하는 자는, 마땅히 알지니라. 이 사람은 보현의 행을 행함이니라. 보현의 행을 행하는 자는 악한 형상과 악한 업 갚음을 보지 아니하느니라.

그 어떤 중생이 밤낮 여섯 때로 시방의 부처님께 절하고, 대승경을 외우고, 제일의 뜻의 심히 깊은 공의 법을 생각하면, 손가락을 한번 튀길 잠깐에 백만억아승지 겁의 나고 죽음의 죄가 없어지고 소멸되느니라.

이 행을 행하는 자는 진실하고 바른 부처님의 아들이라. 모든 부처님으로 좇아 출생하였으니, 시방의 모든 부처님과 모든 보살이 그의 화상이 되며, 바로 이름하여 보살계를 흡족하게 갖춘 자라하며, 모름지기 계를 받을 때 짓는 법을 하지 아니하여도 자연히 성취되어 응당 일체의 사람과 하늘의 공양을 받을 지니라.

 이 때 행자는 만약 보살계를 흡족하게 갖추고자 하는 자이면, 응당 마땅히 합장하고 비고 한가한 곳에 있으면서 시방의 부처님께 두루 절하고 , 모든 죄를 참회하고 스스로 자기의 허물을 말하고, 그렇게 한 뒤에 고요한 곳에서 시방의 부처님께 사뢰어, 이에 이런 말을 할지니라.

〈모든 부처님 세존께서 항상 세상에 머물러 계시는데, 저의 업장의 까닭으로 비록 방등을 믿사오나 부처님을 똑똑하게 뵈옵지 못하나이다. 이제 부처님께 돌아가 의지 하옵나니, 오직 원하옵건대, 석가모니 정변지 세존이시여 저의 화상이 되어주시옵소서.

 큰 지혜를 갖추신 분 문수사리시여, 원하옵나니, 사리에 밝으신 지혜로써 저에게 맑고 깨끗한 고든 보살의 법을 주시옵소서.

 미륵보살이시여, 크게 사랑하심이 해를 이기시니, 저를 가련하고 불쌍하게 여기시는 까닭으로 응당히 제가 보살의 법 받음을 들어 주옵소서. 시방의 모든 부처님께서는 나타나시어 저를 위하여 증명하옵소서〉

 모든 큰 보살의 각각 그의 이름을 일컫고,〈이 좋으신 대사이시여, 중생을 덮어 감싸시어 두호하시고, 저희들을 도옵고 두호하여 주옵소서. 오늘 방등경전을 받아서 가지옵나니, 이에 목숨을 잃게 됨에 이르고 설령 지옥에 떨어져 헤아릴 수 없는 괴로움을 받을지라도 끝까지 모든 부처님의 정법을 헐어 비방하지 않으오리다.

 이런 인연과 공덕의 힘의 까닭으로써 지금 석가모니부처님께 옵서는 저의 화상이 되시옵고,문수사리께서는 저의 아사려가 되시옵소서.

당래의 미륵께서는 원하옵나니, 저에게 법을 주시옵고 ,시방의 모든 부처님께서는 원하옵건대, 저를 증명하여 알아주시옵고 큰 덕의 모든 보살께서는 원하옵나니, 저의 동반이 되시옵소서.

제가 지금 대승경의 심히 깊고 묘한 뜻에 의지하며, 부처님께 돌아가 의지하나이다.

법에 돌아가 의지하나이다.

스님께 돌아가 의지하나이다.

이와 같이 세 번 말할지니라.

삼보에 돌아가 의지하기를 마치고는 다음에는 마땅히 스스로 맹세하여 여섯 가지 무거운 법을 받을 지니라.

여섯 가지 무거운 법을 받기를 마치고는 다음에는 마땅히 걸림 없는 깨끗한 행을 부지런히 닦아서 널리 제도하려는 마음을 일으키고 여덟 가지 무거운 법을 받을 지니라.

이 맹세를 세우기를 마치고는 비고 한가한 곳에서 , 많은 이름난 향을 피우고 꽃을 흩어서 일체의 모든 부처님과 모든 보살과 대승방등에 공양하고 ,이러한 말을 할지니라.

〈저는 오늘 깨달음의 마음을 일으키오니, 이 공덕으로써 널리 일체를 제도하오리다〉 이런 말을 하기를 마치고는 일체의 부처님과 모든 보살께 이마로 절하고, 방등의 뜻을 생각할지니라.

하루에서 삼칠일에 이르기 까지, 만약 집을 나온 이 이거나, 집에 있는 이 이거나, 모름지기 화상을 두지 않고 ,모든 스승을 쓰지 아니하고 ,계를 받을 때 짓는 법을 사뢰지 않더라도 ,대승경전을 받아서 가지고 읽고 외우는 힘인 까닭으로 ,보현보살이 부지런히 행을 일으키는 까닭으로, 이는 시방의 모든 부처님의 정법의 안목이며, 이 법을 말미암음으로 인하여 다섯으로 나눈 법의 몸인 계와 정과 지혜와 해탈과 해탈지견을 자연히 성취하느니라.

모든 부처님 여래께서는 이 법으로 좇아 출생하셨으며 대승경에서 기별 받으심을 얻으셨느니라.

이런 까닭으로 지혜자는 만약 성문이 삼귀와 오계와 팔계와 비구계와 비구니계와 사미계와 사미니계와 식차마니계와 그리고 또 모든 위의를 헐어 파하고, 우매하고 어리석으며 착하지 못하며 악하고 삿된 마음의 까닭으로, 모든 계와 위의의 법을 많이 범하였으나, 만약 하여금 허물과 근심할 것을 없게 하고 멸하여 없애고 도로 비구가 되어 사문의 법을 갖추고자 하는 자는 마땅히 부지런히 방등경전을 닦아서 읽고 , 제일의 뜻의 심히 깊은 공의 법을 생각하고 , 이 공의 지혜로 하여금 가음과 더불어 서로 응하게 할지니라.

 마땅히 알지니라. 이 사람은 한 생각의 잠깐에 일체의 죄의 때가 영원히 다하여 남음이 없으리라. 이를 이름하여 사문의 법과 식을 흡족하게 갖추고 모든 위의를 갖추었음이라 하나니, 응당히 사람과 하늘의 일체의 공양을 받을 지니라.

 만약 우바새가 모든 위의를 범하고 착하지 못한 일을 짓나니, 착하지 못한 일이란 것은 이른바. 부처님 법은 잘못된 것이며 악한 것이라고 논하여 말하고 , 사중이 범한 바 악한 일을 논하여 말하고, 훔치거나 도둑질하고 음탕하고 음란한 짓을 하면서도 수치스러워 함과 부끄러워함이 있음이 없는 것이라.

 만약 참회하여 모든 죄를 멸하고자 하는 자는 마땅히 부지런히 방등경전을 읽고 외우며, 제일의 뜻을 생각할지니라.

 만약 왕이란 자나, 대신이나, 바라문이나, 거사나, 장자나, 벼슬아치나, 이 모든 사람들이 탐을 내어 구하기를 싫어함이 없고 , 다섯 가지 역적의 죄를 짓고 , 방등경을 비방하며, 열 가지의 악업을 갖추면, 이 큰 악의 갚음으로 응당 악도에 떨어짐이 폭우보다도 지나며, 마땅히 아비지옥에 떨어짐이 반드시 정하여졌으니, 만약 이 업장을 멸하여 버리고자 하는 자는 응당 수치와 부끄러움을 내어 모든 죄를 뉘우쳐 고칠지니라.

 어떠한 것을 이름하여 찰리거사의 참회법이라 하는고 하면 , 마음을 올바르게 하고 삼보를 비방하지 말것이며, 출가수행을 막지 말며, 깨끗한 행을 하는 사람에게 나쁜 것을 만들어 더디게 하여 어렵게 하지 말며, 생각을 잡아매어 여섯 가지 염하는 법을 닦을 것이며, 대승을 가진 자를 이바지 하여 주고 공양하고 ,크게 반드시 인사의 절을 할 것이며, 심히 깊은 경법과 제일의 뜻의 공을 기억하고 생각할지니라.

이런 법을 생각하는 것을 바로 이름하여 찰리거사가 제일의 참회를 닦는다고 하느니라.

제이의 참회라 하는 것은 , 부모를 잘 섬기어 봉양하고, 스승과 어른을 공손히 공경하는 것이니, 바로 이름하여 제이의 참회의 법을 닦는다고 하느니라.

제 삼 참회라 하는 것은 ,바른 법으로 나라를 다스려서 인민을 삿되게 억울하게 하지 않는 것이니, 바로 이름하여 제삼의 참회를 닦는다고 하느니라.

제 사 참회라 하는 것은 ,육재일에 모든 땅 경계 안과, 힘이 미치는 바의 곳에 신칙하여 ,하여금 살생을 행하지 못하게 하는 것이니, 이와 같이 법을 닦는 것을 바로 이름하여 제사의 참회를 닦는다고 하느니라.

제오 참회라 하는 것은 ,깊이 인연과보를 믿고 하나의 진실의 길을 믿으며 ,부처님은 영원불멸하다는 것을 아는 것이니, 바로 이름하여 제오의 참회를 닦는다고 하느니라.〉

부처님께서 아난에게 이르시되,〈미래 세상에서 만약 어떤 이가 이와 같은 참회법을 닦고 익히면, 마땅히 알지니라. 이 사람은 수치와 부끄러움의 옷을 입고 모든 부처님의 호위와 도움으로 오래지 않아서 마땅히 완전한 깨달음을 이루리라.〉

이 말씀을 설하실 때에, 일만의 천자는 법눈의 맑음을 얻고, 미륵보살들의 모든 큰 보살과 아난께서는 ,부처님께서 설하신 바를 듣고서 ,기뻐하시고 즐거워하시며 받들어 행하셨소이다.

397
법화 삼부경

부처님법의 위계질서 (법화경 한글번역 및 해설중심)

부처님법의 위계질서
 -법화경 한글번역 및 해설중심

초판인쇄 / 2011년 09월   일

지은이 / 임은석
펴낸이 / 임은석
편집, 표지디자인 / 도서출판 한강

펴낸 곳 / 도서출판 한강
주소 / 경기도 가평군 청평면 대성리 405-9
전화 / 031-584-8317
팩스 / 031-585-8407
홈페이지 / www.bookmake25.com
ISBN 978-89-966978-0-0 03220

저작권자 임은석
저작권자 및 도서출판 한강의 동의 없이 무단 복제가 금지
되어져 있습니다.